4.-€ MG
W 3

Dem Andenken meines Großvaters
Samuel Vogl

Werner Reiland

LEBEN NACH DEM TOD
WAS KÖNNEN WIR GLAUBEN?

© tao.de in J. Kamphausen Mediengruppe GmbH, Bielefeld

1. Auflage 2014

Autor: Werner Reiland
Umschlaggestaltung, Illustration: tao.de
Umschlagfoto: © Salixcapra – Fotolia.com

Printed in Germany

Verlag: tao.de in J. Kamphausen Mediengruppe GmbH, Bielefeld, www.tao.de, eMail: info@tao.de

Bibliografische Information der Deutschen Nationalbibliothek: Die Deutsche Nationalbibliothek verzeichnet diese Publikation in der Deutschen Nationalbibliografie; detaillierte bibliografische Daten sind im Internet über http://dnb.d-nb.de abrufbar.

ISBN Hardcover: 978-3-95802-142-6
ISBN Paperback: 978-3-95802-141-9
ISBN e-Book: 978-3-95802-143-3

Das Werk, einschließlich seiner Teile, ist urheberrechtlich geschützt. Jede Verwertung ist ohne Zustimmung des Verlages unzulässig. Dies gilt insbesondere für die elektronische oder sonstige Vervielfältigung, Übersetzung, Verbreitung und sonstige Veröffentlichungen.

INHALT

Einleitung   13

ERSTER TEIL: DAS JENSEITS – EINE ANNÄHERUNG   17

1. Was geht der Tod uns an?   17

2. Das Jenseits hinter Welt und Leben   24

1. Die Krise des objektiven Wissens 24
2. Jenseits und Lebenssinn 28
3. Was erhoffen wir vom Jenseits? 30
4. Jenseitsbilder: endgültig und einfach! 36

3. Vom naiven zum modernen Weltbild   39

1. Die Unschuld der Anfänge 39
2. Das moderne Weltbild 41
3. Das Jenseits auf den Begriff gebracht 45
4. Das offene Weltbild 47
5. Die Not des Jenseitsglaubens 49
6. Kein Zurück aus der Moderne! 52

4. „Mit dem Tod ist alles aus" – der Nihilismus   54

1. Ein Kind der Moderne 54
2. Der einfache, leere Raum 57

5. Weltbilder des Jenseitsglaubens　　　　　　　　　　60

1. Das Jenseits im Diesseits: Natürliche Unsterblichkeit 60
2. Das Jenseits über dem Diesseits: der Schöpfungsmythos 62
3. Die irdische Welt und die ganze Welt 66
4. Das Jenseits auf der Ebene der ganzen Welt 73

6. Grenzfragen des Jenseitsglaubens　　　　　　　　　75

1. Leben und Tod 75
2. Die Weltengrenze 76
3. Zeit und Ewigkeit 78
4. Leib und Seele 81
5. Mensch und Person 84
6. Gut und Böse 87
7. Was wissen wir?- die große Alternative 88

7. Das Grundproblem der Grenzen: Monismus und Dualismus
　　　　　　　　　　　　　　　　　　　　　　　　　　89

1. Einheit und Trennung 89
2. Grenzenloser und begrenzter Blick 92
3. Monistische Gestalten – das „Netz Indras" 97
4. Dualistische Systeme – der Triumph des Digitalen 100
5. Gebote der Einheit: Stimmigkeit und Begründung 103
6. Der Dualismus bleibt auf der Strecke 105
7. Die Einheit der Welt 108

ZWEITER TEIL: BILDER VOM JENSEITS   **110**

8. Tod und Auferstehung – die westlichen Religionen   111

1. Näher, mein Gott, zu dir 111
2. Verdämmern in der Scheol 113
3. Jesu Auferstehungsglaube 115
4. Paulinischer Osterglaube 125
5. Exkurs: Monismus und Dualismus in den westlichen Religionen 133
6. Platonischer Seelenglaube 136
7. Himmel und Hölle – Gott und das Böse 143
8. Verteufelung der Welt – die Gnosis 149
Zusammenfassung 153

9. Wiedergeburt und Nirvana – die östlichen Religionen   156

1. Die nirvana-samsara-Erzählung 156
2. Wiedergeburt - die Raupe am Grashalm 159
3. Seelenwanderung – die Fragen des Königs Milinda 164
4. Mystik, Gnostik und Volksreligion 168
5. Die Kerze erlischt – östlicher Nihilismus? 172
6. Der achtfache Pfad 174
7. Leere und Fülle 178
Zusammenfassung 181

10. Botschaften aus dem Zwischenreich – Jenseitserfahrungen und Esoterik   184

1. Der Blick hinüber 184
2. Nahtoderfahrungen 189
3. Spontane Nachtodkontakte 194
4. Mediale Nachtodkontakte 199

5. Wiedergeburtsfeststellungen 205
6. Esoterik und Jenseitsforschung 209
7. Sind die Erfahrungen „echt"? 214
8. Sind die Botschaften stimmig? 223
9. Zeit und Ewigkeit – wo ist das Jenseits? 227
Zusammenfassung 232

DRITTER TEIL: WAS KÖNNEN WIR GLAUBEN?   234

11. Glauben, Wünschen, Denken   235

1. Glaube und Tradition 235
2. Das „Wunder" des Jenseitsglaubens 239
3. Hoffen und Wünschen 240
4. Der Weg des Denkens 243

12. Natürliche Unsterblichkeit?   247

1. Das immanente Jenseits 247
2. Ewiges Zwischenreich? 249
3. Körperliches Weiterleben 251
4. Geistiges Weiterleben: unsterbliche Seele und Wiedergeburt 254
5. Die Wende zur Transzendenz 260

13. Voreiliger Gottesglaube   263

1. Gott und die Welt 263
2. Schöpfung und Gottesbeweise 266
3. Weltenplan und göttliche Eingriffe 269

4. Gott der Macht, Gott ohne Sinn 275
5. Die Offenbarung 277
6. Der Kahlschlag und die Wende zum Sinn 284

14. Sinn und letzter Sinn: der Schlüssel zu Erlösung und Jenseits **287**

1. Sinn und Sein 287
2. Streben und Wert 293
3. Primäre und sekundäre Werte 296
4. Harmonie, Konflikt, Ganzheit 299
5. Notwendigkeit, Freiheit, Schöpfung 303
6. Lebenssinn und letzter Sinn 311
7. Sinn im Leben, Sinn im Jenseits 315

15. Welt ohne Sinn – der Naturalismus **321**

1. Irdische Welt und Teleologie 321
2. Newtons Apfel und Schrödingers Katze – das Weltbild der Physik 328
3. Mutation und Selektion – das Lebensbild der Biologie 340
4. Wollen wir, was wir tun? – das Menschenbild der Neurowissenschaften 351
5. Stephen Hawkings „großer Entwurf" 355
6. Wirkt Sinn aus der Zukunft? – das Problem der Zeit 358
7. Die Wende zur Ethik 364

16. Das Geheimnis des Bösen 366

1. Paradoxer Gottesglaube 366
2. Eine heile Welt braucht keinen Gott 367
3. Erlösung im Diesseits? 371
4. Erlösung im Jenseits? 374
5. Das Elend der Theodizee 380
6. Himmel und Hölle 382
7. „Der Himmel ist in dir" 384

17. Was ist Erlösung? 389

1. Der geputzte Spiegel 389
2. Brauchen wir Erlösung? 391
3. Religion von unten 394

18. Die drei Stufen der Erlösung 400

1. Befreiung 400
2. Einswerden mit dem Sein 405
3. Die Liebe – der einzige Gottesbeweis 410
4. Und das Jenseits? 422

19. Die Ewigkeit im Augenblick 427

1. Verwirklichung 427
2. Der Augenblick 432
3. Nochmal: Was geht der Tod uns an? 439
4. Die Frage der Fragen 441

20. Das Beste zum Schluss: Jesus und das Reich Gottes 443

Zusammenfassung: Was also können wir glauben?   450

Fundstellen- und Literaturverzeichnis   460

Einleitung

Ein unfreundlicher, nasskalter Tag. Vor mir das offene Grab und daneben vier schwarze Gestalten. An Seilen lassen sie den Sarg meines Freundes hinunter. Unerwartet und viel zu früh ist er gestorben. Düsteren Gedanken hänge ich nach. Der Pfarrer beginnt seine Rede. Ich vernehme Wortfetzen: „Ist in Gottes Hand gefallen … Hat jetzt seinen Frieden … Das Leben ist stärker als der Tod …" Es klingt schön, aber irgendwie wolkig. Am Rande spricht er beiläufig von der Auferstehung. Was meint der Mann genau? Wo ist mein Freund jetzt, was ist er, wo ist er? Mein Verdacht: Der Pfarrer weiß es auch nicht. Werde ich zu Dreck werden, wenn ich einmal an einem Regentag wie diesem in die Erde gelegt werde? Ein leiser Schauer überläuft mich. Der Tod, das dunkle Tor, ein schreckliches Rätsel. Was ist dahinter? Das blanke Nichts? Ist mit dem Tod alles aus? Und wenn nicht, was kommt danach?

Ich schaue um mich. Einige Gesichter blicken entspannt, dahinter offenbar keine schweren Gedanken. Wozu auch? Dunkel bleibt dunkel; warum sollen wir uns quälen, wenn dort ohnehin nichts zu sehen ist? Das Dunkel des fernen Weltraums kümmert uns auch nicht. Doch ist es mit dem Tod das Gleiche? Es könnten ja hinter dem Tor Wege weiter führen. Und sie hängen vielleicht damit zusammen, wie die Wege vor dem Tor verlaufen sind; wenn es überhaupt Wege gibt, wäre daran zu denken.

Sterben, Tod, Jenseits: die so genannten „Letzten Dinge". Lange habe ich nicht mehr daran gedacht. Doch man kann nicht einfach darüber weggehen. Andererseits: Kann ein Blick von hier in das Dunkel drüben eindringen? Können, sollen, wollen wir über das Jenseits überhaupt etwas wissen?

Ich beschließe mich dort kundig zu machen, wo man Genaueres vermutet. In der Buchhandlung durchstöbere ich die einschlägige Literatur – und wie viele gibt es davon! Seit den Tagen meines Religionsunterrichts scheint das Thema aber seinen Platz gewechselt zu haben: Das Meiste findet sich nicht mehr bei Religion, sondern unter Esoterik. Dort geben reichlich Zeugnisse von Nahtoderfahrungen ein hoffnungsvolles Bild: Menschen in unmittelbarer Todesnähe empfinden tiefen Frieden, sie sehen ein strahlendes Licht und sind, wieder ins Leben zurückgekehrt, fest von einem Fortleben nach dem Tod überzeugt. Über das „Wie" des Weiterlebens erfährt man freilich wenig. Dazu sind andere Bücher informativer: Man liest über das Weltgericht am Ende der Zeiten und die Scheidung zwischen Guten und Bösen; oder man wird belehrt, dass der Mensch ungefähr 49 Tage nach seinem Tod in eine neue Zeugung eingeht und schließlich wiedergeboren wird; und man hört von jahrhundertelangen Planetenreisen der Seele vor ihrer neuen Wiedergeburt. Trotz oder gerade wegen ihrer Präzision verstören solche Auskünfte: erstens weil sie sich offenkundig widersprechen und weil sie zweitens ebenso offenkundig an eine bestimmte Religion oder Weltanschauung gebunden sind – an das Christentum, an den tibetischen Buddhismus oder an die Anthroposophie Rudolf Steiners. Lächerlich die Vorstellung, wir würden streng getrennt nach Konfessionen ins Jenseits wandern. Umso mehr fragt sich deshalb: Wer hat Recht? Und hat überhaupt jemand Recht, oder bleibt das Dunkel, wie die Agnostiker meinen, undurchdringlich?

Wer bis zu diesem Punkt gelangt ist, wird die Frage nicht mehr als belanglos zur Seite schieben. Hier heißt es Antwort geben. Und zwar nicht aus bloßer Neugierde, sondern weil es zunächst und vor allem um die Lebenswege *vor* dem Tor geht.

Wo aber können wir Halt finden, wovon können wir ausgehen? Uns bleibt nur eines: Einen klaren Kopf bewahren und, wie uns der große Immanuel Kant gelehrt hat, den eigenen Verstand gebrauchen. Das heißt: Offen und in alle Richtungen aufgeschlossen die vorhandenen Meinungen und Erkenntnisse heranziehen. Nichts von vorneherein aussortieren oder verwerfen. Aber auch nichts von vorneherein zugrunde legen, die verschiedenen Bekenntnisse also zunächst in Klammern setzen. Danach kritisch sichten und prüfen und uns ein Urteil bilden.

Leichter ist das gesagt als getan. Kaum eine Frage ist schwieriger. Denn dass wir alle sterben müssen, ist das Gewisseste überhaupt. Was aber danach kommt, ist das Ungewisseste überhaupt. Wie sollen wir für Aussagen darüber festen Boden unter die Füße bekommen? Verstehen wir eigentlich, was die Begriffe „Gott", „Jenseits" oder „ewiges Leben" meinen und welchen Bezug sie zum irdischen Leben haben? Schnell setzt Kopfzerbrechen ein. Wie eine Mauer baut sich das Ende vor uns auf, das Ende des Lebens, das Ende der Welt. Denken, Verstehen und Fühlen arbeiten sich daran ab. Sozusagen die ganze Welt müssen wir geistig durchdringen, wenn wir in Gedanken darüber hinaus wollen.

Dafür müssen wir uns Zeit nehmen und die Erörterung breiter anlegen. Der naheliegenden Gliederung in die Darstellung der Jenseitslehren und ihre anschließende Beurteilung – der Zweite und Dritte Teil des Buches – muss ein Erster Teil vorangestellt werden. In ihm machen wir uns mit dem Thema und der Fragestellung vertraut: Was verstehen wir unter „Jenseits", und warum wollen wir darüber etwas wissen?

Eine gewisse Mühe des Gedankens, aber sie wird sich lohnen. Die Ergebnisse sind drastisch; man zögert sie in ihrer Härte vorzustellen: Sämtliche konkreten Aussagen über das Jenseits erweisen sich als haltlose Spekulationen. Keine Offenbarung und kein sinnvolles Weltbild stützen sie. Das gilt etwa für die leibliche Auferstehung beim

Endgericht und die Erwartung einer endlosen vom Karma getragenen Kette von Wiedergeburten. Schlimm steht es deshalb um Religionen, die sich in ihrem Kern von solchen Erwartungen abhängig machen: Vor den Augen des Einsichtigen löst sich der Kern auf, und der Rest stürzt wie ein Kartenhaus zusammen. Müssen wir also jede Hoffnung auf ein Fortleben begraben? Keineswegs. Auf hintergründige, nicht präzise beschreibbare Weise lässt sich weitere Existenz denken und glauben. Wenn überhaupt, wird sie von Gottes Liebe getragen sein.

Manchen mögen die Stationen dieser Gedankenreise mit ihrer Fülle von Material ermüden. Er kann sich dann an die Zusammenfassung halten und speziell interessierende Kapitel als Fundgrube benützen. Es lohnt sich jedenfalls, weiter zu lesen.

ERSTER TEIL: DAS JENSEITS – EINE ANNÄHERUNG

1. Was geht der Tod uns an?

Gibt es ein Leben nach dem Tod? Die erste Antwort darauf besteht nicht in einem Ja oder Nein, sondern darin, die Frage selbst in Frage zu stellen. Folgen wir einem bekannten griechischen Philosophen, können wir die Einleitung nachträglich wieder durchstreichen und statt weiter zu schreiben oder weiter zu lesen, lieber eine gute Flasche Wein trinken. Denn weder am Grab eines Freundes noch sonst lohnt die Frage nach Tod und Jenseits. Die Rede ist vom Philosophen der Lust und des gelassen ertragenen Schmerzes: **Epikur**. Seinen letzten Tag erlebt er unter „Blasen- und Darmkoliken, die keine Steigerung ihrer Heftigkeit zulassen", feiert ihn aber als „glückseligen Tag", in der Freude des Herzens und in Erinnerung an seine abgeschlossene Philosophie. Der Tod schreckt ihn nicht, denn: „**Der Tod geht uns nichts an**. Wenn wir sind, ist er nicht. Wenn er ist, sind wir nicht".

Ein großes Wort! Viele fasziniert es noch heute. Die Logik erscheint bestechend: Lebe im Augenblick, dann verschwindet das Problem! Wenn du lebst, lebst du, und der Tod braucht dich nicht zu kümmern. Und wenn du tot bist, kann dich ohnehin nichts mehr kümmern. Ein großes Wort, und doch in zweifacher Weise grundfalsch. Einmal ersetzt es die Unsicherheit des Jenseits durch die falsche Sicherheit: Es gibt kein Jenseits. Woher weiß man das? Der Philosoph glaubte es als einer der ersten Materialisten aus seiner Atomtheorie ableiten zu können: Alles besteht nur aus Atomen, und im Tod löst sich der Mensch wieder restlos in seine Atome auf. Aber woher wusste er das? Die heutige Physik mit ihren Experimenten,

Erkenntnissen und noch offenen Rätseln kannte er nicht. Er dachte es sich einfach. Aber das ist zu wenig, um Klarheit zu bekommen.

Und selbst wenn: Ein Tod, nach dem alles aus ist, geht uns sehr wohl etwas an, nicht nur der Tod lieber Menschen – das sowieso - , sondern auch der eigene Tod. Möglicherweise lassen wir jemand zurück, der uns noch länger gebraucht hätte, etwa eine junge Mutter ihre kleinen Kinder. Auf jeden Fall lassen wir das Leben zurück, und dieses sperrt sich dagegen. Freilich hört man Leute sagen: Den Tod fürchte ich nicht, nur das Sterben. Manche Alte und Kranke fürchten nicht einmal das Sterben, sie wollen bloß gehen. Kommt ein solcher Wunsch aus dem Herzen, zeigt er an: Das Leben ist gelebt, es zieht sich langsam zurück; sanftes friedliches Sterben kann folgen. Wo aber das Leben in Blüte steht, erschauert der Gedanke an das Ende. Darum erschreckt uns besonders der Tod eines Kindes oder junger Menschen.

Der Grund ist offenkundig: Leben will leben, und es will nicht nur im Augenblick leben, es will weiter leben. Kein Augenblick will der letzte sein, jeder sucht den nächsten und so immer fort. Besonders natürlich schöne Augenblicke: Jede Lust, so Nietzsche, will tiefe, tiefe Ewigkeit. Von Natur aus ist kein Augenblick sich selbst genug. Zu simpel ist unter diesem Blickwinkel die Logik Epikurs. Bestens würde sie für Tiere und nur für Tiere taugen: Diese leben nämlich insofern immer im Jetzt, als sie von ihrem Tod nichts wissen – jedenfalls solange sie nicht an der Tür des Schlachthofes eine Ahnung bekommen. Menschen aber kennen ihr Ende, im Geiste können sie zu ihm „vorlaufen", ja den Tod in sich erahnen – so Rilke: Wenn wir uns mitten im Leben meinen, wagt er zu weinen, mitten in uns. Und das macht Angst.

Gegen Ende des Buches soll allerdings von einer Überwindung dieser Angst die Rede sein, von einer Zuwendung zum Hier und Jetzt.

Ein Stück weit kommt man dadurch Epikur wieder näher. Doch dorthin braucht es einen langen Weg der Reifung. An seinem Anfang wäre es verfehlt, die Todesangst mit geistreicher Logik verdrängen zu wollen. Hier gilt schlicht und einfach: **Leben hat Angst vor dem Tod.**

Worum geht es dem Leben dabei? Einmal natürlich darum, dass es so schnell nicht endet. Wie wir im Alten Testament lesen: „Alt und lebenssatt" wollen wir werden. Deshalb melden wir uns beim Arzt zur Vorsorgeuntersuchung an. Für das Leben tut man, was man kann. Besonders richtet sich die Angst auf den Tod selbst und das dunkle Land dahinter. Es ist die kreatürliche Angst des Lebens vor dem Nicht-Leben, vor dem Nicht-mehr-sein, vor dem **Absturz ins Nichts**. In Abschattungen liegt die Angst über uns. Ergibt die besagte Untersuchung eine fatale Diagnose, wird der Schatten auf einen Schlag tiefer: Das Abstrakte wird konkret; du bist auf dem Gleis angekommen, auf dem dein Zug zur Endstation fährt. Doch was ist das überhaupt: Endstation Nichts? Es ist so nachtschwarz, dass wir es uns nicht einmal vorstellen können. Wer kann sich schon vorstellen, tot zu sein?

Solche Angst tröstet sich nicht mit Sprüchen, wie wir sie auf Grabsteinen lesen: „Du lebst in unserer Erinnerung". Die Erinnerung lebt – aber eben nicht wir selbst. Das eigene Weiterleben, darum geht es, und nur dieses würde die Angst besänftigen. Dafür reicht auch nicht, im Grab zu guter Erde zu zerfallen und so Boden für neues Leben zu bilden. Das sind unsere Moleküle, nicht wir selbst. Wir selbst, das ist etwas Persönliches, Geistiges, Seelisches, wie immer wir es umschreiben wollen. Lebt bloß materielle Substanz weiter, ist unser Eigentliches immer noch im Nichts versunken. Der Geist soll weiter leben; das Nichts des Geistes ist es, was wir fürchten. Angstlösende Hoffnung auf ein Weiterleben zielt deshalb immer auf eine Trennung, ganz gleich, welche Begriffe wir dafür verwenden:

Trennung des Eigentlichen von der organischen Substanz, **Trennung der Seele vom Leib**. Solche Angstlösung kann nie vollständig gelingen; denn sie bleibt immer im Klammergriff der philosophischen Frage: Ist solche Trennung überhaupt möglich?

Was tun mit der Angst? Eine Strategie bietet sich an und wird gerne gewählt: **Verdrängung**. So etwa durch lustige Verniedlichung wie in Kobells Theaterstück „Der Brandner Kaspar und das ewige Leben", wo die Leute mit dem leibhaftigen Tod Schnaps trinken und dann im Himmel Weißwürste essen. Aber auch ohne Verniedlichung: Schwelt nicht verdrängte Angst hinter der Jenseitsgewissheit, wie sie manche Religionen lehren? Verdrängende Tendenz hat offensichtlich auch das moderne Bestreben, vom Sterben so wenig wie möglich mitzubekommen: verlegt aus dem Alltag und den Familien in die Intensivstationen der Krankenhäuser. Dann siehst du plötzlich auf dem Flur des Krankenhauses ein zugedecktes Bett vorbeirollen, und unten schaut ein Fuß heraus – da merkst: Auch so kannst du das Haus verlassen und die Welt dazu. Noch entschiedener treiben es die Chinesen. Sie können sich nicht vorstellen, wie Europäer mit dem Blick auf einen Friedhof wohnen können. Bei der Nummerierung ihrer Hotelzimmer vermisst man zuweilen die Ziffer Vier; denn in ihrer Sprache klingt sie ähnlich wie Tod und wird darum gemieden.

Aber das nützt alles nichts. Lästige Ungewissheiten von sich fern zu halten, mag Sinn machen. Aber das Gewisseste, was es auf Erden gibt, nicht sehen zu wollen, ist lächerlich. Und noch schlimmer: Die nicht bewältigte Angst kann in der Seele ihr Unwesen treiben. Die Folgen erlebt der Bergsteiger im steilen Gelände: Bekommt er die Angst vor dem Absturz nicht in den Griff, werden die Knie zittrig und der Gang erst recht unsicher. Abgründige Angst lässt uns die Diagnose fürchten und den Weg zur Vorsorgeuntersuchung meiden. Oder wir verleugnen das ständige Schwinden der Lebensmöglichkeiten – die „kleinen Tode" als Vorboten des großen - , etwa durch „anti-aging", und enden in Krampf und Enttäuschung. Nur schaden, nicht nützen kann die Verdrängung. Besser gehen wir mit offenen Augen durchs Leben, offen auch in diese unwillkommene Richtung: den Tod im Blick, ohne ihn philosophisch zu überspringen oder angstvoll zu umgehen.

Zahlreiche Weltanschauungen gibt es, die derart dem Tod ins Auge schauen und sich dennoch vollständig der irdischen Welt hingeben. Bekannte Philosophien sind darunter und sogar Religionen. Ein Beispiel ist der Shintoismus, die alte und noch lebendige Nationalreligion Japans. Ihren Schwerpunkt hat sie allein im Diesseits, bei den Göttern, dem Kaiser, der Natur und den Freuden Lebens, etwa der prachtvollen japanischen Kirschblüte. Bei freudigen Ereignissen bietet sie ihre Schreine an, während für Trauerfälle der Buddhismus zuständig ist. Erstaunlicherweise enthält auch die Bibel ein Dokument dieser Weltsicht in dem merkwürdigen und etwas isoliert dastehenden Weisheitsbuch **Kohelet**: „Und ich pries mir die Freude, weil es nichts Besseres gibt für den Menschen unter der Sonne als zu essen, zu trinken und sich zu freuen" (Koh 8,15). „Wohlan, so iss dein Brot in Freude und trinke frohen Herzens deinen Wein! ... Allzeit seien deine Kleider weiß, und Öl soll deinem Haupt nicht fehlen! Genieße das Leben mit deiner Frau, die du liebst, alle Tage deines nichtigen Lebens, die Gott dir gibt unter der Sonne!" (Koh 9,7 – 9).

In diesem Ethos der Lebensfreude und des heiteren Genießens klingt die kynische Philosophie Griechenlands an, die sich damals im Mittelmeerraum verbreitet hatte. Mit ihr schließt sich nahezu der Kreis zur verwandten Philosophie Epikurs, freilich mit dem Unterschied, dass Kohelet den Todesschrecken nicht in unnatürlicher Weise weg erklärt: „Ja, wer noch zugesellt ist der Gesamtheit der Lebenden, für den gibt es noch Hoffnung; denn ein lebender Hund ist besser als ein toter Löwe" (Koh 9,4). Der Tod ist das Ende: „Die

Lebenden wissen, dass sie sterben, die Toten aber wissen schlechthin nichts. Es gibt keinen Lohn für sie; ihr Andenken wird vergessen. Ihr Lieben, Hassen und Eifern ist längst vergangen" (Koh 9,5 f.). Kohelet lehrte noch in der Zeit, als Israel an kein Leben nach dem Tod glaubte; davon wird später die Rede sein. Infolge dessen richtet sich der Einwand gegen Epikur ebenso gegen ihn: Woher weißt du, dass mit dem Tod alles aus ist? Auch hier bleibt die Frage ohne Antwort. Beiden Weltanschauungen liegt voreilige Gewissheit zugrunde.

Diese schieben wir jetzt gedanklich beiseite und rechnen mit der Möglichkeit des Weiterlebens. Damit tut sich ein völlig neues Feld auf, auf dem der Tod uns etwas angehen könnte, sehr viel sogar. In den meisten Stammesreligionen alter Völker, soweit sie an ein Jenseits glauben, fehlt ein **Totengericht**. Man lebt weiter als Ahnengeist oder in den „ewigen Jagdgründen", ohne dass dabei der ethische Wert des gelebten Lebens eine Rolle spielte: ein ethikfreies Jenseits also. Solche Konzepte finden heute allenfalls noch in neuheidnischen Kreisen Anklang. Seit dem Aufkommen der Hochreligionen ist uns der Zusammenhang von Ethik und Jenseitsglauben gleichsam in Fleisch und Blut übergegangen. Diese „ethische Wende" wird uns durch das ganze Buch beschäftigen. Ihr Grundgedanke lässt sich so ausdrücken: Im Jenseits soll sich nicht nur unsere Existenz fortsetzen, sondern es sollen auch die aus diesem Leben noch offenen Rechnungen ethisch-moralischer Art beglichen werden. Die Gerechtigkeit, die wir hier vermissen, wird drüben zur Vollendung gebracht: Nachholend wird das Gute belohnt und das Böse bestraft. Das Jenseits erhält Gerichtscharakter. In besonderem Maß betonen ihn die westlichen Religionen: „Es ist dem Menschen gesetzt zu sterben, und dann folgt das Gericht" (Hebr. 9,27). Am Horizont erscheinen Himmel und Hölle. Neben die Angst vor dem Versinken im Nichts treten zwei weitere starke Emotionen: die Angst vor Strafe und die Hoffnung auf Lohn. Wir kennen alle die Todesmahnungen: „Memento mori!" „Staub bist du, und zum Staub kehrst du zurück". „Una ex his tua" lesen wir auf alten Klosteruhren: Eine von diesen Stunden wird deine sein, deine letzte. Das klingt nach Kohelet, aber der Hintergrund ist ein völlig anderer. Nicht an den Genuss des Diesseits soll erinnert werden, sondern an das drohende Gericht im Jenseits: „Rette deine Seele!"

Eine solche Blickrichtung hat entscheidende Folgen für das Leben: Das Jenseits gewinnt die Oberhand über das Diesseits, denn dort erst fällt die eigentliche Entscheidung über Wohl und Wehe, und das womöglich für alle Ewigkeit. „Unsere Heimat ist im Himmel" sagt Paulus (Phil 3,20), und „Wir sind nur Gast auf Erden" sagt das Kirchenlied. Das Leben im **Diesseits** droht **abgewertet** zu werden zum bloßen Gastspiel und zum Vorlauf des Jenseits. Können wir noch so fröhlich, wie Kohelet meint, essen und trinken, wenn überall Sündengefahren lauern und mit ihnen die ewige Verdammnis? Lassen wir es vorerst mit dieser Gefahrenanzeige bewenden. Jedenfalls ist als weiteres Problem wieder die voreilige Gewissheit zu beklagen. Möglicherweise verhält es sich mit dem Jenseits so; aber woher kann man das wissen? Dennoch hat die Antwort Konsequenzen.

Wie man es dreht und wendet, aus welchem Blickwinkel man auf das Jenseits schaut, aus dem des Kohelet oder des Christentums oder was immer, die Folgen für dieses unser Leben auf der Erde sind bedeutend. Es kann keine Rede davon sein, dass Tod und Jenseits uns nichts angingen. Im Gegenteil, hier geht es um alles, um das Ganze, um das Leben nach dem Tod und um das Leben vor dem Tod. Darum nochmal die Frage: Wie bekommen wir Klarheit?

Genau genommen, geht es um drei Fragen. Erstens: Ist mit dem Tod alles aus? Zweitens: Wenn nein, wie geht es weiter? Drittens: Wie hängt dieser Weiterweg mit unserem Lebensweg zusammen?

2. Das Jenseits hinter Welt und Leben

1. Die Krise des objektiven Wissens

Im Lauf der Geschichte ist eine gewaltige Kluft zwischen den Standpunkten aufgerissen. Auf der einen Seite steht der Agnostiker, der Vertreter der Moderne, und wischt die Fragen vom Tisch: Wie kannst du nur an eine Antwort denken? Diese müsste jenseits der Welt liegen; dort ist für dich schwarze Nacht. Hast du ein so gutes Nachtsichtgerät? Das andere Extrem markieren die Jenseitsvorstellungen der alten Völker. Man fragte gar nicht, ob, wie und was man wissen konnte; man wusste einfach. Die Kelten wussten etwas, die Germanen wieder anderes, die Griechen wussten von Hades und Elysium, die Ägypter vom Totengericht der Maat, die Hebräer von der Scheol und die Inder vom Totengott Yama. Alle wussten etwas und kümmerten sich nicht um das Wissen der anderen, das sie oft gar nicht kannten. Es war ein vermeintlich **objektives Wissen**, nicht ein Wissen um den Sinn, um das, was sein soll, was gut ist – sondern ein Wissen um das Sein, um das, was ist und nach dem Tod kommen wird. Fraglos dachte man: So ist es eben!

Solches Wissen ist heute in eine schwere Krise geraten. Wir sehen inzwischen: Von eigentlichem Wissen konnte bei den buntscheckigen und einander widersprechenden Jenseitsmythen keine Rede sein. Es waren allesamt Spekulationen. Dabei steht natürlich die Frage nach dem Sein, nach dem objektiv Gegebenen auch für das Jenseits im Raum. Meist und vor allem im Alltag steht sie sogar im Vordergrund. Bevor ich subjektiv überlege, was ich mit meinem neuen Computer alles machen will, sollte ich wissen, was er objektiv an Funktionen hergibt. Auch einen Himmel, den ich mir subjektiv erhoffe, sollte es objektiv erst einmal geben. Wunschdenken allein macht es nicht.

Gibt es den Himmel also? Die Frage stellt sich in der Tat, aber ihre Schwierigkeit wurde durch die Jahrtausende unterschätzt. Lassen uns doch viele mittelalterliche Wandgemälde so herrlich in den Himmel blicken, in den die Seligen vom Letzten Gericht aus ziehen werden; die dunklen Gestalten gegenüber wandern währenddessen anderswohin. Ähnliches wird uns in Dantes Göttlicher Komödie vor Augen geführt. Doch all das sind Bilder, in künstlerischer Freiheit entworfene Fiktionen, denen das Gewicht der Wirklichkeit fehlt. Frei von solchen Beschwerungen kann ich alles Mögliche fingieren, etwa einen Harry Potter durch viele Jahrgänge der Zauberschule spazieren lassen. Mit dem Jenseits aber steht es ernster. Wir wollen ja nicht als Romanfiguren, sondern wirklich in den Himmel kommen.

Anstelle der künstlerischen Freiheit müssen wir uns daher einer anderen Leitlinie zuwenden, nämlich dem **Begründungsgebot**, dem früher so genannten "Satz vom Grunde". Es lässt sich in die schlichte Frage kleiden: Woher weißt du das? Darauf muss jeder antworten können, der etwas nicht Selbstverständliches behauptet, auch und gerade, wenn er über das Jenseits redet. Er muss eine zureichende Grundlage benennen, die seine Aussage in der wirklichen Welt hat. Erstaunlich, wie spät in der Geschichte sich eine so triviale Forderung herumgesprochen hat; teilweise hat sie es immer noch nicht. Gemessen an ihr erweisen sich die Jenseitsvorstellungen der alten Welt als eine einzige Bildergalerie, als eine Fülle von Mythen, Märchen und Spekulationen; denn für keine einzige von ihnen lässt sich ein zureichender Grund angeben.

Wie aber könnte ein Grund aussehen? Im Alltag denken wir meist an eine direkte, konkrete Begründung. Wenn das Erste und das Zweite nicht wär, heißt es bei Faust, das Dritte wäre nimmermehr. Wärst du durch das hitzige Gespräch nicht abgelenkt gewesen, du hättest das Stoppschild nicht übersehen. Aber welcher direkte Begründungsweg, welcher „rote Faden" soll vom Diesseits ins

Jenseits führen? Schneidet der Tod nicht alle Fäden ab? Ist von drüben schon jemand zurückgekommen? Es ist leider so: Auf direkte Begründungen dürfen wir nicht hoffen. Doch halt! mag jemand einwenden, jetzt gehst du zu weit in deinem Pessimismus: Was ist beispielsweise mit Nahtoderfahrungen oder mit Nachtodkontakten, was ist mit der Auferstehung Jesu? Tatsächlich werden uns diese Erscheinungen in diversen Kapiteln beschäftigen, und wir werden sogar auf den Begriff „Jenseitsforschung" stoßen. Doch im Vorgriff und in gewisser Vereinfachung sei gesagt: All das mag uns wenige Zentimeter hinüber blicken lassen – ganz abrupt fällt der Vorhang des Todes offenbar nicht - , aber weiter hinein in das dunkle Land oder gar in die Ewigkeit reicht kein irdischer Blick. Direkt begründete oder gar **wissenschaftliche Aussagen über das Jenseits sind ausgeschlossen**.

Doch es gibt nicht nur direkte oder konkrete Begründungen. Der „Blick nach drüben" wird allzu leicht als Suche nach etwas Bestimmtem aufgefasst – wie bei einem Leuchtturmwärter, der nach einem hinter dem Horizont auftauchenden Schiff Ausschau hält. Bei der Frage nach dem Jenseits geht es aber nicht um ein einzelnes Schiff, um ein einzelnes Weiterleben; es geht um den Horizont als ganzen, oder – kurz gesagt – es geht **ums Ganze**: Diesseits und Jenseits im Gesamt einer wirklichen Welt. Ganzheitlich müssen wir ansetzen, nicht an konkreten Beobachtungen oder Ereignissen, sondern am Bild der Welt als ganzer. Darum braucht, wer sinnvoll über das Jenseits reden will, ein **Weltbild**. Dies ist ein gängiger Begriff, den wir später genauer unter die Lupe nehmen werden, vor allem seinen Bestandteil „Welt". Fürs Erste lässt er uns aber das Gemeinte verstehen.

Ganzheitliches Denken ist nichts Außergewöhnliches. Auch die neuere Wissenschaft braucht es. Als die Forscher am Genfer Protonenbeschleuniger über die Entdeckung des lange vermuteten

Higgs-Teilchens („Gottes-Teilchens") jubelten, hatten sie das Teilchen keineswegs „einfach so" gesehen. Vielmehr wurde seine Existenz aus einer Fülle von Beobachtungen mit Hilfe einer hochkomplizierten ganzheitlichen Theorie erschlossen. Wenn es um den Kern der Dinge und um das Jenseits geht, führt erst recht kein Weg am ganzheitlichen Ansatz vorbei. Er nötigt zu Abstrichen an gewohnten Vorstellungen. Ganzheitlich bedeutet in gewissem Maße allgemein und abstrakt; durch und durch abstrakt sind die mathematischen Theorien der Genfer Physiker. Ein ganzheitliches Bild von Welt und Jenseits kann nie so saftig-sinnlich ausfallen wie ein barockes Bild von Himmel und Hölle.

Solche Abstraktheit kann unser **Verstehen** an seine Grenze bringen. Das Problem des objektiven Jenseitswissens liegt folglich nicht nur darin, ob es begründet ist, sondern auch darin, ob es überhaupt verstanden werden kann. Es könnte sein, ein Götterbote bringt uns die Offenbarung von drüben, und wir verstehen seine Worte nicht, weil sie jenseits unseres Horizonts liegen. Denn Verstehen braucht einen Rahmen oder Zusammenhang, in den wir das zu Verstehende einbetten, es braucht – wie die Hermeneutiker sagen – ein Vorverständnis. Im Alltag ist das meist kein Problem. Den Satz „Ich mache jetzt das Fenster zu" verstehen wir ohne weiteres. Aber gilt das auch für den Satz „Die Seelen der Verstorbenen gelangen zur Abbüßung ihrer Sünden zunächst an einen Reinigungsort"? Wissen wir, in welchen Rahmen, in welches Vorverständnis, kurz: in welches Weltbild wir diesen Satz einfügen sollen?

Manche kennen, weil Pfarrer sie zuweilen erzählen, die kleine Geschichte: Zwei Mönche machen sich in langen Diskussionen ein genaues Bild vom Jenseits. Dann vereinbaren sie: Der zuerst Versterbende kommt am Tag nach seinem Tod kurz zurück mit den Worten „taliter" (genauso ist es, also wie besprochen) oder „aliter" (anders). Nach dem Tod des ersten Mönchs wartet der zweite indessen ein ganzes Jahr, bis der erste mit seltsamer Miene und den Worten „totaliter aliter" erscheint. – Das Jenseits könnte demnach so „total" anders sein, dass schon unser Verstehen nicht mehr hinreicht. Und über das Verstehen können unsere Vorstellungen nicht sinnvoll hinausgehen.

2. Jenseits und Lebenssinn

Wir brauchen also, wollen wir vom Jenseits reden, ein Weltbild, ein verstandenes und begründetes Weltbild. Keine ganz leichte Aufgabe, und wenn sie – nehmen wir an – erfüllt ist, kommt erst die entscheidende Frage: Lässt sich von einem solchen Weltbild aus, das ja nur Rahmen und Vorverständnis liefert, beantworten, ob mit dem Tod alles aus ist? Wieder etwas vorgreifend ergibt sich eine sehr einfache Antwort, die der Leser bereits vermutet: Nein. Weltbilder sind eine notwendige, aber keine hinreichende Erschließung, eben nur ein Rahmen; der letzte Schritt folgt aus ihnen nicht. Damit vollendet sich die Krise des Jenseitswissens: Als rein objektives Wissen existiert es überhaupt nicht.

Das wirft den uns geläufigen Vorrang des Seins und des Objektiven vor dem Sinn und dem Subjektiven über den Haufen. Sonst fragen wir, wie gesagt, vernünftigerweise erst, was Sache ist, bevor wir uns mit der Sache abgeben. Darum würden wir auch zum Himmel gerne erst wissen, ob und wie es ihn gibt, bevor wir uns auf den Weg zu ihm machen. Aber so geht es nicht; kein Weg führt zu einer solchen Vorprüfung. Allein objektiv kommen wir nicht weiter. Wir müssen die **Sinnfrage** dazu nehmen. Wie verhalten sich Jenseitsvorstellungen zum Sinn unseres Lebens? Und wir müssen diese Frage in die objektive Frage hineinflechten. Daraus folgt ein Kernsatz für unsere weiteren Überlegungen: **Die Antwort auf die Jenseitsfrage kann nur aus einer Verschmelzung von Objektivem und Subjektivem, von**

Sein und Sinn, von Weltbild und Lebensbild hervorgehen. Denn ein Jenseits, so es existiert, steht sowohl hinter der Welt wie hinter unserem Leben, und beides kann nur im Zusammenhang gesehen werden. Die Betrachtung ist damit noch ein Stück ganzheitlicher geworden. Weltbild und Lebensbild bzw. Lebenssinn sind in sich bereits ganzheitlich und verschmelzen nun zur größtmöglichen Ganzheit. Bis zu dieser Stufe müssen wir vordringen, wenn wir sinnvoll über das Jenseits reden wollen. Billiger geht es nicht.

Dabei ist die Sache weniger geheimnisvoll als sie klingt. Verflechtungen von Sein und Sinn begegnen uns auf Schritt und Tritt auch in alltäglichen Zusammenhängen. Lücken im Faktenwissen werden durch eine Sinnentscheidung überbrückt, etwa in Gestalt von Sicherheitsphilosophie oder Risikofreude. So beruhen beispielsweise Entscheidungen zur Nutzung der Atomenergie sowohl auf einem nie ganz vollständigen Faktenwissen über die Gefahren wie auf einer zugehörigen Sicherheitsphilosophie; diese hat sich bekanntlich in Deutschland jüngst geändert. Ein weiteres typisches Beispiel sind Wetten. Wir wissen nicht, wie die Sache liegt oder ausgehen wird, wollen aber gewinnen und setzen mehr oder weniger auf Risiko. Der Philosoph Pascal wollte in diesem Sinne sogar auf das Jenseits wetten. Das war, wie wir sehen werden, kein Meistergedanke, denn ganz so einfach geht es nicht. Richtig daran ist immerhin das Zusammenfließen von Seinsvorstellungen und Sinnentscheidungen bei der Wahl des Jenseitsglaubens.

Damit rücken auch die Ausgangsfragen – Gibt es ein Jenseits? Wie ist es? Was bedeutet es für mein Leben? – eng zusammen. Man kann die erste nicht bejahen, ohne die beiden anderen mit zu erledigen. Jenseits bloß als Jenseits, ein Jenseits ohne Eigenschaften –„ irgendwie geht es nach dem Tod noch weiter" – macht keinen Sinn. Selbst wenn wir Näheres wüssten – etwa von einem Weiterleben als jagender Indianer, als Ahnengeist oder Blumenelf – würde dies ohne

Bezug zu unserem Leben keinen Sinn machen. Denn es wäre entgegen zu halten: Was bringt dir eine solche Vorstellung, wenn du ohnehin nichts dazu tun kannst? Lass es auf dich zukommen und warte es einfach ab! Und vor allem: Wenn du, wie gesehen, die Vorstellung objektiv nicht begründen kannst, wie willst du sie dann ohne Lebensbezug überhaupt begründen? Dies ergibt in der Umkehrung den wichtigen Satz: Es ist einzig die persönliche **Lebenserfahrung**, die auf der Basis von Weltbild und Lebenssinn die Entscheidung für einen Jenseitsglauben liefern kann und muss.

Infolgedessen kommen von vorneherein nur solche Jenseitsvorstellungen in Betracht, die für unser Leben Sinn machen. Und wenn sich Zweifel bezüglich des Weltbilds nicht objektiv lösen lassen, muss die Sinnfrage entscheiden. Zumindest unterschwellig sind der Menschheit diese Zusammenhänge inzwischen bewusst geworden. Denn die früheren „ethikfreien" Vorstellungen von einem Weiterleben „nur so" und ohne Zusammenhang mit dem gelebten Leben gibt es zwar da und dort noch, aber sie sind auf dem Rückzug. Seit dem Aufkommen der Hochreligionen überwiegt bei den Gläubigen die Anschauung, die Art des Weiterlebens werde vom ethischen Wert des irdischen Lebens bestimmt.

3. Was erhoffen wir vom Jenseits?

Wenn sich mit Blick auf das Jenseits Seinsfrage und Sinnfrage verbinden, was ist dann die Sinnfrage? Sie lautet im ersten Ansatz: Was erhoffen wir vom Jenseits? Damit beginnen die Schwierigkeiten; denn die Hoffnung zielt mitten ins Dunkel hinein.

Wie würdest du dir, wenn du den Wunsch frei hättest, dein Leben nach dem Tod vorstellen? Vielleicht als Dasein ohne Krankheit, Sorgen und Stress – ein blühendes Glück im Kreise deiner Lieben. Bist du ein Moslem, träumst du vielleicht – so jedenfalls nach dem Koran

– von üppigen Gärten mit sprudelnden Brunnen, wo glutäugige Jungfrauen auf dich warten. Aber all das ist, ernsthaft betrachtet, ohne Wert. Man würde die Einbeziehung der Sinnfrage missverstehen, sähe man darin einen Freibrief zu fröhlichem Träumen und zu wilden Spekulationen. Darum kann es nur um ein **Minimum des Sinnes** gehen, also um eine Art Definition, was wir nach Abstreichen alles Entbehrlichen gerade noch als ein Weiterleben nach dem Tod ansehen können. Verlangten wir mehr, müsste der aus dem Jenseits zurückkehrende Mönch über unsere allzu erdverhafteten Vorstellungen lachen. Aber eine Untergrenze muss sein. Ein Eingehen in die dunkle Energie des Universums könnten wir beispielsweise nicht mehr als ein Leben nach dem Tod ansprechen.

Wie könnte das Minimum aussehen? In einer Kurzformel ausgedrückt: Ich will **leben**! Nun wird es heikel mit der Verquickung von objektiv und subjektiv; denn die Rückfrage lautet: Was verstehst du – objektiv – unter „leben", und zwar leben in einer anderen Welt? Noch heikler die Zusatzfrage: Was bedeutet in diesem Zusammenhang das Wort „ich"? Es meint das **persönliche Weiterleben**, das Fortleben als die Person, die man vor dem Tode war. Ein offensichtlich schwerwiegendes Thema. Wehmut und Zuversicht liegen, eigentümlich gemischt, in der Atmosphäre mancher Sterbezimmer: Du gehst jetzt von uns, aber nicht für lange – bald sehen wir uns wieder! Dann kann uns nichts mehr trennen; und weißt du noch, wie wir uns das erste Mal in der Straßenbahn begegnet sind? Das Wiedersehen der Lieben ersehnen viele mindestens ebenso wie das eigene Weiterleben.

Die Religionen stellen sich hierzu unterschiedlich, was die Theorie betrifft. Während den westlichen Religionen das persönliche Weiterleben ausnahmslos heilig ist, fallen in der buddhistischen Lehre vom Nicht-Selbst (Anatta) die Schranken der Person.

Unabhängig davon beten in der Praxis die meisten religiösen Menschen für ihre verstorbenen Angehörigen. Im Westen besprengt man ihre Gräber mit Weihwasser; die Chinesen verbrennen für sie Opfergeld. Im Hintergrund all dessen steht der Glaube, dass die Identität der Person über den Tod hinaus erhalten bleibt. Ich bin ich, und du bist du, und das bleiben wir auch drüben. So hat mancher Ehegatte nach dem Tod des Partners das Gefühl: Er oder sie schaut jetzt auf mich herunter. In vielen Kulturen und zumal der unsrigen fassen viele Menschen das Weiterleben von vorneherein als ein persönliches auf. Schon die Beigaben in den Gräbern der Vorzeit deuten darauf hin. Die in den westlichen Religionen allgemeine Annahme eines Totengerichts setzt unausgesprochen diesen Glauben voraus. Denn ein Gericht hat nur Sinn, wenn der Angeklagte noch als Person existiert und weiß, wer er ist und wofür er sich zu verantworten hat.

Vor diesem Hintergrund mag überraschen, wenn wir gerade hier Abstriche machen. Ohne das persönliche Fortleben ausschließen zu wollen – das sei betont -, kann man es nicht zu den Minimalbedingungen des Weiterlebens rechnen. Einerseits würde man das ohnehin prekäre Verstehen der jenseitigen Welt überfordern, wenn man sich die Personen dort als Individuen und säuberlich geschieden wie auf Erden vorstellt. Auf der anderen Seite werden wir als geistigen Kern des Lebens noch Sinn und Sinnvollzug kennen lernen. Lebendigen Sinn kann es auch ohne Fixierung auf die Person geben. Das ist nicht auf den ersten Blick einsichtig; aber denken wir nur an Entgrenzungen der Person in Ekstasen, Meditationserfahrungen oder auch im Drogenrausch. Lebendiger Geist reicht über die Person hinaus. Jedenfalls sollten wir uns für das Jenseits nicht voreilig auf die Person festlegen, sondern insoweit – in aller Vorläufigkeit – ein Fragezeichen anbringen.

Da mögen der aus dem Jenseits zurückkehrende Mönch und auch der ungläubige Agnostiker einhaken: Da seht ihr, ihr Gläubigen, wie ihr schon an dieser Stelle herumeiert – einen lebendigen Geist verlangt ihr, aber bei der Person seid ihr euch schon nicht mehr sicher; das mag begreifen, wer will. Tja, kann man da nur antworten, ein leicht verständliches Jenseits haben wir nicht behauptet, und messerscharfe Abgrenzungen wird niemand bieten können. Aber an einem muss man festhalten: Wenn das Weiterleben sich nicht auf einen irgendwie lebendigen, irgendwie mit dem menschlichen Niveau vergleichbaren Geist stützen kann, dann kann man es gleich vergessen. Den Sinn dieser Forderung macht man sich am besten an drei wichtigen Folgerungen klar:

> Beim „Leben" im Jenseits ist nicht an die lebendigen Würmer gedacht, die sich einmal an unserem Leichnam nähren werden. So gesehen, geht das Leben natürlich weiter. Wenn wir uns nicht verbrennen lassen und zu Erde zerfallen, keimt daraus neues Leben. Ein schöner Gedanke, der manchen Dichter begeistert („Aus der Tiefe Wurzelträumen bricht / Längst erloschener Wesen Drang ans Licht" - so Hermann Hesse über einen „Ländlichen Friedhof"). Aber reden wir nicht lange herum: Mit Leben nach dem Tod meinen wir etwas Anderes, nämlich etwas **Geistiges**. Leibliches mag dazu kommen; aber jedenfalls der Geist oder in anderer Sprechweise die Seele darf nicht fehlen. Das Weiterleben bloß der Moleküle interessiert nicht wirklich. Zu Recht belächeln wir Leute, die vorwiegend auf ein Weiterleben ihres Leibes hoffen und diesen daher nach dem Tod zwecks späterer Wiederbelebung einfrieren lassen (sog. Kryologie). Daher stoßen wir beim Nachdenken über das Jenseits immer wieder auf das Gegenüber von Leiblichem (oder Physischem) und Geistigem. Jedenfalls würden wir den minimalen Begriffskern verfehlen, würden wir das „Leben nach dem Tod" mit dem Satz gleichsetzen „Das Leben geht weiter". Wir hätten den Tod beschönigt und verdrängt und uns die Sache zu leicht gemacht.

> Eine ähnliche Verdrängung besteht darin, dem Geist sein Leben zu nehmen und sich mit **Erinnerungen** zu begnügen. Selbstverständlich lebt Beethoven in seiner berühmten 9. Symphonie fort. Aber als Partitur ist sie nur ein Stück Papier. Sie muss erst durch ein Orchester wieder zum Leben erweckt werden, und auch dann ist sie nicht eigentlich Beethovens Leben, sondern das der Musiker und des Dirigenten. Der lebendige Geist des Menschen hinterlässt Spuren, darunter seine Werke. Wir sagen dann: Er lebt in seinen Werken fort. Oft sind die Spuren tot, lassen sich aber wieder beleben. Oder sie haben sich von vornherein im Bewusstsein der Nachkommen lebendig erhalten; wir sprechen dann von Erinnerungen. Getreu der Devise „Nur wer vergessen wird, ist tot" verkünden zahlreiche Grabsteine dieses Konzept von Unsterblichkeit: „Unvergessen" oder „Du lebst in unseren Erinnerungen fort". Besonders schön formuliert Friedrich Schiller: „Auch ein Klaglied zu sein im Mund der Geliebten ist herrlich./Denn das Gemeine geht klanglos zum Orkus hinab". Und der Kommentar? Wiederum sehr schöne Gedanken, aber nicht das Eigentliche; wiederum ist das Minimum verfehlt. Denn geistiges Leben heißt Selbst-Leben, Für-Sich-Selbst-Leben, nicht bloß als Spur in das geistige Leben anderer eingehen. Wenn andere aus meinen Spuren und Erinnerungen leben, dann leben eben andere, nicht ich. Die leider nur vage Abgrenzung zur Frage des persönlichen Weiterlebens ist an dieser Stelle offenbar besonders heikel.

> Vor eine fast noch härtere Klippe führt uns die dritte Minimalbedingung. Geistiges Leben ohne Person gibt uns Rätsel auf; ebenso schwer vorstellbar ist Leben ohne zeitlichen Ablauf. Leben, so wie wir es kennen, ist nicht ohne lebendige Veränderung zu denken, und Veränderungen geschehen in der Zeit. Damit ist erstmals das Thema von **Zeit und Ewigkeit** berührt. Hierzu besagt die dritte Bedingung, dass Leben weder mit entleerter Zeit noch mit völliger

Abwesenheit von Zeit vereinbar ist. Entleerte Zeit würde bedeuten, dass die Zeit nach unserem Tode endlos weiter läuft, dass aber in diesem „ewigen Leben" nicht mehr viel Neues passiert, die Zeit also gleichsam leerläuft. Die Vorstellung geht auf die Apokalyptik des alten Israel zurück und spukt noch in vielen Köpfen herum. Dann mag man, recht betrachtet, gar nicht so gerne in den Himmel kommen. Was für eine Langeweile – immer das Gleiche in alle Ewigkeit! Und das alles nur geistig, immer nur Hallelujasingen – daher der Volksmund: Im Himmel gibt's kein Bier, drum trinken wir es hier! Doch lassen wir den Himmelsverdruss und die zugehörigen Scherze beiseite. In der Theologie überwiegt nämlich längst die gegenteilige Version: Ewigkeit als Zeitlosigkeit. Doch was soll das sein? Zeitloses können wir uns ohne weiteres vorstellen; nehmen wir nur den Satz „2 + 2 = 4". In Bezug auf Zeit und Raum ist er überall und nirgends; er steht über und außerhalb jeglicher Zeit. Dasselbe gilt für alle mathematischen Sätze und überhaupt für alle universal gültigen Prinzipien. Aber wollen wir als Teil eines solchen Prinzips oder als mathematische Formel wiedergeboren werden? Mit Leben hätte eine solche „Existenz" zweifellos nichts zu tun. Hier ist M. H. Nienz („Lucy in the sky") konsequent; er will uns im Licht weiterleben lassen, wo gemäß der Relativitätstheorie alle räumlichen und zeitlichen Distanzen gleich Null sind, also Raum- und Zeitlosigkeit herrscht. Das nennt er Ewigkeit, aber nicht ewiges Leben. Und eine solche Ewigkeit, seien wir ehrlich, mag es geben oder nicht, sie interessiert uns herzlich wenig. Das Dilemma, vor dem wir stehen, lautet kurz gefasst: Zeitlichkeit ist sterblich, Zeitlosigkeit ist tot. Beides kann es nicht sein. Wenn „ewiges" Leben weder in Fortsetzung irdischer Zeit noch in völliger Zeitlosigkeit geschehen kann, dann muss es einem dritten Ordnungsprinzip unterworfen sein. Nennen wir es „zeitübergreifend": nicht zeitlich, nicht zeitlos, sondern eben zeitübergreifend. Der Begriff wird uns noch Kopfzerbrechen bereiten; lassen wir ihn vorerst einmal stehen. Man sieht: Mit dem gedanklichen Vordringen über den Tod hinaus haben wir uns einiges vorgenommen; in wenigen Sätzen ist es nicht abgetan.

4. Jenseitsbilder: endgültig und einfach!

Mit den Anforderungen an ein Jenseitsbild sind wir noch nicht zu Ende. Die bisherigen Überlegungen fanden sozusagen im Jenseits statt. Jetzt gilt es die Sinnklammer zu finden zum irdischen Leben. Denn, so sahen wir, ohne einen im weitesten Verständnis ethischen Zusammenhang mit diesem Leben sind Jenseitsvorstellungen sinnlos. Viele Erwartungen gehen ohnehin in diese Richtung: Das hier getane Gute soll drüben belohnt, und das Böse soll bestraft werden. Außerdem und vor allem wären Jenseitsvorstellungen beliebig und unüberprüfbar, solange sie nicht mittels der ihnen zugrundeliegenden Werte im Diesseits getestet werden können. Sie müssen also von Werten getragen sein, die über diese Welt hinausreichen und uns nach drüben geleiten, die aber bereits hier im Leben erfahren werden. Welche Werte dafür in Frage kommen, wird Hauptthema der letzten Kapitel und wichtigste Frage des ganzen Buches sein. So weit sind wir noch nicht, aber eines lässt sich schon sagen: Wenn Jenseitsbilder entscheidend von Werten und zugehörigen Erfahrungen abhängen, dann setzt dies Bedingungen für ihren Inhalt.

Die erste Forderung lautet: Jenseitsvorstellungen mögen schillern und sich verändern, ihr wesentlicher Kern muss aber definitiv, **endgültig** und ohne „vielleicht" sein. An dieser Stelle entzweien sich Weltbild und Lebensbild. Denn mit einem klaren oder gar endgültigen Weltbild tun wir uns schwer; das wurde schon gesagt. Zudem hat auch die Wissenschaft etwas über die Welt zu sagen, und die ist in ständigem Fluss. Wissenschaftlich orientierte Menschen mögen mit ihrem Weltbild zögern und weitere Erkenntnisse abwarten wollen. Für Lebensentscheidungen geht das hingegen nicht, jedenfalls soweit ihr Kern betroffen ist. Lang ist die Kunst (oder die Wissenschaft), sagten die Römer, kurz ist das Leben (ars longa, vita brevis). Die Wissenschaft schreitet voran; alle Theorien sind nur hypothetisch; das Wissen von heute kann der Irrtum von morgen sein. Mein Leben aber ist kurz, und wenn Jenseitsvorstellungen über die Werte unlösbar mit meinen Lebensentscheidungen verbunden sind, muss ich mit ihnen bald zu Rande kommen. Ist das momentane Weltbild noch so sehr mit Fragezeichen versehen, die anstehenden Lebensfragen erzwingen Entscheidungen. Ich kann damit nicht warten, bis die Physiker ihre Stringtheorien zur endgültigen Reife gebracht haben und wissen, was die Welt im Innersten zusammenhält.

Stichwort Stringtheorien: Diese enthalten höhere oder höchste Mathematik, die kaum jemand versteht. Dazu die zweite Forderung: Weder von solcher Mathematik noch von philosophischen Spitzfindigkeiten oder theologischen Detailfragen darf eine sinnvolle Jenseitsvorstellung abhängen. Sie muss klar und **einfach** sein. Was sollen wir mit den zahlreichen Himmeln und Höllen einiger hinduistischer und buddhistischer Systeme anfangen, was in der katholischen Eschatologie mit Himmel und Hölle, Scheol und Vorhölle, Fegfeuer und Limbus für ungetaufte Kinder, was mit zeitlichen und vollkommenen Ablässen? Jenseitsvorstellungen müssen einfach sein wie der Tod einfach ist: Das Abschneiden des Lebensfadens, das schwarze Loch dahinter – das alles ist so brutal einfach, dass komplizierte Konstruktionen daran zuschanden werden. Und auch die Lebensentscheidungen, in denen Werte für Diesseits und Jenseits geprüft werden: Sie mögen verwickelte Verhältnisse betreffen, aber ihre grundlegende Leitlinie muss klar und einfach sein – oder sie ist falsch.

Einfach und endgültig – zusammengefasst heißt das: Das Jenseits ist keine Professorenweisheit, nichts für Habilitationsschriften oder wissenschaftliche Spezialuntersuchungen. Nehmen wir Gerda Liers 1400-seitiges Monumentalwerk „Das Unsterblichkeitsproblem", das vor allem naturalistische Angriffe auf den Jenseitsglauben in allen Einzelheiten abhandelt. Als Fundgrube ist es eindrucksvoll und von unschätzbarem Wert. Wer aber für sich selbst klar sehen möchte, für sein Leben und seinen Tod, sollte sich besser nicht von so viel Fachwissen abhängig machen. Man missverstehe das nicht: „Einfach" heißt nicht ohne weiteres „leicht". Dass wir Quantenphysik und höhere Mathematik bei Seite lassen können, bedeutet nicht, dass wir mit einer Antwort auf die Jenseitsfrage schnell fertig wären – das vorliegende Buch beweist das Gegenteil. Wir stehen nicht nur vor einem Wust sich widersprechender Antworten, die andere gegeben haben; auch das Thema selbst drückt. Es geht um die ganze Welt und ihr Jenseits. Solches Denken sind wir im Alltag nicht gewohnt. Wir müssen uns erst mühsam mit ihm vertraut machen. Das sollten wir im Auge behalten, wenn wir an den Grundanforderungen an Jenseitsbilder festhalten: Wir wollen diese endgültig, was ihren Lebensbezug angeht, und wir wollen sie klar und einfach.

Nun wäre es an sich an der Zeit, solche Bilder zu betrachten. Aber besser rücken wir erst unsere Brille noch weiter zurecht. Als weiterer Aspekt der Krise, in die das objektive Jenseitswissen geraten ist, ergibt sich nämlich eine Schwierigkeit: Vor allem die religiösen Jenseitsbilder sind noch durch ein Weltbild geprägt, das nicht mehr das unsere ist. Ein Bruch ist geschehen. Ihn sollten wir uns bewusst machen; sonst können wir nicht richtig zusehen.

3. Vom naiven zum modernen Weltbild

1. Die Unschuld der Anfänge

Die Jenseitsvorstellungen sowohl der westlichen wie der östlichen Religionen sind im Kern einige Jahrhunderte vor Christus entstanden, im Westen in der so genannten jüdischen Apokalyptik, im Osten in der Zeit des indischen Brahmanismus, in der auch Buddha gelebt hat. Viele sprechen von der „Achsenzeit", denn es geschahen große geistige Umbrüche. Die frühere „ethikfreie" Auffassung des Jenseits wurde überwunden: Das Geschick nach dem Tod hängt nun durchweg davon ab, ob der Mensch vor dem Tod gut gelebt hat. Hingegen wurde weitgehend das frühere Weltbild übernommen, das uns Heutigen mythisch und archaisch, unschuldig und naiv erscheint. Viele Jenseitsbilder sind davon immer noch geprägt.

Wer das nicht glaubt, möge beispielsweise im christlichen Gottesdienst aufpassen, wenn das Glaubensbekenntnis (in einer seiner beiden Formulierungen) an den Satz kommt: „Er wird wieder kommen in Herrlichkeit, Gericht zu halten über Lebende und Tote". Routinemäßig gehen den Gläubigen die Worte von den Lippen. Würden sie nachdenken, fiele ihnen auf: Vor das Gericht am Ende dieser Welt treten die einen, die Lebenden, aus der Zeit, die anderen, die Toten, aus der Ewigkeit. Ein seltsamer Richtertisch, der mit seinem einen Ende in der Zeit, mit dem anderen in der Ewigkeit steht. Ist das nicht gegen die Vernunft? Die Vernunft, mag mancher Pfarrer erwidern, hat da ihre Schwierigkeiten; aber es ist eben geoffenbart. Nichts falscher als das: Die Offenbarung ist nicht der springende Punkt. Das Problem liegt im Weltbild, das zwischen der Entstehung des Bekenntnisses und heute eine wesentliche Änderung erfahren hat.

Verstehen braucht, wie gesagt, immer einen Rahmen oder ein Vorverständnis. Im Falle von Welt und Jenseits ist dies das Weltbild. Die Bezeichnung **„naives Weltbild"** für das damalige Denken soll einen Sachverhalt kurz zusammenfassen, der genauer so zu umschreiben wäre: Es gab damals eigentlich gar kein Weltbild, weil so etwas wie „Welt" in unserem Sinne nicht bekannt war. Man kannte nur unsere – anfänglich als Scheibe vorgestellte – Erde mit einigen Zutaten: das Firmament mit seinen Himmelskörpern und in den meisten Überlieferungen eine Unterwelt. Von „Höhe und Unterwelt" spricht die Bibel (Jes 7, 11). Die Maya stellten das Obere, Mittlere und Untere in Gestalt eines Baumes dar. Es waren gleichsam abgeteilte Stockwerke ein und desselben Hauses, für das man eine zusammenfassende Bezeichnung zunächst nicht für nötig hielt. Erst allmählich begann man, alles als „All" zu begreifen, als Universum, als Welt. An den jüdischen Schöpfungsvorstellungen ist der Wandel ablesbar. In der ursprünglichen Version hat Gott nicht die Welt erschaffen, sondern Himmel und Erde. Der Gedanke einer Welterschaffung aus dem Nichts erscheint erst viel später in einer Schrift, die schon unter griechischem Einfluss entstanden ist und den Übergang zu einem neuen Weltbild anzeigt, dem 2. Buch der Makkabäer (7, 28). In einem langen Prozess wurde der Übergang inzwischen vollzogen. Doch in Resten hängen wir immer noch dem Alten nach, etwa wenn wir „Welt" und „Erde" verwechseln und von der „Weltbank" reden. Auch der Weltumsegler umsegelt natürlich nur die Erde; mit der Welt hätte er lange zu tun.

Die „Welt" im Denken der alten Völker war klein, viel kleiner als unsere Milliarden Lichtjahre umfassende Welt. Aber trotz zahlreicher Schöpfungsmythen hatte sie nicht eigentlich Anfang und Ende. Es war vor der Schöpfung immer noch etwas da, ein Gott etwa oder ein Götterpaar. Man stellte sich nichts *hinter* der Welt vor. Die heute so geläufigen Trennungen zwischen Immanenz und Transzendenz, Zeit und Ewigkeit, Diesseits und Jenseits gab es nicht; auch die Bibel kannte sie nicht. Deutliches Beispiel dafür sind die recht irdischen Gottesbilder, so der Gott der Israeliten, der in einer Wolkensäule vor seinem Volk herzog, oder die griechischen Götter mit ihrem sehr menschlichen Geschlechtsleben und ihrer Wohnstätte auf einem irdischen Berg, dem Olymp.

Vor allem aber, und das ist entscheidend, war das naive Weltbild inhaltlich nicht geschlossen. In dieser „Welt" war grundsätzlich alles möglich. Es gab keine Welt- oder Naturgesetze, die das eine erlaubten und das andere ausschlossen. Noch im Jahre 1277 verwarf ein christlicher Bischof den Satz als irrgläubig, dass die Welt Naturgesetzen folgt. Folglich kannte man keine unmöglichen, sondern nur ungewöhnliche Vorkommnisse – „Zeichen", die man meist mit Gott oder Göttern in Verbindung brachte. Der Dornbusch in der Wüste war ein solches Zeichen, der vor Mose brannte und nicht verbrannte, oder Jesu Gang über das Wasser. Entsprechend fand man nichts dabei, die von der Zeit nicht geschiedene Ewigkeit so aufzufassen, dass die Menschen einfach unbegrenzt weiterlebten. Wer dafür bestimmt war, musste bei seiner Rückkehr aus dem „Reich des Todes" keine grundsätzliche Grenze überschreiten; alles spielte sich ja irgendwie auf derselben Ebene ab. Daher auch der erwähnte Richtertisch am Ende der Zeiten, vor dem Lebende und Tote zugleich erscheinen. Sind wir ehrlich, können wir uns dergleichen nicht mehr vorstellen. Der Abstand der Weltbilder ist gewaltig.

2. Das moderne Weltbild

Nicht plötzlich, sondern in einem Prozess durch die Jahrtausende trat das neue Weltbild an die Stelle das alten. Den letzten Schub lieferten die kosmologischen Entdeckungen des 20. Jahrhunderts: Wir leben in einem Universum, das vor etwa 13 Milliarden Jahren aus einem winzigen Punkt ungeheurer Dichte im Urknall („Big Bang") hervorgegangen ist und sich seitdem immer weiter ausdehnt. Schon vorher hatten allerdings die Naturwissenschaften die entscheidende Wende bewirkt. Sie hatten aufgeräumt mit dem bunten Vielerlei an irdischen Welten, Unterwelten, Oberwelten, Himmelskörpern, Dingen, Menschen und Göttern, einem Vielerlei, das nach dem Prinzip „Alles ist möglich" ohne grundsätzliche Trennung und zugleich ohne rechte Einheit existierte. An die Stelle ist eine einheitliche und **geschlossene Welt** getreten. Die Schließung bewirken **die Naturgesetze**. Sie und die hinter ihnen stehende Naturwissenschaft haben dem neuen Weltbild den Grund gelegt. Man kann es darum auch das wissenschaftliche Weltbild nennen. Von ihm wird unser heutiger Blick auf die Welt bestimmt.

Es wird erzählt, dem jungen englischen Naturforscher Isaac Newton sei bei einer Mittagsrast unter einem Apfelbaum ein Apfel auf den Kopf gefallen. Blitzartig sei ihm die dahinter stehende Kraft und ihre weltweite Allgemeinheit bewusst geworden. Es ist die Schwerkraft oder Gravitation, die nicht nur den Apfel zu Boden treibt, sondern auch Erde, Sonne, Mond und überhaupt alle Massen im Universum aneinander bindet. Als ähnlich universal erweisen sich alle anderen Kräfte und Naturgesetze; sie funktionieren in fernen Galaxien nach genau den gleichen Formeln wie auf der Erde. Die ausnahmslose Allgemeinheit der Gravitation steht beispielsweise dem Glauben entgegen, jemand könne so ohne weiteres über Wasser spazieren. Nun ist nicht mehr alles möglich. Die krause Vielfalt von oft wundersamen Geschehnissen und ihren sonderbaren Ursachen wurde durch einen überschaubaren Satz von elementaren Naturkräften und zugehörigen Gesetzen ersetzt, die ohne jede Ausnahme gelten.

Die Naturwissenschaften führen uns einen stufenweisen Aufbau der Welt vor Augen, der von den Grundbausteinen – etwa Atome und Elementarteilchen – zu den höheren zusammengesetzten Formen reicht, den Molekülen, den organischen Zellen und den Formen des

Lebens. Entsprechend staffeln sich die Wissenschaften von der Physik über die Chemie zur Biologie. Selbst der Geist und mit ihm die Geisteswissenschaften sind nach dieser Betrachtungsweise nichts weiter als ein noch höheres Stockwerk, das sich im Gesamtbau über den niederen Etagen erhebt. Der **Physik**, die die Grundbausteine und Grundkräfte behandelt, kommt dabei die Rolle des Fundaments zu, also die entscheidende Aufgabe bei der Erklärung der Welt. Alles Wirkliche, so belehrt sie uns, nämlich alles, was ist und wird und wirkt, ist eine Ausprägung von Materie und/oder Energie, wobei sich diese beiden nach Einsteins berühmter Formel ($E = m c^2$) ineinander überführen lassen. Alle Gestalten des Wirklichen sind fest eingespannt und verortet in den Dimensionen der Welt. Wenn wir die Welt nach ihren drei räumlichen Dimensionen, der Länge, der Breite und der Höhe durchmessen, finden wir alles, was es derzeit in ihr überhaupt gibt. Als vierte Dimension gibt die Zeit jedem Geschehen die unumkehrbare Richtung nach vorne. Die Dimensionen und das Wirkliche in ihnen werden wiederum durch die Naturgesetze miteinander verknüpft.

In der Grundvorstellung (zur Vereinfachung blenden wir einige neuere Erkenntnisse, insbesondere der Allgemeinen Relativitätstheorie, vorläufig aus) wird dadurch Zeitliches von Zeitlosem geschieden. Unvergänglich-zeitlos sind Raum und Zeit selbst und die Naturgesetze mitsamt den ihnen eingefügten Naturkonstanten. Annähernd unvergänglich mögen auch die subatomaren Grundbausteine sein (Protonen, erfährt man, zerfallen höchst selten). Aber alle Gestaltungen aus diesen Bausteinen und damit alles Wirkliche vom Kleinsten bis zum Größten, von der Amöbe bis zu den Sternen, ist zeitlich und vergänglich. Alles befindet sich in enger Wechselwirkung miteinander, um nicht zu sagen in ewigem Kampf. Darin lebt es, darin vergeht es und macht Neuem Platz. Das einzig Bleibende ist der Wandel. Leben ohne Tod ist undenkbar, ewiges Leben in dieser Welt unmöglich.

Das hier Beschriebene fasste man früher unter die Allgemeinbegriffe „Materie" und „materiell", und wer allein hierauf setzte, war ein Materialist. Nun ist aber neben anderen Grundbegriffen auch die Materie in der Physik in manche Schwierigkeiten geraten; man denke etwa an die „dunkle Materie" und die Probleme der Antimaterie. Deshalb und weil die Naturgesetze im modernen Weltbild die Hauptrolle spielen, rückt man heute die Natur in den Mittelpunkt. Aus den Materialisten sind Naturalisten geworden und aus dem Materiellen das Physische (Physis bedeutet im Griechischen Natur). Eines ist dabei geblieben: die **Grenze zwischen Zeitlichem und Zeitlosem**. Zeitlich und vergänglich ist alles Irdische und dabei zugleich eingepasst in einen zeitlosen Rahmen. Es ist die Mauer oder Grenze der Zeit, die das moderne Weltbild zieht. An ihr muss künftig jeder rütteln, der ein Jenseits ins Auge fasst.

Ein Ansatz für weiterführende Gedanken ist offensichtlich der **Geist**. Lässt er sich aus dem Physischen ableiten? Er sperrt sich jedenfalls gegen die Einordnung in Zeitliches und Zeitloses. Zeitlose Naturgesetze mögen etwas Geistiges sein. Auch die Noten einer Beethoven-Symphonie mögen als eine Art „objektiver Geist" zum Zeitlosen gehören. Wie steht es hingegen mit dem lebendigen Geist Ludwig von Beethovens, wie er komponierend die Symphonie hat entstehen lassen? Aufgrund solcher Fragen teilte der Kritische Rationalist Karl Popper die Welt in drei Bereiche („Welten") ein: das Physische, die zeitlosen Gestaltungen des Geistes und den lebendigen Geist. Die Sonderrolle des lebendigen Geistes wird unter anderem daran sichtbar, dass sich ihm zwar verschiedene Wissenschaften widmen – die Psychologie und die Geisteswissenschaften - , dass aber die Kluft zu den Naturwissenschaften nicht überwunden ist. Eine Einheitswissenschaft, wie sie etwa die Philosophen des Wiener Kreises propagiert hatten, ist heute ferner denn je. Der Geist bleibt eine der offenen Flanken des modernen Weltbilds. Wer dieses absolut setzt, wird den Geist immer als Produkt oder eine Art Begleitgeräusch („Epiphänomen") physischer Vorgänge verstehen müssen.

Der Geist (oder die Seele) soll den Gläubigen ins **Jenseits** geleiten. Wenn nun aber schon der Geist ein Fremdkörper im modernen Weltbild ist, dann das Jenseits noch viel mehr. Es kommt schlicht nicht vor. Weder in Raum und Zeit noch in den Naturgesetzen findet es einen Platz. „Zeitübergreifendes" passt in ein Schema von ausschließlich Zeitlichem und Zeitlosem nicht hinein. Wohin also mit dem Jenseits? Und wohin mit Gott? Auch er findet nirgendwo Platz. Mit ihrer Aufgabe, die Vorgänge in der Welt zu erklären, werden die Naturgesetze alleine fertig. Berühmt wurde in diesem Zusammenhang die Episode, als der Naturforscher Laplace sein Werk über Astronomie Napoleon vorlegte und dieser darin das Wort „Gott" vermisste. „Ich hatte, Sire" – so Laplace – „diese Hypothese nicht nötig".

3. Das Jenseits auf den Begriff gebracht

Mancher Gottes- und Jenseitsgläubige wird an dieser Stelle bemerken: Lassen wir doch Herrn Laplace seine Astronomie, aber er möge uns unseren Gott lassen! Sollen wir diesen etwa unter den Sternen suchen so wie jene russischen Kosmonauten, die von ihrem Weltraumflug die Botschaft mitbrachten, sie hätten dort oben keinen Gott gefunden?

Doch so einfach sind Glaube und modernes Weltbild nicht zum Ausgleich zu bringen. Mit vielschichtigen Zusammenhängen müssen wir uns vertraut machen und Schritt für Schritt vorgehen. Als erstes fällt etwas Paradoxes auf: Das neue Weltbild hat, obwohl so diesseitig ausgerichtet, erstmals **das Jenseits auf den Begriff**

gebracht. Der alten Welt waren, wie gesagt, Unterscheidungen zwischen Diesseits und Jenseits fremd. Nun aber ist das Gegenstück des Jenseits begrifflich erfasst als Diesseits oder, anders ausgedrückt, irdische Welt oder Gesamtheit des Weltlichen und Wirklichen. Darin zusammengefasst ist alles, was von den Naturgesetzen beherrscht wird und in deren Geltungsbereich vorkommt. Es ist eine ziemlich abstrakte Abgrenzung. Man sollte sich deshalb keinen kompakten Gegenstand vorstellen wie eine Weltkugel oder die Kuppel eines Planetariums. Auch ist das Diesseits nicht ohne weiteres mit der Welt überhaupt gleichzusetzen, doch dazu später mehr.

Damit ist nun auch das Jenseits umschrieben, wenn auch nur mittelbar und noch etwas abstrakter: Es ist alles, was „draußen" liegt, vom Diesseits aus gesehen eben jenseits. So vage und abstrakt die Abgrenzung ist, in einer bestimmten Situation tritt sie uns hart vor Augen: nämlich wenn ein Mensch in unserer Gegenwart stirbt. Ein harter Strich ist gezogen, wenn der letzte Atem geatmet und das Auge gebrochen ist. Niemals und durch nichts ist der Verstorbene von nun an zu erreichen. Person, Geist, Bewusstsein – alles, was noch vor wenigen Augenblicken in der irdischen Welt vorhanden war, ist nicht mehr, ist über die Grenze gegangen. Die Sprache spiegelt deren Schärfe: Es gibt kein „bisschen tot" oder „töter", nur tot oder nicht tot. Hinzu kommt die von den Naturgesetzen besiegelte Endgültigkeit: Keiner kommt zurück. **„Im Tod verlassen wir die Welt"** – das moderne Weltbild legt diese Kurzformel nahe; wir werden über sie noch nachdenken müssen. Die Grenze zwischen Leben und Tod scheint derjenigen zwischen Diesseits und Jenseits zu entsprechen.

Wenn das Jenseits Gehalt hat, handelt es sich um eine echte **Grenze**, hinter der – von hier aus gesehen – etwas liegt. Sie mag einen komplizierten Verlauf nehmen, dann nämlich, wenn Geist oder Seele schon zu Lebzeiten mit Gott und dem Jenseits in Verbindung stehen sollten. Das Irdische wäre dann mit geistigen „Inseln" des

Jenseits durchsetzt. Das ist bei weitem nicht das einzige Grenzproblem des positiven Jenseitsglaubens; in ganzen zwei Kapiteln (6 und 7) werden wir weitere ähnliche Probleme durchleuchten. Wesentlich einfacher hat es in dieser Hinsicht der negative Jenseitsglaube: Das Jenseits ist leer, ein bloßer Begriff ohne Inhalt. Die Grenze ist eine unechte, weil hinter ihr nichts mehr liegt und nur der Abgrund des Nichts gähnt.

4. Das offene Weltbild

Begrifflich sind nun Diesseits und Jenseits, positiver und negativer Jenseitsglaube geschieden. Kommt eine inhaltliche Festlegung dazu? Auf den ersten Blick scheint es so. Unübersehbar tendiert das moderne Weltbild dazu, sich selbst und das Diesseits mit Hilfe der Naturgesetze und der Naturwissenschaft absolut zu setzen, also völlig abzuschließen und dem Jenseits keinen Inhalt mehr zu lassen: diese unsere Welt und sonst nichts! Eine **Tendenz also zu Atheismus und Nihilismus**.

Zunächst stellt sich dem freilich der Umstand entgegen, dass die empirischen Wissenschaften (anders als die analytischen wie Logik und Mathematik) grundsätzlich keine Schlusspunkte setzen. Sie beweisen nichts, sondern stellen in jedem Fall nur Vermutungen, so genannte Hypothesen, auf, die an der Wirklichkeit zu prüfen sind und dabei widerlegt („falsifiziert") werden können. Besonders der Philosoph Karl Popper hat dazu beigetragen, diese Erkenntnis zum Allgemeingut zu machen. Wissenschaften haben hypothetischen Charakter und kommen nie an ihr Ende. Das auf sie gestützte Weltbild ist demnach **ein offenes Weltbild**.

Darin sehen viele allerdings nur eine theoretische Überlegung und lassen sich von ihr nicht beeindrucken. Sie nehmen den **naturalistischen Standpunkt** ein: Die Wissenschaft hat faktisch die

Wirklichkeit weitgehend im Griff. Die Poppersche Falsifizierungstheorie betrifft nur die letzten Feinheiten, und auch in diese dringen wir immer weiter vor. Die Wirklichkeit erfassen wir nie hundertprozentig, aber wir kommen immer näher, ja beliebig nahe an sie heran. Was die Wissenschaft noch nicht geklärt hat, wird sie in Zukunft klären.

Das ist das Prinzip Hoffnung, aber die Hoffnung gewinnt gefühlt immer mehr an Recht. Das Netz, mit dem die uns bekannten Naturgesetze die Welt überziehen, wird immer enger. Weit weniger als früher fällt unerklärt durch die Maschen. Und erst die Anwendungen: Vom CD-Spieler bis zur Marsmission haben wir die irdische Welt technisch im Griff. Früher sah man Übernatürliches in den unausgeleuchteten Winkeln dieser Erde. Jetzt fällt dorthin immer mehr Licht, und der Glaube zieht sich zurück. Immer „dichter" erscheint uns die Welt in dem Sinne, dass immer weniger „Wunder" durch die immer schmaleren Ritzen zwischen den Gesetzen dringen. Und einmal wird sie völlig dicht und vom Ring der Naturgesetze umschlossen sein. Dahinter ist dann nichts mehr. Typisch dafür die Formel „und sonst nichts": Die Evolution der Lebewesen ist ein Zusammenwirken von Mutation und Selektion – und sonst nichts. Der Geist und der angeblich freie Wille sind ein Produkt der Gehirnzellen – und sonst nichts. Dem naturalistischen Standpunkt in Naturwissenschaft und Philosophie entspricht in der Soziologie die so genannte **Säkularisierungsthese**, in Kurzform: Je mehr Wissenschaft in einer Gesellschaft, umso weniger Religion. Mittel- und langfristig wird die Religion deshalb aussterben.

In all diesen Wein ist viel Wasser zu schütten. Was die Säkularisierungsthese angeht, bewährt sie sich bekanntermaßen nur sehr eingeschränkt, etwa in manchen Kreisen von Wissenschaftlern und Intellektuellen und in den skandinavischen Ländern. Weltweit stirbt dagegen die Religion keineswegs ab, wissenschaftlicher

Fortschritt hin oder her; teilweise ist sie sogar im Aufblühen. Den Naturalismus werden wir im 15. Kapitel einer eingehenden Kritik unterziehen. Im Vorgriff darauf nur so viel: Am Anfang des 20. Jahrhunderts hatte man schon einmal geglaubt, die (damals klassische) Physik sei in ihren Grundlagen nahezu vollständig erforscht und in Zukunft nur noch eine Sache für Ingenieure. Doch dann kamen Max Planck und Albert Einstein und warfen als Begründer von Quantenmechanik und Relativitätstheorie (fast) alles über den Haufen. Bis heute ist diese Revolution nicht bewältigt, weil die beiden neuen Grunddisziplinen noch nicht voll in Einklang gebracht sind. Über eine heutige Behauptung, die Naturgesetze seien so gut wie vollständig erforscht, könnte man in 100 Jahren nur lachen. Dann wird sehr viel bekannt sein, was sich unsere „Schulweisheit" heute nicht träumen lässt. Der hypothetische Charakter der Wissenschaft bedeutet mehr als bloß eine Fußnote im Physikbuch. Das **moderne Weltbild** ist kein Dogma, sondern **ein nach vorne offenes Programm**. Noch lange ist es nicht erfüllt. Denken wir nur an die erwähnte Schwierigkeit, den Geist in das System der Naturwissenschaften einzufügen. Spätere Erkenntnisse werden voraussichtlich nicht nur einzelne Wissenschaften, sondern das Weltbild selbst umprägen. Auf ein Nachfolge-Weltbild („postmodern" oder gar „post-postmodern") wird man sich gefasst machen müssen.

5. Die Not des Jenseitsglaubens

Erhält in dieser Offenheit der Glaube an Gott und Jenseits wieder die Luft zum Atmen, die ihm viele heute absprechen wollen? In einer Hinsicht ja: Der Versuch, die Welt vollständig in die Naturwissenschaft einzuschließen und dem Glauben keinerlei Platz mehr zu lassen, muss scheitern. Der Glaube, um mit Kant zu sprechen, kann seinen Platz bekommen. In einer anderen Hinsicht aber wird und bleibt es für ihn schwierig. Denn wo soll dieser Platz sein? Der Verlauf der Grenze, die die Naturgesetze um die Welt ziehen, wird sich aufgrund neuer Erkenntnisse ändern. Aber die Grenze als solche wird bleiben und mit ihr das Diesseits und die irdische Welt. Im Verhältnis zu ihr muss sich das Jenseits irgendwo positionieren: daneben, darüber, darunter, dahinter? Das ist die Frage, und außerdem muss die Positionierung verstehbar und begründet sein.

Damit wird es schon deshalb unangenehm, weil das moderne Weltbild das **Begründungsgebot massiv verschärft** hat und ebenso in seiner Umkehrung das Verbot, Behauptungen „einfach so" in den Raum zu stellen. Denn nun steht mit den Naturgesetzen ein weltweiter Rahmen zur Verfügung, auf den sich Verständnis und Begründung beziehen müssen. Den Rahmen gab es im Altertum nicht; im Grunde war damals alles „einfach so" da, darunter auch die Jenseitsvorstellungen, beispielsweise der jüdisch-apokalyptische Glaube, Gott werde irgendwann die Toten aus ihren Gräbern erwecken oder ihre Leiber neu erschaffen. Diesen Glauben mag man heute mit Blick auf seine geschichtliche Herkunft *erklären* können (z.B. persische Einflüsse und jüdische Zukunftshoffnungen), aber nicht in seinem sachlichen Gehalt *begründen*. Eine Welt, in der solches geschieht, müsste ganz anders beschaffen sein als die uns bekannte und von den Wissenschaften erklärte Welt. In dieser nimmt sich der Auferstehungsglaube isoliert aus wie ein vom Himmel gefallener Meteor, der mit nichts sonst in Bezug steht.

Außerdem verlangt mittlerweile die **Grenze zwischen Diesseits und Jenseits Respekt**. Sie in sozusagen kleinem Grenzverkehr zu lockern, wie uns dies das naive Weltbild in Märchen und Mythen vor Augen führte – Eurydike zurück aus der Unterwelt - ,verfängt nicht mehr; auch nicht, dass Mohammed von Jerusalem aus einen vorläufigen Ritt in den Himmel unternommen hat. Die Grenze von Welt und Leben ist dicht und ernst und keine Spazierstrecke.

Ebenso schwer zu begründen wie das Durchbrechen der Grenze ist der **Blick hinüber**. Das objektive Denken igelt sich im Diesseits ein. Es ist die schon angesprochene Krise des objektiven Wissens, auf die uns erstmals Kant in aller Deutlichkeit aufmerksam gemacht hat. Der Theologe wird in den sauren Apfel des Subjektiven beißen müssen: Nur höchstpersönlich lässt sich der Jenseitsglaube gewinnen und begründen.

Der Schritt ins Jenseits ist weiterhin so radikal, dass er uns nicht nur die Brille für objektives Wissen, sondern auch für **Einzelheiten** von der Nase schlägt. Einzelheiten sind eine Sache des Diesseits – wie sollten wir sie „drüben" erkennen können? Unser Drang nach sinnlich-konkreten Jenseitsauskünften geht ins Leere. In einem Land des südlichen Buddhismus sprach mir eine fromme Gläubige von der dort verbreiteten Meinung, Frauen könnten nicht direkt ins Nirvana gelangen, sie müssten erst noch als Mann wiedergeboren werden. Sie selbst glaube allerdings an einen direkten Zugang auch für Frauen. Ich schmunzelte und ertappte mich bei dem unkorrekten Gedanken einer „Frauenquote fürs Nirvana". Tatsächlich liegt die Sache ernster: Wenn solche Detailfragen überhaupt auftauchen können, stimmt mit der ganzen Lehre etwas nicht; sie hat Probleme mit dem Begründungsgebot. Vergleichbare Probleme – das ist unschwer zu erkennen – bekommen nicht wenige der im Zweiten Teil vorzustellenden Jenseitslehren.

Zusammengefasst ist zu sagen: Das moderne Weltbild bringt den Jenseitsglauben zwar nicht schlechthin, aber doch in einer wichtigen Hinsicht in Not: Er findet - so scheint es jedenfalls – zu keinem verstehbaren und vor allem begründbaren Weltbild mehr. Im 5. Kapitel werden wir es dennoch versuchen. Vorerst sind zwei extreme Auswege aus dieser Lage zu betrachten: neben dem sich aufdrängenden Nihilismus der gegenteilige Ruf: Stopp und Schluss mit der Moderne!

6. Kein Zurück aus der Moderne!

Der Versuch, das neue Weltbild im Namen des Glaubens grundsätzlich abzulehnen und zum alten zurückzukehren, ist in der Tat unternommen worden, und wie! Mit seinem berüchtigten Syllabus hat Papst Pius IX. im Jahr 1864 das gesamte Gedankengut der Moderne in Bausch und Bogen und in 80 Einzelpunkten verworfen. In derart krasser Form würde das heute niemand mehr wiederholen. Dennoch sind antimoderne Haltungen – meist unter der Bezeichnung „antimodernistisch" – in manchen katholischen Kreisen immer noch lebendig.

In der Sache fällt die Stellungnahme leicht. **Zur Unschuld der Anfänge führt kein Weg zurück**. Das moderne Weltbild ist zwar Programm, kein Dogma, aber als Programm ist es nur nach vorne offen, nicht nach rückwärts. Ein Zurück aus der Moderne gibt es nicht. Die relativ geschlossene, von verbindlichen Naturgesetzen zusammengehaltene Einheit des Diesseits wird nie wieder dem bunten, ungeordneten Allerlei der alten Welt Platz machen. Die „Wiederverzauberung" der Welt wird Traum bleiben. Vor allem das Begründungsgebot, das mit dem neuen Weltbild zunehmend bewusst geworden ist, wird seinen Platz nicht mehr räumen. „Einfach so" lassen sich keine Mythen vom Jenseits mehr vortragen.

Das bedeutet auch den weitgehenden **Abschied von den Weltbildern der Bibel und des Korans**. Leider ist diese Botschaft vielfach noch nicht angekommen. Traditionalisten wollen nur streng biblische oder koranische Jenseitsaussagen gelten lassen. Sie träumen von „ewigen Wahrheiten" und begreifen nicht, dass Aussagen über die Welt nicht immun sein können gegenüber einer Änderung des Weltbilds. Sie werden umdenken müssen. Natürlich sind die heiligen Bücher deswegen nicht insgesamt überholt. Ihre zeitlosen, vom Weltbild nicht abhängigen Aussagen haben Bestand. Dem naiven Weltbild verpflichtete Vorstellungen – wie der halb im Diesseits, halb im Jenseits stehende Richtertisch des Endgerichts – können dagegen nicht mehr wörtlich genommen werden. Sie sind, sofern es geht, in neue Sprache zu übersetzen und vom neuen Weltbild her umzuformen.

Der Jenseitsglaube, so man an ihm festhält, wird die Koexistenz mit der Moderne suchen müssen. Das kann nur in einem größeren Weltbildzusammenhang geschehen. Bisher ist er nicht gefunden. Im übernächsten Kapitel setzen wir zu einem Versuch an. Vorher ist das zu betrachten, was wohl näherliegend aus der Situation folgt: die Leugnung des Jenseits.

4. „Mit dem Tod ist alles aus" – der Nihilismus

„Man weiß, auch der Papst ahnt es, nichts, nichts kommt danach. Wir leben in der transzendentalen Obdachlosigkeit. Dies bisschen Erde. Das ist alles. Hier, hier, hier. Jetzt, jetzt, jetzt, Sonst nichts". So Uwe Timms Beerdigungsredner in seinem Roman „Rot".

Es gibt diesen Standpunkt in einer harten und einer weichen Ausgabe. Hart heißt atheistisch und bedeutet: Man weiß mit Sicherheit: Drüben ist nichts, kein Gott und kein Jenseits. Weich bedeutet agnostisch und beruft sich auf keine Sicherheit: Drüben ist nichts als ein dunkles Loch, über das man nichts weiß und prinzipiell nichts wissen kann. Für die Lebenspraxis macht es kaum einen Unterschied. Ob ausdrücklich geleugnetes Jenseits oder das große Unbekannte, es läuft letzten Endes auf dasselbe hinaus – auf das Nichts.

1. Ein Kind der Moderne

Seine Breitenwirkung hat der Nihilismus zusammen mit dem modernen Weltbild entfaltet. Vorher war es eine Sache weniger. Das „Nichts" als solches blieb den alten Völkern zunächst fremd. Obwohl die Israeliten in ihrer Anfangszeit kein eigentliches Jenseits kannten, versetzten sie ihre Toten nicht ins Nirgendwo, sondern an einen bestimmten Ort, die Scheol, so wie die Griechen in den Hades. Lange Zeit war die Leugnung von Gott und Jenseits kaum verbreitet und erst recht nicht akzeptiert. Noch zur Zeit der Philosophen Kant und Fichte war an öffentlich vertretenen Atheismus nicht zu denken. Wie sehr hat sich das geändert! Heute ist dies die mehrheitliche Weltanschauung in Ostdeutschland.

Bereits beim griechischen Philosophen Demokrit ging sein damals vereinzelter Atheismus mit den Anfängen eines naturwissenschaftlichen Weltbilds einher. Diese Verbindung hat sich seither gehalten und verstärkt. Die relativ „dichte" Abschließung der irdischen Welt durch Naturwissenschaften und Naturgesetze, tendiert, wie schon gesagt, zum Nihilismus. Sie legt nahe, dass hinter dem Diesseits nichts mehr kommt. Die Tendenz hat sich in verschiedenen Härtegraden verwirklicht, die denen von Atheismus und Agnostizismus ähneln. Am weitesten geht, wer die relative **Abschließung des modernen Weltbilds** zur absoluten erklärt. Die goldene Zeit dieses heute **Naturalismus**, damals Materialismus genannten Denkens war das 19. Jahrhundert; man denke an den Marxismus und seinen „wissenschaftlichen Sozialismus". Als „Kraft und Stoff", meinte man, bringe die Materie – mechanisch oder elektromagnetisch – jegliche irdische Gestalt zustande; alles Übrige sei Pfaffengerede. Damit war auch der Geist als selbständige Erscheinung erledigt; als „Gespenst in der Maschine" musste er sich verspotten lassen. Er sei nichts als ein Produkt des Gehirns und verhalte sich zu diesem – so hat man drastisch formuliert – wie der Urin zu den Nieren.

Besonders die Umbrüche der Physik zu Anfang des 20. Jahrhunderts haben mit einem derartigen Selbstbewusstsein der Wissenschaft aufgeräumt und die Offenheit des Weltbilds zu Bewusstsein gebracht. Kein Grundlagenforscher hält heute alles für erforscht; er würde sich selbst für arbeitslos erklären. Dennoch kommt das bereits erwähnte **Prinzip Hoffnung** zum Zuge: Die Wissenschaft wird es noch herausfinden! Den Zusammenhang von Geist und Gehirnzellen wird sie noch auf den Punkt bringen; sie ist schon auf dem besten Wege. Neue Erkenntnisse werden hinzukommen, aber nichts mehr an der schon heute möglichen Feststellung ändern: Die irdische Welt beruht samt und sonders auf dem Physischen. So hofft man.

Die heutige Breitenwirkung des Naturalismus ist erheblich, nicht nur in Kreisen der Naturwissenschaftler. Der Diskurs vor allem der Physiker und Biologen wird zwar von den meisten Menschen nicht im Einzelnen verfolgt, dennoch „diffundiert" er auf unterschiedliche Weise – von populären Sachbüchern bis zu Partygesprächen – ins öffentliche Bewusstsein. Und er transportiert die unterschwellige Botschaft: Es gibt nichts als das Physische.

Vom Weltbild her gibt es noch einen **zweiten Ausgangspunkt des Nihilismus**. Während der Naturalist das abgeschlossene Diesseits mit der Welt gleichsetzt, kümmert sich der nicht-naturalistische, sozusagen „reine" Nihilist nicht um Welt und Weltbild. Naturgesetze sind ihm ein bloßes Vorkommnis. Ob sie in der Welt Einheit stiften? – möglich, aber uninteressant. Er lässt Wissenschaft Wissenschaft sein. In subjektiv-agnostischer Manier empfindet er: Mir zeigt sich nur Weltliches, Irdisches, Handfestes: eine schöne Landschaft, ein Theaterstück, das Bürgerliche Gesetzbuch, ein Autounfall, Beziehungsprobleme, ein nettes Abendessen. Und dahinter? Dahinter erkenne ich nichts. Warum sollte das nach dem Tod anders sein? Postmoderne Philosophen, genussfreudige Alltagsmenschen, auch technisch denkende Leute („homo faber"), die klare Linien lieben und wolkige Gebilde verabscheuen, kann solcher Nihilismus in seinen Bann schlagen. Insgesamt steht es nicht gut um den Unsterblichkeitsglauben in der heutigen Gesellschaft.

Die **Erfahrungen mit dem Sterben** kommen dazu – besonders wenn wir hart und klar zusehen und der Blick nicht durch Wünsche und Mythen verstellt ist. An den Gedanken „Im Tod verlassen wir die Welt" fügt sich leicht der nächste Satz „Und dann ist alles aus". Der atheistische Dichter Theodor Storm – „auch bleib der Priester meinem Grabe fern" hatte er poetisch verfügt – hat diesen Eindruck mit starken Worten ins Bild gesetzt: „Und dann verschwand er. Dort, wo er gelegen/ Dort hinterm Wandschirm, stumm und einsam liegt/ Jetzt etwas; bleib, geh nicht hinein! Es schaut/ Dich fremd und furchtbar an". Kann man da sagen: Als unsichtbarer Schmetterling ist der Verstorbene zum Himmel geflogen? Ein körperloses Bewusstsein – wurde jemals etwas Derartiges beobachtet? Ist es da nicht einfacher und naheliegender zu sagen: Tot ist tot? Mit den Worten „Weiter nichts" endet Storms Gedicht.

2. Der einfache, leere Raum

Ein Atheist oder Agnostiker könnte beim Durchblättern dieses Buches klagen: „Gerade mal zwei Kapitel, das vorliegende und das obendrein noch kritische 15., sind dem Unglauben gewidmet; der große Rest befasst sich überwiegend mit dem Glauben. Ich hätte mir eine ausgewogenere und fairere Behandlung der Standpunkte erwartet!". Ein hellsichtiger Gesinnungsgenosse aber legt ihn die Hand auf die Schulter: „Langsam! Schau doch erst mal, woher der ungleiche Umfang kommt! Was haben die Gläubigen mit Begründungslasten, Verstehensschwierigkeiten und unklaren Weltbildern zu kämpfen! Und erst die inneren und die gegenseitigen Widersprüche der religiösen Entwürfe, wie sie der Zweite Teil vorstellen wird! Erstaunlich, wie sie sich quälen, die Gläubigen. Wir dagegen verschwenden unsere Zeit nicht mit solchem Kopfzerbrechen; wir freuen uns des Lebens und spielen ein nettes Tennismatch".

In diesem Punkt kann man dem Nihilisten kaum widersprechen. Als eine der Anforderungen an ein Jenseitsbild haben wir im 2. Kapitel die **Einfachheit** genannt. Diese Forderung erfüllt der Nihilismus mit Bravour. Wenn du tot bist, bist du tot, und dann ist Schluss. Es gibt nichts Einfacheres. Nicht von Ferne drohen die Verstehens- und Weltbildprobleme der Gläubigen. Manche meinen zwar, man könne sich nicht wirklich vorstellen, tot zu sein. Aus dem vollen Leben heraus mag das stimmen. Aber was ist mit einer tiefen Narkose? Orientierungslos wacht man auf: Wo bin ich? Du warst im geistigen Nichts – Jetzt bist du wieder da, weil die Operation gelungen ist; sonst wärst du nicht mehr da.

Auch mit dem Begründungsgebot hat der Nihilist keinerlei Probleme. Sein Nichts braucht er nicht zu begründen. Er braucht sich nicht auf fragwürdige Standpunkte naturalistischer Physiker, Biologen oder Neurowissenschaftler einzulassen. Er kann sich mit der Rolle des **ungläubigen Thomas** begnügen: Wenn ich nicht sehe, glaube ich nicht. Als erste seid ihr dran, ihr Gläubigen; versucht mich doch mit euren Beweisen und Argumenten zu überzeugen!

Aber es gibt noch eine andere Seite. Die zweite wichtige Anforderung an Jenseitsbilder neben der Einfachheit lautete: **Endgültigkeit**. Die Bilder sollen möglichst ohne Wenn und Aber eine klare Linie vorgeben und den Grund für Lebensentscheidungen legen. Hier sieht es völlig anders aus. Fragen wir nach der Linie für das Leben, lautet die nihilistische Antwort wieder: Nichts. Wo wir ein Geländer suchen, greifen wir in den leeren Raum. Nicht umsonst hat der Nihilist Nietzsche den Nihilismus den „unheimlichsten der Gäste" genannt. „Irren wir nicht wie durch ein unendliches Nichts? Haucht uns nicht der leere Raum an? Ist es nicht kälter geworden?" So fragt sein „toller Mensch" nach dem „Tod Gottes". Immerhin bleibt uns als Leitfaden eine gewisse Moral der Gegenseitigkeit und der „goldenen Regel": Was du nicht willst, dass man dir tu, das füg auch keinem anderen zu! Es ist ohne Gott nicht alles erlaubt, wie Dostojewski übertreibend meinte. Aber danach ist schnell Schluss mit den Linien: Alles beliebig; deinen Lebenssinn, wenn du einen brauchst, formst du dir nach Belieben. Einen Richter brauchst du nicht zu fürchten. Aber du lebst ins Leere hinein. Keine Sorge, kommentiert der naturalistische Biologe, den Rest besorgt die Natur mit ihrem

Daseinskampf („survival of the fittest): Je nachdem, wie fit und angepasst du lebst, wirst du ausgemerzt oder nicht.

Ein schaler Nachgeschmack mag sich einstellen. Oder ein existentialistisches Pathos, das ihn verdrängt: „Ein Blinder, der sehen möchte, und weiß, dass die Nacht kein Ende hat". Der ethisch-weltanschauliche Tiefgang des Nihilismus ist völlig verschieden. Er reicht von platter Oberflächlichkeit bis zu diesseitiger tiefer Verbundenheit mit der Welt; dazu mehr gegen Ende des Buches.

Wie sieht es mit der **Bewertung** aus? Am grundsätzlichen Ansatz des Naturalismus wurde bereits Kritik geübt. Sie bedarf noch ausführlicher Ergänzung. Denn diese Richtung argumentiert vor allem fachlich von den Einzelwissenschaften her. Will man sie ernst nehmen, muss man ihr dorthin folgen. Das soll im 15. Kapitel geschehen. Anders steht es um den nicht-naturalistischen „reinen" Nihilismus. Es ist ein Weltbild größtmöglicher Schlichtheit, leicht zu verstehen und objektiv nicht zu widerlegen. Im Hintergrund wird er als Alternative alle weiteren Überlegungen begleiten. Nur auf der Ebene der persönlichen Existenz kann hierzu ein Urteil fallen.

Wir bleiben dagegen weiterhin auf der gedanklichen Ebene und wenden uns zurück zum positiven Jenseitsglauben. Vor den Einzeldarstellungen im Zweiten Teil bedarf es noch ganzer drei Kapitel, die insoweit unsere Problemsicht schärfen. Allein diese Tatsache macht klar, wie es um die Einfachheit bzw. Kompliziertheit bei Nihilismus und Jenseitsglauben steht.

5. Weltbilder des Jenseitsglaubens

Laplace hat Gott aus der Astronomie entfernt und eigentlich überhaupt aus dem Diesseits. Wo finden wir noch einen Platz für ihn? Wo sollen wir das Jenseits verorten, und das auch noch verstehen und begründen? Die Antwort „nirgendwo" geht dem Naturalisten leicht von den Lippen, aber dem Gläubigen gefällt sie nicht. Was soll er machen? Sehen wir uns zunächst die zwei hauptsächlichen Konzepte in Religion und Esoterik an; sie werden uns nicht voll überzeugen.

1. Jenseits im Diesseits: Natürliche Unsterblichkeit

„Jenseits im Diesseits" – halten wir uns nicht bei der paradoxen Formulierung auf. Die Sache selbst ist befremdlich genug: Im Tod verlassen wir die Welt - und wir bleiben doch da! Die Befremdung rührt unter anderem daher, dass die uns näher stehenden westlichen Religionen solche Vorstellungen nicht kennen. Selbstverständlich muss für sie zunächst die zitierte Formel korrigiert werden: Nur dem äußeren Anschein nach verlassen wir im Tod die Welt; tatsächlich führt unser Weg anderswo im Diesseits weiter: **Gestorben, aber nicht tot**! Das Ungewöhnliche wird schnell greifbarer, wenn wir an die östlichen und esoterischen Wiedergeburtslehren denken: In unabsehbarer Folge verkörpern sich die Verstorbenen neu in einem irdischen Leib, und das natürlich im Diesseits – das Jenseits des Lebens führt nicht in ein Jenseits der Welt. Hierher gehören außerdem esoterische Anschauungen, die ein nur geistiges Weiterleben erwarten, dies aber auf Ebenen, die als Teil der irdischen Welt zu verstehen, unseren Augen aber für gewöhnlich verborgen sind.

Zum Naturalismus bestehen offensichtliche Parallelen. Das Diesseits fällt ebenfalls mit der Welt zusammen, nur enthält es auch dasjenige, was wir sonst unter Jenseits fassen. Die Schärfe der Grenze zwischen beiden Welten und zwischen Leben und Tod entfällt. Weiterleben geschieht auf Erden oder in den höheren Stufen der hiesigen Wirklichkeit, nicht in irgendeiner Transzendenz. Deswegen kann man von **natürlicher Unsterblichkeit** reden, einer Unsterblichkeit, die in unserer Natur liegt und nicht auf übernatürliche Mächte angewiesen ist.

Zum modernen Weltbild setzen beide Weltanschauungen gegensätzliche Akzente. Der Naturalismus knüpft an dessen Abschließungstendenz an und formt sie zur vollständigen Abschließung um. Die hier gemeinten Lehren verweisen dagegen auf seine Offenheit. Ihnen spricht Shakespeare aus dem Herzen: Es gibt mehr zwischen Himmel und Erde als sich eure Schulweisheit träumen lässt. Das Weiterleben soll zwar im Diesseits geschehen, aber das Diesseits fällt nicht annähernd mit dem zusammen, was die heutige Wissenschaft darüber zu sagen hat. Die verborgenen Schichten der Wirklichkeit, auf denen Wiedergeburt oder geistiges Weiterleben geschieht, harren noch der Entdeckung.

Überhaupt der **Geist**: Er hat, wie gesagt, seinen Ort im naturwissenschaftlichen Weltbild noch nicht gefunden. Was gibt es da noch alles zu entdecken! In populären Büchern stürzt man sich gerne auf die Quantenmechanik als Bindeglied von Materie und Geist und spricht von „Quantenbewusstsein". Ein künftiges – postmodernes – Weltbild wird womöglich dieser Welt in höherem Maße geistige, gar jenseitige Züge zuweisen. Demnach wären die Geister der Verstorbenen mitten unter uns. Im Leben und im Tod bewohnen wir nicht weit voneinander entfernt dieselbe Welt, können als Lebende nur nicht durch die Trennwand blicken. Es ist, wie wenn wir im Tode von einer Doppelhaushälfte in die andere umziehen würden:

Der Tote ist nur nach „nebenan" gegangen. Manche Todesanzeigen zeichnen zum Trost solche Bilder.

Im 12. Kapitel werden wir uns mit diesem Konzept kritisch auseinandersetzen. Für jetzt nur zwei Hinweise: Der Gläubige dieser Richtung bürdet sich eine gewaltige Begründungslast auf: Woher weiß er das alles? Wie will er die endlose Kette der Wiedergeburten belegen, wie die verborgenen Schichten der Wirklichkeit, in die wir nach dem Tode vordringen sollen? Immerhin, ganz mit leeren Händen steht er nicht da. Wiedergeburtserkenntnisse, Nahtoderfahrungen, Nachtodkontakte und Ähnliches können auf die Waage gelegt werden. Womöglich ist der Verstorbene doch noch nicht ganz von hinnen.

Als zweites kommt aber das Thema **Ewigkeit** hinzu: Kann man Ewigkeit auch im Diesseits unterbringen? Oder wird hier vielleicht nur von einem zeitlich begrenzten Nachhall irdischen Lebens gesprochen? Insgesamt wird sich zeigen: Dieses Weltbild bietet zwar interessante Ansätze, dennoch aber dem Jenseitsglauben keine volle Stütze. Ohne Hinzunahme der ganzheitlichen Weltauffassung – siehe den letzten Abschnitt dieses Kapitels – bleibt es ein Torso.

2. Jenseits über dem Diesseits: der Schöpfungsmythos

Das nächste Modell des Jenseitsglaubens ist uns vertrauter, weil es in den westlichen Religionen einen prominenten Platz einnimmt. Es stellt Diesseits und Jenseits nebeneinander, bzw. es stellt – angemessener mit Blick auf die höhere Würde des Jenseits – das Jenseits über das Diesseits. Die Welt umschließt beides; sie hat zwei Hälften, eine diesseitige und eine jenseitige. Keine ganz einfachen Verhältnisse, die zu einer verwirrenden Terminologie geführt haben, besonders was die Welt betrifft. Man spricht von Immanenz und Transzendenz, von dieser und der anderen Welt oder von der Welt und dem Jenseits. Bleiben wir, um weitere Unklarheiten zu vermeiden, bei den hier vorgeschlagenen Begriffen. Da das Ganze einen Namen tragen muss und die „Welt" herkömmlich für alles steht, was es gibt, bietet sie sich als Bezeichnung für das Gesamt von Diesseits und Jenseits an – also **eine Welt mit zwei Hälften**.

In konkreter Form können wir dieses zweigeteilte Weltbild über den barocken Altären mancher Kirchen dargestellt finden. Dort thront Gottvater und hält in den Händen eine große Weltkugel. Abstrakter gesehen, ist es ein **Schalenmodell** der Welt. Die innere Schale, die Weltkugel, stellt die irdische Welt, das Diesseits, dar, in dessen Inneren die bekannten Naturgesetze gelten. Die äußere Schale, auf dem Altar nicht ausdrücklich als solche ausgebildet, kann man als Jenseits oder Himmel ansprechen. Hier wohnt Gott, und von hier aus hat er einst die innere Schale „aus dem Nichts" erschaffen. Seine Beziehung zum Diesseits ist wesentlich die des **Schöpfers**, eine durchaus einseitige Beziehung. Denn er verfügt über das Diesseits mit Allmacht; umgekehrt gilt das mitnichten.

Das Bild hat dem Verhältnis von Glauben und modernem Weltbild eine eigentümliche Wendung gegeben. Ursprünglich war Kampf angesagt. Nachdem Galileo Galilei vor der römischen Kirche dem heliozentrischen Weltbild – mit der Sonne im Mittelpunkt – hatte abschwören müssen, waren die Beziehungen von Theologie und Naturwissenschaft auf Jahrhunderte hinaus zerrüttet. Die unterschwellig atheistische Tendenz des modernen Weltbilds kam hinzu. „Glaube oder Wissenschaft!" schleuderten die Freidenker den Religiösen entgegen. Dann entdeckte man das Schalenmodell als Grundlage für eine **friedliche Koexistenz**. Von Randerscheinungen wie den Neuen Atheisten abgesehen, ist der Kulturkampf weitgehend abgeflaut. Man tut sich nicht mehr weh. Wir lassen euch die Erde, sagen die Theologen zu den Naturwissenschaftlern, dafür kümmern wir uns um den Himmel. Ihr erklärt die Gesetze der irdischen Welt;

wir erklären, dass und warum Gott diese Welt erschaffen hat und warum überhaupt etwas ist und nicht nichts. Kurz: Wir vor dem Urknall, ihr danach. Säuberlich geschiedene, sich nicht überschneidende Zuständigkeiten – im Englischen gibt es dafür sogar einen Fachausdruck samt Kurzformel (non overlapping magisteria: NOMA). Das treibt sonderbare Blüten: Evangelikale Wissenschaftler, die an Werktagen Darwins Evolutionslehre fortentwickeln, sollen am Sonntag an die biblische Erschaffung der Welt in sechs Tagen glauben.

Aber es ist ein **fauler Friede**. Das Schalenmodell ist ein schiefes Bild und der dieses Modell benützende Schöpfungsgedanke ein Mythos. Unter dem Stichwort „Einheit der Welt" werden wir diese Vorstellungen in 7. und 13. Kapitel einer tiefer gehenden Kritik unterziehen. Bereits jetzt seien einige offenkundige Schwierigkeiten aufgezeigt.

Zunächst: Die ganze Welt – „alles" – soll in zwei Teilwelten zerlegt werden; denn Gott, der „alles" geschaffen hat, kann ja nicht zu „allem" gehören und steht deswegen außerhalb. Woher weiß man von dieser sonderbaren Zerlegung, und wie begründet man sie? Und wo bringt man, so vorhanden, die Engel und die Seelen Verstorbener unter? Ferner: Was ist die Rolle Gottes? Lassen wir kuriose Fragen nach dem Vorher beiseite (Was machte er allein mit dem Nichts – war es ihm langweilig?); das Weitere ist schwierig genug. Hier gabeln sich die Wege. Die einen, die **Deisten**, meinen: Gott hat die irdische Welt mit allen ihren Gesetzen geschaffen und in Gang gesetzt – und das war es dann; in den Weltenlauf greift er seitdem nicht mehr ein. Diese Version ist, mit Verlaub, barer Unsinn. Ein Gott, der voll hinter seinem Werk verschwindet, ist für uns nicht mehr erkennbar, geschweige denn interessant. Gott würde zum leeren Wort; denn ob wir „Gott" sagen oder „Welt mit Naturgesetzen", ist egal – reden wir dann lieber gleich von den Naturgesetzen!

Der zweite Weg lässt Gott die Welt von außen erschaffen und auch weiterhin in ihren Lauf eingreifen. Um solche **Eingriffe** geht es in dem heißen Getümmel zwischen Biologen und Evangelikalen. Nicht-Biologen mag das wenig kümmern; wesentlich drangvoller ist für Gläubige die entsprechende Frage bei Bittgebeten – und wie viele Bittgebete gibt es nicht auf der Welt! Wenn ich um das Leben meiner kranken Mutter bete, kann Gott dann in ihren Organismus eingreifen und die an sich Todgeweihte wieder gesunden lassen? Wie soll das geschehen angesichts des „dichten" Wirkens der Naturgesetze? Geht Gott mit dem ihm allein bekannten Passwort kurz mal in den Maschinenraum der Welt und legt einen Hebel um? Leider haben die Theologen – bei der Bedeutung des Themas erstaunlich – dazu wenig Ausgereiftes anzubieten. Sie nehmen die Bedeutungslosigkeit ihres Glaubens für die von der Naturwissenschaft dominierte Welt in Kauf. Doch die Welt lässt sich nicht einfach in unterschiedliche Bereiche aufsplittern, die verschiedenen, voneinander getrennten Wissenschaftsdisziplinen zugeordnet werden können. Für Naturwissenschaftler ist die Vorstellung eines im Welt-Maschinenraum hantierenden Gottes ohnehin ein Horror. Innerhalb des modernen Weltbilds funktioniert die Sache also nicht.

Das liegt daran, dass mit dem Schalenmodell dieses Weltbild missverstanden wird. Die Welt hat keine Schale; ein „Neben", „Außen", „Davor" und „Darüber" gibt es nicht, auch keine Eingriffe von außen. Naturgesetze und Raum und Zeit sind Teile der irdischen Welt und begrenzen diese gleichsam von innen, nicht von außen. Die Frage „Was war ein Jahr vor dem Urknall?" ist so sinnlos wie die Frage „Was ist 1 Kilometer nördlich vom Nordpol?" Allenfalls wissenschaftlich, nämlich mathematisch, können wir über das Universum hinausfragen, nicht aber in ein außerwissenschaftliches Jenseits hinein. Wird in Zukunft einmal ein „Multiversum" wissenschaftlich akzeptiert, wäre für darüber hinausgehende

Rückfragen die Situation genau die gleiche, auch hier gäbe es eine Betrachtung nur von innen, nicht von außen.

Das **Diesseits hat eine eigentümliche Grenze**: eine Grenze, die paradoxerweise im Grenzenlosen verläuft. Sie ähnelt der Oberfläche einer Kugel: Die ist in dem Sinn begrenzt, dass sie keine größere Fläche als beispielsweise 1,2 m² aufweist. Dennoch kennt sie keine Grenze in dem Sinn, dass wir beim Umkreisen der Kugel an sie stoßen würden. Die Eigentümlichkeit der Grenze wird dem Gläubigen gewaltiges Kopfzerbrechen bereiten; siehe dazu die Kapitel 6 und 7. Jedenfalls kommt eine Grenzziehung nach dem Schalenmodell nicht in Frage. Im Grunde stehen bei diesem Modell beide Bereiche ebenso nebeneinander wie bei dem vorigen. Auch hier geht der Sterbende im Tode „nach nebenan". Nur die Grenze, die er dabei überschreitet, ist wesentlich schärfer. Es gibt aber, vom Diesseits aus gesehen, kein „nebenan".

3. Die irdische Welt und die ganze Welt

Um den Jenseitsglauben vernünftig zu verstehen, müssen wir völlig neu ansetzen und dabei auf gedankliches Terrain vorstoßen, das manche noch nicht betreten haben: Das Jenseits ist nicht in, neben oder über dem Diesseits. **Das Jenseits ist das Diesseits als Ganzheit**; es befindet sich auf der Ebene der ganzen Welt. Die geheimnisvolle Grenze, von der wir sprechen, verläuft zwischen der irdischen Welt und der ganzen Welt.

Nun geht es zunächst um die Klärung einiger Begriffe. **Was ist die Welt?** Wir haben den Begriff bisher eher sorglos gebraucht; was bedeutet er genau? „Welt" war einmal unsere Erde mit dem Himmelsgewölbe darüber. Das ist vorbei. Nun denken wir meist an das im Urknall entstandene Universum. Das haben wir von den Physikern. Aber wir sollten ihnen mit Vorsicht folgen, zumal manche von ihnen schon darüber hinaus denken. Folgen wir lieber unserem natürlichen Wortverständnis und sagen: die Welt ist alles, was es gibt. Das ist zunächst eine reine gedankliche Zusammenfassung, ähnlich wie beim Begriff des Diesseits. Nennen wir diese Zusammenfassung eine **Gesamtheit** und verstehen darunter eine Vereinigung von allem Möglichen, das nur deshalb zusammen gehört, weil wir es durch unser Tun oder Denken zusammengefasst haben. Manchmal finden wir in Kinderzimmern eine farbige Schachtel, und wenn wir den Deckel abnehmen, sehen wir: zwei Haarspangen, den Arm einer Puppe, zwei Untertassen vom Kindergeschirr, drei Spielkarten und einen Knopf. So ein Mist! sagt die Mutter, wenn die Schachtel ausgeleert wird. Es bleibt zurück: Alles Mögliche, ein buntes Allerlei.

In einem ersten Zugriff kann man die irdische Welt als solche Gesamtheit sehen. An die Stelle der Schachtel tritt unsere zusammenfassende Begriffsbildung: Wir fassen einfach alles, was es nach unserer Meinung und Vermutung gibt, unter dem Begriff „Welt" zusammen. Die Welt ist alles, was der Fall ist, sagt Wittgenstein; aber da sind schon einige philosophische Hintergedanken im Spiel. Lassen wir diese weg und überhaupt die Begriffsbildung, dann bleibt beim Ausleeren der Weltschachtel übrig: ein buntes Allerlei von buchstäblich allem Möglichen – Galaxien, Naturgesetze, Tiere, Gedanken, Demokratiedefizite, Ehekrisen und natürlich auch der Inhalt der Schachtel im Kinderzimmer.

Die Welt ein buntes Allerlei! Viele Menschen, besonders wenn sie sich der Postmoderne verschrieben haben, sehen das gerne so. Aber man sollte hier nicht stehen bleiben, sondern weiter fragen, und zwar nach einem Zusammenhang, der wirklich und unabhängig von uns existiert. Darum steigen wir im Begriffsgebäude eine Etage höher und fügen den einfachen die **zusammenhängenden Gesamtheiten** hinzu. Befinden sich in der Kinderschachtel statt des sonstigen Krimskrams nur Spielkarten, aber nicht bloß drei, sondern alle 32 Karten eines Skatspiels, dann sagt die Mutter beim Ausleeren zum Kind: Pass auf, dass du keine verschlampst, die gehören zusammen! Die Analogie zur Welt fällt leicht: Das moderne Weltbild schließt alles Weltliche durch die Klammer der Naturgesetze zusammen. Ist das aber nur eine Idee, oder gibt es die Welt als zusammenhängende Gesamtheit wirklich? Eine nicht ganz einfache Frage.

Selbst auf den fernsten Sternen und Planeten funktioniert die Schwerkraft nach denselben Regeln wie auf unserer Erde, und das gilt auch für alle anderen Naturgesetze. Ihre universelle Geltung ist eine grundlegende und von der Erfahrung bisher voll bestätigte Annahme. Wie alle wissenschaftlichen Annahmen ist sie jedoch hypothetisch und könnte in Zukunft durch neue Erkenntnisse entkräftet werden. Sehr wahrscheinlich würde dann aber nicht irgendwo ein abrupter Umschlag zu anderen Gesetzen festgestellt werden, sondern eine Verschiebung aufgrund eines tieferen, mathematisch fassbaren Zusammenhangs. Ähnliches ist zu den Ideen heutiger Physiker zu sagen, die bereits hinter den Urknall zurück und über unser Universum hinaus denken. Möglicherweise gibt es unzählige andere Universen („Multiversum") mit anderen Naturgesetzen und Naturkonstanten; auch sie würden zur Welt im weiteren Sinn gehören. Es bleiben also manche Fragen offen: Fällt die Welt aus der Sicht der Wissenschaft mit unserem Universum zusammen oder geht sie weit darüber hinaus? Wie sieht die gesetzliche Klammer aus, die alles zusammenhält? Die Existenz einer solchen Klammer, mutmaßlich in mathematischer Gestalt, ist lediglich zu vermuten.

Eine weitere Vertiefung erübrigt sich. Denn als fundamentale Frage für den Jenseitsglauben wird sich eine andere herausstellen: Ist die Welt nicht bloß eine – ggf. zusammenhängende – Gesamtheit, sondern auch eine **Ganzheit**? Die Frage ist darum so grundlegend, weil man in einer sinnlosen Welt nicht sinnvoll ein Jenseits annehmen kann. Erst der **Sinn der Welt**, den man mit Gott gleich setzen mag, kann eventuell eine Brücke hinüber schlagen. Um einen solchen Sinn zu haben, müsste die Welt eine Ganzheit sein; eine bloße Gesamtheit hat ebenso wenig Sinn wie der Inhalt der Schachtel im Kinderzimmer.

Was hat es nun mit der Unterscheidung der irdischen Welt (als Gesamtheit) und der ganzen Welt (als Ganzheit) auf sich? Was ist eine Ganzheit? In einer ersten Näherung geht es darum, dass die Teile einer Ganzheit nicht nur miteinander zusammenhängen, sondern dass außerdem ihr Zusammenhang ganzheitliche Eigenschaften aufweist. Das sind solche, die nur dem Ganzen, nicht den Teilen und auch nicht ihrer Summe zukommen. Es gilt die bekannte Formel: **Das Ganze ist mehr als die Summe seiner Teile**. Genauer formuliert, ist es ein Paradox: Das Ganze ist die Summe seiner Teile – was sollte es sonst sein? - , wegen seiner ganzheitlichen Eigenschaften aber auch mehr als die Summe. Paradoxe versteht man am besten anhand von Beispielen.

Ein solches ist das Unendliche. Schreibe ich hundert natürliche Zahlen auf ein Blatt, hat diese Gesamtheit wenig ganzheitliche Eigenschaften. Anders wenn ich das Unendliche als die Menge *aller* natürlichen Zahlen ins Auge fasse. Dann entsteht eine Ganzheit mit nur ihr zukommenden Eigenschaften, etwa der Gleichmächtigkeit der gesamten Menge mit der Teilmenge der geraden Zahlen. Dafür entfallen Eigenschaften der Teile: Ich kann das Unendliche, wie jeder Gymnasiast der Mittelstufe weiß, nicht addieren oder multiplizieren wie eine gewöhnliche Zahl.

Doch bleiben wir im Endlichen. Eindrucksvoll bemerken wir den Unterschied bei einem Musikstück. Solange wir die Töne in ihrer Anordnung je einzeln spielen, bleiben sie bloße Gesamtheit. Erst die zusammenhängende Spielweise lässt das Stück als Ganzheit mit seiner Melodie entstehen. Wenig Ganzheitlichkeit – allenfalls die

Form als Kegel oder Pyramide – weist ein Steinhaufen auf. Anders steht es bei einem Ameisenhaufen: Er hat etwas Organisches an sich, eine wichtige Ausprägung von Ganzheit. Das gilt erst recht für einen wirklichen **Organismus** – eine Pflanze, ein Tier, ein Mensch. Er ist so viel mehr als sie Menge seiner Zellen und Zellvorgänge. Das merken wir, wenn die Ganzheit im Tode zerfällt. Die Teile bleiben zunächst die gleichen, doch von einer Minute auf die andere werden sie zur bloßen Gesamtheit: zu einem Zellhaufen.

Das Ganze kann mehr oder weniger ganzheitlich sein; die Eigenschaft kann in verschiedenen Graden vorliegen. Ein wichtiger Grad ist die **Sinnhaftigkeit**: ein Ganzes mit Sinn. Nur ein Ganzes kann Sinn haben, und durch Sinn kann Ganzheit entstehen. Von besonderer Bedeutung ist natürlich der lebendige Sinn des Menschen: Nicht mein Kopf oder mein Herz haben etwas im Sinn – das sind bloß Metaphern - , sondern ich als ganzer habe es im Sinn.

Als Grad der Ganzheitlichkeit weiter wesentlich ist die **Reflexivität**: Die Ganzheit beugt sich auf sich selbst und ihre Teile zurück und spiegelt sich in ihnen. Als Veranschaulichung dient häufig das **Hologramm**. Zerlegen wir ein Bild in Teile, z.B. als Puzzle, gibt kein Einzelteil das ganze Bild wieder. Das aber ist bei einem durch Laser erzeugten Hologramm der Fall: Zerschneiden wir es, zeigt jedes Bruchstück wieder das ganze Bild, allerdings umso unschärfer, je kleiner das Schnitzel ist. Ähnlich verhält es sich mit dem Erbgut, dem Genom, in einem unserer Zellkerne: Es ist nicht nur das Erbgut der Zelle, sondern des ganzen Organismus. Auch der Sinn reflektiert auf sich selbst, „spiegelt sich" in sich selbst. Sinnhaftigkeit und Reflexivität hängen als Eigenschaften einer hochgradigen Ganzheit eng zusammen.

Ein bis in alle ihre Teile durchgehendes („transgressives") Ganzes war dem östlichen Denken bisher geläufiger als dem Westen. Wir kennen das berühmte taoistische **Yin-Yang-Symbol**, wo sich Hell und Dunkel im Kreis umschlingen und obendrein durchdringen: Ganzheit in der Durchdringung der beiden Prinzipien untereinander und Ganzheit in ihrem Durchgehen vom Universum bis in dessen kleinste Teile.

Übertragen wir diese Begriffe auf die Welt, dann ist die **irdische Welt** die (vermutlich zusammenhängende) Gesamtheit alles Weltlichen. Dafür gebrauchen wir auch das Fremdwort **Immanenz**. Ihr gegenüber steht – zunächst nur als Begriff – die **ganze Welt**, die Welt als Ganzheit, die wir auch **Transzendenz** nennen. Sie ist die Summe alles Weltlichen und aufgrund ihrer (unterstellten) ganzheitlichen Eigenschaften zugleich mehr als die Summe. Zur Veranschaulichung – wie jedes Bild nicht hundertprozentig treffend – kann man sich einen Teppich vorstellen. Das Weltliche – das Irdische, das Diesseits – wäre auf der Vorderseite sichtbar, die Ganzheit – samt Jenseits – entspräche der Rückseite und wäre insofern etwas anderes; dennoch ist es immer derselbe Teppich.

Soweit waren das nur Begriffe, aber nun geht es zur Sache: **Gibt es die Welt als ganze überhaupt?** Jüngst hat der Philosoph Markus Gabriel, allerdings ohne zwischen Gesamtheit und Ganzheit zu unterscheiden, die Frage schon in seinem forschen Buchtitel verneint: „Warum es die Welt nicht gibt". Er ist mehr für das bunte Allerlei, für einzelne „Sinnfelder", wie er sagt, und er meint, die uns das Universum vor Augen führende Physik sei nur ein Sinnfeld unter anderen; sie besage beispielsweise nichts über Wohnzimmer. Das mag sein, hat aber nichts mit der Frage zu tun, ob die Welt als solche eine Ganzheit ist. Diese Frage übersteigt bei weitem die Möglichkeiten reinen Denkens. Sie ist auch – wir denken an die Krise des objektiven Wissens – von der Wissenschaft nicht zu beantworten. Wissenschaft betreibt sozusagen nur Weltinnenpolitik; sie betrachtet die Welt von innen und erklärt, was in ihr überall und jederzeit gilt.

Sehr viel mehr wüsste sie, könnte sie von außen darauf schauen. Aber das geht nicht. Wir können nicht aus der irdischen Welt aussteigen oder – wie in mittelalterlichen Bildern – mit dem Kopf durch das Himmelsgewölbe stoßen und uns draußen umsehen; für uns gibt es kein „draußen". Treffend sagt Carl Jaspers: Alles, was wir erkennen, ist *in* der Welt, ist niemals *die* Welt. *In* der Welt können wir uns umsehen, soweit das Auge reicht; die Welt von außen ist uns nicht zugänglich. Nicht einmal in Gedanken können wir sinnvollerweise die Weltkugel so anschauen, wie sie Gottvater auf den barocken Bildern in Händen hält.

Wir könnten allenfalls aus dem Inneren der Welt heraus ein Urteil abgeben. Dann nämlich, wenn die Welt sich als reflexive Ganzheit in ihren Elementen spiegeln würde. Wir wären dann sozusagen die Schnitzel des Hologramms, in denen sehr, sehr unscharf das große Ganze der Welt oder auch Gott wiederscheint. Aber auch dafür fehlt jedes objektive Prüfverfahren. Die Wende ins Subjektive ist unvermeidlich. Nur **existentielles Erleben** kann Antwort geben.

Dieses lassen offenbar die französischen postmodernen Philosophen sprechen, wenn sie die Frage aus ihrem Lebensgefühl heraus verneinen: Gegen den Einheitswahn, die „großen Erzählungen" – es lebe die Differenz, das Verschiedene, das bunte Allerlei! Gegenteilige Gefühle, mit positiver oder negativer Färbung, bekommen wir zuweilen im Alltag: „Wie ist die Welt so schön!" sagen wir und spüren hinter dem neblig umflorten Sonnenaufgang so etwas wie ästhetischen Weltsinn. Oder wir verschlafen, weil die Batterie des Weckers leer ist, eine Kaffeetasse zerbricht, der Sohn legt aus der Schule einen Verweis vor, und das Auto springt nicht an: „Heute hat sich alles gegen mich verschworen" – und hinter diesem „allen" steht, weil die Attacken aus ganz verschiedenen Richtungen kommen, ein Gefühl von Welt. Ganz so einfach geht die existentielle Gleichung natürlich nicht auf; auch kann die Verschwörungstheorie beim ersten strahlenden Lächeln der Sekretärin schnell wieder zusammenfallen. Doch es sind kleine Fingerzeige, dass die Lösung nur auf der subjektiven Ebene zu suchen ist.

Die Frage bleibt vorerst offen. Aber für die Einordnung des Jenseits in das Weltbild ist der Weg vorgezeichnet.

4. Das Jenseits auf der Ebene der ganzen Welt

Scheitern die beiden anderen Jenseitsmodelle (oben 1 und 2) – das zeichnet sich ab - , dann bleibt nur dieses als einzig sinnvolles übrig, leider das vom Verständnis her schwierigste und am meisten mit Paradoxien belastete: Die Transzendenz, Gott, **das Jenseits, das Leben nach dem Tod gehören der Ebene der ganzen Welt an**. Das Verhältnis zur irdischen Welt lässt sich abstrakt dahin bestimmen, dass die Welt ganzheitliche Eigenschaften hat, insbesondere einen Sinn, die dem einzelnen Weltlichen nicht zukommen. Das sagt uns natürlich wenig; wir hätten es gerne anschaulicher. Doch dafür stehen nur mehr oder weniger unvollkommene, gar schiefe Bilder zur Verfügung. Zur Not lässt sich sagen, die Transzendenz stehe „hinter" der Immanenz; etwas besser ist noch der Vergleich mit der Rückseite des Teppichs.

Die Ganzheitlichkeit der Welt ist nicht das Jenseitsbild selbst, sondern nur seine Voraussetzung – mathematisch ausgedrückt: die notwendige, aber nicht die hinreichende Bedingung. Die Welt kann ganzheitliche Züge aufweisen und dennoch keinen Gott kennen, kein Jenseits, keinen Sinn oder nur einen Sinn, der uns nichts bedeutet. Doch das ist nur eine theoretische Erwägung. Denn bloß als solche, also ohne für uns bedeutsamen Sinn, könnten wir eine Ganzheit der Welt überhaupt nicht feststellen. Nur über ihren Sinn können wir erkennen, dass es die Welt als ganze gibt. **Ohne Weltsinn keine Welt und kein Gott**. Es muss ein Sinn sein, der sich in unsere Existenz mehr oder weniger deutlich hineinspiegelt und uns im Leben unmittelbar angeht. Nach unserem Tod lässt er uns in einer nicht näher beschreibbaren Weise in seinen Ursprung eingehen. Nur existentiell – das versteht sich von selbst – können wir eines solchen in uns gespiegelten Weltsinnes, einer Weltganzheit oder Gottes innewerden.

Leider lässt sich dieses Modell des Jenseits nicht ohne fragwürdige Schnörkel plastischer gestalten. Das macht es dem Gläubigen nicht leicht. Und eine weitere Schwierigkeit steht ihm bevor: Wie soll er die Grenze zwischen Diesseits und Jenseits verstehen und mit ihr umgehen? Eine solche gibt es unter seinen Voraussetzungen ja, wie paradox und uneigentlich auch immer.

6. Grenzfragen des Jenseitsglaubens

Vielerlei Gestalt nimmt sie an, die Grenze zwischen Diesseits und Jenseits. Die auffälligste Gestalt an der Grenze ist der Tod. Jordan nennt ihn der Volksmund: „Er ist über den Jordan gegangen". Abstraktere Formen treten hinzu: die Grenzen zwischen Welt und Gott und zwischen Zeit und Ewigkeit. Das sind gleichsam die Außengrenzen des Irdischen. Wenn aber nicht jedes Staubkorn ins Jenseits gelangen soll, braucht es zusätzlich Binnengrenzen im Diesseits zwischen dem, was hinüber gelangen kann und was nicht.

Grenzen über Grenzen - es wird sich fragen, wie scharf sie sind oder wie durchlässig. Das ganzheitliche Jenseitsbild, das sich herauskristallisiert hat, wird eher für das zweite sprechen. Aber stellen wir das vorläufig zurück und führen uns erst die einzelnen Grenzverläufe vor Augen. Es sind Problemanzeigen, noch keine Lösungen.

1. Leben und Tod

Im Tode, sagten wir, verlassen wir die Welt. Das klingt nach scharfer Grenze. Entscheidend ist der Augenblick, wo das Auge bricht und der Blick erlischt. Vorher war noch Leben da, danach ist nur noch Tod. Daher auch die sprachliche Grenze: „töter" geht nicht, nur tot oder nicht tot.

Bei näherem Zusehen zerfasert jedoch die scheinbar scharfe Grenze. Aus den Forschungen und Diskussionen der letzten Jahrzehnte sind **verschiedene „Tode"** hervorgegangen. Wir unterscheiden den klinischen Tod, wenn das Herz still steht, vom anschließenden Hirntod, wenn die Funktionen des Großhirns und damit des Bewusstseins unwiderruflich erloschen sind. Die Spanne dazwischen kommt für Wiederbelebungen in Frage und ist auch der bevorzugte Zeitraum für die so genannten Nahtoderfahrungen. Selbst nach dem Hirntod halten bis zum „dritten Tod", dem vollständigen Tod, noch einige Lebensäußerungen an; eine hirntote Frau hat sogar ihr Kind ausgetragen. Weil dies der Zeitraum für Organentnahmen ist, werden die zweite Spanne und ihr Beginn heiß diskutiert.

Mit dem vollständigen Erlöschen allen biologischen Lebens ist der Mensch, so scheint es, endgültig aus der Welt. Mancher Volksglaube und viele esoterische Traditionen, von denen im 10. Kapitel die Rede sein wird, sehen das nicht so. Verbreitet ist die Furcht in Sterbezimmern, weil man den Toten noch irgendwie anwesend fühlt. In Nachtodkontakten kann er sich den Angehörigen zeigen; Medien nehmen spirituelle Verbindung mit ihm auf. Ist noch etwas von ihm übrig? Mystische Strömungen gehen noch weiter mit ihrem Slogan: Es gibt keinen Tod! All dies lässt die **Todesgrenze** verschwimmen. Wie scharf ist sie wirklich?

2. Die Weltengrenze

Die offenen Fragen am Rand des Lebens vereinigen sich mit denjenigen am Rand der Welt. Scharf trennende und verschwimmende Grenzen sind auch hier die Extreme. In einem Weltbild, das das Jenseits irgendwo in geistigen Bereichen der irdischen Welt ansiedelt, könnte das zweite beispielsweise bedeuten: Wir sind schon hier im Wesentlichen Geist und befinden uns in der Gesellschaft diverser fürsorglicher „Geistführer". Beim Hinausgehen ändern sich nur leicht die Rahmenbedingungen dieses fröhlichen Miteinanders. So löst sich die brutale Radikalität des Todes in einem spiritualisierten Einheitsbad auf. Der Blick auf das wirkliche Sterben lehrt uns leider das Gegenteil. Rückt man dagegen – das andere Extrem – das Jenseits in einen gänzlich verborgenen Winkel der Welt, dann reißt der Faden dorthin ab. Es lässt sich nicht mehr begründen, wie wir von einem solchen Jenseits überhaupt wissen können und was es für unser irdisches Leben bedeutet.

Ganz ähnlich verhält es sich mit einem Jenseits, das wir auf der Ebene der ganzen Welt ansiedeln. Die Standpunkte lassen sich dort anhand des Verhältnisses von **Welt und Gott** markieren. Setzen wir Welt und Gott in eins – Gott oder die Natur (deus sive natura) formuliert der Philosoph Spinoza - , dann lösen sich Diesseits und Jenseits wiederum in einem pantheistischen Einheitsbrei auf. Gott wird zum entbehrlichen Wort, weil wir praktischerweise gleich von der Natur oder der Welt reden. In einer Art Zusammenfall der Gegensätze bringt das andere Extrem dasselbe Ergebnis hervor: Rücken wir Gott vollständig von der Welt ab oder lassen ihn – im Sinne des Deismus – lediglich als ursprünglichen Schöpfer auftreten, dann können wir ihn ebenfalls vergessen und uns mit der Welt begnügen. Das haben wir im Zusammenhang mit dem angesprochenen „Schalenmodell" gesehen; dabei wurde weiter klar, dass auch die Vorstellung eines zwar entrückten, aber immer wieder in die Welt eingreifenden Gottes nicht befriedigt.

Es zeichnet sich ab: Nur in der Mitte, abseits der Extreme, lässt sich eine vernünftige Lösung finden. Ihr könnte man, was Gott angeht, den Namen **Panentheismus** geben: Gott ist in der Welt, und die Welt ist in Gott; er geht weder völlig in der Welt auf noch ist er völlig von ihr geschieden. Ein sehr allgemeiner Gedanke, der nach Konkretisierung ruft. Mit ihr tut man sich im derzeitigen modernen Weltbild und beim derzeitigen Stand der Naturwissenschaft schwer. Das Netz der Naturgesetze ist zu dicht. Gott könnte allenfalls in kleine Ritzen gestopft werden, etwa in die der quantenmechanischen Unschärferelation. Ein „ritzenfüllender" Gott ist jedoch nicht das Gemeinte. Der Gedanke „Gott in der Welt, die Welt in Gott" kann wohl nur in einem künftigen („postmodernen") Weltbild näher ausgeformt und erklärt werden.

Noch ein weiteres Mal tritt uns dasselbe Grundproblem – die Außengrenze der Welt und ihre extremen Betrachtungsweisen – vor Augen, wenn wir von der Ewigkeit reden.

3. Zeit und Ewigkeit

„Unser lieber Freund Thomas hat nun das Zeitliche gesegnet" hören wir den Redner am Grab. Das Zeitliche segnen – die verbreitete Redeweise trifft den richtigen Kern. Die irdische Welt ist durch und durch zeitlich geordnet und geprägt durch die **„Grenze der Zeit"**. Diese Welt hat Thomas nun verlassen, er ist aus der Zeit gefallen. Für ihn gibt es kein Gestern und kein Morgen mehr, er zählt die Zeit nicht mehr in Stunden, Tagen oder Jahren, es kann ihm egal sein, wann die Sonne ihre Kraft verlieren und die Erde untergehen wird. Auch aus dem Raum ist er gefallen. Jemand sagte vor seinem Tod: Ihr braucht nicht zu meinem Grab zu gehen, ich bin da nicht drin. Wer diesen Gedanken unterstreichen will, lässt seine Asche bei einer Seebestattung in alle Winde verwehen. Nicht mehr in der Zeit und nicht mehr im Raum – wenn er überhaupt noch ist, wo ist er dann? Er ist in der **Ewigkeit**, sagt der Pfarrer. Die Ewigkeit liegt hinter der Grenze der Zeit. Aber was ist sie?

Die einfachste Erklärung gibt die Apokalypse des Johannes (Off 21, 4): Der Tod wird nicht mehr sein. Doch was soll das bedeuten? Offenbar ist gemäß der apokalyptischen Tradition ein endloses irdisches Weiterleben in einer erneuerten Welt gemeint. Das ist in unserem modernen Weltbild nicht mehr unterzubringen. Verbreitet ist inzwischen die Auffassung von Ewigkeit als reiner, unveränderlicher Zeitlosigkeit. Vermutlich hat hier die Unsterblichkeit im Sinne Platons Pate gestanden, hinter der die ewigen unveränderlichen Ideen stehen: In Zahlen, mathematischen Gesetzen und Naturgesetzen treten sie uns entgegen. Aber wollen wir als Zahl wiedergeboren werden? Ewiges Leben verträgt sich nicht mit reiner Zeitlosigkeit, das haben wir schon erkannt, von der befürchteten Langeweile beim immer gleichen Hallelujasingen ganz abgesehen. Wieder stehen wir vor Extremen: Die Ewigkeit kann weder zeitlich noch zeitlos sein. Wir sollten besser auch nicht sagen: Es wird eine völlig andere, uns unbekannte Zeit sein. Damit rücken wir die Zeit in die unerreichbare Ferne des fernen Gottes und landen entsprechend bei der Frage: Woher weißt du von dieser Zeit und was kümmert sie dich?

„Zeitübergreifend" haben wir die Mitte zwischen den Extremen genannt. Bei der konkreten Ausformung müssen wir wieder vage werden, weil wir an die Grenzen unseres Anschauungsvermögens stoßen; dieses ist ja, wie Immanuel Kant klar gemacht hat, an Raum und Zeit gebunden. Daher nur so viel: Zeitübergreifendes überwindet die Kluft zwischen Zeitlichem und Zeitlosem. Zumindest im Ansatz besteht eine solche Kluft. Das Physisch-Zeitliche wirkt auf anderes ein und wirkt in die Welt hinaus. Die zeitlosen Dimensionen und Gesetze wirken nicht; sie sind bloßer Rahmen. Raum und Zeit für sich allein sind tot – so jedenfalls die ursprüngliche Vorstellung -, sie ordnen nur das in ihnen Wirkende in ihre Koordinaten ein. Doch hier beginnt die moderne Naturwissenschaft die Mauern zu schleifen. Nach der Relativitätstheorie ist die die Raumzeit nicht mehr – wie nach der klassischen Physik – ein leeres Gefäß, in das beziehungslos die Wirklichkeit gefüllt wird wie Gegenstände in eine Schachtel. Vielmehr formen Massen die Raumzeit und treten dadurch mit ihr in dynamischen Zusammenhang: Bei Sonnenfinsternissen beobachtet man, wie sich Lichtstrahlen und mit ihnen der Raum um die Masse der Sonne krümmen.

Für das Konzept des Zeitübergreifenden mag das ein erster Einstieg sein. Es geht indes um mehr, um eine grundsätzliche **Wechselwirkung von Zeitlichem und Zeitlosem**: Zeitloses schafft Zeitliches, geht aus diesem hervor und wirkt in dieses zurück. Eine Symphonie entsteht aus einem zeitlichen Kompositionsvorgang, nimmt zeitlose Gestalt an und mündet wieder in das zeitliche Geschehen in den Konzertsälen. Liebende empfinden ihr Gefühl zueinander als zeitlos und unvergänglich, doch ist es in der Zeit entstanden und wirkt auf das zeitliche Leben des Paares zurück. Solche Beispiele zeigen die Richtung an, greifen aber noch zu kurz. In ihnen umschlingt sich teilweise Zeitliches mit Zeitlosem, im Übrigen bleibt das Geschehen aber in die Zeit eingebettet und ihr verhaftet. Zeitübergreifendes im Sinne von Ewigkeit muss dagegen *alle* Zeit und *alles* Zeitliche übersteigen, transzendieren: Eine Welt, die in ständigem zeitlichen und zugleich zeitlosen Dialog mit sich selbst steht und sich dabei selbst erschafft.

Ihr hebt ganz schön weit ab von der Erde, mag lächelnd der Nihilist zu solchen Ideen bemerken. Es ist ja wahr, dass der Alltagshorizont zu ihnen nicht hinreicht. Ganz außerhalb aller Erfahrung liegen sie dennoch nicht. Mystisches Erleben kann an die Grenze von Leben und Tod führen. Dabei fallen Raum und Zeit ab. Sie werden in einem überzeitlichen und überräumlichen Bewusstsein aufgehoben und transzendiert: ein leiser Hauch von Ewigkeit.

Weiter kann der Blick über die Grenze nicht gehen, sonst wären wir selbst schon drüben. Fassen wir die Betrachtungen zur „Außengrenze" des Diesseits zusammen: Widersprüche und Ungereimtheiten vermeiden wir nur, wenn wir uns von extremen Standpunkten fernhalten. Ein vollständiges Verstehen winkt auch dann nicht; die Schwierigkeiten bleiben groß. Sie werden noch größer, wenn wir uns den Binnengrenzen innerhalb des Diesseits zuwenden.

4. Leib und Seele

Gibt es ein Jenseits, dann kann nach dem Tod nicht der gesamte Mensch mit Haut und Haar dorthin gelangen. Allzu offensichtlich verfällt sein Leib; er verwest oder geht im Feuer auf. Etwas Geistig-Seelisches muss sich von ihm trennen und in höhere Sphären emporsteigen. Unsichtbar und luftig-leicht stellt man es sich vor, wie einen Schmetterling oder einen kleinen Engel. Auf alten Bildern der Kreuzigung Jesu entlässt der Mund eines der Mitgekreuzigten ein kleines Menschlein, das von Engeln geborgen wird. Dieses Etwas muss schon zu Lebzeiten neben der rein körperlichen Substanz bestanden haben. Wie verhält es sich zu ihr? Es ist das berühmte, Wissenschaft und Philosophie schon lange beschäftigende **Leib-Seele-Problem**.

Seine Schwierigkeiten zeigen die verschiedenen, schwer voneinander abgrenzbaren Begriffe. Auf der körperlichen Seite stehen Leib, Körper, Materie, Natur, Physisches. Gegenüber finden wir Geist, Seele, Psyche. Schon Paulus unterscheidet zwischen Psyche (Seele) und Pneuma (Atem, Geist). Die einen sehen in der Seele das höhere, wertvollere Prinzip (so Klages: „Der Geist als Widersacher der Seele"), andere wie die Mystiker sehen es im Geist. Wieder anders unterscheiden die Psychiater, wenn sie Geisteskrankheiten von seelischen Erkrankungen trennen.

Unser Alltagsempfinden lässt sich meist nicht auf solche begrifflichen Feinheiten ein, zieht aber ebenfalls eine deutliche Grenze zwischen den Bereichen. Wir fragen: Hat seine Abgeschlagenheit körperliche oder seelische Ursachen? Litt die Fahrfähigkeit des Autofahrers an körperlichen oder geistigen Mängeln? Wir sehen Körper und Geist bzw. Leib und Seele getrennt, wissen aber von ihrer gegenseitigen Beeinflussung. Körperliche

Zustände wirken auf den Geist; Müdigkeit lähmt, und Wein, in Maßen genossen, beflügelt ihn. Umgekehrt kann seelischer Stress Magengeschwüre zur Folge haben. Geistiges und Körperliches können wunderbar ineinander fließen, z.B. beim Spielen eines Musikstücks, aber auch gegeneinander stehen; wir sagen dann etwa: Er vergewaltigt seinen Körper.

Dieses etwas diffuse Auseinander, Miteinander, Gegeneinander wirft zahlreiche Fragen auf. Unter dem Blickwinkel von Ewigkeit und Jenseits verschärfen sie sich. Dann erweist sich das geistig-körperliche Zusammenwirken als ein Geschehen in der Zeit. Aus ihm müssen wir jedoch etwas Zeitloses oder, wie wir sagten, Zeitübergreifendes herausschälen, etwas, das Hier und Drüben verbindet und uns nach dem Tod hinüberträgt. In meinen rein zeitlichen Gedankenentwürfen, Neujahrsvorsätzen, Zornesausbrüchen und Liebesgefühlen müssen sich **Keime des Ewigen** verbergen. Sie müssen sogar – wir kommen darauf zurück – den Verfall des demenzkrank gewordenen Hirns unbeschadet überstehen.

Zu solchen Forderungen stellen sich naturgemäß die Jenseitslehren völlig verschieden. Für den Nihilisten, vor allem in naturalistischer Prägung, haben Geist und Seele keine eigenständige Qualität, schon gar nicht als Keime der Ewigkeit. Sie sind voll und ganz **Produkte des Körpers**, speziell seiner Gehirnzellen, und können – wenn man sie überhaupt als etwas Eigenes sehen will – als eine Art Begleitrauschen („Epiphänomen") körperlicher Vorgänge verstanden werden. Naturalisten träumen davon, all dies einmal direkt feststellen zu können, etwa mit ihrem derzeitigen Lieblingswerkzeug, dem Kernspintomographen, mit dem sie den Gehirnfunktionen auf der Spur sind. Aber so weit ist es noch nicht.

Die Anwälte eines eigenständigen Geistes sehen das ohnehin anders. Für sie lässt sich der Geist nicht auf Physisches zurückführen, sondern benutzt dieses als Werkzeug. Man verdeutlicht das anhand von Beispielen: Die Radiosendung (Geist) wird vom Radioempfänger (Hirn) in Töne umgesetzt. Oder: Der Klavierspieler (Geist) spielt auf dem Klavier (Hirn). Einprägsam ist der Vergleich mit dem Computer (Hardware) und der auf ihm installierten Software. Einprägsam – aber auch richtig? Wir würden solche Zusammenhänge gerne ebenfalls mit einem Super-Kernspintomographen überprüfen, aber den gibt es noch nicht. Die Krise des objektiven Wissens lässt auch diesen Bereich nicht aus.

Weiter werden uns Betrachtungen zum Weltbild bringen, und zwar in **eine mehr ganzheitliche Richtung**, zu der das Bild von Klavier und Klavierspieler nicht gut passt. Das folgt schon aus dem ganzheitlichen Konzept, das wir im vorigen Kapitel als die wohl einzig mögliche Grundlage des Jenseitsglaubens erkannt haben: Im Geist des Menschen spiegelt sich die ganze Welt und ihr Sinn, und dieser Geist reicht ins Jenseits hinüber. Dass Neurowissenschaftler damit nichts anfangen können, weil es keine speziellen Gehirnvorgänge erklärt, müssen wir in Kauf nehmen. Objektives Wissen über den Geist in seinem Verhältnis zur Natur ist derzeit Mangelware. Nur geistig, auf seinem eigenen Gebiet, werden wir dem Geist beikommen können. Und auch das erst, wenn wir nicht bloß abstrakt über ihn reden, sondern ihm einen substantiellen Inhalt geben – einen Inhalt, der uns etwas für das Leben bedeutet und über den wir im Leben urteilen können.

Darüber wird im Dritten Teil zu reden sein. Vorerst führt uns das Thema „Geist" zur nächsten Abgrenzungsfrage: Wer oder was hat einen solchen Geist, der ins Jenseits trägt?

5. Mensch und Person

Meiner kleinen Tochter ist die Katze gestorben. Sie ist untröstlich: die arme Katze! Wo ist sie jetzt? Sicher ist sie im Katzenhimmel. Aber gibt es den auch? Tja, ja...

Gelangen ins Jenseits nur Vertreter der biologischen Spezies **Mensch (homo sapiens)**? Wieder ist nach einer Grenze und ihrer Schärfe gefragt. Heikel wird eine scharfe Grenzziehung, wenn der Augenschein eher für einen gleitenden Übergang spricht. Der Philosoph Descartes hielt **Tiere** für seelenlose Automaten; kein Katzenhimmel also. Woher wusste er das, und kann ich ihm ganz folgen, wenn mich mein Hund so verständig und seelenvoll anschaut? Und wie steht es mit der Abgrenzung des Menschen in der Phylogenese, der Stammesgeschichte? Den Affen möchte ich sehen, meinte jemand witzig, der plötzlich gemerkt hat, dass er kein Affe mehr ist: Wann und wo trat eine unsterbliche Seele auf den Plan, als sich die Menschen aus affenähnlichen Vorfahren entwickelten? Wann tritt sie ins einzelne Leben? Bei der Befruchtung der Eizelle? Abgetriebene Embryonen werden dann zu Engeln; darum heißt „Engelmacherin", wer im Hinterhof Abtreibungen durchführt. Woher aber weiß man, dass dies der entscheidende Moment ist? Warum zieht man die Grenze gerade hier und warum zieht man sie überhaupt? Wenn die Seele ewig sein soll, warum ist sie dann nicht auch von Ewigkeit her („präexistent")? Befriedigt die Erklärung, dass Gott bei jeder **Zeugung** einen je eigenen Schöpfungsakt vollbringt? Das sind einige Fragen an die Liebhaber scharfer Schnitte, die Dualisten, wie sie im nächsten Kapitel heißen werden.

Auf Seiten des anderen Extrems verschwimmt die Grenze. **Geist ist überall**, in Steinen, Pflanzen, Tieren, Menschen: eine Art Allbeseelung (Panpsychismus), die Romantiker und Neuheiden erfreut: Ein Gott in jedem Baum!

Vermittelnde Standpunkte können sich demgegenüber die Beseelung in Stufen denken: Der Geist ist in unterschiedlichem Maß gegenwärtig, und zwar in Abhängigkeit von der Höhe des Bewusstseins. In Steinen beispielsweise nicht, aber als eher kleines Flämmchen vielleicht in der Katze. Die östlichen Religionen beziehen bekanntlich auch Tiere in ihre Wiedergeburtslehren ein.

An anderer Stelle setzt ein weiterer Vermittlungsversuch an. Er ordnet unsterblichen Geist nicht von vorneherein bestimmten Lebewesen als festen, unentziehbaren Besitz zu wie eine in die Wiege gelegte genetische Ausstattung. Man ist nicht von Haus aus unsterblich. Vielmehr muss **Unsterblichkeit erst im Leben erworben** werden, etwa durch sittlich hochstehenden Lebenswandel oder auf andere Weise. Dieses Konzept ist bedenkenswert. Uns ist es etwas aus dem Blick geraten, nachdem es noch in der jüdischen Apokalyptik bis in die Zeit des Neuen Testaments vertreten wurde. Es kennzeichnet auch den chinesischen Taoismus mit seinem Kult der Unsterblichen und der Unsterblichkeit. Taoistische Unsterblichkeit ist nicht für jedermann, sondern muss auf mystischen oder magischen Wegen erworben werden.

Geht der Geist in ein – vorgegebenes oder erworbenes – Jenseits, stellt sich die weitere Frage: Was bringt er dorthin mit? Wieder stehen wir vor den Extremen einer Abgrenzung, nämlich der Abgrenzung der **Person**. Lassen wir die Grenze völlig verschwimmen, geht der Verstorbene als eine Art Menschensohn, als Mensch an sich hinüber. Er hat dann nichts Persönliches mehr im Gepäck, nur noch allgemeine Prinzipien; die können aber, wie wir gesehen haben, mit ewigem Leben kaum gleichgesetzt werden. Auf der Gegenseite steht der völlige Erhalt der Individualität und der Persönlichkeit. Kennt man sich drüben noch? Das Problem des persönlichen Weiterlebens haben wir im 2. Kapitel schon berührt und in Klammern gesetzt:

Erhalt der Person ist eine offene Frage, weder gesichert noch ausgeschlossen. Weiterleben ist, obwohl schwer, auch ohne vollen Erhalt der Person vorstellbar.

Die Frage richtet sich indes nicht nur auf den vollen Erhalt. Es sind eine Menge **Eigenschaften**, Bewusstseinsinhalte, Erinnerungen, die unsere Person ausmachen. Was nehmen wir mit? Als „Mann ohne Eigenschaften" wollen wir nicht ankommen. Es ist fast wie bei Ratespielen: Was sind die 10 wichtigsten Gegenstände, die Sie auf eine einsame Insel mitnehmen würden? Joseph Ratzinger, der frühere Papst und in seinen Veröffentlichungen ein Jenseits-Spezialist, wollte in Fortführung der Leib-Seele-Einheit des jüdischen Denkens auch Leibliches im Gepäck sehen. Im Einzelnen sehr zurückhaltend, sah er immerhin die geschlechtliche Orientierung als festen Bestand: Männlein bleibt Männlein, und Weiblein bleibt Weiblein. Was gibt ihm diese Sicherheit?

Eine andere ebenso undurchsichtige Frage aus demselben Zusammenhang: Woher nehmen wir das Mitgenommene, Mitgebrachte: aus unserer Sterbestunde oder aus unseren besten Jahren? Der Verstorbene war – ein leider nicht seltener Fall – **hochgradig dement**, im Grunde schon länger geistig tot: Gelangt er in diesem trostlosen Zustand hinüber oder so, wie er zu seinen guten Zeiten war? Das zweite behaupten manche Angehörige, die Nachtodkontakte zu dem Verstorbenen gehabt haben wollen. Es führt in weltanschaulich sehr anspruchsvolle Bereiche und löst komplizierte Rückfragen aus: Ist unsterblicher Geist mit einer Art Urbild oder Idealbild seiner selbst gleichzusetzen, das der Mensch in guten Zeiten entwickelt und das am späteren Verfall nicht teilhat? Wo ist das Bild während des Verfalls aufgehoben, bevor es zum Himmel steigt?

6. Gut und Böse

Wenn der Weg ins Jenseits von Ethik im weitesten Sinne bestimmt ist, sind wir mit den Abgrenzungen noch nicht zu Ende. Ob es uns drüben gut geht oder nicht, soll davon abhängen, ob wir hier gut waren oder nicht. **Gut und Böse** treten ins Bild und mit ihnen erneut die wohlbekannte Frage: scharf geschiedene Gegensätze oder gleitender Übergang?

Radikal dualistische Weltanschauungen wie die Gnosis finden in der Ethik den Angelpunkt ihres Jenseitsbildes überhaupt: Die Welt als solche ist böse, und im Tode befreien wir uns von ihr, hin zum Licht und zum Guten. Die übrigen westlichen Religionen sehen ebenfalls, wenn auch im Allgemeinen ohne Verteufelung der Welt, einen scharfen Gegensatz. Im Jenseits werden „die Schafe von den Böcken geschieden", ein „unüberwindlicher Abgrund" (Lk 16, 26) trennt Himmel und Hölle. Außerdem überlagern diese Religionen mehr oder weniger entschieden den ethischen Gegensatz von Gut und Böse durch die Unterscheidung von wahrer und falscher Religion: die „mosaische Unterscheidung", wie sie Jan Assmann nennt. Wirklich Gutes haben drüben nur die Gläubigen der wahren Religion zu erwarten. Weiß man das tatsächlich?

Überhaupt die abgrundtiefe Frage nach Gut und Böse. Mystiker schieben sie gerne an den Rand und sehen nur die zwei Seiten derselben Medaille. Auch wer die Grenze nicht grundsätzlich verwischt, tut sich mit ihrer Schärfe schwer. Könnten wir, wären wir Gott, die Menschen unserer Umgebung wirklich sauber in Kandidaten für Himmel und Hölle scheiden? Und wie steht es mit den so genannten lässlichen Sünden, den Übergangsformen zwischen dem Guten und dem ernstlich Bösen, also mit den Alltagsverfehlungen, Verkehrsverstößen, kleinen und größeren Lügen, mittleren Gemeinheiten – wo bringen sie uns im Jenseits hin? Und wieder die oben bereits angeschnittene Frage: Wo nehmen wir unser ethisches Jenseits-Gepäck her, aus der Sterbestunde – ggf. samt Sündenvergebungen und Ablässen – oder aus dem Querschnitt des Lebens?

7. Was wissen wir? – die große Alternative

Fragen über Fragen, in ethischer Hinsicht und in allen anderen Richtungen – Fragen und noch keine Antworten. Wem jetzt noch nicht der Kopf schwirrt, der hat nicht richtig gelesen. Doch in der verwirrenden Fülle verbirgt sich eine klare Botschaft: Wenn du an das Jenseits vernünftig glauben willst, hast du genau zwei Möglichkeiten:

> Entweder du beantwortest der Reihe nach die Fragen und gibst dafür zureichende Gründe an, Gründe, die über die irdische Welt hinausweisen –

> Oder du lässt sie offen, mit einem „grundsätzlich unbeantwortbar" oder einem „ich weiß es nicht". Dann aber musst du deinem Jenseitsbild, soll es nicht im Nebel versinken, auf andere Weise einen klaren Inhalt geben. Und zwar einen Inhalt, der einerseits die Unklarheit der Grenzen seines Weltbilds aushält und andererseits deinem Leben hinreichende Orientierung gibt.

Für unsere Kernfrage: Was können wir glauben? spielt die Entscheidung zwischen diesen Alternativen offenbar eine Schlüsselrolle. Lassen wir die Entscheidung noch eine Weile reifen und führen wir uns erst im Zweiten Teil einige konkrete Antworten vor Augen. Außerdem sollten wir, nachdem ständig Grenzfragen verhandelt werden, im nächsten Kapitel zunächst allgemein über die Schärfe solcher Grenzen nachdenken.

7. Das Grundproblem der Grenzen: Monismus und Dualismus

Wie tief ist ein Graben, wie unüberwindlich oder umgekehrt wie durchlässig ist eine Grenze zwischen zwei Bereichen? Allgemein mit solchen Fragen befassen sich die philosophischen Konzepte des Monismus und des Dualismus. In monistischer Betrachtung verschwimmen, vereinfacht gesagt, die Grenzen, in dualistischer trennen sie scharf.

Die Schlüsselrolle, die diesen Konzepten für den Jenseitsglauben zukommt, kann man nicht hoch genug einschätzen. In unseren Betrachtungen zum Weltbild ist es schon angeklungen, die in den folgenden Kapiteln darzustellenden Jenseitslehren werden es zur Genüge belegen. Immer geht es um den Graben zwischen Diesseits und Jenseits und darum, wie tief er ist und wie wir hinüber kommen können. Obwohl so allgemeinen Gedankengängen ein besonderer Unterhaltungswert fehlt, sollte sich ihnen der Leser nicht entziehen.

1. Einheit und Trennung

„Die Welle ist das Meer" lautet der Buchtitel eines deutschen Zen-Meisters. Wie eine Welle geht der Mensch im Meer des Seins und der Welt auf, ob in diesem Leben oder im Jenseits. Mystisch gestimmte Menschen mag der Gedanke inspirieren; die meisten Jenseitsgläubigen werden ihn ablehnen: Auflösung im Wasser – wo bleibt da noch ein Unterschied zum Erlöschen der Person, wie es die Nihilisten kommen sehen?

Buch und Buchtitel offenbaren einen Kerngedanken des Monismus: **Alles ist eins**. Sie sind aber ein extremes, insgesamt nicht typisches Beispiel, da Einheit als Gleichförmigkeit verstanden wird: Gleichförmig ist letzlich alles Wasser im Ozean. Einheit muss aber nicht notwendig gleichförmig sein; sehr oft umschließt sie innere Grenzen. Monismus und sein Gegenteil, der Dualismus, sind immer dort die entscheidenden Konzepte, wo wir an Grenzen geraten und damit erst recht an die Grenze schlechthin, die Grenze von Leben und Tod.

Es geht dabei, genauer gesagt, um zwei (oder auch mehr) Bereiche und ihre jeweiligen Verbindungen. Monismus meint Einheit, Verbindung und infolgedessen eher verschwimmende Grenze, Dualismus dagegen Trennung, fehlende Verbindung und folglich eindeutige Grenze. Insofern stehen die Konzepte zunächst für eher gefühlsmäßige Einstellungen. „Ganzheitlich" ist die Grundstimmung des monistischen Einheitsdenkens. Der Tendenz nach ist sie vor allem im **Osten**, etwa in Indien und China, zu Hause; denken wir an die ganzheitliche chinesische Medizin. Im **Westen** hat der Monismus dagegen vielfach schlechte Karten. Das liegt unter anderem an der Hochschätzung der Wissenschaft, die ihre Gegenstände mit Vorliebe zergliedert. „Klarheit und Bestimmtheit" ist das Ideal des westlichen Dualismus, wie es der Philosoph Descartes zum Programm erhoben hat. Der Osten, könnte man vereinfacht sagen, liebt Verschmelzung, der Westen dagegen Bestimmung und Abgrenzung. Er „definiert" gerne – dies das Fremdwort für Abgrenzung.

Bei gefühlten Einstellungen können wir jedoch nicht stehen bleiben. Wir müssen die Begriffe näher betrachten und ihren Inhalt festlegen. Wir beobachten nämlich unterschiedliche **Begriffsverwendungen**, die zwar alle legitim sind – es gibt keine offizielle Definition -, aber nicht gleich gut geeignet für unsere Überlegungen. So fällt zuweilen das Wort Dualismus, wenn im Menschen Leib und Seele als eigenständige Größen aufgefasst werden; Eigenständigkeit ist aber noch lange keine Trennung und sollte deshalb nicht Dualismus heißen. Ferner und vor allem werden die Konzepte manchmal mit ihren Extremformen gleichgesetzt. Dann würde der Dualist die Welt total in zwei vollständig geschiedene Hälften zerlegen, wie es der dualistische Vordenker Descartes mit der „ausgedehnten Substanz" (in etwa Materie) und der „denkenden Substanz" (in etwa Geist) getan hat. Restlose Trennung geht aber nicht. Denn dann würde nicht die geringste Brücke in den fremden Bereich hinüberführen, und es ließe sich nicht einmal feststellen, ob er überhaupt existiert. Ein in jeder Hinsicht vom Diesseits geschiedenes Jenseits wäre so gut wie gar kein Jenseits; mangels jeglichen Zugangs bliebe es bloßes Fantasiegebilde. Auf eine Mindestverbindung – im Extremfall der dünnstmögliche Faden – kann auch der Dualist nicht verzichten. Für Descartes war es übrigens die Zirbeldrüse (Hypophyse) im menschlichen Gehirn.

Vom extremen Monismus, der die Verschiedenheit auf ein Minimum bringt und Einheit als Gleichförmigkeit versteht, war soeben die Rede. Hierher gehört auch die Annahme, die ganze Welt bestehe aus einer einzigen Substanz, beispielsweise aus Materie, wie die materialistischen Monisten behaupten. Ebenfalls auf dieser Linie liegt die pantheistische Gleichsetzung der Welt mit Gott: Alles ist Gott, und Gott ist alles. In Gleichsetzung mit solchen Extremformen wird das Wort Monismus nicht sinnvoll verwendet. Denn allzu leicht sind diese abzulehnen. Sie stellen nicht nur Behauptungen ohne Begründung dar, sondern gehen an der offensichtlichen Pluralität und bunten Verschiedenheit der Welt vorbei. Ganz ohne Verschiedenheit kann es (monistisch) die Welt ebenso wenig geben wie (dualistisch) ganz ohne Verbindung. Denn dann wäre sozusagen alles ein und derselbe Käse, und das wäre buchstäblich Käse. Verschiedenheit grundsätzlich zu leugnen oder zur Illusion („maya") zu erklären wie im indischen Advaita-Vedanta macht keinen Sinn. In vernünftiger monistischer Sicht wird das Verschiedene durch Verbindungen zur Einheit zusammengeschlossen oder – wenn man es dialektisch sehen will – in der Einheit aufgehoben. **Monismus** bedeutet – in einer Kurzformel – **Einheit in Verschiedenheit**.

Verschiedenheit liegt beiden Konzepten wesentlich zugrunde. Sie gehen jedoch unterschiedlich damit um. Der Monismus verbindet, der Dualismus trennt das Verschiedene. Was ist mit **Verbinden und Trennen** konkret gemeint? Hier müssen wir zwei Begriffsverwendungen unterscheiden. Es geht zunächst – als sozusagen ursprünglicher Monismus bzw. Dualismus – um die Blickrichtungen, mit denen wir jederzeit der Welt begegnen: monistisch ist der ganzheitliche **Blick**, dualistisch der zergliedernde; inhaltsgleich werden wir auch vom grenzenlosen und vom begrenzten Blick sprechen. Zum zweiten ist die Art der **Zusammenhänge** gemeint, die wir in der Welt vorfinden oder selber herstellen, sei es in Taten oder in Gedanken. So wäre der Organismus eines Lebewesens Beispiel für einen monistischen Zusammenhang – nennen wir ihn Gestalt -, der Computer dagegen Beispiel für einen dualistischen – nennen wir ihn System. Natürlich bestehen zwischen beiden Begriffsverwendungen Zusammenhänge und Übergänge. Ein gegliederter Bereich bietet sich mehr dem zergliedernden Blick an, ein in sich einheitlicher mehr dem ganzheitlichen. Bei einem zergliedernden Blick auf den Computer entdecken wir die schadhafte Grafikkarte schneller als bei einem gefühlsmäßig-ganzheitlichen.

2. Grenzenloser und begrenzter Blick

Blicken wir auf und schauen einfach zum Fenster hinaus! Was sehen wir? Wir sehen Wolken am Himmel ziehen, Häuser, Bäume, Autos und Fußgänger auf der Straße, vielerlei Farben samt Schattierungen, Hell und Dunkel in allen Übergängen. Verschiedene Dinge sehen wir, aber eines nicht: Wir sehen keine Grenzen, die das Bild zerschneiden würden. Der gesehene Straßenrand ist eine Linie, gewiss, aber er ist kein Schnitt, sondern ein Übergang: Das

Straßenpflaster links geht nahtlos in die Grünfläche rechts über. So gestaltet sich unser **ursprünglicher Blick** auf die Welt: intuitiv, gefühlsmäßig, ganzheitlich, **im Wesen monistisch** – jedenfalls ohne Grenzen.

Grenzen zieht unser Bewusstsein, wenn es anfängt, das Gesehene oder Erlebte zu zergliedern und auf eigene Gesichtspunkte hin zu ordnen. Ich halte auf der Straße Ausschau nach dem Auto des erwarteten Besuches; ein blaues muss es sein. Nein, das eben auftauchende Gefährt ist nicht blau, es ist eher silbergrau. Damit ist mein Blick nicht mehr der ursprüngliche, monistische. Die Farbpalette habe ich im Geiste durchschnitten und um Blau eine Grenze gezogen. An die Stelle des Verschiedenen ist Geschiedenes getreten: Blau oder Nicht-Blau ist nun die Frage. Der Unterschied zwischen dem monistischen und dem **dualistischen Blick** lässt sich in ein einziges Wort fassen: **Nein** (oder **Nicht)**. Jede Abgrenzung ist Verneinung (omnis determinatio est negatio), so der Philosoph Spinoza. Jede Grenze verneint das Ausgegrenzte.

Auf die menschliche Fähigkeit zum Neinsagen geht der Dualismus zurück. Das „Nein" spaltet die ursprünglich ungespaltene Welt. Nein, meine Suppe ess ich nicht, sagt der Suppenkaspar. Etwas Entschiedenes, Grundsätzliches schwingt dabei mit und das Wort „überhaupt": Er isst die Suppe grundsätzlich nicht, er isst sie überhaupt nicht. Verborgen steckt darin ein Bezug zur ganzen Welt: Vor dem Forum der ganzen Welt fallen solche Entscheidungen. Treffend fängt das die Sprache ein: Um nichts in der Welt würde er seine Suppe essen. Derartige Entscheidungen kennt nur der Mensch, nicht die Natur sonst.

Ach was, höre ich den Tierfreund sagen, mein verwöhnter Hund verhält sich doch genauso wie der Suppenkaspar, wenn ich ihm das billige Tierfutter vorsetze. Doch der Schein trügt. Das Tier kennt kein

„nicht" und darum auch kein „schmeckt nicht". Das Futter schmeckt schlecht, und infolgedessen setzt sich ein anderer Drang durch: vom Napf weggehen und auf bessere Zeiten warten. Nehmen wir, um es noch deutlicher zu machen, das so genannte Galton-Brett, das man zur Demonstrierung von Zufallsverteilungen benutzt. Kugeln rollen auf dem mit vorstehenden Nägeln bestückten Brett abwärts. Trifft eine Kugel einen Nagel, kann sie nach rechts oder links ausweichen. Ebenso, nur meist weniger offensichtlich steht das Weltgeschehen dauernd am Scheideweg. Man mag die ständige Weltentrennung von Möglichkeiten und anschließender Wirklichkeit dual nennen (manche Quantenphysiker entwickeln daraus ihre Viele-Welten-Deutung), dualistisch ist sie nicht. Denn es lässt sich nicht sinnvoll sagen, die nach rechts rollende Kugel habe eine Entscheidung getroffen und „nein" zu links gesagt. Etwas kaum Fassbares hat ihr einen leichten Drall nach rechts gegeben, und mehr war nicht. Die **außermenschliche Natur**, jedenfalls so wie sie uns erscheint, kennt kein Nein, keine echte Entscheidung, keinen Dualismus – **sie ist monistisch**.

Der Weltbezug **dualistischer Abgrenzung** wird nicht nur bei entschiedener Ablehnung deutlich, sondern auf subtilere Weise **bei jeder Begriffsbildung**. Denken wir nochmal an das erwartete blaue Auto. An den konkreten Blauton kann ich mich gar nicht mehr erinnern. Mir schwebt ein abstraktes Blau vor, gleichsam, wie der Philosoph Platon sagen würde, die Idee von Blau. Eine Grenze ist gezogen: Alle Farben der Welt sind eingeteilt in Blau und Nicht-Blau. Solcher Weltbezug ist seinem Wesen nach zeitlos. Bilde ich einen abstrakten Begriff, von einer Farbe oder was auch immer, überspringe ich Raum und Zeit. Denn ich meine den Begriff „schlechthin", gestern, heute, morgen – ich will ihn überall und zu jeder Zeit in gleichere Weise anwenden: Blau bleibt Blau. Daraus folgt: Nur Zeitlos-Abstraktes lässt sich verneinen. Diese konkret widerliche Suppe kann ich nur umschütten oder einfach von ihr weglaufen. Grundsätzlich Nein zu ihr sagen, sie überhaupt nicht, unter keinen Umständen, um nichts in der Welt zu essen, das vermag ich erst, wenn ich mir einen Begriff von ihr gebildet habe. Über die Verneinung ist der Dualismus mit Raum- und Zeitlosigkeit verschwistert. Er bildet **zeitlose Konzepte** und setzt sie zugleich voraus. Ein im jeweiligen Augenblick gefangenes Tier hat dazu keinen Zugang.

Nicht von Ungefähr strebt der Mensch zum zeitlos-abstrakten Begriff. Das Hinausgreifen in Raum und Zeit erweitert seine Lebensmöglichkeiten enorm. Er kann vorausschauend planen und muss sich nicht mit dem begnügen, was der jeweilige Augenblick gerade hergibt. **Rationalität** ist dafür das Fremdwort. Der dualistische Blick auf die Welt ist nicht ganzheitlich, dafür rational oder gar rationalistisch; und er hat damit Erfolg. Drang in die Welt, Lebensdrang steht hinter dem Hinausgreifen und damit hinter Abstraktion, Verneinung und Dualismus. Es ist paradox: Der monistische Blick – im Extremfall der des Tieres – ist eng, aber grenzenlos, der dualistische Blick dagegen weit, aber begrenzt und Grenzen setzend.

Der Zusammenhang mit dem Lebensdrang zeigt sich am deutlichsten, wo sich der Mensch selber abgrenzt: Ich bin ich, und du bist du. Es ist nicht die in Augenblicken geschehende, vergehende und vielleicht wieder geschehende Begegnung zweier Tiere. Sondern ich bleibe ich, und du bleibst du; ein Leben lang sind die Grenzen gezogen (So etwas gibt es aber auch bei bestimmten Tieren, wendet mit Recht der Verhaltensforscher ein – die hier der Einfachheit zuliebe scharf gezogene Grenze zwischen Mensch und Tier ist in Wirklichkeit zu schroff: Die Natur kennt Übergänge, sie ist eben monistisch). Die Abgrenzung des Ich oder Selbst ist die zentralste aller ursprünglichen Abstraktionen, und sie hat Konsequenzen: vom Selbstbewusstsein bis zur Selbstsucht. **Dualismus tendiert zum**

Egoismus, er will sich in seinem Selbst einschließen und nicht im Ganzen aufgehen. „Erst ich, dann du" – jeder hat diesen Impuls in sich schon erlebt, wenn ihm danach war, sich in der Schlange der Wartenden vorzudrängen.

Erst mit der Umgrenzung des Ich geraten auch die Grenzen des Lebens und damit der **Tod** in den Blick. In streng monistischer Perspektive ließe sich noch sagen: Es gibt keinen Tod! Es ist die Perspektive des im Augenblick lebenden Tieres und auch die des Epikur: Wo ich bin, ist der Tod nicht; wo der Tod ist, bin ich nicht. Der Tod kann allenfalls als Übergang gesehen werden, aber nicht als Grenze. Wo noch nicht der Begriff „Leben" gebildet wurde, kann der Begriff auch keine Grenze haben, kann nicht das Nein zum Leben gesprochen werden. In unserem Lebensdrang, mit dem der Dualismus Hand in Hand geht, sehen wir das jedoch anders: Der Tod ist das Nein zum Leben.

Fassen wir die Betrachtung in einer Begriffsbestimmung zusammen: **Der (ursprüngliche) monistische Zugang zieht in der Welt keine Grenzen, der dualistische tut eben dies: er abstrahiert, zergliedert, verneint**. Beide Weltzugänge begleiten uns auf Schritt und Tritt. Selbst wenn wir im Zusammenhang mit dem Jenseits von einem dualistischen System Abstand nehmen werden – die Gedankenführung selbst weist unweigerlich dualistische Züge auf: Immer wieder begegnet das Wort „nicht"; und es begegnen selbstverständlich abstrakte Begriffe.

Gehen wir den Weg nun weiter von den ursprünglichen Zugängen zu den ausgeformten Zusammenhängen, den monistischen Gestalten und den dualistischen Systemen. Im Alltag vermischen und verschlingen sich ständig die monistische und die dualistische Blickrichtung. Der Personalchef kann den neu einzustellenden Bewerber monistisch-ganzheitlich nach dem persönlichen Eindruck prüfen oder dualistisch fixierte Merkmale wie die Zeugnisnoten in Betracht ziehen. Oft gibt die Lebenssituation einer der beiden Richtungen den Vorrang. Aus diesem Gemisch schälen sich immer wieder Zusammenhänge in Reinkultur heraus: rein monistische Gestalten oder rein dualistische Systeme. Wir finden sie in der Welt oder tragen sie – besonders die dualistischen – in sie hinein.

3. Monistische Gestalten - das „Netz Indras"

Man kann sich Gestalten in erster Näherung als ein Netz vorstellen, in dem die Knoten jeweils miteinander verbunden sind. Alles hängt zusammen. Im einfachsten Fall geht es um eine zusammenhängende Gesamtheit, wie sie im vorletzten Kapitel vorgestellt wurde. Die monistischen Züge nehmen jedoch offenkundig in dem Maße zu, wie die Gestalt ganzheitliche, insbesondere organische Eigenschaften aufweist. Für diesen Fall ist das Bild des Netzes zu starr. Solche Gestalten leben; nichts ist in ihnen fest verknotet oder verschraubt. Die Grenzen verschwimmen und machen dem **Ganzen** Platz. In einem gut gespielten Musikstück fließen die einzelnen Töne ineinander und bringen eine ganzheitliche Melodie zustande.

Dazu kommt die **Wechselwirkung**. Die einzelnen Teile sind ständig in Bewegung und gegenseitigem Austausch. Das eine wirkt auf das andere und ist offen für Rückwirkungen. Sehr verschiedener Art können die Wirkungen sein, und meist kommen nicht alle Arten zugleich zum Einsatz: insbesondere körperliche (physikalische, chemische, biologische) und geistig-seelisch-kulturelle.

Die wechselwirkenden Teile der Gestalt müssen nicht neben einander liegen wie Organe in einem Körper; es kann sich auch um ein unkörperlich-abstraktes Verhältnis von Kategorien oder Wirkprinzipien handeln. Das nächstliegende Beispiel bilden Leib und

Seele. Als eigenständige Lebenskräfte, wenn man sie so auffasst, liegen sie im Menschen nicht neben einander, sondern durchdringen sich überall und jederzeit. Ein solches kategoriales Verhältnis kann man als **polar** bezeichnen und dabei den Vergleich mit einem Magneten im Auge haben. Bei diesem stehen sich Plus-Pol und Minus-Pol derart untrennbar gegenüber, dass sich das Gegenüber noch im winzigsten Teilstück wiederholt. Durchgehende („transgressive") Bezüge dieser Art sind typisch für ausgeprägt ganzheitliche, also monistische Gestalten. Der Taoismus symbolisiert dies und den Monismus allgemein durch das bereits erwähnte Yin-Yang-Symbol: Weiß und Schwarz verschlingen sich im Kreis und verknüpfen sich zusätzlich durch einen weißen Einschluss im Schwarzen und einen schwarzen im Weißen.

Einheit in Verschiedenheit kann sich unterschiedlich darstellen. Sie kann mehr zu Einheit tendieren und damit zu Gleichförmigkeit oder mehr zu Verschiedenheit und Gliederung. Da nicht notwendig alles direkt mit allem verbunden ist, können die Maschen des Netzes Lücken aufweisen. Nicht jede Art von Wirkung oder Verbindung muss überall gegeben sein. Zu meinem Hauskater habe ich alle möglichen Beziehungen, aber ein geistiges Band derart besteht nicht, dass ich Eheprobleme mit ihm besprechen könnte. In einem monistischen Zusammenhang sind nicht immer alle denkbaren Beziehungen gegeben, aber – das ist entscheidend – ich schließe keine von ihnen grundsätzlich aus. **Im Gegensatz zu einem dualistischen Zusammenhang wird in einem monistischen keine Beziehung oder Verbindung grundsätzlich ausgeschlossen.** Auch wenn ich – wie im Beispiel mit dem Kater – konkret keine Beziehung bemerke, entwerfe ich keine Welt, in der sie grundsätzlich ausgeschlossen wäre. Vorsichtig sagt der Monist: Wer weiß? Es gibt noch viel Unentdecktes im Himmel und auf Erden. Nichts sollte man von vorneherein ausschließen. Vor Newton wusste man auch nicht, dass zwischen zwei neben einander stehenden Menschen die Schwerkraft wirkt.

Die Begriffsklärung erhellt auch das wichtige **Leib-Seele-Problem**. Keineswegs ist schon Dualist (wie manche irrtümlich annehmen), wer die Seele nicht für ein Produkt des Leibes, sondern für ein eigenständiges Prinzip hält. Polare Gegensätze sind, wie gesagt, typisch für den Monismus. Sonst wäre das Yin-Yang-Symbol ein Sinnbild des Dualismus; das Gegenteil ist der Fall. Dass sich Leib und Seele im Tode trennen, steht einer monistischen Betrachtung ebenfalls nicht im Wege; sie verlangt nicht die ewige Bindung der Teile aneinander. Erst dort beginnt der Dualismus, wo bestimmte Wirkungen grundsätzlich ausgeschlossen werden, etwa die Rückwirkung des Körpers auf den Geist. Dualistische Schlagseite haben folglich Vergleiche mit Klavierspieler und Klavier oder Software und Hardware. Denn kann die Hardware voll auf die Software zurückwirken? Ebenfalls dualistischen Anstrich hat eine wiedergeborene Seele, die immer neue Leiber anzieht, die ihr fremd bleiben und die sie wie Kleider wechselt.

Dem Monismus einer Gestalt kann man – ebenso wie ihrer Ganzheit – Grad, Stärke oder Höhe zuweisen. Umso monistischer oder ganzheitlicher ist sie, je mehr ihr Verschiedenes in der Einheit aufgehoben, integriert und bewältigt ist. In diesem Zusammenhang wurden bereits Steinhaufen, Ameisenhaufen und Organismen in aufsteigender Reihe als Beispiele genannt. Sinnhafte und reflexiv-holographische Ganzheiten, wie sie ebenfalls beschrieben wurden, nehmen hohe Stufen ein. Auf eindrucksvolle Weise bebildert das östliche Denken eine vollkommene Ganzheit: Das **„Netz Indras"** hat als Knotenpunkte lauter spiegelnde, leuchtende Perlen. Jede einzelne Perle bleibt ganz sie selbst, aber sie spiegelt jede andere Perle und dazu das ganze Netz wieder. Man stelle sich dazu vor, dass nicht stehende, sondern lauter lebendige Bilder gespiegelt werden. Das Netz lebt und erschafft sich sein eigenes Leben und damit auch seine eigene Zeit. Im Höhepunkt ihrer Ganzheitlichkeit verschmilzt die monistische Gestalt mit der zeitübergreifenden Ewigkeit. Sie wird schöpferisch und bekommt Sinn. Das Ganze hält sich nicht nur im Gleichgewicht (etwa von Yin und Yang), sondern erschafft sich Sinn und bewegt sich in die vom Sinn vorgegebene Richtung. Das Einzelne spiegelt den Sinn nicht nur, sondern wirkt tätig an Sinn und Ganzheit mit. Ganzes und Einzelnes sind so in der höheren Ganzheit des Sinnes aufgehoben. **Im Sinn erreicht die Ganzheit ihren Höhepunkt**.

Der Leser ahnt bereits den Zusammenhang mit der Jenseitsfrage. Es ist die Frage: Gibt es das „Netz Indras" wirklich, ist die Welt ein solches Netz und sind wir in ihm jetzt und nach dem Tod aufgehoben? Doch lassen wir uns Zeit; auf eine Antwort werden wir erst im Dritten Teil zugehen; dort wird – nicht überraschend – der Sinn im Mittelpunkt stehen. Zunächst ist das dualistische Gegenstück zu erläutern.

4. Dualistische Systeme – der Triumph des Digitalen

Nur ein Wimpernschlag trennt manchmal Gestalten und Systeme. In einer Opernaufführung haben wir die Partitur vor uns liegen. Die das Ohr erreichende Musik hat zweifellos monistische Gestalt, sie ist eine Ganzheit. Blicken wir aber nieder, zeigt sich den Augen ein dualistisches System mit einzelnen Takten, Tönen und genau definierten Tonhöhen. Verblüffend, wie Dirigent und Musiker beides kunstvoll verbinden. Es sind ja zwei verschiedene Welten. Die Definition von Tonhöhen scheidet wie jede **Definition** den Dualismus vom Monismus; sie enthält einen dem Monismus unbekannten Ausschluss: So und nicht anders!

Definierende und abgrenzende Festlegungen finden sich allenthalben in unserer Umgebung, etwa in den Verfassungen von Vereinen, Gemeinden oder Staaten und überhaupt im Rechtsleben. Rechtssicherheit ist auf klare Ja-Nein-Entscheidungen angewiesen: Ist eine Wahl gültig oder nicht? Ist ein Vertrag zustande gekommen oder nicht? Besonders klar tritt der dualistische Charakter von Festlegungen hervor, wenn sie sich zu **formalen Systemen** zusammenfügen. Das ist gewissermaßen Dualismus in Reinkultur. In Gestalt der Zahlen begegnet er schon dem Kleinkind; es gibt kaum etwas Dualistischeres als sie. Ziehen wir beispielsweise nur die natürlichen Zahlen in Betracht (nicht die rationalen und reellen zwischen ihnen), dann liegt zwischen 0 und 1 eine Grenze wie ein Abgrund: ein hartes Entweder-Oder und nicht die Spur eines Übergangs.

Mit formalen Systemen lässt sich nicht bloß rechnen, sondern vieles andere anstellen, z.B. spielen. Gehören spielerische Balgereien der Kinder noch ganz in die monistische Welt, ist bei formal geregelten Spielen das Gegenteil der Fall, etwa beim Schachspiel. Hier sehen wir, wie sich die kennzeichnenden Züge des Dualismus zum System verfestigen. Abstrakt und zeitlos ist der Turm im Schach definiert. Konkret mag die Figur geschnitzt sein, wie sie will, ihr Sinn ergibt sich allein aus den zeitlosen Spielregeln. Diese liefern eindeutige Kriterien dafür, was ein zulässiger Spielzug ist und was nicht. Damit grenzt sich eine **Sonderwelt** ab, eben die Welt des Schachs. Zieht etwa ein Turm regelwidrig diagonal über das Brett, fällt der Zug aus dieser Welt heraus und zurück in die umgebende natürliche Welt. Dort mag er alles Mögliche bedeuten, einen Witz, Wutausbruch oder was immer. Dualistische Systeme „schmoren im eigenen Saft". In ihren Sonderwelten gelten eigene Gesetze, und alles dreht sich im eigenen Kreis. Aus ihnen kommt nur heraus, was in sie hineingelegt wurde. Auch komplizierte Mathematik enthüllt lediglich die Folgerungen, die sich aus den anfänglichen Axiomen ergeben.

Und doch, trotz dieser Absonderung, entwickeln die Systeme eine erstaunliche Macht. Die gesamte moderne Technik beruht auf ihnen. Sie sind nämlich in der Lage, natürliche Welten zu simulieren und abzubilden und sie auf diese Weise verfügbar zu machen. Die Partitur bildet formal ab, was die Musiker gerade spielen. Mathematisch formulierte Naturgesetze bilden ab, was in der Welt geschieht. Mit ihrer Hilfe lässt sich das Geschehen technisch beherrschen. Dass den Naturgesetzen, auf denen das gesamte **moderne Weltbild** beruht, eine dualistische, ja rationalistische Schlagseite eignet, ist demnach nicht zu verwundern (ebenso wenig wie das Aufkommen einer Gegenströmung unter dem Modewort „ganzheitlich").

In den letzten Jahrzehnten wurde ein entscheidender weiterer Schritt in diese Richtung getan, nämlich von der analogen in die **digitale Welt**. Natürlich hatte sich auch früher schon der Dualismus festgesetzt, vor allem in der Mathematik. Aber Mathematik und Technik bildeten ehedem die gleitenden Übergänge der natürlichen Welt unmittelbar ab, die Mathematik mit Hilfe der reellen Zahlen. Auf alten Vinylplatten waren die Töne genauso fließend gespeichert, wie sie die Musiker gespielt hatten. Nun haben wir Computer und anderes digitale Gerät, und dieses zerhackt bekanntlich alles und jedes in eine Unzahl von Bits, also 0/1- oder Ja/Nein- Entscheidungen. Bilder werden in winzige Punkte („Pixel") aufgelöst, und diesen werden die Bits aufgebürdet. Noch dualistischer, noch zergliederter, noch weniger ganzheitlich geht es nicht. Eine Zeitlang glaubte man, bei einer solchen Zerbröselung könne nichts Gescheites herauskommen. Heute aber schaut alt aus, wer noch mit einer analogen Kamera herumknipst.

Der technische **Siegeszug** ist in vollem Gange. Digital-dualistische Systeme holen analog-monistische nicht nur ein, sondern überholen sie. In kreativen Zonen, früher klar eine Domäne monistischer Intuition, machen sie sich breit. Mathematische Beweise (z.B. des Vierfarbensatzes) übernimmt teilweise bereits der Computer. Wird er demnächst die ganze Welt erklären und damit auch die Jenseitsrätsel einer dualistischen Lösung zuführen?

Man wird Wasser in den Wein solcher Hoffnungen schütten müssen. Ein erster Guss folgt sogleich.

5. Gebote der Einheit: Stimmigkeit und Begründung

Die natürliche Welt, wie sie uns bei jedem Blick aus dem Fenster erscheint, bleibt grenzenlos. An ihrem Monismus hat sich durch die Höhenflüge digitaler Technik nichts geändert. Auf ihren Boden müssen solche Flüge am Ende zurückkehren, allgemeiner gesprochen: Jeder Dualismus muss sich im Monismus des natürlichen Lebens aufheben lassen. Der Mensch bleibt ein Stück Natur und insofern in den Monismus verwoben. Was er an Geistigem, Dualistischem produziert, muss in der natürlichen Welt Antwort finden, will es nicht Hirngespinst bleiben. Regeln wie die des Schachspiels scheinen zwar völlig frei und unabhängig entworfen. Sie müssen dennoch im Weltenlauf bestätigt werden, indem nämlich das Spiel nicht nur funktioniert, sondern außerdem interessant und spannend ist. Noch offensichtlicher verhält es sich bei physikalischen Theorien. Was der Wissenschaftler mathematisch ausgedacht hat, muss die Welt im Experiment bestätigen. Auch die von digitalen Messgeräten empfangenen Signale bleiben Signale einer Welt, die von sich aus keine Grenzen kennt.

Dualistische Systeme mögen noch so sehr ihr Eigenleben führen und eigene Werte hervorbringen, z.B. eine grandiose Schachpartie oder einen bahnbrechenden mathematischen Beweis – sollen sie außerhalb ihrer Grenzen von Wert sein, **müssen sie in der natürlichen Welt „geerdet" werden**. Dabei entscheidet ihr natürlicher, praktischer Wert. Er ist an die Grundanforderungen des dort herrschenden Monismus gebunden, die im Übrigen für alle System- oder Gedankenzusammenhänge gelten, ob dualistisch oder nicht.

In diesem Sinne ist an erster Stelle eine Mindesteinheit des Weltbildes zu fordern, ein unzerrissener Zusammenhang. Darauf konnte, wie gezeigt, selbst Descartes bei seiner strikten Weltentrennung nicht verzichten. Ohne intakten Zusammenhang ist keinerlei Verstehen möglich, weil sonst der Rahmen zerbricht, in den das zu Verstehende eingeordnet werden muss. Die Forderung lautet also: Widerspruchsfreiheit, Bruchlosigkeit oder, anders gesagt, **Stimmigkeit**! Ein scheinbar triviales Verlangen – denn wo im Leben schätzen wir Unstimmigkeiten? – und dennoch alles andere als selbstverständlich. Die im Zweiten Teil zur Sprache kommenden Glaubenswelten weisen erhebliche Brüche auf, nicht nur zwischen den Traditionslinien – das sowieso, Auferstehung hier, Wiedergeburt dort - , sondern auch innerhalb. Wir werden damit nicht so tolerant umgehen können wie manche Theologen. Es soll deswegen nicht jedem Menschen der gleiche Jenseitsweg vorgezeichnet werden. Aber hinter Unterschieden sollte ein in sich stimmiger Gedanke stehen.

Ein zweites ist das bereits mehrmals erwähnte **Begründungsgebot**. Durch die monistische Forderung einer Mindestverbindung erhält es seinen endgültigen Schub. Der Zusammenhang darf nicht nur nicht durch Widersprüche durchbrochen, er muss auch positiv durch eine zureichende Begründung hergestellt werden. Nehmen wir als Beispiel Mohammeds Verheißungen für die Gläubigen im Paradies. Dort werden ihnen „Jungfrauen mit großen, schwarzen Augen" zu Willen sein (Koran, Sure 37, 49). Woher weiß Mohammed das? Wunschvorstellungen arabischer Männer sind schnell zu nennen, aber sie sind offenbar kein zureichender Grund. Auch und gerade bei Aussagen über das Jenseits genügt nicht die Behauptung; eine überzeugende Begründung muss ihr beigegeben werden. Sonst ist es wertloser, **blinder Glaube**. Wiederum eine höchst banale Einsicht, möchte man meinen. Sie hat sich noch längst nicht überall durchgesetzt.

Woher soll die Begründung stammen? Aus dem Inneren des Glaubens, ja, aber niemals daraus allein. Kapselt sich das Glaubensgefüge nach außen ab und bildet eine dualistische Sonderwelt, kann es keine darüber hinaus reichenden Begründungen liefern. Auch der Jenseitsglaube muss in den Erfahrungen der Welt und des Lebens „geerdet" sein. Eine einerseits sehr verständliche, andererseits sehr kritische Forderung; denn wie soll das gehen, wo das Leben hier ist und das Jenseits drüben? Darüber wird im Dritten Teil zu reden sein.

Jedenfalls gelangen wir mit einem dualistischen Konzept allein nicht zu einem vernünftigen Jenseitsglauben. Und es ist noch nachzulegen: Ein solches Konzept ist überhaupt unbrauchbar.

6. Der Dualismus bleibt auf der Strecke

Nun berühren wir den Kern der Jenseitslehren. Gibt es dualistische Konzepte auf dieser Ebene? Sehr wohl, und das in großer Zahl und Bedeutung.

Es beginnt schon im Vorfeld des religiösen Glaubens, wenn man die Koexistenz von Glaube und Wissenschaft durch saubere Gebietstrennung garantieren möchte: eine dualistische Grenzziehung also auf höchster Ebene. Erst recht sind viele Glaubensinhalte dem Dualismus verpflichtet, besonders in den westlichen Religionen. Das „Schalenmodell" der Welterschaffung – Gottvater hält die Weltkugel in den Händen – wurde erwähnt. Das Modell ist in dem präzisen Sinne dualistisch, dass es Wechselwirkung ausschließt: Gott regiert allmächtig über die Welt, diese hat aber keine Macht zurückzuwirken. Plastisch formuliert Paulus: Wir sind der Topf; Gott ist der Töpfer, und der Topf kann sich nicht gegen seinen Töpfer wenden (Röm 9, 20 f.).

Schon die wenigen Andeutungen zeigen: Es geht um äußerst prominente und gewichtige Anschauungen. Darum mag befremden, dass nun kurzer Prozess gemacht wird mit den folgenden Kernsätzen:

Das Ganze der Wirklichkeit ist dualistischer Betrachtung nicht zugänglich. Das Ganze kann nur ganzheitlich gesehen werden.

Wenn es ums Ganze geht, bleibt der Dualismus auf der Strecke (mit dem Ganzen ist - sprachlich geht es nicht besser – die Gesamtheit von allem gemeint, ohne Rücksicht darauf, ob die Welt eine Ganzheit ist oder nicht). Kurzer Prozess wird gemacht, weil die Begründung so einfach ist: Dualismus heißt Abgrenzung mit grundsätzlichem Ausschluss von Verbindungen und Zusammenhängen. Wie aber soll man das Ganze teilen? Wie soll man einen solchen Ausschluss nicht nur zustande bringen – denken kann man viel -,sondern auch von der Welt bestätigt bekommen?

Betrachten wir die Möglichkeiten: Wir könnten einen Standpunkt außerhalb der Welt einnehmen, etwa nach dem „Schalenmodell". Dann hätten wir die grundlegende Trennung bereits vollzogen und könnten weiter mit dem Messer hantieren. Aber das ist absurd; niemand kann die Welt verlassen und sie von außen betrachten.

Wir könnten stattdessen versuchen, ein dualistisches Modell von dem Inneren der Welt aus bis an deren Grenzen vorzutreiben. Bestätigt die Erfahrung das Modell, wäre die Welt auf eine dualistische Struktur gebracht. Grundsätzlich wäre das nicht ausgeschlossen; man nennt es das Unternehmen „Weltformel" oder **„Theorie von allem"** (theory of everything). Doch bedenken wir, was die Theorie leisten müsste. Sie hätte nicht bloß die noch offenen

Fragen der Physik zu klären, sondern alles Einzelne der Welt in ihren Griff zu nehmen, jede Wolke, jedes wirbelnde Blatt, jeden Gedankenfetzen, jede Gefühlsanwandlung. Ein echtes Münchhausen-Programm also – man kann dazu nur mit Woody Allen sagen: Mich wundern Leute, die die Welt erklären wollen, wo es doch schon schwer genug ist, sich nur in China-Town zurechtzufinden. Billiger aber würde es nicht gehen. Und so geht es eben nicht: Die Welt „einfach so" mit dualistischen Konzepten zergliedern heißt so viel wie Wasser mit dem Messer teilen wollen. Woher weiß man etwa von dem merkwürdig einseitigen Verhältnis von Gott und Welt? Wo soll man die Begründung hernehmen, die doch über alles Irdische hinausreichen muss?

Es bleibt folglich bei dem Beiwort, das wir der irdischen Welt schon im 3. Kapitel gegeben haben: Sie ist grenzenlos. Sie ist grenzenlos, wenn wir den ersten Blick aus dem Fenster tun, und sie bleibt bis zu dem Punkt **grenzenlos**, wo wir sie uns als Gesamtheit alles Wirklichen vorstellen. Das Verschiedene in der Welt ist letztlich nichts Geschiedenes. Konzepte, die auf tiefliegender Ebene Wechselbeziehungen z.B. zwischen Leib und Seele grundsätzlich ausschließen oder einschränken, haben keine Chance. Damit tritt das dualistische Ideal der Klarheit und Bestimmtheit, so ehrenwert es sonst ist, zurück. Möglich bleiben umschreibende Erklärungen oder weiche Redeweisen (z.B. „der Tendenz nach"), aber keine Abgrenzungen mehr. Wir öffnen nicht etwa der Irrationalität im Sinne von Unvernunft das Tor – aber mit Rationalität ist der ganzen Welt und dem Jenseits nicht beizukommen. Die Werkzeuge der Ratio versagen.

Das betrifft zunächst **Definitionen**. Der Naturalist wird darauf verzichten müssen, seinen Kernbegriff des Physischen zu definieren. Denn ein solches Vorhaben würde ihn in Tiefen der Wirklichkeit führen, in die kein Definitionsmesser dringen kann. Als genauso hoffnungslos erweisen sich Definitionen Gottes, obwohl manche Theologen nicht davon lassen können; ihre besonderen Tücken werden sich beim Problem der Theodizee zeigen.

Noch irritierender mag der Verzicht auf **Kriterien** erscheinen, gelten sie doch als besonderes Merkmal der Rationalität. So versucht man derzeit, die Standortsuche für ein atomares Endlager mit Hilfe eines Kataloges von Kriterien zu rationalisieren. Schön wäre es, könnte man auch für die letzten Fragen einen solchen Katalog aufstellen und dadurch das abschließende Urteil – gibt es Gott, gibt es das Jenseits? – durchsichtig und einsichtig machen. Vielleicht käme sogar so etwas wie ein Beweis heraus. Wer solche Vorstellungen im Hinterkopf hat, mag am Ende dieses Buches unzufrieden einwenden: Im Kern sind das doch alles rein gefühlsmäßige Wertungen! Tja: wie denn sonst – es geht auf dieser Ebene nur ganzheitlich; es ist – nach Wittgenstein – die Ebene des „Mystischen, das sich zeigt". Mit exakten Kriterien ist hier kein Staat zu machen. Anders gesagt: Wer unbedingt an dualistischer Rationalität festhalten will, hat von vorneherein die Themen Gott und Jenseits getötet. Ihm bleibt kein Ja und kein Nein, sondern nur ein agnostisches „Ich weiß es nicht". Kurz gesagt: **Entweder Monist oder Agnostiker!**

Ins Positive gewendet, drücken sich diese Gedanken in der folgenden Überschrift aus:

7. Die Einheit der Welt

Die Welt kann nur als Einheit gesehen werden.

Das bedeutet: Uns ist nur diese eine Welt gegeben und zugänglich, mag die Wissenschaft sie auch künftig in einzelne Universen aufgliedern. Und der Mindestzusammenhang dieser Welt darf nicht aufgegeben werden. Damit ist unser Zugang zur Welt gemeint. Die

Frage, ob die Welt auch an und für sich und in Wirklichkeit (ontisch bzw. metaphysisch) eine Einheit ist, liegt außerhalb unserer Reichweite. Die Überlegungen des Dritten Teils werden allerdings nahelegen, in diesem vollen Sinn an die Einheit der Welt und auch an ihre Ganzheit zu glauben. Dies setzt jedoch eine Art Grundvertrauen in Welt und Sinn voraus und gehört einer anderen Ebene an. Für den Augenblick steht nur das Gebot im Raum, die Welt nicht in Gedanken zu zerteilen.

Demnach kommt eine grundsätzliche Aufspaltung der Weltsicht in Religion und Wissenschaft nicht in Frage. Es ist vielmehr die noch ausstehende Annäherung beider Bereiche anzustreben. Ebenso wenig kommt eine Glaubensüberzeugung in Betracht, die ihre Erkenntnisse nur aus dem eigenen Zusammenhang schöpft, ohne Grundlegung in der Erfahrung von Welt und Leben.

Aus solcher Erfahrung werden sich viele Grenzfragen des Jenseitsglaubens, wie sie im vorigen Kapitel angesprochen wurden, nicht beantworten lassen. Folglich wird es nicht um Details und Einzelheiten gehen, sondern um ein monistisches Gesamtbild, das Welt und Jenseits in einen sinnvollen Zusammenhang stellt – so es einen solchen gibt. Monistischer Glaube ist wesentlich schlichter als dualistischer. Er weiß viel weniger. Aber weniger kann mehr sein.

Eines sollte der Glaube jedoch wissen: Gibt es ein Jenseits? Das ist die Frage nach der Ganzheit und dem Sinn der Welt. Einheit ist nicht notwendig Ganzheit und muss nicht den ganzheitlichen Charakter des „Netzes Indras" aufweisen. Ist die Welt eine solche Ganzheit, eine sinnvolle Ganzheit, die uns eine Heimstatt jenseits des Weltlichen bieten kann?

ZWEITER TEIL: BILDER VOM JENSEITS

Es ist nicht gut, ganz aus Eigenem zu denken. Die in Jahrtausenden entstandenen Jenseitsbilder, vor allem die der Religionen, wollen betrachtet werden. Womöglich bringen sie uns auf neue Gedanken. Gibt es ein Leben nach dem Tod? Die Frage geht nun in die zweite Runde.

In gewisser Vereinfachung geht es um drei Blöcke: Die Vorstellungen der drei westlichen („abrahamitischen") Religionen: Judentum, Islam und schwerpunktmäßig Christentum; die der östlichen Religionen: Taoismus, Hinduismus und schwerpunktmäßig Buddhismus; und schließlich die vor allem esoterisch interpretierten Jenseitserfahrungen.

War bei den bisherigen Überlegungen eine gewisse Abstraktheit nicht zu vermeiden, kommt nun mehr Farbe ins Spiel. Sehr eigentümlich sind manche Glaubensinhalte. Auch sind sie untereinander gewaltig verschieden. Das berührt die bereits angesprochene Forderung der Stimmigkeit. Ihr werden wir im Folgenden für die drei Blöcke je einzeln nachgehen. Natürlich stellt sie sich auch allgemein. Vor ihrem Hintergrund ergibt sich von vorneherein ein ernster Einwand gegen sämtliche konkreten Jenseitsvorstellungen: Bis heute konnten sich die Gläubigen der Welt nicht auf ein auch nur annähernd übereinstimmendes Bild des Jenseits verständigen. Die Schnittmenge ihrer Vorstellungen beschränkt sich auf den Satz: Mit dem Tod ist nicht alles aus. Wollen wir mehr wissen, müssen wir unter den vielen Bildern das wahre ermitteln – aber wie soll das gehen?

8. Tod und Auferstehung – die westlichen Religionen

1. Näher mein Gott zu dir

Der Film „Die große Stille" zeigte – eine Seltenheit bei diesen schweigenden Mönchen - Interviews mit Karthäusern. Ein alter Mönch, gefragt nach seiner Angst vor dem Tod, antwortete: Wieso Angst; wenn ich näher zu Gott komme, wovor soll ich Angst haben? Der Tod als Tor zu Gott: „Nearer my God to thee" – näher mein Gott zu dir – spielte die Schiffskapelle, kurz bevor die Titanic in den eisigen Fluten des Atlantik versank. Nicht alle Passagiere werden bei diesem Gedanken ihr Ende so angstfrei erwartet haben wie der alte Karthäuser. Und doch: Für gläubige Christen ist die Hoffnung zentral: Der Tod ist nicht das Ende, er führt uns in Gottes Hand.

Man stelle sich eine religionssoziologische Umfrage in der Fußgängerzone einer Großstadt vor. Die Frage an die Passanten lautet schlicht: Was ist Ihrer Meinung nach die wichtigste Lehre des Christentums? Unter den gesammelten Antworten wird sehr wahrscheinlich eine besonders häufig vorkommen: Die wichtigste Lehre ist, dass mit dem Tod nicht alles aus ist. Denn – so denken die Leute – vieles andere, etwa die zehn Gebote, kann man sich auch mit der Vernunft zusammenreimen. Aber das Leben nach dem Tod, das ist der Punkt, das ist wichtig, dafür brauchen wir die Religion. Wer so antwortet, befindet sich in prominenter Gesellschaft: Paulus, der große Herold des Christentums, erklärt kurz und bündig: „Wenn es keine Auferstehung der Toten gibt, ist auch Christus nicht auferweckt worden. Ist aber Christus nicht auferweckt worden, dann ist unserer Verkündigung leer und euer Glaube sinnlos" (1 Kor 15, 13 f.). **Keine christliche Religion also ohne Glauben an ein Leben nach dem Tod**.

Und nicht nur keine christliche Religion – das Gesagte gilt in gleicher Weise für die beiden anderen westlichen Religionen, die man mit Blick auf den Stammvater Abraham die abrahamitischen nennt: für Judentum und Islam. In vielerlei Hinsicht unterscheiden sie sich; für das Leben nach dem Tod zeigen sie aber deutliche Gemeinsamkeiten. Kulturell geprägt, neigen wir dazu, den Glauben dieser Religionen für den Jenseitsglauben schlechthin zu nehmen: Wenn überhaupt Jenseitsglaube, dann so. Doch wollen wir uns nicht von vornerein von einer Glaubensrichtung vereinnahmen lassen. Darum treten wir einen Schritt zurück und erkennen: Die westlichen Jenseitsvorstellungen sind, wie ein Blick auf die beiden folgenden Kapitel zeigt, nicht so selbstverständlich. Im Vergleich weisen sie vielmehr unterscheidende Grundzüge auf: Erstens der unbedingte **Wille zum Leben** - ein Glaube ohne Auferstehung und Weiterleben wäre „sinnlos". Zweitens **Gott als Zentralgestalt** des Jenseits: Er ist Ziel und Erfüllung des jenseitigen Lebens und zugleich Herr des uns erwartenden Totengerichts. Drittens das **persönliche Weiterleben**: Wir stehen vor dem Gericht als dieselbe Person, die wir im Leben waren. Viertens die **Auferstehung der Toten** – ein, wie sich zeigen wird, geschichtliches Ereignis – als eigentliche Form des Totengerichts und des Übergangs in die andere Welt.

Religiöse Lehren und Lehrer der drei Religionen haben sich durch alle Zeiten bemüht, diese Grundzüge zu einem geschlossenen Gebäude zu entfalten, die christlichen Theologen sogar in einem besonderen Lehrfach „Eschatologie". Gelungen ist dies nur bezüglich der Kernbotschaft: Mit dem Tod ist nicht alles aus. Bei den weiteren Einzelheiten kann von Geschlossenheit und Stimmigkeit keine Rede sein: Die eschatologische Verworrenheit ist beträchtlich! In ihr haben die wolkigen Reden der Priester am Grab ihren Hintergrund. Allein in der Bibel lassen sich mehr oder weniger deutlich vier verschiedene miteinander nicht oder kaum vereinbare Vorstellungsschichten ausmachen. Sehen wir näher zu!

2. Verdämmern in der Scheol

Die älteste dieser Schichten nimmt im Text der Bibel den größten Platz ein, geschätzt knapp drei Viertel: der weitaus größte Teil des Alten Testaments. Damit stehen wir vor einer sonderbaren Tatsache, die Religionslehrer gern verschweigen: Die Bibel als Grundurkunde einer Religion des Jenseitsglaubens kennt in ihrem größten Teil diesen Glauben gerade nicht. Dafür war ihr in dieser ersten Schicht etwas anderes wichtig: Der Glaube an den **Gott Jahwe**. Jahwe, der Gott Israels, zuerst verehrt als Stammesgott neben anderen Göttern, dann als einziger Gott des Volkes und zuletzt, etwa ab der babylonischen Verbannung, als einziger Gott überhaupt: „Ich bin der Erste, ich bin der Letzte, und außer mir gibt es keinen Gott" (Jes 44, 6). Als bleibendes Vermächtnis an die Welt hat Israel den Monotheismus hervorgebracht. Damit bahnte sich, noch inmitten des naiven Weltbilds, die Vorstellung eines der Welt gegenüber stehenden Schöpfergottes an. Sie wurde zu einer wesentlichen Keimzelle des im Westen hinfort vorherrschenden Dualismus.

Das alte Israel hatte also eine intensive Beziehung zu Gott, aber – für uns Heutige merkwürdig – keine Beziehung zu einem Leben nach dem Tod; denn daran glaubte es nicht. In dieser Hinsicht unterschied es sich von manchen anderen alten Völkern. Die benachbarten Ägypter hatten, wie wir aus ihren Einbalsamierungsriten und ihrem Totenbuch wissen, ein ausgeprägtes Verhältnis zum Jenseits. Nicht so die Israeliten. Was geschah nach altjüdischer Auffassung mit den Toten? Sie versanken ohne Wiederkehr in der so genannten **Scheol**, dem „Nicht-Land", wie man wohl übersetzen muss. Es war eine Unterwelt, in der kraft- und wesenlose Schatten ein gespensterhaftes Dasein führen – ein erloschenes Leben, kein eigentliches Weiterleben. Vor allem – das war den Juden besonders bedeutsam – endete in der Scheol jede Verbindung mit Gott, dem Zentrum ihrer

Religion: „Derer, die im Grabe liegen, gedenkst du nicht mehr, da sie deiner Hand entzogen sind" (Psalm 88, 6).

In der Umkehrung erweist sich dieser Glaube als eine Religion reiner Diesseitigkeit. „Alt und lebenssatt" zu sterben wie die Patriarchen, das war das Ziel. Heil in diesem irdischen Leben erwartete man von Gott, und in solcher Absicht befolgte man seine Gebote. „Auf dass es dir wohl ergehe und du lange lebest auf Erden" – aus der Schule erinnern wir uns an diese Zielformulierung des Gebotes der Elternliebe und im Grunde aller übrigen Gebote auch. **Tun-Ergehen-Zusammenhang** nennen die Theologen diese Vorstellung: Gott sorgt dafür, dass der Gerechte mit Wohlergehen belohnt und der Übeltäter bestraft wird. „Der Herr hat gut an mir gehandelt und mir vergolten, weil ich gerecht bin und meine Hände rein sind" (Psalm 18, 21). Auch bei den Psalmen, aus denen viele Menschen spirituelle Kraft schöpfen, sollte man ihren rein diesseitigen Hintergrund nicht übersehen.

Der Zusammenhang zwischen Tun und Ergehen wurde persönlich verstanden und mindestens ebenso auch in Bezug auf das Volk. Jüdisches Denken kreist bekanntlich in hohem Maße um das eigene Volk, das „auserwählte" Volk Jahwes unter „den Völkern". Der Bund Gottes mit „seinem" Volk, Treue und Untreue des Volkes gegenüber dem Bund und entsprechend göttlicher Lohn und göttliche Strafe – so lauten die Kernthemen der alttestamentlichen Zeit. Der religiöse Stellenwert der Geschichte im jüdischen Denken – **Volksgeschichte ist zugleich Heilsgeschichte** – wird im Kulturvergleich besonders deutlich, zumal im Blick auf die östlichen Religionen. Er kann nicht wichtig genug eingeschätzt werden; denn er bestimmt die Jenseitsvorstellungen aller westlichen Religionen.

Nun konnte den Israeliten nicht verborgen bleiben, was jeder weiß: Auf einen von Gott gelenkten Tun-Ergehen-Zusammenhang ist im irdischen Leben kein rechter Verlass. Wie oft ergeht es dem Gerechten schlecht und dem Ungerechten gut! Klassisch drückt diese krisenhafte Einsicht das berühmte **Buch Hijob** aus: Den gerechten und gottesfürchtigen Hijob schlägt Gott mit dem Verlust seiner Gesundheit, seiner Familie und seines Vermögens. Bezeichnend ist, was in diesem Buch *nicht* steht: Im Gegensatz zu späteren christlichen Traktaten, etwa der verbreiteten "Nachfolge Christi" des Thomas von Kempen, fehlt jeder Trost von der Art: Freue dich deines Leidens, umso größer wird dein Lohn im Himmel sein! Es ist ein erschütterndes Dokument des fehlenden Jenseitsglaubens. Freilich wird die Konsequenz nicht durchgehalten: Am Ende wird für Hijob doch noch alles gut. Damit mag Kohelet nicht rechnen, das zweite wichtige Buch dieser Zeit, auf das wir schon im ersten Kapitel gestoßen sind. Ihm bleibt nichts mehr als der kynische Ratschlag, zu essen, zu trinken, sich zu freuen und „die Tage deines nichtigen Lebens zu genießen, die Gott dir gibt unter der Sonne". Das Paradox des Gottesglaubens und fehlenden Jenseitsglaubens ist an seine Grenze gestoßen.

Machen wir nun einen zeitlichen Sprung um einige Jahrhunderte.

3. Jesu Auferstehungsglaube

„Amen, ich sage euch: Ich werde nicht mehr von der Frucht des Weinstocks trinken bis zu dem Tag, an dem ich von neuem davon trinke im Reich Gottes" (Mk 14, 25). Beim letzten Abendmahl mit seinen Jüngern, seinen unmittelbar bevorstehenden Tod vor Augen, freut sich Jesus auf den nächsten Schluck Wein, nach seinem Tod, im Reich Gottes – nach Meinung vieler Wissenschaftler das einzige von der Bibel authentisch überlieferte der so genannten Abendmahlsworte. Was ist das? Der Jude **Jesus glaubt an ein Weiterleben** nach seinem Tod – wie kommt er bei dem religiösen Hintergrund seines Volkes dazu?

Die Antwort: Bald nach den Büchern Hijob und Kohelet trat in den letzten vorchristlichen Jahrhunderten ein Umschwung in den jüdischen Jenseitsvorstellungen ein. Der Glaube an eine **Auferstehung der Toten** setzte sich durch. Die Belege innerhalb und außerhalb des Alten Testaments sind spärlich, aber eindeutig. Das 2. Buch der Makkabäer berichtet von dem heidnischen Seleukidenherrscher Antiochus, der sieben jüdische Brüder und ihre Mutter durch Folterung zum verbotenen Genuss von Schweinefleisch zwingen wollte. Sterbend sprach einer von ihnen: „Ruchloser! Aus diesem Leben kannst du uns befreien, der Weltenkönig aber wird uns, die wir um seiner Gesetze willen sterben, zu einem neuen Leben erwecken, das ewig dauert" (2 Makk 7, 9).

Was hatte den Umschwung herbeigeführt? Hierfür sind die Belege noch spärlicher. Wie und warum der Auferstehungsglaube der westlichen Religionen entstanden ist, lässt sich nicht mehr genau nachvollziehen. Die wahrscheinlichste Erklärung liegt in der altpersischen, auf Zarathustra zurückgehenden Religion, mit der die Israeliten während ihres babylonischen Exils in Berührung gekommen sind. Dieser **zoroastrische Glaube** ist stark ethisch ausgerichtet; er wird bestimmt durch den Gegensatz von Gut und Böse, der in den himmlischen Gestalten von Ahura Mazda (oder Ohrmazd) und Ahriman personifiziert ist. Dem entspricht das persönliche Totengericht, bildlich dargestellt in der von den Verstorbenen zu überquerenden Cinvad-Brücke: An ihrer schmalsten, messerscharfen Stelle stürzen die Bösen in den Abgrund, während die Guten hinübergelangen in die Seligkeit. In der islamischen Mythologie wird dieses Bild später wieder auftauchen. Daneben kannte der Zoroastrismus auch ein kollektives Totengericht in Gestalt eines universalen Weltgerichts.

In der letzteren, der kollektiv-geschichtlichen Form, ist der Jenseitsglaube ins Judentum eingegangen. Dahinter stand als

Triebkraft die **jüdische Apokalyptik**, eine Frucht der nationalen Not. Der Tun-Ergehen-Zusammenhang wurde nicht nur auf der persönlichen Ebene als Problem wahrgenommen, sondern auf der Ebene des Volkes zunehmend als Enttäuschung erlebt. Die Juden konnten sich noch so sehr von Baal und Astarte und allen anderen kanaanitisch-phönizischen Gottheiten abwenden und ihrem Gott Jahwe zuwenden, politisch half es ihnen nichts. Die beiden Nachfolgereiche des salomonischen Königreichs gingen unter, und - vom kurzen Zwischenspiel des Hasmonäerreiches (142 bis 63 vor Chr.) abgesehen – nahm die Fremdherrschaft über das „auserwählte Volk" von da an kein Ende mehr. In ihrem geschichtsorientierten Denken konnten die Juden nicht anders als dem ihre geschichtliche Hoffnung entgegensetzen: Einmal wird Jahwe die Herrschaft seines Volkes über die Völker wieder aufrichten. Aber auch diese „eschatologische", auf das Volk bezogene Hoffnung verblasste und machte in den letzten vorchristlichen Jahrhunderten einer der ganzen Welt geltenden „apokalyptischen" Hoffnung Platz. Im Rahmen eines gewaltigen Weltenumbruchs oder Anbruchs eines neuen Zeitalters wird Gott die Verhältnisse wieder in Ordnung bringen. Der Umbruch geschieht zerstörerisch – „Jerusalem wird zum Trümmerhaufen" (Mich 3, 12)-, führt aber in ein Reich des ewigen Friedens – siehe die berühmten Worte von den Schwertern, die zu Pflugscharen werden (Mich 4, 3), oder vom Lamm, das beim Wolf verweilt (Jes 11, 6). Dann werden diejenigen, „die vielen zur Gerechtigkeit verhalfen, glänzen wie die Sterne für immer und ewig" (Dan 12, 3).

Eingefügt in den apokalyptischen Weltenumbruch finden wir Auferstehung und ewiges Leben. Ihnen geht das **Gericht** voraus. Seine Grundzüge werden auf Dauer die westlichen Religionen prägen und von den östlichen unterscheiden: Das Gericht ist ein Gericht Gottes. Es ist ein Gericht über Gut und Böse und insoweit zugleich streng und gnädig. Denn Gott ist ein Gott der Gnade; er ist, wie die Moslems formulieren, der Allerbarmer. **Gottes Gnade** und die Bitte um diese Gnade sind im westlichen Glauben zentral für das irdische Leben und erst recht für das Leben nach dem Tod.

Wir pflegen das alles persönlich aufzufassen, bei Aufkommen der Vorstellungen stand aber die Gemeinschaft im Vordergrund. Vorrangig ging es um Welt und Volk, erst in zweiter Linie um den Einzelnen. Wenn der Prophet Ezechiel in einer Vision ein Feld mit dürren Gebeinen erlebt, denen Gott wieder Leben einhaucht, sieht er darin nicht eine Wiederbelebung Einzelner, sondern des „Hauses Israel" (Ez 37, 1 – 11). An der Wurzel des westlichen Jenseitsglaubens überwiegt das kollektiv-geschichtliche Moment. Damit zeichnet sich ein Grundproblem der späteren Zeit ab: das **Verhältnis von allgemeinem und besonderem Gericht**. Das kollektive Moment mag uns befremden, die wir doch vor allem fragen: Was wird aus *mir*, wenn ich gestorben bin? Fremd wirkt auch der apokalyptische, vom naiven Weltbild getragene Hintergrund, in den wir uns nur schwer hineinversetzen können. Die Frage: Was ist mit einem solchen Weltenumbruch genau gemeint? ist aus heutiger Sicht kaum mehr zu beantworten, zumal die damaligen Aussagen schwanken. Sie oszillieren zwischen dem bloßen Anbruch eines neuen, besseren, **friedlicheren Zeitalters** und der ans Überirdische rührenden Vorstellung der **Erschaffung einer ganz neuen Welt**. Einen „neuen Himmel und eine neue Erde" erblickt der Seher Johannes (Off 21, 1). Dabei war eine eigentliche Grenze zwischen Diesseits und Jenseits und zwischen Leben und Tod damals nicht bekannt. Lebende und Tote erscheinen in gleicher Weise vor dem Gericht. Auf ganz natürliche Art heben auf alten Bildern die auferstehenden Menschen ihre Grabdeckel. Kein Problem hatte man mit einer ewig dahinlaufenden Zeit, ohne zu wissen, dass nichts in der Welt ewig existieren kann, schon gar nicht die Sterne. Auch ein Weiterleben als dieselbe Person, wie dies schon aus der Vorstellung des Gerichts folgt, stand nicht in Frage.

Unberührt vom seitherigen Wandel des Weltbilds bildet das apokalyptische Szenario in den westlichen Religionen nach wie vor den Kern der Lehre von den Letzten Dingen. Die entsprechenden Texte des Neuen Testaments beschreiben das Geschehen noch farbiger als die des Alten: Wie der Menschensohn auf den Wolken des Himmels erscheint und die einen Menschen in die ewige Seligkeit, die anderen ins ewige Feuer schickt. Wiederum ausführlicher und noch intensiver behandeln die Suren des Korans den Jüngsten Tag mit seinen drei Posaunenstößen und dem anschließenden Gericht. Höchst anschaulich werden die Schrecken der Hölle beschrieben und die Freuden des Paradieses: die blühenden Gärten, die springenden Brunnen und für die Männer die willigen Jungfrauen. Gewaltig ist der Nachdruck auf dem Thema: Ohne große Übertreibung lässt sich sagen, das Wesen der **islamischen Religion** bestehe vor allem in der Vorbereitung der Gläubigen auf das Weltgericht.

Zwei Szenarien sind uns mithin angekündigt: **Weltuntergang und Welterneuerung**. Lange Zeit hat das erste der beiden die Menschen in Furcht versetzt. Ich erinnere mich an die Kindheit: Nachdem die Lehrerin plastisch das Kommen des Menschensohnes auf der Wolke geschildert hatte, stieß mich an einem klaren, wolkenlosen Tag der Banknachbar an: „Gott sei Dank, heute kann die Welt nicht untergehen!" Der Wandel des Weltbilds hat solchen Ängsten mehr oder weniger ein Ende gesetzt. Einen Untergang der Welt – besser gesagt: Erde – können wir uns zwar weiterhin vorstellen, aber als natürlichen oder von Menschen herbeigeführten Vorgang, kaum mehr hingegen als apokalyptischen Eingriff Gottes. Das Gewicht zwischen allgemeinem und besonderem Gericht hat sich verschoben. Altjüdisches kollektives Geschichtsdenken ist in der modernen Religiosität weitgehend abgelöst von der platonischen Sorge um die Unsterblichkeit der eigenen Seele.

Doch zurück zu **Jesus**. Am Ende des Buches werden wir in einem sehr bedeutenden Zusammenhang auf ihn zurückkommen. Hier geht es zunächst um seine Verbindung zum damaligen Auferstehungsglauben. Dieser hatte sich damals im größten Teil des Volkes durchgesetzt, vor allem bei den Pharisäern. Ausgenommen blieben die Sadduzäer, die konservative Kaste der Tempelpriesterschaft, die am überlieferten Glauben an die Scheol festhielt. Es fällt auf, dass Jesus, obwohl dem Glauben der Mehrheit zustimmend, in seinen Lehr- und Gleichnisreden nur selten davon Gebrauch macht. Mahnungen, wie sie das Christentum später verbreitet hat: „Memento mori!" oder „Rette deine Seele!" sucht man bei ihm vergebens. Besonders deutlich zeigt sich das bei seiner Kernbotschaft vom **Reich Gottes**. Diesem bereits im Kommen befindlichen Reich, einem Reich der Gerechtigkeit, der Liebe und des Friedens sollen wir den Weg bereiten. Darauf beziehen sich die berühmten Seligpreisungen: Selig, die hungern und dürsten nach der Gerechtigkeit, denn sie werden gesättigt werden … (Mt 5, 4,6). Aber Jesus verortet dieses Reich nicht: Wann, wo, wie ist es? Und vor allem: **Vor oder nach dem Tod?** Meint er, die Gerechten würden – nach Art des Tun-Ergehen-Zusammenhangs – hienieden belohnt, oder werden sie es erst Jenseits? Er berührt solche naheliegenden Fragen nicht einmal. Warum?

Die Antwort wissen alle Bibelwissenschaftler, auch wenn sich manche nicht gerne in sie vertiefen. Der Grund liegt in Jesu so genannter **Naherwartung**. Er erwartete die apokalyptische Wende, den endgültigen Anbruch des Gottesreiches, nicht nur überhaupt, sondern in Bälde, etwa – der Zeitraum ist schwer abzuschätzen – innerhalb von ein oder zwei Generationen. Damit war er keineswegs allein. Hoffnung bleibt ungern auf Dauer abstrakt und will schließlich wissen: Wann ist es so weit? Daher hatte sich die apokalyptische Erwartung schon lange vor Jesus zu einer Naherwartung zugespitzt. Bereits der Verfasser des alttestamentlichen Danielbuches ergeht sich in Spekulationen, wie viele Tage – z.B. 1290 – es noch dauern wird (Dan 8, 14; 12, 11,12). Die Predigt Johannes des Täufers, dessen Kreis Jesus zunächst angehörte, war ganz von der Naherwartung bestimmt: „Das Himmelreich ist nahe ... Schon ist die Axt an die Wurzel der Bäume gelegt" (Mt 3, 2,10). Paulus vermutete das Ende noch zu seinen Lebzeiten (1 Thess 4, 15). Auch Jesus selbst teilte diese typisch jüdische, in der damaligen Welt einzigartige Erwartung (etwa bei Mt 10, 23) – eine Erwartung, die bekanntlich immer wieder und zuletzt endgültig zuschanden geworden ist. Schamhaft sprechen die Theologen von „Parusieverzögerung". Mit dem bekannten Wort, dass bei Gott ein Tag wie tausend Jahre ist (2 Petr 3, 18), nahm die Kirche schließlich Abschied von der nahen Apokalypse.

Dass Jesu gesamte Haltung zu den Letzten Dingen von seiner Naherwartung beeinflusst ist, versteht sich von selbst. Der Tod war zweitrangig: Ob man als Lebender oder Toter vor das baldige Gericht gerufen wird, spielte nach dem damaligen Weltbild – Paulus (aaO) bekräftigt es ausdrücklich – keine Rolle. Daher galt es, über das Gericht zu reden – Jesus tut es ausführlich - , nicht über den Tod. An dem gewaltigen Irrtum der Naherwartung sollten die Theologen nichts zu beschönigen versuchen. In einem haben sie allerdings Recht: Der Zusammenbruch des Irrtums hat der eigentlichen Botschaft Jesu vom Gottesreich nichts anhaben können. Sie lebt unabhängig davon weiter. Das spricht für sie und ihre Stärke. Jesus hat eine Ethik der Endzeit entworfen. Sie kann mit nur wenigen Abstrichen bestehen bleiben, wenn der Irrtum korrigiert wird, es handle sich um die Endzeit der Welt. Ist nicht jedes menschliche Leben, bedenkt man seine Kürze, schon als solches immer Endzeit? Wir kommen auf die Botschaft vom Reich noch zurück.

Von der Naherwartung unabhängig ist die einzige ausführliche **Stellungnahme Jesu zum Leben nach dem Tod**, die die drei ersten Evangelien übereinstimmend und im Kern wahrscheinlich authentisch berichten (Mt 22, 23 – 33; Mk 12, 18 – 27; Lk 20, 27 – 40). Spätere Theologen haben sie an den Rand geschoben. Sie ist indessen hoch bedeutsam, obwohl sie nicht aus eigenem Antrieb Jesu zustande kam – nach dem Gesagten verständlich - , sondern auf die Frage von Sadduzäern. Diese die Auferstehung leugnenden Männer legten Jesus das Folgende vor: Eine Frau war, jeweils verwitwet, hintereinander mit sieben Brüdern verheiratet – wessen Frau wird sie bei der Auferstehung sein? Geistliche bewerten die Frage zuweilen als ungehörige Provokation; dabei kann sie sich in vereinfachter Form durchaus auch für heutige Witwer stellen. Die Antwort Jesu: Wenn die Menschen von den Toten auferstehen, werden sie nicht mehr heiraten, sondern sie werden sein wie die Engel im Himmel. Damit bekennt er sich klar zum Glauben an die Auferstehung. Rätselhaft ist aber die Aussage zum Leben danach: Wer kennt schon die Seinsweise der Engel? Dem Rätsel liegt wohl ein tieferer Sinn zugrunde: Fragt besser nicht nach dem Wie, denn ihr wisst gar nicht, wonach ihr dabei fragt! Jesus bekennt sich nicht nur, er begründet auch, und zwar unter Zitierung der Worte, die Jahwe zu Moses aus dem brennenden Dornbusch gesprochen hat: „Ich bin der Gott Abrahams, der Gott Isaaks und der Gott Jakobs" (Ex 3,6). Er ist doch, so Jesus, nicht ein Gott von Toten, sondern von Lebenden. Nach Jahwes eigenen Worten können Abraham, Isaak und Jakob nicht in der Gottferne der Scheol versunken sein, sondern sie leben bei Gott. Eine Widerlegung der scheinbar keine Auferstehung kennenden Thora aus dieser selbst und noch dazu durch ein Wort Gottes: eine im Horizont des damaligen Judentums außerordentlich starke Begründung.

Im damaligen, von Jesus geteilten Auferstehungsglauben waren zwei wichtige Fragen noch ungeklärt. Durch eindeutige Äußerungen Jesu sind sie nicht zu beantworten. Zum Einen: Wird die Auferstehung allen Menschen zuteil oder nur den Gerechten, die zum Leben bei Gott bestimmt sind? In der Spätzeit des Alten Testaments war die Auffassung verbreitet, das ewige Leben sei keine allgemeine

Bestimmung der Menschen, sondern Lohn nur für die Gerechten, während die Ungerechten im Grab oder der Scheol erlöschen. Nur „viele" von denen, die im Land des Staubes schlafen, werden nach dem Danielbuch erwachen (Dan 12, 2). „Für dich wird es keine Auferstehung zum Leben geben" schleudert einer der gemarterten Brüder im 2. Makkabäerbuch dem grausamen König entgegen (2 Makk 7, 14). Noch im Neuen Testament findet sich vereinzelt der Ausdruck „Auferstehung der Gerechten" (Lk 14, 14). Dort hat sich jedoch ganz überwiegend die Gegenmeinung durchgesetzt, wie später in allen westlichen Religionen: Alle Menschen werden zum Gericht auferstehen und weiter leben, je nach Richterspruch die einen in Seligkeit, die anderen in Verdammnis. Denn inzwischen hatte sich auch – neben oder statt der Scheol – die Vorstellung einer Hölle (Gehinnom oder Gehenna) herausgebildet und dazu die Gestalt eines Teufels oder Satans. **Himmel und Hölle** sind somit die letzten der Letzten Dinge. Auf diese Weise wurde eine wichtige Grundsatzfrage beantwortet: Ist **die Unsterblichkeit allen Menschen in ihrer Natur vorgegeben** oder muss sie (wie im chinesischen Taoismus) erst erworben werden? Die Antwort lautet im ersten Sinne, und die wohl maßgebliche Begründung geht dahin, dass Gott den Menschen nach dem eigenen Bild und damit zur Unvergänglichkeit erschaffen hat (Weish 2, 23). Damit steht freilich das prekäre Dualismusproblem – siehe 6. und 7. Kapitel – im Raum, nämlich die Abgrenzung im pränatalen Bereich und gegenüber Tieren und anderen Lebewesen.

Die zweite offene Frage betraf den **Zwischenzustand**. Hier hatte sich das jüdische Denken selbst in ein Dilemma gebracht. Die allgemeine Auferstehung sollte zwar möglicherweise schon bald, aber jedenfalls in der Zukunft geschehen – wie würde es in der Zwischenzeit den Verstorbenen ergehen? Die spätere Antwort, die vom Leib getrennte Seele erwarte die Auferstehung des Leibes, konnte damals nicht gegeben werden. Die Juden, soweit nicht schon griechisch beeinflusst, kannten nur den ganzen Menschen. Für die

Seele hatten sie nicht einmal ein Wort; alle dafür in Frage kommenden Kandidaten (z.B. „ruach") bezeichneten etwas Anderes. Die Zwischenzeit ließ sich auch nicht mit der Annahme aushebeln, der Verstorbene sei ins Jenseits und damit in die Zeitlosigkeit gefallen. Solche Vorstellungen gab es im damaligen Weltbild ebenfalls nicht. Was also geschieht in dieser Zeit? Und wenn bereits am Lebensende eine Entscheidung über das ewige Heil fallen sollte, wie verhält sich dieses besondere zum späteren allgemeinen Gericht? Die radikalste, allein das allgemeine Gericht betonende Lösung lässt den Menschen ganz und gar sterben (**„Ganztod"**); sozusagen unter Verwendung der noch vorhandenen Blaupause seines Wesens erschafft ihn Gott bei der Auferstehung neu. In einer mittleren Variante (**„Seelenschlaf"**) schläft der Verstorbene zwischen Tod und Gericht wie in einer tiefen Narkose. Wer dagegen ein besonderes Gericht bereits im Tode annimmt, kommt nicht umhin, den Zwischenzustand durch eine Art von **Seele** zu überbrücken, der dann folgerichtig schon ein erster Blick in ihre späteren Gefilde – Himmel oder Hölle – zu Teil wird. Auch die letzte Lösung scheint im Evangelium auf; dem zusammen mit ihm gekreuzigten Missetäter sagt Jesus: „Amen, ich sage dir, heute noch wirst du mit mir im Paradiese sein" (Lk 23, 43). Allerdings überwiegt im Neuen Testament, ebenso wie auch im Koran, die Betonung des allgemeinen Gerichts bei weitem. Das Problem des Zwischenzustands verknüpfte sich später mit der platonischen Seelenlehre, was zu weiteren Verwicklungen führte. Befriedigend ist es bis heute in keiner westlichen Religion gelöst.

Bevor wir darauf eingehen, ist im zeitlichen Ablauf zunächst ein zentrales Ereignis zu behandeln, das dem christlichen Jenseitsglauben – und nur ihm, nicht den anderen Religionen – eine weitere dritte Schicht hinzufügte: Jesus starb am Kreuz und ist auferstanden.

4. Paulinischer Osterglaube

„Jesus von Nazareth ist auferstanden; er ist nicht hier" (Mk 16, 6) – so der Engel zu den Frauen, als sie das Grab Jesu aufsuchen wollten. Es folgten die Erscheinungen des Auferstandenen vor „Kephas und den Zwölf, danach vor 500 Brüdern, danach vor Jakobus und allen Aposteln" (1 Kor 15, 5 f.) und zuletzt vor Paulus an der Stadtmauer von Damaskus.

Die **Auferstehung Jesu**: Das wohl folgenreichste Ereignis der Weltgeschichte ist zugleich eines der umstrittensten. Der Klärung dient, zwischen Geschehen und Deutung zu unterscheiden. Wenn wir beim Geschehen auf die Begriffe des 10. Kapitels vorgreifen, waren die Erscheinungen Jesu **Nachtodkontakte** in Form von Visionen: Menschen bekamen durch Sehen, Hören, angeblich auch Berühren Kontakt mit der Gestalt des verstorbenen Jesus. Wie bei allen Nachtodkontakten schwanken die möglichen Deutungen in einer weiten Spanne zwischen purer Einbildung (oder gar Betrug) einerseits und realer Einwirkung aus einer anderen Welt andererseits. Das mag vorläufig auf sich beruhen; das Geschehen selbst ist davon unabhängig. Es ist ohne vernünftigen Zweifel historisch, beruht also nicht auf Lügenberichten. Zwar variieren die Erzählungen beträchtlich – Paulus (aao) vergisst beispielsweise, wie oft, die Frauen - , auch enthalten sie mit Sicherheit zahlreiche Ausschmückungen; ihr Kern steht aber nicht in Frage. Zahlreiche Menschen hatten, zum Teil gemeinsam, eine Erscheinung von Jesus nach seinem Tod. Mehr noch als die vielen Berichte bezeugen dies die Folgen: Ohne Feuer wäre solcher Rauch niemals entstanden. Treffend bemerkt der Religionswissenschaftler Mircea Eliade, ohne die Auferstehung wären mit Sicherheit die Verkündigung Jesu und vielleicht sogar sein Name dem Vergessen anheimgefallen. Stattdessen welcher Umbruch!

Aus Jesus wurde Christus. Der Nazarener starb als Jude und erwachte als Christ, als erhöhter Herr anstelle des gescheiterten Volkspredigers. In kürzester Zeit mutierte der versprengte Kreis der Jünger zur Urgemeinde, zur ersten Form der Kirche, die sich im Lauf einer Generation vom Judentum löste und zur Weltreligion wurde. Und die in einer gewaltig sich entfaltenden Theologie dem gekreuzigten und auferstandenen Christus eindeutig den Vorrang gab vor Leben und Lehre des irdischen Jesus. Bereits an den Briefen des Paulus ist dies abzulesen und ebenso an den Formulierungen des Glaubensbekenntnisses: Zwischen Geburt und Tod des Religionsstifters klafft eine große Lücke.

Doch in unserem Zusammenhang interessiert mehr, wie die Kirche mit dem **theologischen Problem der Auferstehung** fertig wurde. Denn ein solches gab es. Mit der Formel „Christus der Erstgeborene der Toten" (Kol 1, 18) war es nur unzureichend verdeckt. Christus war am dritten Tage nach seinem Tod auferstanden; aber der jüdische Glaube, der auch der Glaube Jesu war, kannte keine individuelle Auferstehung vor dem allgemeinen Gericht. Man hätte die Schwierigkeit beheben können mit der Deutung, Jesus sei zu Gott „entrückt" worden. Diese Alternative zur Scheol wurde für einige große Gestalten der Vergangenheit – Henoch, Mose, Elija – angenommen. Eine Entrückung hätte jedoch nicht zu den leibhaftigen Erscheinungen Jesu und zu seinem Selbstverständnis gepasst, er bereite auf Erden das kommende Gottesreich. Weiter hätte man annehmen können, Jesus habe – in neuerer Terminologie – eine „Auferstehung im Tode" erfahren, und eine solche sei auch allen anderen Menschen am Ende ihres Lebens bestimmt. Damit wäre zugleich dem Bestreben gedient worden, der Auferstehung einen offenbarenden und erlösenden Sinn zu geben: Jesus hat den Vorhang weggerissen vor dem Weg, den wir wie er, wenn auch weniger spektakulär, einmal gehen werden. Aber damit wären die geschichtlich-kollektive Auferstehung und mit ihr die gesamte jüdische Apokalyptik preisgegeben worden. Zu einem so kühnen Schritt war die damalige (und weitgehend auch heutige) Theologie nicht bereit.

Die **platonische Trennung von Leib und Seele**, wie sie in den nächsten Jahrhunderten anerkannt wurde, ergab dann folgende Lösung: Die „gewöhnlichen" Menschen gelangen nach ihrem Tod nur mit ihrer Seele ins Jenseits, während Jesus mit Leib und Seele in den Himmel aufgefahren ist. Einem Volksglauben folgend, hat die Katholische Kirche im Jahre 1954 in ihrem jüngsten und womöglich für immer letzten Dogma dieses Privileg auf Maria ausgedehnt. Demnach befinden sich derzeit im ganzen weiten Himmel nur zwei leibhaftige Menschen, Jesus und seine Mutter, sonst lediglich körperlose Seelen, die auf das Nachkommen ihrer Leiber bei der allgemeinen Auferstehung warten. Diese bizarre Lehre war der Preis, um auch nach der Auferstehung Jesu an der jüdischen Apokalyptik festhalten zu können.

Darüber hinaus sah sich die Theologie vor der Aufgabe, das **Ostergeschehen als Erlösungswerk** zu verstehen. Dazu schuf sie alsbald ein großes, mehrteiliges Lehrgebäude. Wer es erdacht hat, ist nicht mehr zu ermitteln. Bekannt gemacht hat es jedenfalls **Paulus** in seinen Briefen, vor allem in dem an die Römer. Darum lässt es ich mit Fug und Recht paulinisch nennen oder – weil die Auferstehung in seinem Mittelpunkt steht – in einer Kurzformel **paulinischer Osterglaube**.

Es ist ein Drama in vier Akten: **Ursünde** – als Folge der Tod – Erlösung durch Jesu Tod und Auferstehung – Zuwendung der Erlösungsfrüchte in der Taufe. „Durch einen einzigen Menschen kam die Sünde in die Welt und durch die Sünde der Tod, und auf diese Weise gelangte der Tod zu allen Menschen, weil alle sündigten" (Röm 5, 12). Der einzige Mensch ist Adam – Eva als Frau wird von Paulus wieder einmal vergessen - , der im Paradies von dem verbotenen Apfel gegessen und den Gott zur Strafe für seinen Ungehorsam für immer aus dem Paradies verbannt hat, einschließlich aller seiner Nachkommen. Vom Anfang der Hebräischen Bibel her war die Geschichte vom Sündenfall schon lange bekannt, sie wurde jedoch bisher milder gedeutet. Kollektivschuld und Kollektivstrafe waren den Juden zwar geläufig und sie sahen auch die Verfehlung der ersten Menschen unter diesem Blickwinkel, doch war ihrer Meinung nach die Schuld durch die Strafe abgegolten – den Verlust des Paradieses, die existentielle Verschlechterung: „Im Schweiße deines Angesichtes sollst du dein Brot verzehren" (Gen 3, 19). Von einem außerdem noch fortwirkenden Sündenfluch über der gesamten Menschheit wussten sie nichts. Weder die damaligen noch die heutigen Juden noch der Islam kennen bzw. kannten die Ursünde. Auch Jesus kannte sie nicht: Dem Gottessohn war nicht bewusst, von welchem Übel er die Menschen erlösen sollte. Erst Paulus brachte den Gedanken in die Welt: Sündenbeladen haben die Menschen einen Teil ihrer Gottebenbildlichkeit verloren. Die schlimmste Folge ist der Tod; dies die berühmte Formel vom „Tod als der Sünde Sold". „Durch die Übertretung des einen sind die vielen dem Tod anheimgefallen" (Röm 5, 15). Betroffen ist nicht nur die Menschheit: „Wir wissen, dass die gesamte Schöpfung bis zum heutigen Tag seufzt und in Geburtswehen liegt"; sie „wartet sehnsüchtig auf das Offenbarwerden der Söhne Gottes" (Röm 8, 19, 21), das heißt die erlösende Rückkehr der Menschen in Gottes Schoß.

Damit ist erstmals und in den westlichen Religionen einzigartig eine Wende eingetreten: An die Stelle jüdischer Diesseitszuwendung und des Essens und Trinkens nach dem Koheletbuch tritt die Vorstellung vom „**Fall**". Menschheit und Welt, das gesamte Diesseits sind gefallen und im Grunde schlecht; sie warten auf **Erlösung**. Nicht im irdischen Jammertal, sondern **im Himmel ist unsere Heimat** (Phil 3, 20). Paulus sieht das ganz persönlich: „Ich sehne mich danach aufzubrechen und bei Christus zu sein – um wie viel besser wäre das! Aber euretwegen ist es notwendig, dass ich am Leben bleibe" (Phil 1, 23 f.). Bis heute lebt diese Haltung im Christentum fort. Sie hat es in eine ständige prekäre Nähe zur Gnosis gebracht, von den anderen westlichen Religionen jedoch getrennt. Der Islam beispielsweise unterwirft zwar den Menschen einem strengen göttlichen Regelwerk, innerhalb der Regeln tut er aber der Sinnenfreude und der Diesseitszuwendung keinen Abbruch. Mittelbar und hintergründig wertet allerdings auch er das Diesseits ab – indem er das Paradies in derart verlockenden Farben schildert, wie sie diese Welt nie bieten kann. Dass dies keine bloß theoretische Betrachtung ist, zeigt sich an den islamischen Selbstmordattentätern in erschreckender Weise. Wohl zu Recht schickt Nietzsche allen solchen Abwertungen seine Mahnung entgegen: **Brüder, bleibt der Erde treu!**

Erlösung ist nach Paulus zweischichtig und nicht nur zukünftig zu erwarten: Sie ist durch Jesus Christus bereits in Gang gesetzt. Sein Tod war ein **Sühnetod** für die ganze Menschheit vor und nach ihm. Jesus hat gleichsam als zweiter Adam dessen Tat wieder umgekehrt (Röm 5, 17 f.). Mit seinem im Tod vergossenen Blut hat er die Sünde getilgt, den „Schuldschein durchgestrichen und ans Kreuz geheftet" (Kol 2, 14). Motive aus dem Alten Testament stehen dabei Pate: der „Sündenbock" (Lev 16, 1 – 28) und der leidende Gottesknecht, der „die Sünden der vielen getragen hat" (Jes 53, 12). Mit seiner Auferstehung schließlich hat er für alle den Tod überwunden: „Wenn wir nämlich ihm gleich geworden sind in seinem Tod, dann werden wir mit ihm auch in seiner Auferstehung vereinigt sein" (Röm 6, 5). Allerdings haben wir an den Früchten der Erlösung nur Anteil, wenn sie uns eigens zugewendet werden, und zwar in der Taufe (Röm 6, 3 f.).

Etwa eineinhalb Jahrtausende lang wurde das paulinische Gebäude weiter ausgebaut und vor allem an seinen Eckpfeilern befestigt. Besonders der Kirchenvater Augustinus vertiefte sich in die Ursünde und erkannte ihre Weitergabe von Mensch zu Mensch im Zeugungsakt; seither überwiegt der Ausdruck **„Erbsünde"**. In der augustinisch-jansenistisch-protestantischen Tradition malte man die Sündenfolgen immer schwärzer aus: der von sich aus heilsunfähige, verderbte Mensch mit seinem „geknechteten Willen" (servum arbitrium) und seiner völligen Verwiesenheit auf Gott.

Im Gegenzug nahm die Bedeutung der **Taufe** zu. In den Anfangsjahren des Christentums vorwiegend als Erwachsenentaufe gespendet, stand bei ihr zunächst die Tilgung persönlicher Sünden im Vordergrund. Manche hielten das sogar für einen unwiederholbaren Vorgang und die Vergebung neuer Schuld für ausgeschlossen (siehe Hebr 6, 4 – 8); verständlich, dass sich damals viele zur Sicherheit erst auf dem Sterbebett taufen ließen, wie dies auch von Kaiser Konstantin erzählt wird. Später verschob sich der Schwerpunkt der Erlösungswirkung zur Ur- oder Erbsünde, was folgerichtig zur Kindertaufe führte und im Falle von Lebensgefahr zur Kindernottaufe. Aus der Sterbebetttaufe war eine Kindbetttaufe geworden; auch der Verfasser wurde noch in der Geburtsklinik getauft. Das Konzil von Florenz (1438 – 1445) formulierte die Notwendigkeit der Nottaufe sogar als Dogma. Und als weiteres Dogma stellte es fest, dass „niemand außerhalb der Katholischen Kirche … des ewigen Lebens teilhaftig wird, vielmehr dem ewigen Feuer verfällt … , wenn er sich nicht vor dem Tod der Kirche anschließt". Damit wird in aller Ausdrücklichkeit ein weiteres Charakteristikum der westlichen Religionen – nicht nur des Christentums – deutlich: Wie schon das alte Israel klar zwischen den Angehörigen „des Volkes" und „der Völker" unterschieden hat, so verläuft jetzt eine **Grenze zwischen den Getauften und den Ungetauften** bzw. – im Islam – **zwischen den Gläubigen und den Ungläubigen**. Und diese Grenze betrifft ganz entschieden auch das Jenseits. Soweit das dortige Schicksal unter moralischen Kategorien steht, geht es nicht nur um Gut und Böse, sondern auch um den rechten Glauben. Die Suren des Korans lassen daran so wenig Zweifel wie das Konzil von Florenz.

Es bröckeln indessen die Steine. Etwa seit der Aufklärung **befindet sich das Gebäude des Paulus im Zusammenbrechen**. Sichtbar wird das bei der Taufe. Aus den Entbindungshäusern ist sie verschwunden; oft findet sie erst nach Jahren statt, als Familienfest, das, wenn überhaupt, die Verbundenheit der Angehörigen mit dem Glauben bekundet. Wo bleibt die Angst vor dem Tod eines unerlösten Kindes? In aller Vorsicht hat sich inzwischen die Katholische Kirche auch von der Verdammung der ungetauften Menschen anderen Glaubens gelöst: indem sie – so das Zweite Vatikanische Konzil (Erklärung „Nostra Aetate" über das Verhältnis zu den nichtchristlichen Religionen) – „nichts von alledem ablehnt, was in diesen Religionen wahr und heilig ist". Die Ursünde oder Erbsünde erwähnen viele Theologen gar nicht mehr oder nur noch in Anführungszeichen, oder sie setzen sie kuzerhand mit der allgemeinen Sündenneigung des Menschen gleich. Und die Theorie von **Jesu Sühnetod** bezweifeln inzwischen sogar katholische Theologen.

Man sollte sich dieser Entwicklung nicht in den Weg stellen und besser Ballast abwerfen. Die Lehrsätze des Paulus haben ihre – erstaunlich lange Zeit – gehabt. Für viele ist der Gedanke freilich Sakrileg: Wird hier nicht Christus, der sich mit der Siegesfahne über das leere Grab erhebt, vom österlichen Altar geholt? Doch es geht keineswegs darum, das Erlösungswerk von Jesu Tod und Auferstehung zu banalisieren. Vielmehr sollte es die Theologie schleunig in neuer Gestalt durchbuchstabieren; hier würde das zu weit führen. Auf die Art des Paulus geht es jedenfalls nicht – bei aller Anerkennung seiner gewaltigen sonstigen Verdienste, auf die wir teilweise während der weiteren Überlegungen noch stoßen werden. Hier wurde im Überschwang des Bedürfnisses, Jesus als Erlöser zu würdigen, des Guten zu viel getan. **Das Gedankengebäude ist in allen seine Teilen unhaltbar.**

Was zunächst die Ursünde angeht, ist sie nicht nur wegen der Abwertung von Mensch, Welt und Diesseits problematisch. Ihr steht vor allem entgegen, dass es das Paradies und den Sündenfall schlicht nicht gegeben hat. Das werden heute nur noch eingefleischte Fundamentalisten bestreiten. Der Wahrheitsgehalt des Mythos von Adam, Eva, dem Apfel und der Schlange entspricht etwa dem der islamischen Ursprungslegende von der monotheistischen Uroffenbarung, die Juden und Christen später verfälscht haben und die Mohammed wieder hergestellt hat.

Was den Tod angeht, ist er ein biologischer Teil des Lebens – ohne Tod kein Leben – und daher weder der Sünde Sold noch von Jesus überwunden worden. Nach seiner Auferstehung wird weiterhin gestorben (was in der Tat, wie aus 1 Thess 4, 13 ff. zu erschließen ist, zunächst anders erwartet worden war). Auch vom so genannten „zweiten Tod" (Off 20,14) – der ewigen Verdammnis – kann Jesus die künftigen Menschen nicht erlöst haben. Denn die Hölle droht weiterhin, wie manche christlichen Kreise zu betonen nicht müde werden. Was die früheren Menschen, die Gerechten der Vorzeit, betrifft, kann er sie ebenfalls nicht erlöst und aus der Scheol (der „Vorhölle", wie man später sagte) befreit haben. Denn nach seinen eigenen Worten – beispielhaft zu Abraham, Isaak und Jakob – leben sie bereits bei Gott. Man kann verstehen, warum die Theologen das Gespräch Jesu mit den Sadduzäern später auf ein Nebengleis verschoben haben, wo sich öde Diskussionen über die Sexualität der Engel führen ließen: Ergibt sich aus ihm doch klar, dass **der Osterglaube des Paulus der Auffassung seines Meisters widerspricht**. Denn Jesus glaubte, wie eindeutig bezeugt, an die allgemeine Auferstehung der Toten, zumindest der Gerechten. Er kann deshalb unmöglich gemeint haben, er selbst müsse das Tor zum Leben durch seinen Opfertod erst aufstoßen.

Seinen Tod hat Jesus vielleicht als Sühne für die Schuld der hartherzigen, ihn ablehnenden und der Hinrichtung ausliefernden Juden verstanden: „Herr vergib ihnen, denn sie wissen nicht, was sie tun!" (Lk 23, 34). Das liegt im Bereich des Möglichen. **Ausgeschlossen ist hingegen, dass er mit seinem Leiden die Schulden und insbesondere die Ursünde der ganzen Menschheit sühnen wollte**. Dafür fehlt jeder Beleg. Auch ist der Gedanke sowohl aus seiner Sicht – er kannte die Ursünde überhaupt nicht – wie auch inhaltlich absurd, sieht man von archaischen Blutreinigungsvorstellungen ab. Mit ihm liefern sich die Theologen ohne Not dem berechtigten Spott der Atheisten aus: Was Gott wohl dazu brachte, einen Wanderprediger in einer entlegenen römischen Provinz foltern zu lassen und seinen Tod als Sühne für die Sünden der ganzen Menschheit zu verbuchen?

Noch einmal: Tod und Auferstehung Jesu sollten kein Gegenstand des Spottes sein und sind sehr wohl ernst zu nehmen; wir werden darauf zurückkommen. Aber von den Konzepten des Paulus müssen wir uns verabschieden. Folglich stehen wir wieder am Ende des vorigen Abschnitts und damit bei der noch offenen Frage nach dem Wesen des Zwischenzustands. Wohin gelangen die Verstorbenen nach dem Tod? Nun geht es um die Trennung von Leib und Seele. An dieser Stelle tritt wieder das allgemeine Trennungsproblem, also das Problem des Dualismus auf den Plan. In einem Exkurs betrachten wir zunächst, wie es damit in den westlichen Religionen steht.

5. Exkurs: Monismus und Dualismus in den westlichen Religionen

Gott und Welt, Diesseits und Jenseits, Person und Umwelt, Leib und Seele, Gut und Böse – ständig geraten die westlichen Religionen an Gegensätze, die die Frage nach Monismus oder Dualismus aufwerfen. Nachdem sich am Ende des vorigen Kapitels der Daumen über den Dualismus gesenkt hat, ist die Frage heikel und von großer Bedeutung. Wie stellen sich die Religionen in diesem Zusammenhang?

Das jüdisch-christliche Bild des Schöpfergottes ist ohne Zweifel dualistisch. Anhand des „Schalenmodells" wurde dies im 5. Kapitel verdeutlicht: keine Wechselwirkung zwischen Gott und Welt; in der einen Richtung Allmacht, in der anderen Richtung Ohnmacht. Dazu treten jedoch monistische Züge, vor allem in den Mystiken der drei Religionen. Mystik ist auf Einigung und Einheit aus; in dualistischer Form wäre sie ein hölzernes Eisen. Das Christentum geht in dieser Hinsicht auch außerhalb der Mystik weiter. Nicht mehr ich lebe, sondern Christus lebt in mir, sagt Paulus (Gal 2, 20). Das Wort des Johannesevangeliums „Ich bin der Weinstock, ihr seid die Reben" (Joh 15, 5) veranschaulicht diese monistische Beziehung.

Am grundlegendsten drückt sich der **Monismus im Christentum** in den Lehren von der **Inkarnation** (Menschwerdung Jesu) und von der **Dreifaltigkeit** aus: die Verschmelzung des Göttlichen und des Menschlichen in Jesus und die Einheit des einen Gottes in der Verschiedenheit der drei Personen. „Unvermischt und ungetrennt" seien beide Naturen in Jesus – die monistische Einheit des Verschiedenen lässt sich nicht besser in Worte kleiden als in dieser berühmten Formel des Konzils von Chalkedon aus dem Jahre 451. In die trinitarische Einheit, so die Theologen, sollen auch wir mit hineingenommen sein; die ganze Menschheit hat also Teil am göttlichen Monismus.

Diese Lehren scheiden bekanntlich das Christentum von den beiden anderen Religionen. Deren Kritik sollte allerdings vorsichtiger ausfallen. Das Dualismusverbot auf der Ebene der ganzen Welt –

siehe oben – hat nämlich zur Konsequenz: Ein in strengem Monotheismus von der Welt geschiedener, ein „ferner" Gott ist unvorstellbar: Ganz ohne vereinigende Inkarnation, ohne Menschwerdung geht es nicht. Als Beispiel sei der ungelöste und unlösbare islamische Streit darüber angeführt, ob der **Koran** als Wort Gottes (insofern in einer ähnlichen Position wie Jesus Christus im Christentum) **erschaffen oder unerschaffen** ist. Beide möglichen Antworten muss nämlich ein gläubiger Moslem ablehnen. Als erschaffen stünde der Koran in einer Reihe mit anderen erschaffenen Büchern, unerschaffen aber stünde er gleichursprünglich neben Gott. Ohne einen monistischen Brückenschlag zur Welt kann kein Gottesglaube bestehen. Aber einen solchen lehnt der Islam ab, trotz des koranischen Satzes (Sure 50, 16): Gott ist mir näher als meine Halsschlagader.

Doch auch im Christentum **trägt der Dualismus den Sieg davon**. Ohnehin im Gottesbild verwurzelt, unterstützt ihn die westliche Vorliebe für klare, eben dualistische Abgrenzungen und Definitionen, letzteres ein Lieblingswort der theologischen Dogmatiker, die alles genau wissen wollen. Dazu tritt die Vorliebe für die Person, ihre Identität und ihr Weiterleben im Jenseits. Unsere Einbindung in den Monismus der göttlichen Dreifaltigkeit bleibt demgegenüber theologische Poesie. Gott und Welt, Gut und Böse, Himmel und Hölle – allenthalben scharfe Trennung und eindeutiger Dualismus, und im selben Sinne tritt noch – siehe den folgenden Abschnitt – die platonische Trennung von Leib und Seele hinzu. Als sich der monistische Welträtsel- Erklärer Ernst Haeckel 1903 in Rom zum „monistischen Gegenpapst" ausrufen ließ, war das Firlefanz („ecco il grande tedesco!"); er hatte aber die dualistische Gegenseite richtig verortet. Was den orthodoxen Islam angeht, liegen die Verhältnisse ohnehin eindeutig: An Dualismus lässt er sich von keiner Religion übertreffen. Messerscharf scheidet er Himmel und Hölle, Gläubige und Ungläubige, halal und haram.

Nun aber weiter zu der erwähnten Lehre vom sterblichen Leib und der unsterblichen Seele.

6. Platonischer Seelenglaube

„Im Himmel ... werden die Seelen aller Heiligen sofort nach ihrem Tod sein ... , und zwar auch vor der Wiedervereinigung mit ihrem Leib und vor dem allgemeinen Gericht" – so der **„Lehrentscheid" von Papst Benedikt XII. aus dem Jahr 1336**. Die Frage nach dem Zwischenzustand und der Trennung von Leib und Seele scheint beantwortet. Das ist seitdem wohl auch die Ansicht des so genannten gläubigen Volks: Der Mensch, wenn er gut war, kommt nach seinem Tod in den Himmel – schlicht und einfach. „Und wenn der Franz jetzt auf uns herunterschaut ... ," heißt es dann beim Leichenschmaus.

Bei den Theologen hat sich die Sache weitaus komplizierter entwickelt, vor und nach dem Lehrentscheid. Der Hergang im ersten nachchristlichen Jahrtausend ist nur zu verstehen, wenn man den nun entschieden einsetzenden Wandel des Weltbilds bedenkt. Im naiven Weltbild, dem die jüdische Apokalyptik voll und ganz zuzurechnen ist, wurde alles, auch Auferstehung und Gericht, irdisch, leiblich, geschichtlich begriffen. Eine **Trennung von Leib und Seele war unbekannt**. Nun hatte sich dieses Denken mit der Annahme einer späteren Auferstehung selbst in die Enge manövriert. Denn wenn der Mensch als derselbe wieder auferstehen soll, muss irgendetwas den Zwischenzustand zwischen seinem Tod und der Auferstehung überbrücken. Dieses Etwas als etwas separat Geistig-Seelisches aufzufassen lag nahe, war im damaligen Weltbild aber nicht ohne weiteres zu vermitteln. Auf eine leibliche Kontinuität mochte man deshalb nicht verzichten. Wie lange und zäh sich dieser Gedanke gehalten hat, habe ich selbst noch erlebt. Die Freidenker und Atheisten hatten die Bedeutung der materiellen Kontinuität für die Christen gewittert und propagierten aus Trotz die

Feuerbestattung: Wir treiben die Moleküle im Ofen des Krematoriums so weit auseinander, das sie für die Auferstehung nie mehr zusammenfinden! Und als Gegentrotz verbot die Kirche die Verbrennung. Mein Großvater, der im Evangelium las, aber die Kirche nicht liebte und sich verbrennen ließ, durfte auf die Begleitung eines Priesters nicht hoffen. Noch heute erinnere ich mich an die trostlose Ansprache des ersatzweise bestellten Gemeinderedners. Inzwischen sind diese Bastionen geschleift: ein Zeichen, dass das alte Weltbild wieder ein Stück weit an Boden verloren hat. Das Weiterleben meines Großvaters sieht die Kirche inzwischen als ein rein geistiges, jedenfalls bis zur Auferstehung.

Dieses Geistige bedarf der Einordnung in ein theologisches Konzept, und ein solches wurde schon vor langer Zeit mit Hilfe der griechischen Philosophie, genauer **der Philosophie Platons**, gefunden. Jerusalem und Athen schlossen ihr bis heute umstrittenes Bündnis. Die platonische Trennung von Leib und Seele half dem christlichen Denken aus seiner vom Judentum geerbten Verlegenheit mit dem Zwischenzustand: Aus Leib und Seele besteht der Mensch, und im Tode trennt sich die Seele von dem verfallenden Leib, bis sie sich am Jüngsten Tage wieder mit einem verklärten Auferstehungsleib vereinigt. Auf dieser Basis konnte, wie besprochen, auch die „verfrühte" Auferstehung Jesu (und womöglich seiner Mutter) in eine begriffliche Form gebracht werden. Eine vierte und bisher letzte Schicht ist damit zum christlichen Jenseitsglauben hinzugekommen. In dessen dualistisches Gesamtgebäude hat sie den Schlussstein eingefügt.

Platon, der große griechische Philosoph (etwa 427 bis 347 vor Chr.), der uns auch die mündlichen Lehren des Sokrates überliefert hat – was meinte er mit der Trennung von Leib und Seele, und was verstand er unter der Seele? Im Hintergrund seines Denkens steht der umfassende **Dualismus von Geist und Materie**. Über der Welt der Materie, der konkreten Dinge, erhebt sich die geistige **Welt der ewigen Ideen**. Der Gedanke ist stark von der Mathematik beeinflusst: Das ideale Dreieck steht als ewiges Urbild vor, hinter und über allen konkret gezeichneten Dreiecken. Die Seele des Menschen „schaut" die Ideen und gehört somit der Welt des Geistes an. Wie eine Idee ist sie eine unteilbare Ganzheit, ewig und unsterblich. Zwar spricht Platon zuweilen von Seelenteilen, deren höchsten, die Vernunftseele, hält er jedoch auf jeden Fall für eine unsterbliche Ganzheit.

Eine solche Verbeugung vor der Ganzheit kann allenfalls als Zuneigung zum Monismus gelten, nicht aber als wirklicher Monismus. Denn dieser bedeutet Einheit in Verschiedenheit: Das Verschiedene steht der Einheit nicht als etwas ihr Gegensätzliches gegenüber, sondern ist in sie integriert. Noch deutlicher als Platon betont demgegenüber **Plotin**, einer seiner berühmten Nachfolger und Hauptfigur des Neuplatonismus, den Gegensatz zwischen dem Ganzen und dem Verschiedenen. Die oberste Einheit, das „Ein und Alles", lässt aus sich verschiedene Stufen geringerer Einheit entfließen („emanieren") bis zur untersten, der Materie, die der Einheit als Verschiedenes gegenübersteht. Es ist eine unglückliche Liebe zum Monismus, die auf diese Weise in Dualismus umschlägt und zwiespältige Folgen zeitigt: Platon und Plotin sind sowohl Ikonen der monistischen Mystik wie der dualistischen Gnosis geworden, wobei in der Wirkungsgeschichte gerade Platons der Dualismus überwiegt.

Die Absetzung des Verschiedenen – des Materiellen – von dem Einen ist nicht nur theoretisch zu verstehen, sondern bedeutet praktisch Abwertung. Die **Abwertung des Diesseits** hat neben der paulinischen Wurzel – die „gefallene" Welt – zugleich eine mächtige platonische. Konkret heißt das: Der Leib ist das „Gefängnis der Seele". Die vernünftige Seele trachtet nach Befreiung aus dieser

Gefangenschaft; sie will nach dem Tod wieder in die ihr gemäße Sphäre des Geistes zurückkehren.

Nach Platon ist die Seele ewig und existiert schon immer (Präexistenz), und sie kann, je nach ihrem geistig-sittlichen Zustand, nach dem Tod verschiedene Wege gehen. Dazu gehören sowohl die Wiederverkörperung (**Seelenwanderung**) wie die völlige **Vergeistigung „in noch schöneren Räumen"**. Im Dialog Phaidon lässt Platon den verurteilten Sokrates – kurz vor dem Trinken des Giftbechers – darüber sprechen: „Ich darf diese (schöneren Räume) euch jetzt nicht schildern, denn dazu fehlt mir die Zeit. Aber schon um der Dinge willen, die ich euch jetzt beschrieben habe, müssen wir alles aufbieten, Simmias, dass wir schon in diesem Leben uns die Tugend und Vernunft aneignen. Denn der Preis ist hoch und die Hoffnung groß. Das sich alles genauso füge, wie ich es jetzt erzählt habe, darauf darf freilich ein vernünftiger Mann nicht bauen wollen; dass es aber so oder ähnlich um unsere Seelen und deren Wohnsitze stehe, wen die Seele unsterblich ist, dürfen wir wohl glauben, und es lohnt sich auch, diesen Glauben zu wagen".

Schon im späten Alten Testament hatte Platon seine Spuren hinterlassen (etwa im Buch der Weisheit 1, 13 f.; 3, 1 – 9). Nun stand es an, ihn und Sokrates christlich zu taufen. Durch die Kirchenväter geschah das so gründlich, dass Nietzsche später spotten konnte, Christentum sei „Platonismus fürs Volk". Freilich gab es Schwierigkeiten. Mit der Präexistenz der Seele – vom christlichen Platoniker Origenes noch vertreten – konnte man nichts anfangen (ausgenommen Jesus als Sohn Gottes), ebenso wenig mit der Seelenwanderung. Vor allem galt es, den Platonschüler **Aristoteles** in dieser Hinsicht etwas an die Seite zu rücken, obwohl er Platon seit der Hochscholastik als philosophischer Lehrer der Kirche abgelöst hatte. Aristoteles hatte eine ganz andere Lehre vertreten: die Seele als gestaltendes Formprinzip des Leibes (**„anima forma corporis"**).

Sie war weitaus monistischer und weitaus mehr dazu angetan, einen Untergang der Seele zusammen mit dem Leib anzunehmen. Denn ebenso wenig wie man bei einer Vase die Form vom Material lösen kann, könnte eine leibformende Seele den Leib auf dem Totenbett zurücklassen und wie ein Schmetterling zum Himmel fliegen. Im Konzil von Vienne (1311/12) war die Formel „anima forma corporis" sogar zur Kirchenlehre erhoben worden. Manche schließen daraus, die Kirche vertrete die unlösbare Einheit von Leib und Seele. Damit verhält es sich jedoch wie mit den monistischen Elementen im Christentum allgemein: Letztlich geben sie nicht den Ton an. Gerade was das Leben nach dem Tod angeht, konnte man – Konzilsbeschluss hin oder her – mit Aristoteles nichts anfangen, sondern nur mit der platonischen Leib-Seele-Trennung. Ohne sie wäre beispielsweise das Dogma von der leiblichen Aufnahme Mariens in den Himmel gar nicht verständlich. Nur zweieinhalb Jahrzehnte nach Vienne besiegelte der Lehrentscheid Benedikts XII. die Zuwendung zu Platon und seinem Seelenglauben. Dieser war Teil des Christentums geworden. Und das gläubige Volk ist es zufrieden.

Trotzdem, bei genauerem Hinschauen wird klar: Dieser Abschluss war alles andere als glatt. **Hier war zusammengewachsen, was nicht zusammengehört.** Das jüdische Konzept der Auferweckung der Toten und das griechische der Unsterblichkeit der Seele lassen sich nicht zur Deckung bringen. Beide betonen, dass mit dem Tod nicht alles aus ist; aber worin stimmen sie sonst noch überein? Vielleicht in der zugleich paulinischen wie platonischen Abwertung des Diesseits; aber mehr ist nicht. Im Übrigen sieht es so aus: Die jüdische Auferweckung ist ein geschichtliches Ereignis, das den Einzelnen als Teil eines Kollektivs betrifft. Sie trifft ihn als bei der Zeugung von Gott geschaffenes Wesen, das bei der Auferweckung irdisch-leiblich zur Gänze wiederhergestellt wird. Dahinter steht ein naives oder eher gar kein Weltbild; denn es handelt sich um einen schieren Eingriff Gottes. Umgekehrt verhält es sich bei Platon: Hier haben wir eine Welt, die in ihrer dualistischen Verfassung keinen Gott braucht. Die Unsterblichkeit ist dem Menschen kraft Weltverfassung in die Wiege gelegt. Genauer gesagt, steht sie der Seele zu, der vom Leib ablösbaren, ewigen, präexistenten und zur Seelenwanderung befähigten Seele. An die Stelle eines geschichtlichen Weltenumbruchs tritt die individuelle Fortsetzung des Seelenweges nach dem Tod.

Die ohnehin bestehende **Spannung zwischen allgemeinem und besonderem Gericht** verschärft sich infolge dieser Widersprüche. Welcher Sinn verbleibt dem allgemeinen Gericht aufgrund des päpstlichen Lehrentscheids? Eine neue Welt entsteht – aber wer hat daran noch Interesse? Die einen sind sowieso in der Hölle, und ob die anderen ihren schönen Platz im Himmel zugunsten eines neuen Erdenlebens aufgeben wollen? Was soll die Veranstaltung sonst sein? Ein Wiedersehenstreffen der Seligen und Verdammten mit Siegerehrung?

Dass sich die Theologie – anders als das gläubige Volk – nicht auf Dauer mit diesem Stand anfreunden konnte, liegt auf der Hand. Allgemein geht die Tendenz zurück nach Jerusalem, zur biblischen anstelle der griechischen Jenseitsauffassung. Sehr verschieden sind jedoch die Wege. Auf katholischer Seite überwiegt das Bestreben, am überkommenen Konzept möglichst festzuhalten, sich in der Seelenlehre aber, so gut es geht, von Platon zu lösen. An äußerst gegensätzlichen Lösungen versuchen sich die Protestanten. Die einen glauben: Im Tode stirbt der Mensch ganz und gar, und das besondere Gericht entfällt. Bei der Auferstehung wird er ganz und gar neu erschaffen. Dabei dient das Muster des Verstorbenen gleichsam als Blaupause, als einzige, nur im Gedächtnis Gottes bestehende Verbindung von Alt und Neu. Diese so genannte **„Ganztod-Theorie"** versteht sich als besonders bibeltreue Umsetzung des jüdischen Menschenbildes und der jüdischen Apokalyptik. Dabei übersieht sie die Position Jesu in seinem Gespräch mit den Sadduzäern: Abraham, Isaak und Jakob sind nicht dem „Ganztod" verfallen, sondern leben bei Gott. Der gegenteilige protestantische Ansatz lässt den Menschen bereits im Tode – wie auch immer – Auferstehung und Gericht erleben – ‚das allgemeine Gericht entfällt **(„Auferstehung im Tode")**. Wieder anders setzt die protestantische Theologin und Religionswissenschaftlerin Gerda Lier in ihrem großen Werk „Das Unsterblichkeitsproblem" an, auf das wir noch zurückkommen werden. Für ihren Glauben an ein Leben nach dem Tod spielen Bibel und Apokalyptik praktisch keine Rolle; als Kronzeugen treten stattdessen Platon und Plotin auf.

Was also lehrt das Christentum, wie es nach dem Tode weitergeht? Sie wissen es nicht? Ich weiß es auch nicht. Wie könnte man es wissen angesichts dieser **Verworrenheit**? Und wer kennt überhaupt die verschiedenen Positionen? Sie finden sich nur in entlegener Fachliteratur, die nicht in der Bahnhofsbuchhandlung zu haben ist. Das Publikum scheint jedes Interesse daran verloren zu habe. Und die Pfarrer müssen sich bei ihren Grabreden winden. Die offizielle Kirche, vor allem die katholische, reagiert auf bewährte Weise: nicht überdenken und bewältigen, sondern langsam in Vergessenheit geraten lassen: Die Apokalypse samt Auferstehung und Weltgericht verschwindet still und leise aus der Verkündigung in den Kirchen und den Lehrplänen der Schulen; und die Öffentlichkeit identifiziert Ostern immer mehr mit dem Osterhasen. Ganz anders der Islam – er hängt nach wie vor fest an den Letzten Dingen und bereitet seine Anhänger auf den Jüngsten Tag vor.

Dabei sind die Schwierigkeiten noch nicht zu Ende. Zwar wurde in der Frühzeit des Christentums geklärt: Alle Menschen leben weiter, die einen in Seligkeit, die anderen in Verdammnis. Aber war das wirklich eine Klärung? Es zeigen sich Probleme, die den soeben angesprochenen an Ernst nicht nachstehen.

7. Himmel und Hölle – Gott und das Böse

„Dort sind für die Ungläubigen Kleider aus Feuer bereitet, und siedendes Wasser soll über ihre Häupter gegossen werden, wodurch sich ihre Eingeweide und ihre Haut auflösen. Geschlagen sollen sie werden mit eisernen Ketten" (Koran Sure 22, 20 f.). Wie meist bei den Letzten Dingen, drückt sich der Koran farbiger aus als die Bibel (und entschiedener gegen die Ungläubigen). Doch auch die Bibel kennt **Bilder der Hölle**: „die äußerste Finsternis, wo sie heulen und mit den Zähnen knirschen", „wo der Wurm nicht stirbt und das Feuer nicht erlischt" (Mt 8, 12; Mk 9, 48). Sogar einen gewissen Unterhaltungswert haben die Bilder: Bei Dantes Göttlicher Komödie begeistern die Schilderungen der Hölle deutlich mehr Leser als die von Himmel und Fegfeuer. Und auf den spätmittelalterlichen Gemälden jütländischer Dorfkirchen bestaunen wir die allgegenwärtigen Höllenstrafen und wie sich die Teufel besonders der unkeuschen Frauen annehmen.

Die Sache hat eine furchtbare Seite auch im Diesseits. Zu den schlimmsten Verfehlungen der Kirche in ihrer Geschichte gehören die Interdikte, eine Art flächendeckender Kirchenbann. In ganzen Städten und Landstrichen mussten die Menschen um ihr ewiges Heil bangen, zumal auf dem Sterbebett, weil ihnen die Kirche die rettenden Sakramente verweigerte, und das oft nur deshalb, weil ihr der örtliche Herrscher missliebig geworden war. Das ist heute vorbei und ins Gegenteil umgeschlagen: Einer der wichtigsten Gründe für den Rückgang des Kirchenbesuchs liegt sicher darin, dass die Menschen ihre alte Furcht verloren haben. Die Hölle schreckt nicht mehr. Aus der kirchlichen Verkündigung verschwindet sie zusehends, ähnlich wie die Auferstehung. Aber sie gehört nach wie vor zur Lehre.

Himmel und Hölle, das soll unser aller Ende sein. Hier feiert der Dualismus noch einmal seien letzten Triumph in den westlichen

Religionen: Säuberlich geschieden sind Gut und Böse, Seligkeit und Verdammung; ein Drittes gibt es nicht. Und der Begriff „massa damnata" – die verdammte Masse - , wie ihn der Kirchenlehrer Augustinus ersonnen hat, treibt die Sache auf die Spitze: Die Hölle ist nicht etwa leer, wie Witzbolde behaupten, im Gegenteil: die Mehrheit der Menschen wandert dorthin. Aber kann dieser radikale Dualismus überzeugen?

Schon der Blick auf die Menschen unserer Umgebung bringt uns in Verlegenheit. Könnten wir sie gerecht auf zwei so extreme Orte verteilen? Die meisten sind so irgendwie Na ja – für den Himmel nicht gerade geschaffen, aber die Hölle, das wäre doch zu arg. Sind die Leute katholisch, bietet die Kirche bei mittlerer moralischer Güte das **Fegfeuer** als vorübergehende Zwischenlösung an. Auch hier kann sie wieder auf Paulus zurückgreifen: „Das Feuer wird prüfen, was das Werk eines jeden taugt. Hält das stand, was er aufgebaut hat, so empfängt er Lohn" (1 Kor 4, 13 f.). Mitsamt ihren Werken im Feuer des „Purgatoriums" gereinigt, gelangen die Menschen in den Himmel. Entsprechend unterscheidet die Katholische Kirche die zeitlichen Sündenstrafen im Fegfeuer und die ewigen in der Hölle. Die orthodoxen und protestantischen Kirchen lehnen das Fegfeuer ab. Auch im Grundsätzlichen stellen sich Fragen: Diese Lehre ist offensichtlich dem naiven Weltbild verhaftet, bei dem die Zeit nach dem Tod einfach weiterläuft. Was soll ein Fegfeuer auf Zeit in einer Welt ohne Zeit oder mit einer ganz anderen Zeit?

Auf ähnliche Probleme stoßen wir bei der Hölle. Sie ist auf Ewigkeit angelegt, aber: Besitzt Gott eigentlich so gute Ohrenstöpsel oder eine so gute Gebäudedämmung, dass er das „Heulen und Zähneknirschen" in seinem Untergeschoß bis in alle Ewigkeit aushalten kann? Um dem abzuhelfen, hat der altkirchliche Theologe Origenes die schließliche **Allversöhnung** (Apokatastasis) ersonnen: Irgendwann öffnen sich die Tore der Hölle auch für die schlimmsten

Missetäter. Irgendwann nehmen sogar Hitler und Stalin an Gottes Tisch Platz. Gegen die Lehre von der Ewigkeit der Hölle konnte sich diese Meinung allerdings nicht wirklich durchsetzen und zur Mehrheitsmeinung werden. Sie findet jedoch bis heute Anhänger und ist auch dem Islam geläufig – freilich nur für die Gläubigen; für die Ungläubigen währt die Hölle ewig. Auch dieser Lehre steht die Frage entgegen: Was soll eine Hölle auf Zeit in einer Welt ohne Zeit?

Solche Probleme greifen tief, sind aber doch nur Vorgeplänkel; das Eigentliche kommt erst: Wieso duldet der allmächtige und gütige Gott das Böse überhaupt neben sich, im Diesseits und im Jenseits, auf Zeit und in Ewigkeit? Warum löscht er die ihm feindliche Macht nicht einfach aus? Kann er nicht oder will er nicht? Das ist die seit dem Philosophen Leibniz so genannte Frage der **Theodizee**, der „Fels des Atheismus", wie es der Dichter Georg Büchner formuliert hat. Im 16. Kapitel wird sie uns eingehender beschäftigen; hier nur ein erster Überblick: Eine Auschwitzfrage, sagt man zuweilen. In der Tat sollen frommen Juden Gott in Auschwitz den Prozess gemacht und ihn wegen unterlassener Hilfeleistung verurteilt haben. Aber um zu fragen, warum Gott so viel Leid und Böses zulässt, brauchen wir keine Massenmorde; das Leid eines einzigen unschuldig gequälten Kindes genügt. Die **Antwortversuche** füllen inzwischen Bibliotheken. Zwei dieser Versuche sind nicht ganz von der Hand zu weisen. Einmal ist zu sagen, dass Leiden auch sein Gutes haben kann. Es macht uns im Ertragen stärker und erschließt Einsichten in den Wert des Lebens und von Güte und Mitmenschlichkeit. Durchgemachte Not lässt uns persönlich eher reifen als ein störungsfrei dahinplätschernder Lebenslauf. Was zum zweiten das Böse angeht – das von Menschen willentlich angetane Leid -, lautet der heute vor allem vertretene Erklärungsversuch: Gott hat dem Menschen als hohes Gut die Freiheit geschenkt; diese schließt notwendigerweise und für Gott unvermeidbar die Freiheit auch zum Bösen ein. Aber wird hier nicht auf der uns unzugänglichen Ebene von Welterschaffungen argumentiert? Wie können wir wissen, was Gott konnte, was er musste oder was er nicht konnte?

Doch stellen wir diesen Einwand zurück. Immerhin lassen sich die beiden Antwortversuche in dem Gedanken zusammenfassen: Eine heile Welt bräuchte keinen Gott. Denn Licht gibt es nicht ohne Schatten, Gott und das Gute nicht ohne das Gegenbild des Bösen. Das Wesen des Guten liegt geradezu – wie im 16. Kapitel noch deutlicher wird – in der Überwindung des Bösen. So weit, so gut: Das Problem „Gott und das Böse" mag damit zum Teil erklärt und erledigt sein. Aber ganz sicher nur zum Teil – es bleibt ein riesiger, schrecklicher, unbewältigter Rest. Was nützt es dem dreijährigen Kind, wenn es seine Eltern bei einem Unfall verliert und allein in der Welt steht? Fördert es die Reifung der Person, wenn Menschen in Dürregebieten verhungern? Worin besteht das Gute, wenn Kranke langsam ersticken oder sonst unter langen, qualvollen Schmerzen sterben? Früher gab es nicht einmal die Palliativmedizin, und auch heute hilft sie nicht in jedem Fall. Und das Böse: Selbst wenn Gott es um der menschlichen Freiheit willen nicht vermeiden konnte, warum hat er es mit seiner Allmacht nicht entschärft oder wenigstens konsequenter bestraft? Warum ist er Stalin nicht früher in den Arm gefallen und hat ihn nach millionenfachen Morden friedlich im Bett sterben lassen? Man möchte meinen: Deutlicher kann man der Rechtfertigung des „allmächtigen und allgütigen" Gottes nicht den Boden wegziehen.

Machen wir die Sache kurz: Über das **Problem der Theodizee** kann man noch Jahrhunderte lang Bücher schreiben – bei den gegebenen Voraussetzungen ist es **völlig unlösbar**. Es ist die große Schwachstelle der theistischen Religionen. Die Folgerung kann nur lauten: Mit den angenommenen Voraussetzungen – erstens der Güte und zweitens der Allmacht Gottes, falls er existiert – stimmt etwas nicht. Lassen wir das bis zu einer genaueren Erörterung später im Raum stehen und betrachten jetzt zwei extreme Ansätze, die das Problem nicht lösen, sondern geradezu aus der Welt schaffen wollen.

Es handelt sich einmal um die Lehre von der **doppelten Prädestination** – der Vorherbestimmung entweder zum Himmel oder zur Hölle. Sie wird zumeist mit dem düsteren Reformator Johannes Calvin verbunden, der sie den protestantisch-reformierten Kirchen hinterlassen hat. Aber auch die Vorläufer sind nicht zu vergessen: Augustinus und vor ihm Paulus mit seinem schlimmen Wort von den „Gefäßen des Zorns, die zur Vernichtung bestimmt sind" (Röm 9, 22). Diese Lehre ist Zeichen eines „harten Theismus", der Gott und seine Allmacht absolut setzt. Sie findet sich darum nicht nur in Teilen des Christentums, sondern auch im Islam. „Allah führt irre, wen er will, und auf dem rechten Wege, wen er will" (Koran Sure 16, 94).

Absolute Allmacht bedeutet Determinismus: Ausnahmslos alles ist vorherbestimmt. Das nimmt auch der ontologische Determinismus an, der früher von der Mehrheit der Naturwissenschaftler vertreten wurde und jetzt noch von einem kleiner gewordenen Teil. Dort geht es um die Vorherbestimmung durch Anfangsbedingungen und Naturgesetze, hier um die Vorherbestimmung durch Gott. Sie betrifft nicht nur die natürlichen Vorgänge, sondern auch den Freiheitsgebrauch des Menschen, sein moralisches Verhalten und dementsprechend Lohn und Strafe. Anders gesagt: Menschliche Freiheit gibt es überhaupt nicht, sondern nur Gottes Allmacht, der in seinem unerforschlichen Ratschluss den einen Menschen durch gute Taten zum Himmel, den anderen durch böse Taten zur Hölle führt. Letztlich löst sich so auch der Unterschied von Gut und Böse auf: Es geschieht nie etwas anderes als Gottes Wille, und der ist, wenn man so will, immer gut, auch wenn es anders erscheint. Die Dinge werden sehr einfach, und das Problem der Theodizee scheint verschwunden.

Doch dafür gerät das Weltbild aus dem Gleis. So wie bei Platon und Plotin der ursprüngliche Monismus – das „Ein und Alles" – in einen problematischen Dualismus von Geist und Materie, Leib und Seele umschlägt, geschieht hier das Umgekehrte. Wird der im Ansatz dualistische Einfluss des Schöpfergottes auf die Welt zur absoluten Allmacht hochgefahren, schlägt das System in einen **Total-Monismus** um. Es gibt keine zwei gegenüberstehenden Bereiche mehr, sondern nur noch einen einzigen: Gottes Willen. Eine davon unabhängige Realität existiert nicht. Im Bild ausgedrückt: Das ganze Weltgeschehen im Himmel und auf Erden ist nicht mehr real, sondern **bloß ein Film, zu dem Gott das Drehbuch geschrieben hat**, den er aufgenommen hat und sich nun vorführt. Selbst göttliche Eingriffe ins Weltgeschehen hätten keine andere Bedeutung als dass Gott eine andere Kassette ins Abspielgerät legt: Film bleibt Film – und menschliche Bittgebete, die eventuellen Eingriffen vorhergehen können, sind sowieso von Anfang an determiniert wie alles Übrige. Das Beste aber kommt zum Schluss, bei Gericht und Strafe, an denen der Kalvinismus mit Begeisterung festhält: Die „Gefäße des Zorns" werden am Ende unter Posaunenschall dem Weltgericht zugeführt, ehe sie an ihren Marionettenfäden in die Hölle wandern. Wahrlich große Oper, was sich Gott am Ende seines Heimkinos gönnt!

Hinzu kommt der **Fatalismus**, der aus dieser Lehre zwangsläufig folgt: Egal, was ich tue, es geschieht sowieso. Darum gehen die Kalvinisten in Maarten t´Haarts Roman „Die Jakobsleiter" bedenkenlos ins Bordell; es ist ja ohnehin alles von Gott vorherbestimmt. Eine Weltanschauung ohne menschliche Freiheit und Verantwortung ist schierer Wahnwitz. Man darf den Autoren der Leuenberger Konkordie, des Einigungspapiers der deutsche Lutheraner und Reformierten, für seine Überwindung danken: Nun müssen wenigstens die deutschen reformierten Protestanten nicht mehr befürchten, von vornherein für die Hölle bestimmt zu sein.

Im Folgenden betrachten wir am entgegengesetzten Ende des Spektrums die zweite Radikallösung des Theodizeeproblems. Sie setzt so grundsätzlich an, dass sie über die Orthodoxie der westlichen Religionen hinausführt und einen eigenen Abschnitt verdient.

8. Verteufelung der Welt – die Gnosis

Im März 1244 ergab sich die letzte katharische Festung Montsegur in den Pyrenäen dem Ansturm der katholischen Kreuzzugstruppen. Darauf bestiegen am Fuß der Burg an die 200 katharische „Vollkommene" (parfaits) die Scheiterhaufen der Inquisition. Nach über tausend Jahren endete damit die **Gnosis** auf europäischem Boden als eine in Glaubensgemeinschaften verfasste Weltanschauung. Nur in Unterströmungen lebt sie seitdem fort, besonders in esoterischen Kreisen.

Bis dahin hatte sie in beträchtlicher Verschiedenheit, aber auf einem einheitlichen geistigen Hintergrund zahlreiche Strömungen und Gemeinschaften hervorgebracht: Die valentinianische, markionische, manichäische, paulikianische, bogomilische und zuletzt katharische Gnosis. Als Schwester im Geiste war sie dem Christentum durch gegenseitige Beeinflussung, vor allem aber durch heftige Auseinandersetzungen verbunden, zunächst geistiger und am Ende militärischer Art. Der Wissenschaft früher nur ungenügend und meist mittelbar durch die Schriften ihrer christlichen Gegner bekannt, hat sich das Wissen über sie durch die Funde von Originalhandschriften im ägyptischen Niltal (bei Nag Hammadi) in den vierziger Jahren des vorigen Jahrhunderts entscheidend verbessert.

Auf zwei Pfeilern ruht die gnostische Weltanschauung: Erstens auf einem **radikal dualistischen Bild von Gott, Welt und Mensch**. Zweitens auf der Annahme, dass die Erlösung durch Einsicht in diese Verhältnisse – „gnosis" bedeutet im Griechischen Erkenntnis – und nicht durch einen Erlösungsakt von außen geschieht. Vor allem das erste interessiert in unserem Zusammenhang.

In den Spannungsfeldern von Jenseits und Diesseits, Gott und Welt, Seele und Leib, Gut und Böse hatte sich das Christentum, wie deutlich wurde, ebenfalls in ein vorwiegend dualistisches Fahrwasser begeben, einerseits aufgrund der Gegenüberstellung von Schöpfergott und Welt im jüdischen Denken und andererseits aufgrund des Gegenübers von Seele und Leib bei Platon. Sieht man die Dinge vom System her, legt es sich nahe, noch einen Schritt weiter zu gehen und den dualistischen Trennungsstich konsequent durchzuziehen. Dann stehen auf der einen Seite Jenseits, Gott, die Seele und das Gute, auf der Gegenseite Diesseits, die Welt, der Leib und das Böse. Systematisch würde so reiner Tisch gemacht, inhaltlich liegt die Pointe jedoch darin, dass alles Irdische auf die Seite des Bösen gerät. Ein halber Schritt in diese Richtung war bereits getan: der „gefallene" Mensch bei Paulus, der „Leib als Gefängnis der Seele" bei Platon. Weiter aber konnte das Christentum nicht gehen. Das hätte den Bruch mit dem jüdischen Schöpfergott bedeutet, der am Ende seines Sechstagewerkes gesehen hatte, dass alles sehr gut war (Gen 1, 31).

An dieser Stelle geht die Gnosis den Weg konsequent zu Ende. Der gute Schöpfergott der Genesis ist verabschiedet; der Gnostiker Markion von Sinop verwirft ausdrücklich das Alte Testament. **Die Welt** ist von einem bösen Geist oder von mehreren – „Demiurgen" oder „Archonten" – geschaffen und beherrscht; kurz: sie **ist des Teufels**. Von der Welt, die als Finsternis dem Licht gegenübersteht, die vom bösen „Fürsten dieser Welt" beherrscht wird und überwunden werden muss, von dieser Welt spricht beständig auch das Johannesevangelium. Dieses im Übrigen durchaus christliche Buch ist ein sprechendes, von Theologen in dieser Hinsicht meist nicht gern zitiertes Beispiel dafür, wie nah sich Christentum und

Gnosis schon früh gekommen sind. Verständlich, dass das Buch später bei verschiedenen gnostischen Gemeinschaften und Strömungen zum Kultbuch geworden ist, von den Katharern bis zur heutigen Christengemeinschaft der Anthroposophen.

Im Gegensatz zum Johannesevangelium begnügt sich die Gnosis nicht mit einer Abwertung der Welt, sondern bettet diese in ein gewaltiges Szenario. Dem wahren, in gewissem Sinn unbekannten Gott zugeordnet ist ein Reich des Lichtes und der Fülle („Pleroma"). Neben und unter diesem Reich steht – von Anfang an oder infolge eines Abfalls – die Welt als Werk des erwähnten bösen Geistes. Die menschliche Seele gehört als „Lichtfunke" dem Lichtreich an, sie ist jedoch in die böse Welt gefallen und muss trachten, sich daraus wieder zu befreien und zurück ins Licht zu gelangen. **Fall und Wiederaufstieg der Seele** ist der Kern der gnostischen Weltanschauung, die sich in den verschiedensten Mythen entfaltet. Auch der Mythos von Adam – wiederum eine Überschneidung mit dem Christentum – gehört dazu; doch wird hier in ganz anderer Weise „gefallen" als in der Bibel: nicht in den Ungehorsam gegenüber Gott, sondern in die Finsternis der Materie.

Idealerweise löst der Gnostiker alle Bindungen an die irdische Welt: ein Leben in Armut, Bedürfnislosigkeit, Keuschheit und Freiheit von sozialen Bindungen. Nicht jedermann kann diesen Weg gehen, das liegt auf der Hand; die menschliche Gesellschaft würde so nicht funktionieren. Infolge dessen teilen alle gnostischen Strömungen ihre Gläubigen in zwei Gruppen mit je unterschiedlicher Ethik: die einfachen Gläubigen, die das weltliche Leben aufrechterhalten, und die religiöse Elite, der das volle gnostische Ideal auferlegt ist. Bei den Katharern standen beispielsweise den Gläubigen (croyants) die Vollkommenen (parfaits) gegenüber, die das consolamentum, das einzige katharische Sakrament, empfangen hatten; den Gläubigen wurde es erst auf dem Sterbebett gespendet. Im weitesten Sinn gnostische Züge weist in diesem Zusammenhang jede Religion auf, die einen **„Sonderweg zum Himmel"** kennt. Luther sah bekanntlich das Mönchtum unter diesem Blickwinkel und schaffte es deshalb ab.

Wie aber steht es mit dem Himmel der Gnostiker? Die Frage ist leicht zu beantworten für die geläuterten Seelen, die die Welt hinter sich gelassen haben: Mit ihrem Tod kehren sie zurück ins Pleroma, ins Licht; sie haben den Wiederaufstieg der Seele vollendet. Anders als in der jüdischen Apokalyptik steht somit die persönliche Erlösung im Vordergrund. Daneben gibt es jedoch auch, vor allem in den Nag Hammadi-Schriften, Vorstellungen vom Ende des Kosmos mit einer universalen Sammlung der Lichtfunken und ihrer Rückführung ins Pleroma. Hingegen haben für die ungeläuterten, der Materie verhafteten Seelen die verschiedenen gnostischen Strömungen nicht zu einer einheitlichen Linie gefunden. Sehr bunt und unterschiedlich sind die Vorstellungen; sie reichen von Fegfeuer über Hölle und Seelenwanderung bis zu einer völligen Vernichtung zusammen mit der Materie.

Das lange geschichtliche Leben der Gnosis – unterschwellig bis heute – beruht zum Teil auf Faszination. Zwar denken die meisten Menschen nicht systematisch; die gnostische Konsequenz, nicht auf halbem Wege stehen zu bleiben und den Dualismus radikal zu Ende zu führen, beeindruckt jedoch auch das Gefühl, zumal damit das so quälende Problem der Theodizee verschwindet: Die Welt ist des Teufels, aber der wahre Gott hat damit nichts zu tun. Und in der Sache: Die Welt ein Jammertal – kann man das wirklich bestreiten? „Wir verbannten Kinder Evas in diesem Tal der Tränen" singen auch die Christen in ihrem Lied Salve Regina. Kein Zweifel: **Die Gnosis ist nichts Halbes**; sie ist eine Sache aus einem Guss.

Wollen wir deshalb Gnostiker werden? Wir sollten besser innehalten. Auch das Gegenteil, Calvins Prädestinationslehre, ist aus einem Guss. Aber die vielschichtige Welt eignet sich nicht für derartige Radikallösungen, für totalen Monismus und totalen Dualismus. Was den letzteren angeht, ist an die grundsätzlichen Überlegungen im vorigen Kapitel zu erinnern: Wo es ums Ganze, um Gott, Welt und Jenseits geht, ist dualistische Betrachtung grundsätzlich ausgeschlossen. Sie würde in **unlösbare Begründungsprobleme** führen. Woher weißt du, dass die zwei getrennten Bereiche nicht doch durch unsichtbare Fäden verbunden sind? Woher kennst du den abgrundtiefen Riss, der die Welt in zwei geradezu feindliche Hälften teilt? Weder der Augenschein noch die Erkenntnisse der Wissenschaft können so etwas begründen. Und die Macht des Bösen ist zwar eindrucksvoll, aber spaltet sie wirklich den Kosmos – wo doch in der außermenschlichen Natur das Böse gar nicht vorkommt? Wenig metaphysische Lehren gibt es, die ein so massives „Woher-weißt-du-Problem" haben wie die Gnosis.

Die **Sinnfrage** kommt hinzu. Der die Gnosis zitierende Vorwurf manichäischer Leibfeindlichkeit gegenüber dem Christentum zeigt: Die gnostische Weltsicht liegt heute nicht geradezu im Trend. Das Böse ist schrecklich, gewiss, aber müssen wir deshalb Leib, Lust, Besitz und überhaupt alles Weltliche zum Teufel schicken? Verlassen wir die Gnosis lieber mit dem nochmals angeführten Ruf Nietzsches: Brüder, bleibt der Erde treu!

Keine Prädestinationslehre also und keine Gnosis – der Frage der Theodizee kann nicht ausgewichen werden; sie steht weiter im Raum.

Zusammenfassung

Das Jenseitsbild aller drei westlichen Religionen wird durch die Hoffnung auf die Auferstehung der Toten bei einem künftigen Umbruch der Welt („Weltuntergang") bestimmt. Es hat in der jüdischen Apokalyptik den früheren israelischen Glauben abgelöst, die Verstorbenen würden in der „Scheol" ohne eigentliches Fortleben verdämmern. Im Judentum und im Islam ist es das einzige Jenseitsbild geblieben, dabei im Islam geradezu als Angelpunkt der Religion.

Doch die Bedenken sind massiv. Das Entstehen der Auferstehungshoffnung hängt stark mit den damaligen, immer wieder enttäuschten politischen Hoffnungen der Juden zusammen. Sie ist fest dem naiven Weltbild verbunden, daher aus heutiger Sicht äußerst unwahrscheinlich und der Vernunft kaum vermittelbar: Was soll eine kollektive Rückkehr ins Jenseits gegangener Toter in eine neu zu schaffende Welt? Auch Offenbarung und Gottesglaube helfen insoweit nicht weiter; dazu später das 13. Kapitel.

Verwirrend ist die besondere Situation im Christentum, in dem zwei weitere Elemente hinzukommen: Jesu Auferstehung und Platons Lehre von der Unsterblichkeit der Seele. Jesu Auferstehung, die im Dritten Teil noch weiter beleuchtet wird, ist mindestens ebenso bedeutsam wie der herkömmliche Auferstehungsglaube, mit diesem allerdings schwer zu vereinbaren. Unter anderem deshalb bestehen Bedenken gegen die Theologie des Paulus, der sie zum zentralen Erlösungsereignis und zum Sieg über den Tod gemacht hat. Vollends unvereinbar mit dem Auferstehungsglauben ist schließlich die in verstümmelter Form übernommene platonische Seelenlehre, die für den Glauben steht, die vom Leib getrennten Seelen der Verstorbenen gelangten nach dem Tod sofort ins Jenseits. Diese Lehre deckt zwar vermeintlich den Zwischenzustand zwischen Tod und Auferstehung ab. Der widersprüchliche Mix zwischen ihr und den übrigen Elementen lässt im Christentum aber kein geschlossenes Jenseitsbild zustande kommen und hat zu einer Vielzahl konträrer Lösungsversuche geführt.

Die westlichen Religionen sind im Vergleich mit den beiden anderen Traditionen besonders stark ethisch orientiert. Gut und Böse sind für den Weg ins Jenseits von großer Wichtigkeit. Unerfreulicherweise spielen zusätzlich oder gar vorrangig auch die Fragen: gläubig oder ungläubig, getauft oder ungetauft eine wesentliche Rolle – also ein Zweiklassensystem im Jenseits. Dabei wird das Problem des Bösen nicht bewältigt: Warum duldet Gott es im Diesseits – die so genannte Theodizeefrage – und warum schickt er es im Jenseits in eine ewige Hölle? Keine der anderen Traditionslinien kennt eine solche Hölle. Radikale Lösungsversuche - Calvins Prädestinationslehre einerseits, die Gnosis andererseits – überzeugen nicht. Die Frage bleibt ein ausgesprochener Schwachpunkt der westlichen Religionen.

Dazu kommt deren betont dualistische Denkweise, die sie auf allen einschlägigen Gebieten entfalten (Gott und Welt, Leib und Seele, Gut und Böse, Himmel und Hölle). Im Christentum geht sie sowohl auf Platon wie auf die jüdische Vorstellung eines Schöpfergottes zurück. Damit hängt auch der letztlich ins Leere gehende Anspruch zusammen, über vieles im Jenseits genau Bescheid zu wissen. Hier wird eine grundsätzliche Neuausrichtung nicht zu umgehen sein. Die anderen hier beschriebenen Probleme stehen dabei ebenfalls an.

Kurz: Die westlichen Religionen liefern in ihrer derzeitigen Form kein überzeugendes Bild vom Jenseits. Ganz anders sieht es freilich mit Jesu Lehre vom Reich Gottes aus. Sie betrifft zwar nicht direkt das Jenseits, hat aber für den Glauben daran bedeutende Konsequenzen; doch dazu später.

9. Wiedergeburt und Nirvana – die östlichen Religionen

1. Die samsara-nirvana-Erzählung

Auf einer Straße in Tibet: Touristen sind unterwegs zu einem Kloster, einer berühmten Sehenswürdigkeit. Plötzlich stoppt der Reisebus – vor ihm eine seltsame Gruppe: Drei Männer, die sich bei jedem Schritt auf die Teerstraße werfen – dreimal kurze Gebetshaltung, dann eine Niederwerfung in voller Länge, wieder Aufstehen an der Stelle, wo die Hände den Boden berührt haben, dann dasselbe von Neuem und immer wieder. Hände und Körper sind mit Leder geschützt. Sie sind Pilger, die von weit her kommen; zum Kloster, ihrem Ziel, haben sie noch etwa 20 km.

Haben sich die Reisenden satt fotografiert, steht die Frage im Raum: Warum tun die Leute das? Fremdheit macht sich breit. Die von den Protestanten verdammte „Werkfrömmigkeit" – Seelenmessen, Rosenkränze, Wallfahrten – hält sich im Westen irgendwie im Rahmen. Hier dagegen haben wir es mit anderen Ausmaßen zu tun. Wie erklärt sich das? „Sie sammeln **Karma**", weiß ein Tourist, der sich schon ein wenig eingelesen hat. Manche kennen diesen Begriff; er meint die Verdienste, die Glück in diesem Leben bewirken, vor allem aber eine glückliche Wiedergeburt nach dem Tod. Auch in Europa glauben Menschen an Wiedergeburt. Doch es überrascht, welche Motivationskraft solcher Glaube in Asien zu entfalten vermag und mit welchem Ernst über den Tod hinaus geblickt wird. So etwas kennen wir im Westen kaum. Wir sind nun in eine andere Welt eingetaucht, die Welt der östlichen Religionen aus dem chinesischen und vor allem indischen Kulturkreis. Als einzelne Richtungen zu nennen sind für China der **Taoismus** – der Konfuzianismus ist dagegen eine rein diesseitige Weltanschauung – und für Indien der **Hinduismus** und der dort entstandene **Buddhismus**.

So wie sich die Jenseitsvorstellungen der westlichen Religionen um das Schlüsselwort Auferstehung gruppieren lassen, so haben auch die östlichen Religionen – jedenfalls die mit indischem Ursprung – ihr Wort: **Wiedergeburt** oder Reinkarnation. Dieses Wort geht in eine Erzählung ein, die im Vergleich mit den zum Teil ungereimten Jenseitsbildern des Westens recht einfach und einheitlich ist; nennen wir sie nach ihren Schlüsselbegriffen in Sanskrit die **samsara-nirvana-Erzählung**. Sie geht so:

Der Mensch ist an die Welt durch eine Art moralischer Energie namens Karma gebunden, die er selbst erzeugt. Gute Taten bewirken gutes, schlechte Taten schlechtes Karma. Dies geschieht unweigerlich nach Art eines Naturgesetzes. Wiederum unweigerlich erzeugt gutes Karma Glück, schlechtes Karma Unglück: Wie man sich bettet, so liegt man. Dies gilt nicht nur für dieses Leben, sondern vor allem für die Wiedergeburt in einem nächsten Leben. Im ewigen Kreislauf der Wiedergeburten, genannt samsara, folgt ein Leben dem anderen. Noch weit erstrebenswerter als eine bessere Wiedergeburt ist es, aus dem Kreislauf des samsara gänzlich auszusteigen und nicht mehr wiedergeboren zu werden. Dazu muss die Energie des Karma, auch des positiven Karma, zum Erlöschen gebracht werden, indem jede Anhaftung an die Welt aufgegeben wird. In diesen erlösenden Zustand – buddhistisch Nirvana, hinduistisch Moksha – kann der Mensch in seinem Leben und anschließend endgültig in seinem Tod (so genanntes parinirvana) eingehen.

Soweit die Erzählung. Exemplarisch hat sie der indische Prinz Siddharta Gautama, genannt Buddha, der „Erwachte", vorgelebt. Bei einer so einfachen Erzählung konnte es allerdings die religiöse Fantasie Süd- und Ostasiens nicht belassen. Die Ausschmückungen und symbolhaften Überlagerungen sind ohne Zahl; denken wir nur an die bunte Geisterwelt Tibets. Und auch zu Verfremdungen in der Substanz ist es gekommen. Es besteht ja Deutungsbedarf: Was genau ist Wiedergeburt, was NIrvana? Die Deutungen klaffen auseinander. Obwohl scheinbar geschlossener als im Westen, bergen auch die Jenseitsvorstellungen des Ostens erheblichen Problemstoff.

Doch bleiben wir zunächst bei der Erzählung. Im Religionsvergleich enthüllt sie ihre Besonderheiten:

Erstens: **Gott kommt nicht vor**, und zwar unabhängig davon, ob er sonst in der Religion eine Rolle spielt. Es gibt auch **kein Totengericht**. Zwar hat hier der Volksglaube ausschmückend nachgeholfen, doch symbolisieren die Richtergestalten – z.B. Yama (Indien) oder Enma (Japan) – lediglich das unerbittliche Karmagesetz; „Selbsterlösung" bemerkt hierzu kritisch die westliche Theologie. Zweitens: Auch ein kollektiv-geschichtliches Ereignis wie die Auferstehung kommt nicht vor. Ungeachtet des Boddhisatva-Ideals des Mahayana-Buddhismus – der Boddhisatva verhilft anderen zur Erlösung – verstehen sich Jenseits und **Erlösung immer individuell**. Dahinter steht ein **Geschichtsbild**, das nicht linear-heilsgeschichtlich wie das westliche ist, sondern **zyklisch**: Ewig dreht sich das Rad der Welt in der Abfolge von Weltzeitaltern (Kalpas bzw. Yugas), und ewig dreht sich das Rad von Leben und Wiedergeburt. Aus ihm auszusteigen ist Sache des Einzelnen. Drittens: Erlösung geschieht **nahezu jenseits von Gut und Böse**. Es gibt natürlich eine Ethik, aber sie hat geringeren Stellenwert als im Westen. Viertens: Auch die existentielle Zielrichtung ist anders: Es ist nicht der unbedingte Wille zum Leben und Weiterleben, sondern **nahezu der Drang zum Erlöschen**.

Wie schon ihr hier gewählter Name besagt, zerfällt die Erzählung in zwei annähernd selbständige Teile: Das Rad der Wiedergeburt und die Erlösung. Dementsprechend kommen die Teile auch einzeln vor. Der Glaube an die Wiedergeburt fand und findet weltweit außerhalb der östlichen Religionen Anhänger – im alten Griechenland, bei afrikanischen und indianischen Völkern, bei modernen Esoterikern und allgemein bei einer nicht geringen Minderheit in westlichen Gesellschaften – und dies häufig als reiner Reinkarnationsglaube ohne Nirvana. Umgekehrt ist das taoistische Unsterblichkeitsideal in seinen höheren Formen mit dem Nirvana verwandt, ohne dass sich damit in der Regel ein Wiedergeburtsglaube verbindet. Im Übrigen schwankt der Stellenwert dieses Glaubens: Er ist gering im Zen-Buddhismus und hoch im tibetischen Buddhismus; man denke an die dortigen Prozeduren zur Auffindung wiedergeborener Lamas, insbesondere des Dalai Lama.

2. Wiedergeburt – die Raupe am Grashalm

Ist die aufwärts kriechende Raupe am Ende eines Grashalms angelangt, ergreift sie einen anderen Halm und zieht sich hinüber. Ebenso zieht sich eine Seele, die ihren Körper abgeworfen hat, zu einem anderen Körper hinüber. So beschreibt die Brihad-Arankyaka Upanishad (4, 4, 3) die Wiedergeburt. Ein schönes Bild; man könnte es noch erweitern: Wenn die Raupe irgendwann zum Schmetterling wird, ist auch die Erlösung mit eingeschlossen.

In der Epoche der älteren Upanishaden – religiöse Texte der spätvedischen Zeit (etwa 800 bis 600 vor Chr.) – kommt in Indien der **Glaube an die Wiedergeburt** auf. Die Einzelheiten seiner **Entstehung** liegen im Dunkeln, ähnlich den Anfängen des jüdischen Auferstehungsglaubens. Es scheint, dass man in der vedischen Zeit ursprünglich an eine Unsterblichkeit glaubte, dann aber einen Wiedertod im Jenseits annahm, ergänzt durch eine dortige Wiedergeburt, die man schließlich ins Diesseits verlegte. Dabei ging man von einem linearen Weltbild zu einem zyklischen über. Außerdem war mit Sicherheit das entstehende Kastenwesen Indiens maßgeblich, band es doch den Menschen von Geburt an ohne jede Aufstiegsmöglichkeit an seine Kaste. Mit der Verheißung eines eventuellen Aufstiegs nach dem Tod ließ sich die Härte des Systems in idealer Weise abmildern. Unbekannt ist, ob damals schon Wiedergeburtserfahrungen eine Rolle gespielt haben, wie sie in der Moderne erforscht werden.

In die Religionen des Hinduismus, Jainismus, Sikhismus und Buddhismus übernommen, ist der Reinkarnationsglaube für die Jenseitsvorstellungen ganz Südasiens, Südostasiens und Ostasiens grundlegend geworden. Abgesehen von seinem Kern **variiert** er jedoch in den verschiedenen Zeiten, Religionen und Völkern **in nahezu sämtlichen Einzelheiten**. Das verleiht ihm eine beträchtliche Vagheit und entfernt ihn völlig von einer modernen wissenschaftlichen Theorie. Keine Einigkeit besteht darüber, wie die Wiedergeburt von statten geht. **Kurzfristige und langfristige Lösungen** stehen sich gegenüber. Zu den ersteren gehört beispielsweise das bekannte Tibetische Totenbuch mit seinem genauestens geschilderten Zwischenzustand (Bardo), der zwischen Tod und Eingehen in einen neuen Zeugungsakt etwa 49 Tage währen soll. Sehr viel länger ist man nach anderen Vorstellungen unterwegs. So führt nach der Chandogya Upanishad der Weg der Toten durch den Rauch der Verbrennungsfeuer in die Nacht und weiter auf den Mond, wo die Väter versammelt sind. Von dort kommen sie als Regen zurück und finden ihren Weg zunächst in Pflanzen und erst zuletzt in Menschen. Andere Varianten, etwa der in der indischen Volksreligion sehr populären Puranas, schalten als Zwischenaufenthalte Himmel und Hölle ein. Auch dafür variieren die Einzelheiten; manche Texte schwelgen sogar in 8 400 000 Höllen. Alle Höllen aber sind nur Stationen bei der Drehung des Rades der Wiedergeburt. In solchen Fällen bestimmt das erworbene Karma zunächst den himmlischen oder höllischen Zwischenzustand: Die Früchte guten Karmas genießt man im Himmel, und erst, wenn dieser Vorrat aufgebraucht ist, kehrt man zur Erde zurück. Wieder andere Versionen des Weges nach dem Tod hat die Esoterik – siehe das folgende Kapitel – entwickelt.

In ähnlicher Weise streuen die Antworten auf die **Frage, als was man wiedergeboren werden kann** – jedenfalls nicht nur als Mensch. Tiere sind in den meisten Traditionen dabei. Die zahlreichen Hunde in tibetischen Klöstern, so geht die Rede, sind Wiedergeburten verstorbener Mönche, die ein schlechtes Karma entwickelt haben. Die jetzigen Mönche behandeln sie gut; man kann ja nie wissen! Besonders aufmerksam verhindern manche Jainas durch Mundschutz oder Fegen der Straße, dass sie kleine Insekten verschlucken oder zertreten, die die Verkörperung eines verstorbenen Menschen sein könnten. Auch Pflanzen und Steine kommen in hinduistischen Lehren vor. Der Buddhismus hat ein System von sechs Lebensbereichen erdacht, das wir als **Lebensrad** malerisch dargestellt an den Wänden tibetischer Klöster bewundern können. Neben Menschen und Tieren enthält es Hungrige Geister, Höllenwesen, Dämonen und Götter. Hervorgehoben sind die Menschen; denn nur sie können Erlösung im Nirvana erlangen. Aus diesem Grund rechnen Buddhisten zuweilen sogar die Götter zu den unglücklichen Existenzen, obwohl sie ein ganzes, ungeheuer langes Weltzeitalter in Freuden leben: So lange müssen sie auch warten, um zu sterben und durch eine Wiedergeburt als Mensch die Chance der Erlösung zu erhalten.

Als Gesetz und Triebkraft hinter allem steht das **Karma**: „Wie man handelt und verfährt, so wird man nach dem Tode. Wer gut verfährt, dem geht es gut, wer Böses tut, wird elend". Die schlichte Regel gemahnt an den Tun-Ergehen-Zusammenhang des alten Israel. Jedoch reicht sie über den Tod hinaus, und vor allem: Sie braucht keinen Gott; sie vollzieht sich ganz von selbst. Nach der Prädestinationslehre und der Gnosis ist dies der dritte Weg zur **Erledigung des Theodizeeproblems**, dem wir begegnen, und wohl der einfachste und genialste – ob auch der richtige, ist eine andere Frage. Weder ist das Böse ein Geheimnis noch seine Zulassung durch Gott: Was du erlebst, hast du durch deine eigenen Taten in einem früheren Leben auf dich gezogen. Der Zusammenhang ist unerbittlich und gnadenlos. Einen Begriff der Gnade wie im Westen kennt die reine Lehre des Ostens nicht. Eine gewisse **Gnadenlosigkeit**, die der Fremde gerade in Indien im Verkehr der Menschen untereinander erlebt, mag damit zusammenhängen. Allerdings versuchen verschiedene Traditionen, vor allem die Bhakti-Frömmigkeit, diese Härte abzumildern.

Welche Ethik vollzieht sich nun mit so gnadenloser Konsequenz – was ist im Osten **Gut und Böse**? In den dortigen Religionen – zumindest in ihrem ursprünglichen Ansatz – findet sich keine „Ethik aus einem Guss", wie man sie etwa im Christentum aus Jesu Hauptgebot der Liebe ableiten mag. Das folgt schon aus der Zweiteilung der samsara-nirvana-Geschichte: Nirvana erreicht man unter anderen Voraussetzungen als eine gute Wiedergeburt im samsara. Für das zweite ist die Befolgung des **„dharma"** wichtig, d.h. die Erfüllung der sich aus der jeweiligen Lebensstellung ergebenden Pflichten: Eine sozusagen bürgerliche Moral Indiens – im Hintergrund scheinen natürlich die Kastengesetze auf. Weitläufig ist sie mit der konfuzianischen Moral Chinas verwandt. Das buddhistische Ideal der Selbstlosigkeit und des **Mitleids** ist demgegenüber mit dem zum Nirvana führenden Erlösungsweg verbunden. Seine Zielrichtung, die eigene Anhaftung an die Welt zu überwinden, unterscheidet es in nicht ganz unbedeutender Weise vom christlichen Ideal der Liebe. Infolge dessen gaben die östlichen Religionen lange keinen Anstoß dazu, Bedürftigen außerhalb von Familie oder Kaste karitativ beizustehen. Das ändert sich derzeit. Mitfühlendes soziales Handeln ist Ziel einer neuen Bewegung, die sich **engagierter Buddhismus** nennt und von bekannten Lehrern wie Thich Nhat Hanh gefördert wird.

Sehr fremd ist westlichem Denken das Gesetz des Karma: eine Ethik, die sich mit der Unerbittlichkeit und Blindheit eines Naturgesetzes vollzieht. In gewisser Analogie zu einer physikalischen

Energie kann man sich Karma als Energie mit positivem und negativem Vorzeichen – gutes oder schlechtes Karma – vorstellen. Zwar gelten keine Erhaltungssätze – Karma kann „aufgebraucht" werden - , aber Gleichgewichtssätze: Gutes Karma wird durch Glück, schlechtes Karma durch Unglück ausgeglichen. Mit solchen Analogien stellt sich die Weltbildfrage: **In welcher Welt spielt eigentlich die ganze Geschichte?**

Ohne Zweifel ist der Wiedergeburtsglaube – wie der Auferstehungsglaube – ursprünglich aus einem naiven Weltbild hervorgegangen, wo in einer noch offenen Welt alles irgendwie vereint war, Erde und Mond, Himmel und Hölle. Wie aber verhält er sich zum seither aufgekommenen modernen Weltbild, konkret: **Wie verhalten sich die Gesetze des Karma zu den Naturgesetzen?** Hier prallen in der Tat Welten aufeinander. Es ist ein wenig wie mit der traditionellen chinesischen Medizin: Mit ihren Methoden, zumal der Akupunktur, hat sie Heilerfolge, die jedoch westliche Wissenschaftler in ihrem System nicht erklären können. Ebenso wenig lässt sich derzeit karmische Energie in den Naturwissenschaften unterbringen; Versuche, sie an Vererbung oder Genetik anzuschließen, führen ins Leere. Auch hilft es nichts, sie als etwas rein Geistiges zu sehen. Dehnt man sie auf alle Lebewesen oder gar Steine aus, vermeidet man zwar das heikle Abgrenzungsproblem westlicher Jenseitslehren – nur der Mensch lebt fort; wie grenzt er sich ab? – und begründet eine Art Allbeseelung (Panpsychismus). Aber was nützt das, wenn nicht nur der metaphysische Hintergrund ausgemalt, sondern ganz reale Ereignisse in der Welt erklärt werden sollen? Wie erklärt man, dass der öfters seinen „dharma", also seine Mönchspflichten verletzende Mönch nach seinem Tod als Hund wiedergeboren wird? Und **wie kann überhaupt eine universale Verknüpfung von Ethik und Naturgesetz funktionieren?** Konkret: Wie schafft es ein Fadenwurm, ein guter Fadenwurm zu sein und deswegen als

Regenwurm oder gar als Wirbeltier wiedergeboren zu werden? Sind das nicht aus der Sicht des modernen Weltbilds absurde Fragen?

In aller Vorsicht sei dazu bemerkt: Das moderne Weltbild, so haben wir gesehen, wird sich weiter entwickeln. Nach dem Grundsatz der **Einheit der Welt** müsste dabei auch die Karmalehre integriert werden. Das wird sich indessen nicht ohne grundlegende Umformung ihrer Basis machen lassen. Jedenfalls ergibt ein dualistisches Gegenüber: „hier Naturgesetze, dort karmische Gesetze" keinen Sinn. Auf einer höheren Ebene müsste, womöglich nur begrenzt, monistische Verbindung geschaffen werden. Die östlichen Jenseitsvorstellungen werfen somit Fragen des Weltbilds auf, die sich sogleich noch vertiefen werden.

3. Seelenwanderung – die Fragen des Königs Milinda

Ununterbrochen brennen auf den Stufen des Gangesufers in Varanasi (Benares) die Scheiterhaufen. Verstohlen zücken die Touristen ihre Kameras zu verbotenen Bildern. Hindus, sofern sie es sich leisten können, lassen sich nach ihrem Tod an diesem heiligen Ort verbrennen. Die ursprünglichen und im Islam fortlebenden Vorbehalte des Westens gegen die Verbrennung der Toten – der ganze Mensch soll für die Auferstehung bewahrt werden – kennt der Osten nicht. So aber steht er vor einer Reihe von Fragen: Wie kann etwas aus dem Feuer und der Asche in eine neue Existenz hinübergehen? Und was ist dieses Etwas? Stiftet es in gewisser Weise Identität: Derselbe, der stirbt, wird wiedergeboren? Es liegt nahe, dieses Etwas als etwas „feuerbeständig" Geistiges anzunehmen; es könnte die Seele der Person sein. Doch ist dies nicht selbstverständlich. Nur unter bestimmten Voraussetzungen kann Wiedergeburt mit **„Seelenwanderung"** gleichgesetzt werden.

Im **Hinduismus** sind solche Voraussetzungen weithin gegeben, wobei die Einzelheiten wiederum nicht völlig übereinstimmen. Teilweise wird „jiva" als Subjekt der Wanderung gesehen, eine Art Vitalseele als Träger des Lebens und des Bewusstseins, der in der Tiefe die ewige Seelensubstanz „Atman" zugrunde liegt. Der Jiva wandert von Verkörperung zu Verkörperung. Andere wiederum lassen den feinstofflichen Körper (sukshma sarira) übergehen, den sie vom physischen, im Tod vergehenden Körper (sthula sarira) unterscheiden – eine Vorstellung, die auch in westlichen Konzepten der Wiedergeburt begegnet.

Solche Theorien lassen sich schwer begründen und mit der Realität in Beziehung setzen. Wiedergeburtserfahrungen, wie sie heute erforscht werden – siehe das folgende Kapitel - , ergeben zwischen den Existenzen zwar einzelne Brücken körperlicher und geistiger Art, z.B. Narben und Erinnerungen; ein allgemeines Bewusstsein der Kontinuität ist aber jedenfalls nach dem Kindesalter nicht feststellbar. **Wiedergeburt im Sinne persönlicher Identität wird nicht erlebt**. Wir haben kein gegenwärtiges Bewusstsein: „In meinem vorigen Leben habe ich dieses und jenes erlebt, gewollt oder gemacht". Erst recht gilt das für einen etwaigen Übergang zwischen Mensch und Tier.

Zu diesen handfesten Einwänden gesellen sich solche philosophischen Charakters, und zwar auf Seiten des **Buddhismus**. Zu dessen wichtigsten Grundlagen gehört eine negative Metaphysik, die alle bleibenden Substanzen leugnet. Es gibt lediglich flüchtige Zustände – mit dem vielseitigen Ausdruck „dharma" belegt - , die in Abhängigkeit voneinander ständig entstehen und vergehen. Der Buddhismus kennt kein Sein, nur Werden. In seiner späteren Form des „Großen Fahrzeugs" (Mahayana) wird er dies zu einer allgemeinen Metaphysik der „Leere" (shunyata) fortentwickeln: Alle Dinge sind leer. Das gilt auch und besonders für das persönliche

Selbst. In der Theorie besagt dies die so genannte Anatta-Lehre, und auch die Meditationspraxis will das Haften am Selbst überwinden. Es gibt also keine bleibende Seele, die wandern könnte. **Der Ausdruck „Seelenwanderung" ist für den Buddhismus definitiv falsch.** Was aber liegt dann der Wiedergeburt zugrunde? Die Antwort darauf gibt eine der berühmtesten Schriften des alten Buddhismus, die **„Fragen des Königs Milinda"**. Der in der Nachfolge Alexanders des Großen in Indien regierende griechische König Menandros (in der Palisprache Milinda) befragt in einem Gespräch mit dem Mönch Nagasena die Grundlagen der Lehre.

> König: Wenn jemand wiedergeboren wird, ist er derselbe, der gerade gestorben ist, oder ist er von diesem verschieden?
>
> Nagasena: Er ist weder derselbe noch verschieden. ... Sage mir, wenn ein Mann eine Lampe anzündet, kann sie dann die ganze Nacht Licht spenden?
>
> König: Ja
>
> Nagasena: Ist dann die Flamme, die während der ersten Nachtwache brennt, dieselbe wie die, die ... in der letzten brennt?
>
> König: Nein
>
> Nagasena: Bedeutet das, dass eine Lampe in der ersten Nachtwache brennt, eine andere in der zweiten und wieder eine andere in der dritten?
>
> König: Nein, durch diese eine Lampe scheint das Licht die ganze Nacht.
>
> Nagasena: Wiedergeburt ist ähnlich: Ein Phänomen entsteht, und ein anderes hört gleichzeitig auf. Daher ist der erste Akt von Bewusstsein in der neuen Existenz weder derselbe wie der letzte

Akt des Bewusstseins in der vergangenen Existenz, noch ist er von diesem verschieden.

Das Gespräch zeigt, nebenbei bemerkt, eine typische Eigenart buddhistischen Denkens: Rationale Entweder-Oder-Fragen laufen ins Leere. Dennoch scheint eine Botschaft durch: Wiedergeburt ist nichts anderes als **der ewig dahinfließende Strom des Bewusstseins**, dem keine Substanz zugrunde liegt – ebenso wie eine Flamme nur brennt und brennt, ohne dass man „diese Flamme" fixieren könnte.

Ein interessanter Gedanke, doch er verstört bei einem Blick auf die **Realität der buddhistischen Religion**. Nehmen wir etwa das Tibetische Totenbuch; es soll einem Sterbenden vorgelesen werden, um im Zwischenzustand (Bardo) noch weitere Läuterung zu bewirken und so eine bessere Wiedergeburt oder gar die Erlösung zustande zu bringen. Ein intensives Interesse an einem guten Ausgang ist erkennbar. Doch wer ist Träger dieses Interesses, wenn es die Person in Wirklichkeit nicht gibt? Und haben die Pilger, die sich in Tausenden Niederwerfungen auf ein Kloster zu bewegen, nur die Verbesserung eines anonymen Bewusstseinsstromes im Auge und nicht etwa auch sich selbst in einem neuen Leben? Es scheint, dass die Menschen bei ihrer auf Wiedergeburt ausgerichteten Frömmigkeitspraxis die Antworten des Mönchs Nagasena vergessen oder verdrängen. Vergessen sie auch, dass sie den Übergang aus ihrer vorigen Existenz nicht bemerkt haben und deshalb voraussichtlich ihre kommende Wiedergeburt ebenfalls nicht als solche bemerken werden? Oder haben sie tatsächlich ein so ausgeprägtes Mitgefühl für den Bewusstseinsstrom aller Lebewesen?

Lassen wir die Frage im Raum stehen und fügen eine noch grundsätzlichere an: Wenn schon nichts existiert als ein bloßer **Strom des Bewusstseins**, warum dann – um im Bilde zu bleiben – nur ein einziger Strom in einem festen Flussbett? Warum ergießt sich der

Strom beim Tod eines Menschen in eine einzige neue Kreatur und kann sich nicht **auf mehrere Empfänger verzweigen** oder gar in einen überindividuellen Bewusstseinsstrom münden? Könnte es sogar sein, dass solche Ausflüsse nur einen Teil des menschlichen Fortlebens ausmachen und es daneben andere Formen des Fortlebens gibt?

Die Überlegungen sind auf diese Weise in ein ausgesprochen monistisches Fahrwasser geraten, in das sie Fragen des Königs Milinda und die Antworten des Mönchs gewiesen haben: Weg mit der dualistischen Trennung von Leib und Seele und mit der scharfen Abgrenzung des Individuums! Betrachten wir nun näher die östliche Neigung zum Monismus!

4. Mystik, Gnostik und Volksreligion

Als Urbild des Christentums könnte man den sterbenden Jesus am Kreuz sehen. Das östliche Gegenstück wäre der meditierende Buddha in der Versenkung - eine bildliche Darstellung der **Mystik**. Mystik kennt auch der Westen, aber als einen Nebenweg, einen oft von der Orthodoxie beargwöhnten, wenn nicht gar verfolgten Nebenweg. Ein zeitgenössisches Beispiel ist der mystische Sufismus, der an vielen Orten von radikalen Moslems bedrängt wird. Meditation ist nicht eine Praxis, die Jesus und Mohammed gelehrt haben. Dagegen war und ist Mystik im Osten immer ein Hauptweg. Zutiefst monistisch zielt sie auf Einung, Einheit, Einswerden. Nichts ist ihr mehr zuwider als ein dualistischer Trennstrich. Schon von daher eignet dem östlichen Denken ein **monistischer Grundzug**.

Religiöse und philosophische Lehren schlagen dieselbe Richtung ein. Bekannt ist die Atman-Brahman-Spekulation des indischen Vedanta: Der Mensch soll gewahr werden, dass seine Seele (Atman) im Grunde eins ist mit der Weltseele (Brahman). Völlig monistisch ist auch die buddhistische Vorstellung, die Welt sei ein substanzlosleeres Geflecht gegenseitiger Abhängigkeit; ähnlich das chinesische Tao als letzte Einheit hinter allem Einzelnen. Das wohl eindrucksvollste Bild des monistischen Grundgedankens – der Einheit des Verschiedenen - liefert der Taoismus mit seinem bereits erwähnten **Yin-Yang-Symbol**.

Westliche Theologen sollten an dieser Stelle nicht sogleich ihren gewohnten Monismus-Pantheismus-Vorwurf anbringen; denn es ist auch das schiere Gegenteil zu bedenken: Ist nicht **die samsara-nirvana-Erzählung reinster Dualismus?** Die sich reinkarnierende Seele wechselt die Körper wie ein ihr fremdes Kleid: Hat sie das eine ausgezogen, zieht sie das nächste an. Außerdem stehen sich Samsara und Nirvana gegenüber wie zwei Welten, die wenig oder nichts miteinander zu tun haben. Jedenfalls der südliche Buddhismus (Hinayana oder Theravada) erweckt in Lehre und Praxis diesen Eindruck. Auch hat die indische Philosophie neben monistischen Lehren – etwa des bekannten Vedanta-Philosophen Shankara – auch dualistische vorzuweisen, so die des Madhva oder die Samkhya-Philosophie mit ihrer Trennung von Leib und Seele. Ist das östliche Denken folglich eher als Ausläufer der Gnosis, des gnostischen Dualismus zu sehen?

In der Tat sind **gnostische Züge** unverkennbar, gerade im Vergleich mit orthodoxen westlichen Lehren: so vor allem die von Gott unabhängige Erlösung durch eigene Erfahrung und Erleuchtung. Typisch gnostisch ist ferner **der elitäre Zug**, wie er bereits bei den katharischen Vollkommenen geschildert wurde. In diesem Punkt berührt sich die Gnosis mit der sonst ganz andersartigen Mystik. Auch diese ist, zwar nicht im Prinzip, aber in der gelebten Wirklichkeit, immer und überall eine Sache von Wenigen gewesen. Erlösung war im Osten nie etwas für jedermann. Nirvana ist nicht im Alltag in Büro oder Fabrik erreichbar; erst in neuester Zeit vollzieht sich hier eine gewisse Öffnung. Typischer Ausgangspunkt ist hingegen der Wald, in den sich indische Erlösungssucher in fortgeschrittenem Alter zurückziehen, oder die Bergeinsamkeit, die taoistische Einsiedler auf ihrem Weg in die Unsterblichkeit aufsuchen und aus der sie leider vielfach die Kommunisten vertrieben haben. Auch das **Mönchtum** gehört hierher, das von Anfang an den Buddhismus prägte und lange Zeit als hauptsächlicher oder einziger Weg zur Erlösung galt; jüngst haben freilich einige buddhistische Richtungen diese Beschränkung aufgegeben und ihre Meditationen auch für Laien geöffnet. Noch weiter geht in archaischer Manier der klassische Hinduismus: Er **schränkt Moksha in aller Form ein auf Hindus** (eine Religionszugehörigkeit, die man nur durch Geburt, nicht durch Konversion erwerben kann) und weiterhin, unbekümmert um Gendergerechtigkeit, auf Männer der drei oberen Kastengruppen Brahmanen, Kshatriyas und Vaishyas. Wer dieses Privileg nicht hat, muss es erst in einer oder mehreren Wiedergeburten erwerben. Insofern ist die Abfolge der Wiedergeburten eine „Karriereleiter" nicht nur in weltlicher, sondern auch in religiöser Hinsicht.

Die Gläubigen des Ostens teilen sich somit wie in der Gnosis **in zwei Gruppen**. Die weitaus größere Gruppe hat, teils normativ, teils wegen ihrer tatsächlichen Lebensumstände, keine reale Aussicht auf Erlösung in oder nach diesem Leben. Während den Privilegierten der Weg der Erkenntnis und Erleuchtung (Jnanamarga) offensteht, bleibt den „karmischen Menschen", also den gewöhnlichen Gläubigen, nur der Weg des Karma (Karmamarga) zu einer besseren Wiedergeburt. Die samsara-nirvana-Geschichte endet für sie mit ihrem ersten Teil.

Trotz solcher Berührungspunkte besteht ein entscheidender **Unterschied zur Gnosis**: Der weltanschauliche Hintergrund ist ein anderer. Der Eremit sucht im Wald die Stille, er hat sich sozial von der Gesellschaft zurückgezogen, nicht aber von der Welt überhaupt. Ihn verlangt es – mystisch – nach Einswerden mit dem Tao, mit dem Grund der Welt. Die gnostische Verteufelung der Welt als Werk eines bösen Dämons ist ihm fremd. So weit wie in der Gnosis geht der Dualismus des Ostens nicht.

Dualistische Anklänge finden wir noch in einer ganz anderen Richtung, nämlich in der **Volksreligiosität**. Bisher war von der „reinen Lehre" der östlichen Religionen die Rede. In ihr ist die verhältnismäßig scharfe Trennung zwischen der Erlösung suchenden Elite und der auf bessere Wiedergeburten hoffenden Masse angelegt. Es leuchtet ein, dass die Volksfrömmigkeit damit kein Genügen finden konnte und einen dritten, mittleren Weg neben Jnanamarga und Karmamarga eingeschlagen hat: Bhaktimarga, den **Weg der liebenden Hingabe an einen Gott**. Unter dem Gesichtspunkt des Dualismus bieten sich insofern Vergleiche nicht zur Gnosis an, sondern zur Orthodoxie der westlichen Religionen. Die Parallelen dorthin sind ebenso frappierend wie die Abweichungen von den orthodoxen östlichen Lehren: das liebende Gegenüber von Mensch und Gott, die in das Karmagesetz eingreifende göttliche Gnade und die Erlösung als eine Art himmlische Gemeinschaft mit Gott. Der in Ostasien äußerst verbreitete **Amidismus** bildet das buddhistische Gegenstück zu den indischen **Bhakti-Kulten:** Der Buddha Amida oder Amitabha, der Buddha des unendlichen Lichts, verheißt den bei ihm Zuflucht Suchenden Aufnahme in seinem „Paradies des westlichen Landes". Eine Hauptform der Frömmigkeit ist die ständig wiederholte Anrufung, etwa „Hare Krishna" oder „Namu Amida Butsu". Die indische Bhakti weist daneben eine stark **erotische Tönung** auf. Das gilt noch mehr für den verwandten Tantrismus und auch für taoistische Praktiken auf der Suche nach Unsterblichkeit. Letztere setzen zudem chemische Substanzen ein, früher häufig Zinnober.

Obwohl solche Richtungen in den jeweiligen Ländern teilweise große Breitenwirkung haben, beachten wir sie im Folgenden nicht weiter. Denn zur grundsätzlichen Klärung der Frage nach dem Jenseits tragen sie nichts wesentlich Neues bei. Wir kehren somit zur

„reinen Lehre", zum Hauptstrom östlichen Denkens zurück. Anders als im Westen mit seinem vorherrschenden Dualismus stehen sich hier, wie gesehen, **Dualismus und Monismus fast gleichberechtigt** gegenüber. Letzten Endes neigt sich die Waage vielfach in Richtung Monismus. Das gilt besonders für die Erlösung, den zweiten Teil der samsara-nirvana-Geschichte.

5. Die Kerze erlischt – östlicher Nihilismus?

Erlösung im östlichen Sinne setzt doppelt an: Sie geschieht *im* Leben und wirkt sich aus *nach* dem Leben. Das zweite ist das auf den ersten Blick klarste und markanteste Moment: Alles Karma, gutes und schlechtes, ist aufgebraucht und erloschen. Darum wird der Erlöste nicht mehr wiedergeboren. Gleichsam abrupt bricht die Kette der Wiedergeburten ab, und das Rad des Samsara kommt zum Stillstand. Samsara ist Leiden; alles Leben ist Leiden, lehrt der Buddha. Dieses **Leiden hat nun ein Ende**. Die Kerze ist erloschen. Was aber geschieht mit dem Erlösten nach dem Tod; wohin geht er? Die „reine Lehre" gibt darauf keine Antwort. Ihr Verstehen wird dadurch nicht leichter. Ein häufiger Vorwurf aus dem Westen lautet: Weltpessimismus sucht Erlösung im **Nihilismus**, in einem Nirvana des blanken Nichts. Ganz trifft der Vorwurf nicht. Denn eher als nihilistisch ist diese Haltung zur Erlösung als existentiell-agnostisch zu beschreiben: Kümmere dich nicht um die Beschaffenheit des Jenseits, eher um den rechten Weg im Diesseits!

> Der Buddha: „Anuradha, wie kannst du den … Tathagata (= Buddha) innerhalb der folgenden vier Behauptungen finden:
> 1. Nach seinem Tod existiert der Tathagata weiterhin.
> 2. Nach seinem Tod hört der Tathagata auf zu existieren.
> 3. Nach seinem Tod ist es so, dass der Thatagata sowohl weiterhin existiert als auch aufhört zu existieren.

4. Nach seinem Tod ist es so, dass der Tathagata weder weiter existiert noch aufhört zu existieren?"

„Das, von der Welt Verehrter, wäre in der Tat unmöglich".

„Genauso ist es, Anuradha. Der Tathagata hat immer nur im Hinblick auf eine Sache gesprochen, im Hinblick auf das Leiden und das Ende des Leidens."

Mit dem vielfach verwendeten so genannten buddhistischen Tetralemma, auch „Vierkant" genannt, werden rationale Fragen vierfach aufgespalten und ins Leere geschickt. Noch radikaler als Jesus und Sokrates weist der Buddhismus Fragen nach dem Wie des Jenseits ab.

Den Verdacht des **Nihilismus** wird jeder Asienreisende **durch den Augenschein widerlegt** finden. Das bunte Leben in den Tempeln mit Gebeten, Gesängen, Trommeln, Opfern, Kerzen, Räucherstäbchen und knieenden Menschen offenbart eine religiöse Kraft, die sich mit Nihilismus nicht vereinbaren lässt. Die bloße Aussicht, nach dem Tod im Nichts zu versinken, würde man wahrlich einfacher zur Darstellung bringen!

Genauere Betrachtung weckt außerdem Zweifel, ob die Wiedergeburtskette tatsächlich so dualistisch-abrupt abbricht, wie es den Anschein hat. Schon der alte Buddhismus kannte **gleitende Übergänge** vom „Stromeintritt" (höchstens siebenmalige Wiedergeburt) über die „Einmalwiederkehr" **bis zur „Nichtwiederkehr"**. Im Mahayana-Buddhismus schieben die Boddhisatvas ihren endgültigen Eintritt ins NIrvana hinaus, um zuvor noch alle Lebewesen zu retten. Im tibetischen Buddhismus sollen erleuchtete Tulkus bestimmen können, ob und wo sie wiedergeboren werden.

Auch die unterschiedlichen Grade der Erleuchtung – siehe den folgenden Abschnitt – sprechen gegen einen abrupten Abbruch.

Ferner fällt auf, dass dem Tod des Erlösten, dem Parinirvana, sehr viel weniger Aufmerksamkeit geschenkt wird als der Erlösung (nirvana, moksha) und dem Erlösten (arhat, jivanmukta) zu Lebzeiten; von einer „Eschatologie" nach westlicher Art kann keine Rede sein. Der Lebend-Erlöste hat die drei „Gifte" Hass, Gier und Wahn und damit alles Leiden überwunden. Frei von Anhaftungen treffen ihn die Eindrücke der Welt wie ein Tropfen Wasser, der ein Lotusblatt berührt, aber nicht daran hängen bleibt. Ihn bedrückt nicht mehr, was nach dem Tod aus ihm wird.

Hinter diesem Gleichmut steckt nicht nur der existentielle Impuls: Kümmere dich mehr um das Diesseits als um das Jenseits! Auf einer noch tieferen Schicht tritt die monistische Grundhaltung des Ostens zu Tage und lässt die Abruptheit der samsara-nirvana-Schwelle als ein vordergründiges Missverständnis erscheinen: **Nichts bricht ab – Tod und Leben sind im Grunde eins!**

6. Der achtfache Pfad

Was ist der Weg zu solcher Erfahrung? Wer das wissen möchte, sollte sich nicht zu sehr von dem bunten Leben in den Tempeln und Klöstern blenden lassen; das ist nur die Oberfläche. Vielleicht findet man am Rand eines Klosters winzige Gelasse; nicht einmal aufrecht stehen kann man darin: Dorthin ziehen sich Mönche zu jahrelanger Meditation zurück. Es ist das Endstadium des klassischen „achtfachen Pfades", wie ihn der Buddha als vierte Edle Wahrheit im Hirschpark von Sarnath bei Benares gelehrt hat. Ähnliche acht Stufen der so genannten inneren Alchemie kennt übrigens auch der Taoismus.

Dies sind die Abschnitte des achtfachen Pfades: 1. Rechte Anschauung 2. Rechte Gesinnung 3. Rechtes Reden 4. Rechtes Handeln 5. Rechtes Leben 6. Rechtes Streben 7. Rechtes Überdenken 8. Rechtes Sich-Versenken.

Auf den ersten Blick wirkt die Aufzählung farblos. Sie enthält jedoch einen wesentlichen Gedanken: Die zunächst so getrennt wirkenden Ethiken von Samsara und Nirvana (Samsara: Gutes-Tun gemäß dem persönlichen dharma; Nirvana: Lösung von der Anhaftung an die Welt) verschmelzen zu einer einheitlichen Stufenfolge. Nicht aus dem Leeren geschieht Erlösung; sie geht nahtlos aus einem rechten Leben hervor. In diesem Sinn werden die Glieder 1 und 2 als Gruppe der Erkenntnis, 3, 4 und 5 als Gruppe der Zucht und 6, 7 und 8 als Gruppe der Versenkung zusammengefasst.

Den Gipfel bildet die **Versenkung**: Aus ihr soll die **Erleuchtung** hervorgehen. Mit dieser Gipfelstellung hat es – gerade im ost-westlichen Vergleich – eine tiefere Bewandtnis. Sie betrifft die **religiöse Rolle der Ethik**. Diese und die Unterscheidung von Gut und Böse kennt auch der Buddhismus; vier von seinen fünf Geboten haben ein Gegenstück im christlich-jüdischen Dekalog. Solche Ethik gehört aber nur den unteren Stufen des achtfachen Pfades an. Im Westen ist sie dagegen entscheidend bis zuletzt. Im Tod oder beim Jüngsten Gericht öffnen sich gleichsam symmetrisch zwei Wege: rechts in den Himmel und links in die Hölle. Wohin der Mensch geht, hängt von der ethischen Bewertung des gelebten Lebens ab. Im Osten ist schon fraglich, ob es überhaupt eine Hölle gibt (abseits populärer Schreckensbilder in den Puranas oder im Lebensrad des tibetischen Buddhismus); jedenfalls stellt sie keine symmetrische Alternative dar zum „Himmel", sprich: der eigentlichen **Erlösung.**

Nähert man sich dieser auf den höchsten Stufen des achtfachen Pfades, tritt gewöhnliche Ethik zurück. Erlösung geschieht gleichsam jenseits von Gut und Böse. Bei ihr tritt etwas Anderes in den Vordergrund: In ihr fallen – negativ – Anhaftungen und Illusionen ab, und es wird – positiv – die Einheit des Seins erlebt. **Erleuchtung ist ein Gewahrwerden, kein Erlangen.** Man kann Nirvana oder Moksha nur realisieren, nicht erreichen. Erst recht kann man nicht hineingelangen wie in einen Himmel. Erleuchtung wird während des Lebens erfahren. Der spätere Tod ist nur eine Besiegelung; nach den besonderen Vorstellungen des tibetischen Buddhismus kann es allerdings noch in den verschiedenen Stadien des Sterbens zu einer Befreiung kommen.

Erleuchtung geschieht nicht nur während des Lebens, sondern auch für das Leben. Es geht nicht um gnostische Weltverachtung und auch nicht um eine Vorbereitung auf das Jenseits. Askese ist für den Buddha nicht das höchste Ziel. Erlösung findet man nicht als halb verhungerter Eremit. Der Weg führt aus dem bunten Leben in den Wald und in die Stille und von dort geläutert wieder **zurück ins Leben**. In den so genannten Ochsenbildern, der symbolischen Darstellung des zen-buddhistischen Weges, sieht man den Erleuchteten auf dem letzten Bild mit seiner Weinflache zum Marktplatz gehen.

In der Erleuchtung wird nichts verstandesmäßig erkannt, sondern eine den Menschen bis in seinen Grund erfassende **existentielle Erfahrung** gemacht. Damit positionieren sich die östlichen Religionen zwischen die westlichen Religionen und die Jenseitserfahrungen der Esoterik. Während die „Eschatologie" des Westens, mit Verlaub, reines Bücherwissen darstellt und Jenseitserfahrungen ganz dem persönlichen Erleben entspringen, setzt der Osten sowohl auf umfangreiche Lehren wie auf die Erfahrung der Erleuchtung.

Der Westen erhebt den **Vorwurf der „Selbsterlösung"**. In der Tat steht kein höheres Wesen helfend zur Seite, sieht man von den

Vorstellungen der Bhakti und des Amidismus ab. Trotzdem trifft der Vorwurf nicht. Erleuchtung kann man nicht selber „machen". Jeder solche Versuch würde im Gegenteil ein unüberwindliches Hindernis errichten. Nur günstige Bedingungen kann man schaffen, sich in die Stille versenken, innerlich leer werden. Dann aber muss es von selber geschehen. Erleuchtung und Erlösung sind immer Geschenke oder, anders gesagt, **Gnade**. Es bleibt nur ungesagt, wessen Gnade.

Es gibt nicht „die" Erleuchtung. An diesem Punkt löst sich der harte Dualismus der samsara-nirvana-Schwelle zu einem weicheren, mehr monistischen Übergang auf. Bereits der alte Buddhismus kannte, wie gesagt, Abstufungen auf dem Weg zum Nirvana. Den Zen-Buddhismus beschäftigte lange Zeit und im Grunde bis heute die Frage einer „allmählichen Erleuchtung" im Gegensatz zu einer „plötzlichen Erleuchtung". Spirituelle Lehrer unterscheiden zwischen **„kleinen" und „großen" Erfahrungen**. Gibt es die eine, große, endgültige Erfahrung überhaupt? Buddhisten rechnen dazu gewiss Buddhas große Erleuchtung unter dem Bodhi-Baum. Kann man aber bei „gewöhnlichen" Menschen, selbst wenn sie einer meditierenden „Elite" angehören, mit guten Gründen eine solche Hervorhebung machen und aufgrund welcher Kriterien? Der Satz "Seit letzter Woche ist Herr Maier erleuchtet und darum erlöst" lässt sich auch im Osten kaum mehr aussprechen.

Lassen wir die Zweifel, die sich hier einstellen, auf sich beruhen. Sie führen allerdings zu der grundlegenden **Frage, ob das ursprüngliche samsara-nirvana-Konzept überhaupt zu halten ist**: das Konzept einer Kette von Wiedergeburten im Samsara, die im NIrvana abbricht. Im Folgenden werden sich solche Zweifel verstärken.

7. Leere und Fülle

Nirvana, Moksha, Tao – verschiedene Ausdrücke für das unbeschreibliche Ziel der Erlösung. „Wenn einer nach dem Tao fragt und ein anderer antwortet ihm, dann wissen es beide nicht". Besonders verstummen die Lehrer des Ostens, wenn nach dem Schicksal der Erlösten nach dem Tod gefragt wird: **Wie fühlt sich das Nirvana an?** In der Volksreligion gibt es dazu Bilder, etwa zu Amidas Paradies. In den höheren Lehren herrscht Schweigen oder Zurückweisung der Frage wie in Buddhas Gespräch mit Anuradha.

Zum Zustand des **„Lebend-Erlösten"** werden hingegen Andeutungen gemacht. Sie zielen in positive und negative Richtung, auf Fülle und Einswerden einerseits und auf Freiheit und Leere andererseits. Dabei setzen die einzelnen Schulen die Schwerpunkte verschieden. In den indischen Vedanta-Traditionen wird die Erlösung mit „Sat – Cit - Ananda" umschrieben, einem Kernwort der Fülle: **Höchstes Sein – höchstes Bewusstsein – höchste Seligkeit**. Manche Vedantins glauben sogar – und für Bhakti-Traditionen gilt das erst recht - , dass die Erlösten in dieser Seligkeit ihre Individualität behalten und unberührt von Karma und Leid alle Welten durchstreifen. Diesen dem Buddhismus sonst fremden Gedanken nehmen auch die Anhänger der buddhistischen Nur-Bewusstseins-Lehre auf: Das Nirvana wird als aktiver Zustand gesehen, in dem der Buddha für immer zum Wohl aller Lebewesen wirkt.

Mehr auf der ursprünglichen Linie von Buddhas Predigten liegt die negative, das Verlöschen betonende Lehre des alten Buddhismus, der heute im südlichen Buddhismus des „Kleinen Fahrzeugs" (Hinayana) fortlebt. Gleiches gilt innerhalb des „Großen Fahrzeugs" (Mahayana) von der **„Mittleren Lehre"** (madhyamika). Hauptsächlich auf sie geht die Vorstellung zurück, dass alle Dinge leer sind. Schon in den Mahayana-Sutren findet sich der Gedanke der allumfassenden

Leerheit, so im wohl bekanntesten, dem **Herz-Sutra** als Teil des Prajnaparamita-Sutras:

> Form ist Leerheit, Leerheit ist Form.
> Form ist nichts anderes als Leerheit.
> Leerheit ist nichts anderes als Form

Begründet wurde die Lehre durch **Nagarjuna**, dem wohl bedeutendsten Philosophen des Buddhismus. Mit **Leerheit** ist vor allem die vollständige Abhängigkeit gemeint, in der alles zu allem steht und die keine unabhängige, eigenständige Existenz zulässt. Man darf sie nicht mit einer metaphysischen Grundlage der Welt verwechseln. Man gliche sonst, heißt es, einem Manne, dem ein Händler gesagt hat, er habe nichts zu verkaufen, und der nun dieses Nichts kaufen will. Erlösung wiederum ist nichts anderes als die Einsicht in die universale Leerheit und das universale Nicht-Selbst. Im Nirvana hören die Wahnvorstellungen von Sein und Nicht-Sein auf.

Damit fällt auf Samsara und Nirvana ein neues Licht. Sie sind keine absoluten Gegensätze, sondern nur verschiedene Aspekte der Leerheit. Das „Erreichen" des Nirvana besteht allein darin, sich über etwas bisher Verborgenes klar zu werden, dies freilich im Sinne einer zutiefst erfahrenen, nicht nur verstandesmäßigen Klarheit. Die schon im vorigen Abschnitt in Frage gestellte Schwelle zwischen Samsara und Nirvana löst sich in der Mittleren Lehre auf in dem Satz: **Samsara und Nirvana sind im Grunde eins.**

Was aber wird dann aus der **Wiedergeburt?** Vor diesem Hintergrund nicht viel. Nach Thich Nhat Hanh entspricht sie lediglich dem Gedanken, dass aus etwas nicht nichts werden kann – wie bei einer Wolke: „Eine Wolke kann zu Regen, Schnee, Eis oder Nebel werden. Aber eine Wolke kann nicht zu nichts werden". Die oben aufgeworfene Frage, ob Wiedergeburt immer das Fortleben in einer bestimmten Person bedeuten muss oder auch Verzweigungen in einen weiter fließenden Bewusstseinsstrom hinein meinen kann, scheint sich bei diesem Ausgangspunkt zu klären. Der Zen-Buddhismus, der die Mittlere Lehre in die Praxis umsetzt, „löst" das Problem, indem er von Wiedergeburt nicht spricht; das Thema kommt bei ihm nicht vor. Denn ihm geht es nicht um ein Geschehen nach dem Tod, nicht einmal um ein künftiges Erleuchtungserlebnis. Es geht ausschließlich um diesen einen Augenblick, hier und jetzt: Hier sollst du der wahren Wirklichkeit innewerden, die Leere erfahren und mit ihr zugleich die Fülle. Mitfühlend soll diese Fülle, so der Mahayana-Buddhismus, immer auch anderen zugewendet werden.

Noch einmal **Thich Nhat Hanh**: „**Nirvana bedeutet Auslöschung von Vorstellungen** – der Vorstellungen von Geburt und Tod, Sein und Nicht-Sein, Kommen und Gehen, ich und andere, eins und viele. Alle diese Begriffe bringen nur Leiden. Wir fürchten den Tod, weil Unwissenheit uns eine illusorische Vorstellung von ihm vermittelt. Vorstellungen von Sein und Nicht-Sein verwirren uns, weil wir die wahre Natur der Leere und des Nicht-Selbst nicht verstanden haben. Wir sorgen uns um unsere Zukunft, aber nicht um die Zukunft anderer, weil wir glauben, unser Glück habe nichts mit dem der anderen zu tun. Die Vorstellung „ich und andere" führt zu unermesslichem Leid".

Wer einem Leben nach dem Tod klare Konturen geben will, wird hier nicht fündig werden. Auch der **Dialog zwischen westlichen und östlichen Vorstellungen** hat es auf dieser Basis nicht leicht. Ursula Baatz hat in ihrem Buch „Erleuchtung trifft Auferstehung" untersucht, wie die westlichen Geistlichen, die in einer buddhistischen Gemeinschaft Zen studiert haben, die Brücke zu schlagen versuchen. Herausgekommen sind Ansichten, die „einander diametral entgegengesetzt sind, so als ob sie sich auf unterschiedlichen Kontinenten befänden". Einerseits wird an dem Gedanken leiblicher Auferstehung festgehalten, andererseits der Mensch als „Welle im Meer" gesehen, die im Ozean aufgehen wird.

Anscheinend zerbricht man sich im Osten über derartige Meinungsverschiedenheiten weniger den Kopf. Sicher steht dahinter Buddhas **metaphysische Abstinenz**: Was kümmert dich das Jenseits; du hast mit dem Leid im Diesseits genug zu schaffen! Aber ein klein wenig Metaphysik, und zwar **monistische Metaphysik**, mag auch im Spiel sein: Leben und Tod sind eins – der Seinsgrund, den du hier erfährst, ist allumfassend und reicht über die Todesschwelle hinaus. Du sollst nur nicht fragen, wie.

Zusammenfassung

Ähnlich wie das Christentum im Westen haben wir im Osten den Buddhismus etwas in den Vordergrund gerückt. Als Erlösungsreligionen bilden beide eine Art Vorhut in ihrem jeweiligen Kulturkreis. Auch finden sich in beiden vorsichtige Ansätze, Neues zu erschließen und Überholtes aufzugeben. Solches gibt es; denn wie ein Klotz am Bein hängt die Wiedergeburtslehre an den östlichen Religionen so wie der Auferstehungsglaube an den westlichen.

Vom Gesetz des Karma getrieben – so die östliche Lehre – folgen die Wiedergeburten endlos aufeinander (samsara). Vordergründiges Ziel ist es, durch gute Taten gutes Karma zu erwerben und damit eine gute Wiedergeburt. Letztes und eigentliches Ziel aber ist, aus dem Kreislauf der Wiedergeburten für immer auszusteigen (moksha bzw. nirvana; ähnlich auch die taoistische Unsterblichkeit). Das ist die Erlösung. Sie kann schon im Leben erreicht werden; im Tode schließt sie weitere Wiedergeburten aus. In ihr lösen sich die Anhaftungen an die Welt und an das Selbst. Sie wird als Leere und Fülle zugleich beschrieben sowie als Einswerden mit dem Sein. Sonst aber wird sie von jeder Ausmalung freigehalten. Versenkung und Erleuchtung sind der Königsweg zu ihr.

Während die Erlösung mystisch-monistischen Charakter hat, fällt im Übrigen eine dualistische, an die Gnosis erinnernde Zweiteilung auf. Dem im Samsara verbleibenden Weg des Karma (Karmamarga) steht der zur Erlösung führende Weg (Jnanamarga) gegenüber. Dementsprechend teilen sich die Gläubigen in die „gewöhnlichen" Menschen, die nur auf eine bessere Wiedergeburt hoffen können, und die religiöse „Elite" auf dem Weg zur Erleuchtung. Zum Teil ist oder war der Zugang zur Elite sogar beschränkt, so im Hinduismus auf die Männer bestimmter Kasten, im Buddhismus auf das Mönchtum. Die Zweiteilung setzt sich in der Ethik fort. Gewöhnliche Ethik mit ihren Geboten ist nicht, wie im Westen, bis zuletzt maßgebend für das jenseitige Schicksal, sondern bestimmt nur die Vorstufen des Weges. Die eigentliche Erlösung geschieht gleichsam jenseits von Gut und Böse.

Volkstümliche Formen der Religion, die vor allem auch in deren Außenansicht ins Auge fallen, überwinden diese Zweiteilung. Sie propagieren einen andersartigen Erlösungsweg, der westlichen Vorbildern ähnelt: Die Gnade eines Gottes oder Buddhas, den man anruft oder liebend verehrt (sog. Bhaktimarga), bewirkt Erlösung.

Die Wiedergeburtslehre ist mit einer Fülle von Abweichungen, Ungereimtheiten und offenen Fragen belastet. Zudem wird Wiedergeburt im Leben nicht als Erinnerung erfahren. Ihre Einordnung in ein Weltbild ist schwierig und ungeklärt. Auch über dem erlösenden Ende der Wiedergeburtskette liegen Zweifel: Schon der alte Buddhismus kannte einen stufenweisen Weg zur Erlösung und nicht nur die eine, alles entscheidende Erleuchtung. Heute wird zunehmend zwischen kleineren und größeren Erfahrungen unterschieden. Damit verflüchtigt sich der ursprünglich grundlegende

Zusammenhang mit der Frage der Wiedergeburt. Zu einer weiteren Einebnung trägt die Mittlere Lehre im Mahayana-Buddhismus bei, wonach Samsara und Nirvana im Grunde eins sind.

Viel ist derzeit im Fluss. Vermutlich wird einer zurückhaltenden Wiedergeburtslehre die Zukunft gehören, wie sie der buddhistische Lehrer Thich Nhat Hanh vertritt, verbunden mit einer Lehre vom Nirvana, die sich auf ein Leben ohne Anhaftungen beschränkt. Für das Jenseits folgen daraus wenig klare Konturen.

Weit Griffigeres bietet der Bereich, dem wir uns nun zuwenden.

10. Botschaften aus dem Zwischenreich – Jenseitserfahrungen und Esoterik

1. Der Blick hinüber

Die bekannte Sterbeforscherin Elisabeth Kübler-Ross wurde 1990 anlässlich eines Vortrags in der Berliner Marienkirche gefragt, ob sie an ein Leben nach dem Tode glaube. Sie antwortete: Ich *weiß*, dass es ein Leben nach dem Tod gibt.

Eine **hohe persönliche Gewissheit**. Sie stammt aus eigenen Erfahrungen und kennzeichnet auch die meisten anderen Erfahrungen, die im Folgenden zur Sprache kommen. Die beiden vorigen Kapitel, besonders das vorletzte, handelten überwiegend von Lehren, überspitzt gesagt von Kopfgeburten, über die man so oder anders denken, die man annehmen oder ablehnen kann. Erfahrungen hingegen, vor allem in diesem Bereich, gehen unter die Haut. Man wird sie nicht so leicht wieder los. Sie können das ganze Leben verändern. Sein Erlebnis vor den Mauern von Damaskus ließ den Saulus zum Paulus werden.

Erfahrung ist etwas ganz Persönliches. Ihr Gehalt gilt nur für denjenigen, der die Erfahrung selber macht. Erzählt er anderen davon, überträgt sich von der existentiellen Wucht nur wenig oder nichts. Fremden Erfahrungen gegenüber bleiben wir eher reserviert. Folglich bietet dieses Kapitel ein gespaltenes Bild: Sicherheit und feste Überzeugung bei den Subjekten einer Erfahrung, **Skepsis bei anderen Menschen**, vor allem auf Seiten der Wissenschaft.

Die Skepsis beginnt beim Grundsätzlichen. Es ist von „drüben" noch niemand zurückgekommen – was soll dann das Wort

„Jenseitserfahrungen"? Zugegeben, alle zu berichtenden Erfahrungen wurden von Menschen aus Fleisch und Blut gemacht. Doch diese geben an, „hinüber" geschaut zu haben, entweder – bei Nahtoderfahrungen – in ihr eigenes künftiges Jenseits oder in das Jenseits bereits Verstorbener. Wie aber konnten sie diesen Blick tun, kann überhaupt jemand „hinüberschauen"? Hören wir erst die Berichte und kommen dann auf die Frage zurück. Ihre Bejahung setzt jedenfalls eine Art **Zwischenreich** voraus. Denn ein etwa existierendes Jenseits liegt, wie im Ersten Teil ausgeführt, jenseits von Zeit und Zeitlosigkeit in einer „zeitübergreifenden" Ewigkeit. Die Erfahrungen davon werden jedoch hienieden, in der Zeit, gemacht, stehen also mit je einem Bein in verschiedenen Welten, in Zeit und Ewigkeit. Auf ähnliche Weise würde übrigens auch Gott in einer Art Zwischenreich tätig, wenn er die Weltgeschichte lenkt: Sein Handeln kommt aus der Ewigkeit und greift ein ins Gefüge der Zeit. Zunächst vordergründig ist damit das Zwischenreich umschrieben; es wird uns noch einige Probleme bereiten.

Welcher Art sind nun die Jenseitserfahrungen? Wir können sie in folgende Gruppen einteilen: Zunächst die so genannten **Nahtoderfahrungen**: Menschen in unmittelbarer Todesnähe, die dann aber doch wieder ins Leben zurückkehren, erblicken ein gleichsam aus dem Jenseits herüberstrahlendes Licht. Sodann die **Nachtodkontakte** mit bereits verstorbenen Personen; dabei sollte man unterscheiden: die spontanen Kontakte, bei denen der Verstorbene unerwartet einem Lebenden in irgendeiner Weise erscheint, häufig einem Angehörigen; daneben die absichtlich herbeigeführten Kontakte, die im Regelfall durch ein **Medium** vermittelt werden. Schließlich die **Wiedergeburtsfeststellungen**, die den Zusammenhang zwischen einer späteren und einer früheren Wiedergeburt durch Erinnerungen, Muttermale oder Ähnliches belegen wollen.

Die letzte Gruppe steht etwas außer der Reihe, weil Feststellungen irdischer Art getroffen werden, die lediglich mittelbar Einblick in jenseitige Vorgänge geben sollen. In allen übrigen Fällen wird dem Anspruch nach unmittelbar „hinübergeschaut". Wir fassen dieses Schauen unter dem Sammelbegriff **„Visionen"**. Er wird vieldeutig gebraucht, soll hier aber alle Wahrnehmungen bezeichnen, die außernatürlich erscheinen. Ihre Deutung – die Spanne reicht von Einbildung über außersinnliche Wahrnehmung bis zur Anwesenheit jenseitiger Wirklichkeit – bleibt zunächst außer Betracht. Ein wichtiges Beispiel für solche Visionen sind die unter dem Namen Auferstehung zusammengefassten Nachtodkotakte Jesu mit seinen Jüngern.

Das Beispiel führt zu der Frage, wie sich Jenseitserfahrungen und religiöse Jenseitsbilder zueinander verhalten. Die Antwort hängt von der jeweiligen Tradition ab. In ursprünglichen Religionen gab es keine klare Grenze; es handelte sich nahezu um dasselbe. Die **schamanischen Kulte** gründeten weitgehend auf den Jenseitsreisen der Schamanen. Die bereisten Zwischenreiche waren reich bevölkert: nicht nur von den verstorbenen Ahnen, sondern dazu von allerhand Geistern und Dämonen. Für bestimmte esoterische Sichtweisen bilden auch heute noch Jenseitserfahrungen nur eine Untergruppe von Geisterfahrungen.

Unterschiedliches ist zu den Hochreligionen zu sagen. Die **östlichen Religionen**, ohnehin eher monistisch gestimmt und nicht so sehr an klaren Abgrenzungen interessiert, haben konkrete Jenseitserfahrungen nie von sich gewiesen. Die tibetischen Lehren im Totenbuch (Bardo Thödol) können im Gegenteil als eine auf Erfahrungen gestützte Todes- und Nachtodeswissenschaft gelten. Anders die **westlichen Religionen**. Ob und inwieweit ihre Jenseitsbilder, insbesondere die der Apokalyptik, ursprünglich auf Visionen beruhen – etwa Zarathustras oder der Propheten - , ist unbekannt. Allem Anschein nach spielt Erfahrung jedenfalls keine wesentliche Rolle. Zwar waren ursprünglich **Totenbeschwörungen** verbreitet, so etwa die Beschwörung Samuels durch Saul mit Hilfe des Mediums von Endor (1 Sam 28, 7 – 19). Doch dann schloss das Judentum die gesamte Sphäre von Tod und Nachtod weitgehend aus dem sozialen und religiösen Leben aus. Die Leiche galt als unrein; sie wurde meist - wie auch bei den Moslems – noch am Sterbetag beerdigt. Totenkult und Totenbeschwörungen – in einen Topf geworfen mit Zauberei, Wahrsagerei und Zeichendeutung – galten als Abfall von Jahwe (2 Kön 21, 6). Einzigartig und auch anstößig wirkten in einer solchen Kultur die Visionen nach dem Tode Jesu.

In der Folge ist die von Zurückhaltung bis Ablehnung reichende **Distanz gegenüber allen Formen des Zwischenreichs** auf **sämtliche westlichen Religionen** übergegangen. Das geschah nicht immer folgerichtig – siehe das Reich der Engel – und weniger auf der Ebene der Volksreligion – siehe etwa die „Armen Seelen" - , aber doch im Prinzip auf der Ebene der offiziellen Religion. Es herrschte eine gewisse Zwiespältigkeit. Auf der einen Seite waren Wunder und überhaupt das Übersinnliche nicht unwillkommen, auf der anderen Seite ahnte und spürte man in dem ganzen „Geisterwesen" etwas Widergöttliches – gemäß dem Spruch des Dichters Novalis: Wo keine Götter walten, da walten Gespenster. So wurde denn diese Welt auf die unterschwellige Ebene einer Subkultur abgedrängt. Emanuel Swedenborg, ein renommierter Wissenschaftler und zugleich bekannter Visionär – von Immanuel Kant zunächst geschätzt, dann als „träumender Geisterseher" verspottet – geriet in Konflikt mit seiner schwedischen Kirche, die 1769 seine Schriften verbot.

Dieses Klima mag da und dort heute noch fortleben, hat aber seine kulturprägende Kraft verloren. Im Dunstkreis von Harry Potter schwinden traditionelle Vorbehalte. Seit dem Aufblühen des Spiritismus in der Mitte des 19. Jahrhunderts haben im Westen

Jenseitserfahrungen Konjunktur, und zwar außerhalb eines religiösen Kontextes. Im christlichen Bereich haben sie den Kirchen sogar weitgehend die Deutungshoheit über das Jenseits abgenommen. Vielfach segelt dieses Entwicklung unter der Flagge der **Esoterik**. Was bezeichnet das Wort? Im ursprünglichen Sinn ist esoterisches Wissen, im Gegensatz zum exoterischen, nicht allgemein zugänglich, sondern aus unterschiedlichen Gründen – geistige Anlage, Initiation oder Offenbarung – bestimmten Menschen vorbehalten. Heute überwiegt ein eher verwaschener Sprachgebrauch, der alle möglichen geheimnisvollen, übersinnlichen und okkulten Erscheinungen – Aura, Pendel, Tarotkarten und Ähnliches – bezeichnet und vor allem die entsprechenden Aktivitäten. Für sie besorgt man sich das Handwerkszeug in einschlägigen Läden und auf Esoterikmessen. Viel unseriösen Hokuspokus findet man dort. Wir verstehen im Folgenden unter Esoterik Jenseitsbilder, die sich auf wirkliche oder angebliche Visionen bestimmter „Seher" stützen und in religionsähnlicher Form ausgearbeitet sind; Musterbeispiel ist die Anthroposophie.

Die begrifflichen und tatsächlichen Grenzen sind allerdings fließend. Rational denkende Menschen mögen deshalb alles im weitesten Sinn Esoterische in einen Topf werfen und mit einem Geruch des Unseriösen verbinden. Den meisten in diesem Kapitel besprochenen Erscheinungen täten sie dabei aber Unrecht. Denn viele Fälle sind zweifellos seriös und auch für eingefleischte Naturalisten eine harte Nuss. Zudem geht es nicht um versprengte Einzelfälle. **Jenseitserfahrungen**, zumindest vermeintliche, **sind eine Massenerscheinung**. Bei Umfragen in Europa und den USA berichteten beispielsweise 10 % bis 40 % der allgemeinen Bevölkerung, mindestens einmal einen Nachtodkontakt erlebt zu haben; besonders hoch sind die Anteile bei verwitweten Personen. Eine reiche Literatur (besonders instruktiv das bereits erwähnte Werk von Gerda Lier) wartet mit vielen Fallbeispielen auf.

Unter diesen Umständen liegt anstelle der Aversion des Rationalisten auch die genau umgekehrte Reaktion nahe: Endlich verlassen wir die öden Kopfgeburten der Religionen und wenden uns handfesten Erfahrungen und Beweisen zu! Diese sollte man gründlich sammeln, erforschen und deuten; so und nur so können wir uns über das Jenseits klar werden. Von diesem Standpunkt aus wäre das vorliegende Kapitel das einzig maßgebliche, und seine vergleichsweise Kürze müsste befremden. Doch derart **hochfliegende Hoffnungen sind zu dämpfen**. Vor allem zwei Schranken werden sich zeigen: Erstens ist es prinzipiell ausgeschlossen, selbst aus den „stärksten" Fällen von Jenseitserfahrungen regelrechte Beweise für das Jenseits abzuleiten. Zweitens ist es ebenso prinzipiell fraglich, ob die Erfahrungen überhaupt über ein etwaiges Zwischenreich hinausgehen und die Ewigkeit jenseits unserer irdischen Zeit berühren.

Umsonst sind die Betrachtungen dennoch nicht. Sie belegen, dass **das moderne Weltbild** mit seinen heute bekannten Naturgesetzen **nicht die gesamte Wirklichkeit erfasst** und dass noch Anderes dahinter ist. Für diese Erkenntnis wird es genügen, das riesige Material nicht in seiner ganzen Fülle auszubreiten, sondern die Hauptmerkmale der einzelnen Erfahrungen aufzuzeigen.

2. Nahtoderfahrungen

„Ich kenne jemand, einen Diener Christi, der vor vierzehn Jahren bis in den dritten Himmel entrückt wurde; ich weiß allerdings nicht, ob es mit dem Leib oder ohne den Leib geschah, nur Gott weiß es … Er hörte unsagbare Worte, die ein Mensch nicht aussprechen kann". So berichtet Paulus in seinem 2. Brief an die Korinther (12, 2 – 4). Es handelte sich um eine visionäre Schau ins Jenseits, vermutlich mitten aus dem Leben heraus. Auch den grandiosen Schilderungen von Himmel, Hölle und Fegfeuer in Dantes Göttlicher Komödie sollen

Visionen zugrunde liegen. Immer wieder kommen sie vor, allerdings nicht häufig. Denn eine Vision solcher Art muss aus einer tieferen Schicht des Bewusstseins hervorgehen, nicht aus dem Wachbewusstsein. Ausmalungen des Wachbewusstseins – Vorstellungen, Gedanken, Fantasien – kann man dagegen nicht ernsthaft als Jenseitserfahrungen bezeichnen. Nicht leicht tritt das Wachbewusstsein während des gewöhnlichen Lebens zurück und gibt den Tiefenblick in andere Welten frei.

Bei Weitem häufiger geschieht das unmittelbar an der Schwelle des Todes, wenn der Sterbeprozess das Wachbewusstsein bereits ausgeschaltet hat. Dies sind die weithin bekannten **Nahtoderfahrungen**. Ihr bevorzugter Ort ist die Spanne zwischen dem klinischen Tod, wenn das Herz zu schlagen aufgehört hat, und dem Hirntod, wenn die Hirnfunktionen unwiderruflich erlöschen. Nachträglich darüber sprechen können die Betroffenen natürlich nur, wenn der Hirntod ausgeblieben ist und sie ins Leben zurückgekehrt sind. Verbesserte Technik der Wiederbelebung vermehrt heutzutage solche Situationen und damit auch die berichteten Nahtoderfahrungen. Mit ihnen ist in gewisser Regelmäßigkeit und in nicht geringen Zahlen zu rechnen, und zwar aufgrund von Studien bei etwa 10 % bis 20 % der Wiederbelebten. Bei Umfragen in Deutschland und den USA geben etwa 4 % der Bevölkerung an, schon einmal ein Nahtoderlebnis gehabt zu haben.

Wie die übrigen Jenseitserfahrungen hatten auch diese Erlebnisse **Pioniere ihrer Erforschung**. Es waren Elisabeth Kübler-Ross mit ihren „Interviews mit Sterbenden" (1969) und Raymond Moody mit seinem viel gelesenen Buch „Leben nach dem Tod" (1975). Ein breiter Strom an Literatur schloss sich an. Greifen wir einige Fälle heraus!

Fall 1: „Ich war dort ... Ich war auf der anderen Seite". Sehr lange konnte ich nicht mehr darüber sagen. Mir schießen noch heute die

Tränen in die Augen, wenn ich an dieses Erlebnis denke. Es war zu viel! Einfach zu viel, um es in menschliche Worte zu fassen. Die andere Dimension, so nenne ich es heute, in der es keinen Unterschied zwischen Gut und Böse gibt, in der es weder Zeit noch Raum gibt. Und eine unermessliche, intensive, reine Liebe, die die Liebe in unseren heutigen menschlichen Dimensionen verblassen lässt, wie einen schalen Abglanz der Liebe, die sie sein könnte.

Der Bericht erinnert an denjenigen des Paulus. Nahtoderfahrungen geschehen in einem veränderten Bewusstseinszustand. Mit gewöhnlichen Worten lässt sich das Erlebte nur unzureichend ausdrücken. Umso stärker sind die Wirkungen. Skepsis wird durch Gewissheit ersetzt.

Fall 2: Ein Rechtsanwalt berichtete: „Ich habe nie an ein Leben nach dem Tod geglaubt und hielt die Berichte über das Phänomen der Nahtoderfahrungen für das letzte Aufbäumen des Gehirns vor seinem endgültigen Tod. Seit meinem schweren Autounfall, bei dem ich beinahe gestorben bin, *weiß* ich, dass meine Annahme falsch war. Seit ich dieser überirdischen Liebe des Lichts begegnet bin, hat sich mein Leben völlig verändert. Ich sehe die Welt vollkommen neu und versuche, mir mehr Zeit für meine Familie und Freunde zu nehmen. Der Sinn des Lebens ist für mich, Liebe zu geben. Deswegen kann ich auch die Probleme meiner Klienten heute anders sehen. Rückblickend bin ich sehr dankbar für mein Todesnäheerlebnis".

Die Forschung kennt verschiedene für Nahtoderfahrungen **typische Elemente**; bei einer einzelnen Erfahrung treten meist nur einige von ihnen auf: Ein Gefühl von Friede, Ruhe und Schmerzfreiheit – die Erkenntnis, tot zu sein – der Durchgang durch ein Dunkel oder durch einen Tunnel – der Ausblick in strahlendes Licht oder eine herrliche Landschaft – die Begegnung mit Lichtwesen oder mit lieben Verstorbenen – ein Rückblick auf das gelebte Leben –

das Erleben der Grenze zwischen Leben und Tod und das Gefühl, nur ungern ins Leben zurückzukehren. Im Anschluss an die Erfahrung verändert sich in der Regel das Lebensgefühl: Erleben, Spiritualität und Religiosität vertiefen sich; dagegen nimmt die kirchliche Bindung in den meisten Fällen ab.

Was den Blick in den „Himmel" angeht, fällt in den meisten Untersuchungen das deutliche Überwiegen solcher Erlebnisse gegenüber viel selteneren schrecklichen Erfahrungen („Höllenerlebnisse") auf: Lediglich Rawlings will hier Gleichstand festgestellt haben. Er führt dies auf seine Befragungen unmittelbar nach der Wiederbelebung zurück und meint, dass negative Erfahrungen innerhalb der nächsten Stunden oder Tage verdrängt würden.

Wie bei jeglicher Jenseitserfahrung interessieren den kritischen Beobachter vor allem Gesichtspunkte, die sich auf natürliche Weise nur schwer erklären lassen. Nahtoderfahrungen werden nicht nur häufig von **Kindern**, sondern auch von Blinden berichtet. Besonders ins Auge fallen ferner Erfahrungsinhalte, die der Person bisher unbekannt waren und ihr nicht auf gewöhnlichem Weg zugegangen sein können.

> **Fall 3**: „Als ich während meines Herzstillstandes eine Nahtoderfahrung hatte, sah ich nicht nur meine Großmutter, sondern auch einen Mann, der mich liebevoll anschaute, den ich jedoch nicht erkannte. Etwa zehn Jahre später, an ihrem Sterbebett, erzählte mir meine Mutter, dass ich aus einer außerehelichen Beziehung hervorgegangen sei. Mein biologischer Vater war ein Jude, den man im Zweiten Weltkrieg abtransportiert und umgebracht hatte: Meine Mutter zeigte mir sein Foto. Der unbekannte Mann, den ich etwa zehn Jahre zuvor während meiner Nahtoderfahrung gesehen hatte, war offenbar mein biologischer Vater".

Eine besondere Rolle spielen in diesem Zusammenhang die so genannten **Außerkörperlichen Erfahrungen** (out-of-body-experience).

> **Fall 4**: „Was passierte, war Folgendes: Mir wurde auf einmal bewusst, dass ich über dem Fußende des Operationstisches schwebte und auf das hektische Treiben um den Körper eines Menschen unter mir herabsah. Schon bald begriff ich, dass es mein eigener Körper war. Ich schwebte über ihm, also auch über der Lampe, aber ich konnte durch sie hindurchschauen. Ich hörte auch, was dort geredet wurde. Komm schon, verdammter Mistkerl, schrien sie, daran erinnere ich mich noch. Noch seltsamer war, dass ich sie nicht nur reden hörte, ich kannte auch die Gedanken aller Menschen, die da herumliefen, jedenfalls kam es mir so vor. Später hörte ich, es sei alles sehr aufregend gewesen, denn es waren viereinhalb Minuten vergangen, bis sie mein Herz, das plötzlich ausgesetzt hatte, wieder zum Schlagen gebracht hatten".

Das Schweben über Bett oder Operationstisch und der weite, oft 360 Grad umfassende Rundumblick von oben können geradezu als Charakteristikum vieler Nahtoderfahrungen gelten. Doch sind solche Vorkommnisse nicht auf die Todesnähe beschränkt. Der amerikanische Psychologe Charles Tart befestigte in seinem Labor an der Zimmerdecke ein Brett, auf dem er fünf Zahlen aufbrachte, die vom darunter stehenden Bett aus nicht gesehen werden konnten. Mit einer Uhr und einem EEG überwachte er die Schlafphasen seiner Versuchspersonen. Diese waren imstande, nachdem sie aus ihrem physischen Körper ausgetreten waren, die an der Zimmerdecke notierten Zahlen richtig zu erkennen.

Manche Menschen erleben Außerkörperliche Erfahrungen immer wieder, einige können sie sogar bewusst herbeiführen. Bei voller Bewusstseinsklarheit betrachten sie ihren eigenen Körper von außen. Den Höhepunkt bilden die so genannten **Bilokationen**: Der Mensch wird an den verschiedenen Orten, an denen sich sein Bewusstsein befindet, sogar von anderen wahrgenommen, etwa zu Hause und außer Haus. Vier solcher Bilokationen werden von dem Bischof und Ordensgründer Alfons von Liguori (1696 – 1787) berichtet.

Außerkörperliche Erfahrungen und Bilokationen haben mit dem Jenseits unmittelbar nichts zu tun. Bei strenger Betrachtung gilt das auch für die Nahtoderfahrungen im Allgemeinen. Sie sind eben Nahtod- und keine Nachtoderlebnisse: Du meinst, so könnte man sagen, hinüberzuschauen und dort Schönes zu sehen; das siehst du aber hier und nicht wirklich drüben. Subjektive Gewissheit dessen, der ein Erlebnis gehabt hat, und skeptische Perspektive des Außenstehenden klaffen auseinander. Doch eine mittelbare Bedeutung all dieser Erscheinungen für das Jenseitsproblem lässt sich auch aus der Außenperspektive nicht leugnen. Es zeigen sich nämlich **unerklärliche Möglichkeiten und Dimensionen des Bewusstseins**. Dass sie in eine andere Welt hinüberreichen, lässt sich nicht von vorneherein ausschließen.

Bei der nächsten Gruppe von Fällen kommen wir in unmittelbarere Berührung mit dem Jenseits.

3. Spontane Nachtodkontakte

Fall 5: Ein Mann und sein fünfjähriger Sohn sahen zugleich an der Zimmerdecke das Gesicht des Vaters des Mannes. Später erfuhren sie, dass er zu diesem Zeitpunkt an einem anderen Ort gestorben war. Die Ehefrau bestätigte bei ihrer Befragung die Reaktionen und die Kommentare ihres Mannes und ihres Sohnes, hatte aber selbst die Erscheinung nicht wahrgenommen.

Nachtodkontakte sind direkte oder auch nur zeichenhafte Begegnungen mit Verstorbenen. Spontan geschehen sie, wenn sie sich unerwartet ereignen und nicht durch eine Art von Beschwörung herbeigeführt werden. Ihren Auftakt bilden die **Erscheinungen im Zeitpunkt des Todes**. Gerade als der Onkel den letzten Atemzug tat, fiel sein Bild von der Wand. Viele haben von solchen Fällen gehört, in einschlägigen Sammlungen finden sie sich zu Tausenden. Ungezählte Male haben sich im Krieg gefallene Soldaten im Augenblick ihres Todes bei den Angehörigen bemerkbar gemacht, durch Klopfgeräusche, Erscheinungen, Träume oder Ähnliches. Das Besondere an der eingangs wiedergegebenen Erscheinung ist, das sie vor mehreren Menschen geschah, aber nicht von allen bemerkt wurde.

Die eigentlichen Nachtodkontakte finden erst einige Zeit nach dem Tod statt. Auf Pioniere der Erforschung stoßen wir auch hier: Das amerikanische **Ehepaar Judy und Bill Guggenheim** hat mehr als 3300 Berichte aus erster Hand gesammelt; darunter den folgenden:

> **Fall 6**: Charlotte, eine 42-jährige Krankenschwester, hatte ihren Mann Glen durch eine Krebserkrankung verloren. In der Nacht nach seinem Tod musste sie mit jemandem sprechen und rief deshalb ihre Freundin Joni an. Während des Telefonats sah sie plötzlich Glen vor sich stehen. Sie berichtet: „Er hatte einen richtigen Körper, und ich konnte nicht durch ihn hindurchsehen. Aber er sah nicht mehr so aus wie während seiner Krankheit, sondern absolut gesund! Glen beugte sich vor, legte mir die Hand auf das Knie und sagte: Charlotte, ich bin es. Es geht mir gut. Alles ist in Ordnung. Ich habe keine Schmerzen mehr. Ich fühle mich großartig. – Ich schrie auf, etwas anderes konnte ich nicht. Mir standen vor Angst die Haare zu Berge. Und je mehr ich schrie, desto eindringlicher sagte er: Ist schon gut, Charlotte. Schon gut. Schon gut. Du brauchst dir keine Sorgen um mich zu machen. Mir geht es bestens. – Das war alles, und danach löste er sich irgendwie auf ... Joni wollte wissen, was um Himmels willen passiert war".

Überwiegend handelt es sich darum, dass **Verstorbene in liebevoller Absicht ihren Angehörigen, oft dem verwitweten Partner, erscheinen**. Sie wollen ihre Liebe bestätigen, mitteilen, dass es ihnen gut geht, manchmal auch vor einem bevorstehenden Unglück warnen. Der Tote in sichtbarer Gestalt mag am eindrucksvollsten wirken; die Guggenheims listen aber außer der visuellen Erscheinung noch zahlreiche andere auf: Erscheinungen im Traum, Gegenwartsempfindungen, Gehör-, Tast- und Geruchswahrnehmungen (insbesondere Düfte), physikalisch vermittelte, telefonische und symbolische Kontakte (insbesondere Schmetterlinge). In einem Fall soll die Verstorbene sogar eine SMS aus dem Jenseits geschickt haben, für die sich kein irdischer Ursprung ermitteln ließ.

Spontane Nachtodkontakte sind für die Betroffenen eindrucksvoll, für die skeptische Außenperspektive aber ein Problem, so häufig sie auch sind. Denn sie geschehen nie unter kontrollierten Bedingungen und werden meist nur von den Betroffenen selbst und nicht auch von Zeugen geschildert. Von besonderem Interesse sind deshalb Begegnungen, die **von mehreren Personen zugleich erlebt** wurden.

> **Fall 7**: Am Abend nach der Beerdigung seiner Mutter gingen Ben und ich zu ihr nach Hause, um Verwandte zu besuchen. ... Als wir später wieder ins Auto stiegen, schaute ich zur Haustür. Da sah ich, wie seine Mutter dort stand und uns zum Abschied winkte. Sie sah aus wie immer – es gab keinen Zweifel, sie war es! Sie sah etwas jünger, sehr zufrieden und sehr gesund aus. Als wir sie zu Lebzeiten besucht hatten, hatte sie auch immer dort an der Tür gestanden und uns gewinkt. ... Ich schaute zu Ben hinüber und fragte: „Hast du ...?", und da fing er an, heftig zu weinen. Wir hatten also beide seine Mutter gesehen! Ben hatte einen Kloß im Hals und brachte kein Wort heraus. Als ich wieder hinschaute, war seine Mutter verschwunden.

Ebenso bedeutsam sind Fälle, in denen **der Erlebende Informationen erhält, die ihm auf gewöhnlichem Weg nicht zugekommen sein können**, und das besonders dann, wenn ausnahmsweise eine unabhängige Nachprüfung stattgefunden hat.

Fall 8: Der Farmer J.L. Chaffin hatte im Jahre 1905 im Beisein von Zeugen ein Testament gemacht, in dem er sein Vermögen nur einem seiner vier Söhne, Marshall, vermachte. Als Chaffin 1921 durch einen Unglücksfall starb, erhielt Marshall das Vermögen. 1925 begann einer der anderen Söhne sehr lebhafte Träume zu haben, in denen ihm wiederholt sein Vater in seinem alten Mantel erschien und schließlich mitteilte, der Sohn werde darin in einer Tasche ein Testament finden.

Der Sohn fragte die Mutter nach dem Mantel, der schließlich bei einem anderen Bruder gefunden wurde. In einer zugenähten Innentasche befand sich ein Zettel, auf dem nur stand, man möge einen bestimmten Abschnitt in der Bibel des Großvaters lesen. Im Beisein mehrerer Zeugen wurde nach der angegebenen Bibel gesucht. An der entsprechenden Stelle fand sich – in die Seiten eingeschlagen – ein handgeschriebenes Testament aus dem Jahr 1919, in dem alle Söhne gleichmäßig bedacht wurden. Soweit feststellbar war, hatte es der Vater nie irgendjemandem gegenüber erwähnt. Das neue Testament wurde schließlich nach einer eidlichen Zeugenbefragung vor Gericht als echt anerkannt und vollstreckt.

Die Eigenart dieses Falles liegt in seiner weit überdurchschnittlichen Dokumentation und Überprüfung. Der gerichtlichen Untersuchung hatte sich eine intensive, von der noch zu besprechenden Society for Psychical Resesarch (SPR) veranlasste Befragung durch einen Anwalt angeschlossen. Dieser konnte in seinen Kreuzverhören keinerlei Hinweise finden, dass einem Familienmitglied irgendetwas von dem eingenähten Zettel bekannt war.

Aus Gründen der Schicklichkeit sei davon abgesehen, den folgenden Fall als Fall 9 zu bezeichnen: Es ist die **Auferstehung Jesu**. Ohnehin wird mancher daran Anstoß nehmen, sie hier eingereiht zu finden. Denn ohne Zweifel ragt sie in mancher Hinsicht über die Bestände der Guggenheimschen Sammlung und ähnliche Fälle hinaus; das machen die gewaltige Bedeutung des Verstorbenen und die gewaltigen religiösen und welthistorischen Auswirkungen. Klar ist aber, dass die Visionen als Kern des Geschehens Nachtodkontakte darstellen und insofern neben ähnliche Kontakte gestellt werden dürfen. Ihrer Intensität nach stechen sie freilich hervor. Viele der sonst vereinzelt auftretenden Kontaktformen sind versammelt. Jesus wurde gesehen, gehört, betastet – Thomas legte den Finger in seine Seite - , mit ihm wurde geredet, nach Emmaus gewandert und gegessen, und die Erscheinungen geschahen öfters – was sonst eher selten berichtet wird – vor mehreren Menschen. Dass die Erzählungen nicht alle wörtlich genommen werden dürfen, wurde schon gesagt; an ihrer Grundsubstanz ist jedoch nicht zu zweifeln. Die Deutung ist eine andere Frage und später zu besprechen. Sie trifft auf dieselbe Palette an Möglichkeiten wie bei „gewöhnlichen" Nachtodkontakten (von den weiteren theologischen Folgerungen im Falle Jesu natürlich abgesehen).

Zuletzt sei eine ganz andere Form spontaner Nachtodkontakte erwähnt: das, was der Volksmund mit **Spuk** und Poltergeistern meint. Schaurig ist es, in einem alten Schloss am Kaminfeuer von der Weißen Frau zu hören, die im Grab keine Ruhe findet und nächtens durch die Räume streift. Die Schlösser der ehemaligen Rosenberger in Südböhmen sind bekannt dafür, von englischen Schlössern gar nicht zu reden; und natürlich sind die Erscheinungen nicht auf den Adel beschränkt. Beim Spuk sind die Akzente etwas anders gesetzt als bei den bisher erwähnten Kontakten. So wie dort der Verstorbene noch eine persönliche Bindung zu seinen Angehörigen aufrecht erhält und ihnen eine Botschaft zukommen lässt, so besteht hier aus bestimmten, meist tragischen Gründen eine Bindung an den Ort, von dem der Verstorbene nicht loskommt. Sterbeforscher sprechen darum von **„erdgebundenen Seelen"**.

In einem Fall hat eine solche Erscheinung Geschichte gemacht: Die Farmer-Familie John Fox aus Hydesville (USA) vernahm im Jahre 1848 eine Reihe unerklärlicher Klopfgeräusche in ihrem Haus. Ein Besucher aus der Nachbarschaft vermutete die Botschaft eines Geistwesens. Mit Hilfe einer Tafel, auf der das Alphabet aufgezeichnet war, gelang es, die Signale zu entziffern. Sie stammten von einem Mann, der früher im Haus ermordet und verscharrt worden war. Tatsächlich fand man im Keller hinter einer eingestürzten Mauer ein Skelett. In der Folge kam es zu einer gewaltigen Ausbreitung des Interesses an paranormalen Phänomenen: Es war die Geburtsstunde des **Spiritismus**.

Damit stehen wir am Übergang zum nächsten Thema.

4. Mediale Nachtodkontakte

Gegen Ende des 19. Jahrhunderts gelangte die spiritistische Bewegung zu ihrer Hochblüte. Allenthalben bildeten sich Zirkel, die mit Tischrücken oder mechanischen Hilfsmitteln wie der Planchette Kontakt zum Jenseits suchten. Im 20. Jahrhundert kommen angebliche Stimmen aus dem Jenseits auf Tonbandeinspielungen dazu. Gleichzeitig setzte die Untersuchung der Phänomene ein. Dabei ist an erster Stelle die 1872 in England gegründete **Society for Psychical Research (SPR)** zu nennen. Für die Erforschung der in diesem Abschnitt beschriebenen Erscheinungen kommt ihr die Pionier-Rolle zu. Von Anfang an gehörten der SPR angesehene Persönlichkeiten an, darunter der als Begründer des philosophischen Pragmatismus bekannte Psychologieprofessor William James.

Auch in der Literatur der Zeit hat der Spiritismus zahlreiche Spuren hinterlassen. Thomas Mann, der selbst an einschlägigen Sitzungen teilgenommen hatte, schildert im „Zauberberg", wie in grausiger Weise der verstorbene Vetter des Protagonisten zur Erscheinung gebracht wird. Nun gab es die Totenbeschwörungen, gegen die die Väter des Alten Testaments ihre Flüche geschleudert hatten.

Bald wurde deutlich, dass die Wirkung des Geschehens durch die Anwesenheit medial begabter Personen gesteigert werden konnte. Dies erinnert an die Schamanen in altertümlichen Kulturen. Bereits im Haus des Farmers Fox in Hydesville lebten zwei Töchter, die wegen einer derartigen Begabung später als Berufsmedien tätig wurden. Die Existenz herausragender Begabungen auf diesem Gebiet bestätigt auch die Parapsychologie. Darum wenden wir uns jetzt speziell diesem Sektor zu: dem Kontakt mit dem Jenseits mit Hilfe von Medien.

Der Begriff **„Medium"** ist nicht eindeutig zu umgrenzen. Im weitesten Sinn rechnen dazu auch die Propheten der verschiedenen Religionen und die Orakel; diese gibt es zum Teil immer noch, so das die tibetische Exilregierung beratende Staatsorakel. Dabei geht es nicht nur um den Zugang zu Toten, sondern auch zu anderen Geistwesen und überhaupt zu Sphären, die hinter der sichtbaren Welt verborgen sind. Im engeren Sinn haben wir es mit – meist berufsmäßigen und vielfach ausgebuchten – Medien zu tun, die Angehörigen Kontakte zu Verstorbenen vermitteln. Das Medium gibt dabei, zumindest nach der reinen Lehre, nie etwas aus Eigenem von sich, sondern ist das **Sprachrohr eines jenseitigen „Kommunikators"**. Das kann ein Verstorbener sein oder ein sonstiges Geistwesen. Bekannt sind die Auftritte verstorbener Mitglieder der SPR, darunter Myers und des erwähnten W. James, die dadurch gleichsam ihr Lebenswerk nach dem Tode fortführten.

Medium und Besucher (sitter) begegnen sich in einer Sitzung (sitting, séance). Diese kann dem Gespräch bei einem Psychologen ähneln, wenn das Medium in einem weitgehend gewöhnlichen Bewusstseinszustand agiert. Viele Medien müssen sich jedoch erst in **Trance** versetzen. Verbreitet ist das **automatische Schreiben**, bei dem der Kommunikator die Schreibhand des Mediums führt. So hat der österreichische Musiker Jakob Lorber (1800 – 1864), der „Schreibknecht Gottes", über 20 Jahre lang Mitteilungen aus dem Jenseits zu Papier gebracht. Seltener werden mediale Botschaften durch physikalisch unerklärliche Vorgänge begleitet: Gegenstände wandern durch Wände hindurch, oder sie oder das Medium erheben sich (Levitationen). Von dem Medium und anglikanischen Pfarrer W. S. Moses wird eine Fülle solcher Vorkommnisse berichtet.

> **Fall 9**: Durch den Mund des Mediums Margaret Faulkner teilt die verstorbene Mutter dem Sterbeforscher Bernard Jakoby mit: „Ich wurde von deinem Vater in Empfang genommen und schwebte durch einen langen Tunnel mit einem Gefühl von Frieden. Ich fühlte mich befreit, als ob ein schwerer Mantel von meinen Schultern genommen wurde. Ich dachte, wie herrlich, endlich kann ich gehen. Ich sah das Licht und eine große Menge Menschen, die mich erwarteten. Dann sah ich meine Mutter, meinen Vater und zahlreiche Mitglieder unserer Familie, die mein Leben feiern wollten. Es war wie eine Party".

Auf Jakoby hat die Botschaft vollständig echt gewirkt und einen tiefen Eindruck hinterlassen. Dagegen würde ein skeptischer Außenstehender Mitteilungen dieser Art sofort vom Tisch wischen: Das psychologisch versierte Medium spürt, was seine Besucher hören wollen. Im Allgemeinen verhält es sich jedoch, was **kritische Prüfung** angeht, bei den medialen Botschaften anders als bei den übrigen Jenseitserfahrungen. Solche Prüfung ist bei ihnen am ehesten möglich und hat auch tatsächlich stattgefunden. Regelmäßige kontrollierte Arbeit mit einem Medium erlaubt geradezu

Experimente, die bei anderen Erfahrungsarten unmöglich sind oder sich aus ethischen Gründen verbieten (z.B. medizinisch simulierte Nahtodsituationen).

Maßgebend war zunächst die SPR. Ihr ging es um die Klärung, ob die Botschaften tatsächlich aus dem Jenseits kommen. Dazu war als erstes der **Verdacht des Betruges** auszuschalten. Dass bezahlte Medien in vielen Fällen zu diesem Mittel gegriffen haben und noch greifen, versteht sich fast von selbst. Sogar in esoterischen Kreisen wird davor gewarnt. Im weitesten Sinn gehört dazu auch das so genannte Cold Reading: Wie ein geschickter Wahrsager reimt sich das Medium aus den Reden des Besuchers Informationen zusammen, die dann aus der anderen Welt „übermittelt" werden.

Doch nicht nur Tricks sollten ausgeschlossen werden, sondern neben Phantasien und Imaginationen des Mediums vor allem paranormale Kontakte unter den lebenden Beteiligten. Sie gehören zum Forschungsgebiet der **Parapsychologie**, der Wissenschaft von den paranormalen Erscheinungen. Auch an ihrem Entstehen war die SPR mit einigen ihrer Mitglieder maßgeblich beteiligt. Bis heute hat dieses Fach, auch was die Literatur angeht, seinen Schwerpunkt in den englischsprachigen Ländern. In Deutschland wird es vor allem durch das von Hans Bender gegründete Institut an der Universität Freiburg vertreten. Die erforschten Phänomene sind solche, die sich mit den bekannten Naturgesetzen nicht erklären lassen. Das sind erstens alle Arten außersinnlicher Wahrnehmung (ASW): Gedankenübertragung (Telepathie), Hellsehen, Zukunftsschau (Präkognition) und Vergangenheitsschau (Retrokognition); zweitens die Bewegung von Gegenständen durch Geisteskraft (Psychokinese). Die hinter den Erscheinungen stehende, noch unerforschte Kraft mit dem Arbeitstitel **„Psi"** wird ausschließlich lebenden Personen zugeschrieben. Um die medialen Botschaften dem Jenseits zuordnen zu können, mussten also Psi-Effekte unter den Beteiligten ausgeschlossen werden.

Genaueste Protokollierung, Detektivüberwachung, Einführung von Sitzungsteilnehmern unter falscher Identität – mit solchen Mittel stellte der Anwalt Dr. R. Hodgson im Auftrag der SPR jahrelang das Medium Mrs. E. Piper (1859 – 1965) unter Kontrolle – das wohl am sorgfältigsten untersuchte Medium in der Geschichte. Noch weiter gingen die verstorbenen SPR-Mitglieder, die sich als Kommunikatoren sozusagen selbst zum Objekt ihrer vormaligen Wissenschaft machten, und zwar mit den spektakulären **Kreuzkorrespondenzen**. Sie zerlegten ihre in alte Sprachen verpackte Botschaft wie ein Puzzle in Einzelteile, die sie verschiedenen Medien in mehreren Kontinenten zukommen ließen, verbunden mit oft geheimnisvollen Anleitungen zur schließlichen Vereinigung. Damit sollten jegliche ASW-Kontakte verhindert werden. Die gelungene Zusammensetzung des Puzzles gibt bis heute Rätsel auf.

Dasa Gleiche gilt für die so genannten **Drop-in-Kommunikationen**: Beim Medium meldet sich spontan ein allen Beteiligten unbekannter Kommunikator mit unbekannten, sich später als wahr herausstellenden Informationen.

Fall 10: Am 11. 2. 1983 wird Jacqueline Poole in ihrer Wohnung in London ermordet. Christine Holohan, die drei Meilen weiter wohnte, von dem Mordfall gehört hatte, die Ermordete aber nicht kannte, hatte in der Nacht drei Tage später die Erscheinung („in weißen Umrissen") einer Person, die sich Jacqui Hunt nannte und behauptete, die Ermordete zu sein. Am nächsten Abend erschien die Person erneut und schilderte den Mord überaus ausführlich. Mrs. Holohan machte daraufhin 131 einzelne Aussagen bei der Polizei, darunter den Spitznamen des Mörders. Dieser wurde identifiziert, musste aber wegen Mangels an Beweisen freigelassen werden. Als Beweisstück wurde jedoch sein Pullover einbehalten.

Mit dessen Hilfe und der inzwischen verbesserten DNA-Analyse konnte der Mörder im Jahr 2000 überführt werden. Die Polizei stellte fest, dass 120 von den 131 Aussagen definitiv zutreffend waren.

In Brasilien werden Aussagen von Medien, die unter der Aufsicht eines Notars schriftlich erstellt werden, vor Gericht als Beweismittel anerkannt und haben ebenfalls schon zur **Aufklärung von Mordfällen** geführt.

Ein weiteres Merkmal zeichnet mediale Kontakte vor den übrigen Jenseitserfahrungen aus, nämlich ihr zuweilen beträchtlicher **Inhaltsreichtum**. Spontane Kontakte erbringen vielfach nur Botschaften im Stile von „Mir geht es hier gut". Mediale Botschaften entfalten dagegen oft ein ausgedehntes Bild des Jenseits – mit dem Nachteil freilich, dass die ins Auge fallende Beweiskraft der vorgenannten Fälle fehlt und eine Produktion durch das Medium selbst anstelle des Kommunikators nie völlig auszuschließen ist.

> **Fall 11**: Durch das irische Medium Geraldine Cummins (1890 – 1969) äußert sich eine Kommunikatorin, die behauptet, Mrs. Coombe-Tennant zu sein, über ihr Erleben unmittelbar nach ihrem Tod: Nach dem Tod entwickeln sich die Verstorbenen unterschiedlich schnell weiter und gelangen in Ebenen, die für Menschen unvorstellbar und für die gerade Verstorbenen unerreichbar sind. Mary und George (die Eltern) existieren eigentlich auf einer höheren Ebene, die kurz nach dem Tod nicht zugänglich ist. Und wenn ich sie doch erreichen würde, wären meine Eltern dort für mich nahezu unerkennbar. Zu meiner Begrüßung sind sie in ihrer irdischen Gestalt, die ich in Erinnerung hatte, herabgekommen.

Mediale Botschaften allgemeinen Inhalts werden auch als **„Channeling"** bezeichnet. Sie können einen gewaltigen Umfang annehmen, so im Falle des Mediums Jane Roberts (1929 – 1984), die sowohl für einen sich als William James bezeichnenden Kommunikator tätig wurde wie für ein Geistwesen namens Seth, eine „Energie-Persönlichkeits-Essenz". Die **Seth-Texte**, von dem in Trance befindlichen Medium ihrem Ehemann diktiert, äußern sich nicht nur zur Existenz nach dem Tode, sondern entfalten eine breit angelegte, platonisch gefärbte Weltanschauung.

Mitteilungen dieser Art haben das Jenseitsbild der so genannten Jenseitsforschung ebenso geformt wie das der der spiritistischen Gemeinschaften. Dies gilt etwa für die Vorstellung eines stufenweise aufgebauten Jenseits, wie sie im vorgenannten Fallbeispiel zu Tage tritt.

5. Wiedergeburtsfeststellungen

Wo sind die Verstorbenen, die spontane oder mediale Nachtodkontakte zustande bringen? Offenbar in irgendeinem Zwischenreich zwischen Diesseits und Jenseits. Aber sind sie das wirklich? Sind sie nicht längst wieder in einer irdischen Person verkörpert? Die Erfahrungen scheinen sich in zwei in dieser Hinsicht widersprüchliche Äste zu gabeln: in die eigentlichen Jenseitserfahrungen und in die Wiedergeburtserlebnisse oder Wiedergeburtsfeststellungen.

Gibt es solche Erlebnisse oder Feststellungen überhaupt? Den Reinkarnationslehren wird vorgeworfen, ihnen fehle die Erfahrungsgrundlage, weil man sich an seine früheren Existenzen nicht erinnern könne. Ein weiterer Vorwurf lautet übrigens von alters her, bei der ständig wachsenden Menschheit sei unklar, wo die neuen Seelen herkommen sollen.

Die Vertreter der östlichen Religionen ficht das nicht an. Man könne sich auch, so meinen sie, an viele Ereignisse des gegenwärtigen Lebens nicht mehr erinnern. Außerdem bestünden sehr wohl Rückbezüge in die vorige Existenz. Der jetzige **14. Dalai Lama** wurde auf folgende Weise als **Reinkarnation seines Vorgängers** erkannt: Aufgrund einer Fülle von Zeichen, einer Weisung des Staatsorakels und Visionen des Regenten konzentrierte sich die Suchkommission auf eine bestimmte Örtlichkeit im Nordosten Tibets und dort auf drei Jungen. Zwei von diesen zeigten sich uninteressiert, der dritte hingegen lief mit dem Ruf „Lama" sofort auf den als Diener verkleideten Lama zu und erkannte die Gebetsschnur des 13. Dalai Lama. In weiteren Tests wählte er dessen Besitztümer richtig aus den vorgelegten Gegenständen aus.

Auf einen Fall aus dem Westen (nach einer westlichen Quelle zitiert) macht der tibetische Lehrer Sogyal Rinpoche aufmerksam:

> **Fall 12**: Ein älterer Engländer namens Arthur Flowerdew (1906 – 2002) hatte seit seinem zwölften Lebensjahr unerklärliche, aber ganz lebendige Bilder von einer Stadt in der Wüste mit einem Felsentempel vor seinem geistigen Auge. Zu seinem Erstaunen erkannte er als Erwachsener diesen Ort wieder, als die BBC einen Film über die antike Stadt Petra in Jordanien sendete. Sie war ihm bisher völlig unbekannt gewesen. Seine Visionen hatten zur Folge, dass man ihn auf eine archäologische Expedition nach Petra mitnahm. Dort zeigte er den Wachraum, wo er vor 2000 Jahren Dienst getan hatte, und den Ort, wo er vom Speer eines Feindes getötet worden war. Über Lage und Zweck der städtischen Gebäude, selbst noch nicht ausgegrabener, gab er eine Fülle von Details an, die sich zur Verblüffung der Archäologen überwiegend als richtig herausstellten.

Dieser Fall und die Auffindung des jetzigen Dalai Lama unterscheiden sich in auffälliger Weise, was den **Zeitraum zwischen** dem Tod des „Vorgängers" und dessen Wiedergeburt angeht; in einem Fall geschieht die Wiedergeburt relativ zeitnah, im anderen erst nach Jahrtausenden. Dieser Unterschied spiegelt sich in zwei verschiedenen Ansätzen, von denen die systematische Erforschung der Wiedergeburtsphänomene ausgegangen ist.

Für den ersten Ansatz steht vor allem, wiederum als Pionier, der amerikanische Wissenschaftler **Ian Stevenson** (1918 – 2007). In fast 50-jähriger Forschungstätigkeit hat er über 2000 Fälle gesammelt, in denen Kinder Hinweise zu ihrem früheren Leben geben. Die sorgfältige Untersuchung der Berichte, mit der er selbst bereits begonnen hatte, ist immer noch im Gange. Die Fälle stammen aus verschiedenen Ländern und Kontinenten, haben jedoch einen deutlichen, wohl nicht zufälligen Schwerpunkt in Indien. Der zeitliche Abstand zwischen der eventuell früheren und der jetzigen Existenz ist jeweils eher gering (bis zu einigen Jahren, im Durchschnitt 15 Monate). Im Folgenden ein eher einfaches Beispiel als

> **Fall 13**: Kunkum Verma (KV) wurde in einem Dorf in Indien als Tochter eines Landbesitzers und Arztes geboren und begann im Alter von drei bis dreieinhalb Jahren zu erzählen, sie habe in Darbhanga gelebt, einer Stadt mit 200 000 Einwohnern, die 25 Meilen vom Dorf entfernt ist. KV machte zahlreiche Angaben zu ihrem früheren Leben, die von ihrer Tante niedergeschrieben wurden. Ein Teil der Notizen ging verloren. Stevenson erhielt bei der Untersuchung nur noch eine Liste mit 18 Aussagen. Danach hatte KV den Namen des Sohnes der erinnerten Existenz (eE), einer Frau, angeben und beschreiben können, dass er mit einem Hammer arbeitete. Sie erinnerte auch den Namen des Enkels der eE, die Stadt, in der der Vater der eE gelebt hatte und sie beschrieb persönliche Details, so etwa, dass die Familie der eE einen eisernen Safe im Haus hatte, ein Schwert in der Nähe des Bettes der eE hing und sie eine Schlange als Haustier hielt, die sie mit Milch fütterte. ... Bei den Untersuchungen stellte sich heraus, dass fünf Jahre vor der

Geburt von KV eine Frau in Darbhanga gestorben war, deren Leben in allen Details den obigen Angaben entsprach.

In der Sammlung treten einige Merkmale in besonderer Häufung auf: Über ihre Erinnerungen fangen die Kinder spontan in einem Alter von etwa zwei bis fünf Jahren zu sprechen an. In einem späteren Alter, etwa sechs bis sieben, hören die Erzählungen auf; oft wird früher Erzähltes wieder vergessen. Überaus häufig (etwa 70 % der Fälle) ist die erinnerte Person **durch ein Verbrechen oder sonst auf unerklärliche Weise zu Tode gekommen**. Besondere Aufmerksamkeit widmete Stevenson den zahlreichen, oft auch in ihrer Art ungewöhnlichen **Muttermalen** und Geburtsfehlern der Kinder, die vielfach in Lage und Aussehen an die Todeswunde der früheren Person erinnerten.

Die Überprüfung hat naturgemäß zum Ziel, aus den eher zweifelhaften Berichten – mit Aufbauschungen oder möglichen Absprachen zwischen den beteiligten Familien – die „**starken" Fälle** herauszufiltern, die als einzige Erklärung die Hypothese der Reinkarnation nahelegen. Unter den folgenden Bedingungen können Berichte als „stark" gelten: Die Erinnerungen brechen aus dem Kind spontan, emotional und in möglichst jungem Alter hervor. Die beteiligten Familien wohnen an verschiedenen Orten und haben zu diesem Zeitpunkt noch keinen Kontakt. Das Kind ähnelt in Vorlieben und Verhalten der früheren Person. Es weist Muttermale auf, die deren tödlichen Verletzungen entsprechen. In den „starken" Fällen berichten die Kinder öfter auch von der Zwischenzeit zwischen Tod und Geburt, etwa vom Begräbnis der erinnerten Person. Stevenson selbst meinte, dass in solchen Fällen eine Art geistige Substanz, der er den Namen Psychophore gab, von der einen in die andere Person übergegangen war.

Einem völlig anderen Ansatz sind die **Rückführungs- oder Regressionstherapien** verpflichtet, wie sie von den amerikanischen Psychiatern Helen Wambach, Brian Weiss und Joel L. Whitton entwickelt wurden. Unter Hypnose, so die Annahme, wird der Klient in seine frühere Existenz, sein früheres Sterben und auch in sein Erleben nach dem Tod zurückversetzt. Hier kamen nicht nur zeitnahe Wiedergeburten zur Erscheinung, sondern auch frühere Existenzen, die bis zu 4000 Jahren zurücklagen. Ferner ergaben sich **detaillierte Schilderungen des Jenseits** (zwischen Tod und Wiedergeburt), die den oben erwähnten medialen Botschaften ähneln, etwa bezüglich der Gliederung des Jenseits in verschiedene Ebenen. An Überzeugungskraft können es solche Berichte offensichtlich nicht mit den „starken" Fällen aus der Sammlung Stevensons aufnehmen; ein naturalistischer Kritiker wird sie schlicht als Hypnoseprodukte abtun.

6. Esoterik und Jenseitsforschung

Einzelne Jenseitserfahrungen drängen geradezu nach Deutung; sie wollen aufgehoben sein in einem umfassenden Welt- und Jenseitsbild: Was ist das für eine Welt, aus der der verstorbene Ehegatte mir zuwinkt? Von drei Seiten her werden solche Jenseitsbilder entworfen, vom modernen Spiritismus, von einzelnen esoterischen „Sehern" und von der Sterbe- und Jenseitsforschung. Die Grenzen untereinander sind fließend, wie immer in diesem Bereich.

Der **Spiritismus**, auch Spiritualismus genannt, hat sich seit seiner Entstehung über die privaten Tischrück-Zirkel hinaus entwickelt und in festen Gemeinschaften organisiert, vor allem in den angelsächsischen Ländern, aber auch in Brasilien. Allein in London gibt es mehrere Hundert spiritualistische Kirchen, in denen Medien regelmäßig Sittings abhalten und Botschaften aus dem Jenseits übermitteln. Es existieren geregelte Ausbildungsgänge für Medien.

Eine bekannte Einrichtung war die „Geistige Loge Zürich" um das inzwischen verstorbene Medium Beatrice Brunner.

In diesem geistigen Umfeld blüht außerdem eine weniger konturierte **esoterische Szene**, besonders seit den Zeiten des New Age. Hier geht es, wie schon angedeutet, nicht nur um Verstorbene, sondern auch um sonstige Geistwesen, vor allem so genannte **Geistführer**. Sie treten an die Stelle der traditionellen Schutzengel, freilich mit umfassenderen Aufgaben. Die Sterbeforscherin Kübler-Ross gab an, einige solche namentlich benannte Führer zu haben, übrigens auch der bekannte Psychologe C. G. Jung. Umgang mit Geistführern ist in bestimmten esoterischen Kreisen etwas Alltägliches; entsprechende Seminare werden mit derselben Selbstverständlichkeit angeboten wie die Computerkurse der Volkshochschulen.

Zu den **esoterischen „Sehern"** zählt aus früheren Jahrhunderten der schon benannte Emmanuel Swedenborg, der das von ihm Geschaute in seinem Werk „Himmel und Hölle" schilderte. Auch an Dante wird man in diesem Zusammenhang denken. Möglicherweise liegt sogar dem etwas rätselhaften Empfang des Korans durch den Analphabeten Mohammed ein visionärer Vorgang zugrunde, der entfernt an den Empfang der Seth-Papiere durch Jane Roberts erinnert. Aus neuerer Zeit seien zwei „Seher" erwähnt: **Josef Anton Schneider** (1876 – 1943), der sich später Schneiderfranken, noch später **Bo Yin Ra** nannte, und **Rudolf Steiner** (1861 – 1925). Beide sind ausgesprochene Esoteriker: Schneider – der allerdings diese Bezeichnung für sich ablehnt - , weil er sich für einen der ganz wenigen Menschen hält (neben etwa Laotse und Jesus), denen zu Lebzeiten ein unverstellter Blick in die Sphären des Jenseits vergönnt ist; Steiner, weil er seine „Geisteswissenschaft" oder „Geheimwissenschaft" aus einer Schau schöpft, die zwar seiner Meinung nach bei entsprechender Schulung jedem Menschen zugänglich ist, faktisch aber nur auf ihn allein zurückgeht. Beider Weltbild ist der **Gnosis** verpflichtet, indem es dem niederen Reich der Materie das höhere Reich des Geistes gegenüberstellt.

Das gilt vor allem für **Schneider**: Ziel der in die Materie gefallenen Seele ist es, nach dem Tod in ihre wahre Heimat, den höchsten und innersten Bereich des Geistes, das Reich der vollkommenen Erfüllung zurückzukehren. Wie die meisten Esoteriker und Jenseitsforscher sieht er das Jenseits in Stufen gegliedert. In seinem „Buch vom Jenseits" schildert er den Durchgang durch die Stufen: Schlechte Menschen verharren zunächst in den niedersten Gefilden, den „Strandreichen", bis sie nach unsäglich langer Zeit mit Hilfe der ewigen Liebe zu den höheren Ebenen vordringen können. Im Allgemeinen geht die Seele diesen Weg nur einmal. Lediglich für drei Ausnahmefälle nimmt Schneider eine Reinkarnation an: bei Selbstmördern, bei früh verstorbenen Kindern und bei Menschen, bei denen der Drang zur Wiedergeburt „gleichsam in Hypertrophie ausartete".

Für **Steiner** hingegen werden ausnahmslos alle Menschen wiedergeboren. Dem liegt nach indischem Vorbild das Karmagesetz zugrunde. Beim Gang durch das Jenseits legt der Geist nacheinander seine Hüllen ab: den physischen Leib, den Ätherleib und den mit der Seele gleichgesetzten Astralleib. Der Weg führt durch eine Art läuterndes Fegfeuer ("Karmaloka") ins eigentliche Geisterreich („Devachan"). Dort geschieht eine Planetenreise über Mond, Merkur, Venus, Sonne, Mars, Jupiter, Saturn zu den „Fixsternen" und daraufhin, in Richtung auf eine neue Wiedergeburt, auf demselben Weg zurück. Die Stationen sind der Mythologie entnommen und haben ihre je eigenen Bewandtnisse (z.B. die Venussphäre die geistigen und religiösen Erkenntnisse); mit heutiger Astronomie haben sie wenig gemein. Insgesamt dauert die Reise bis zur nächsten

Verkörperung laut Steiner etwa 1000 bis 1300 Jahre, im Falle geistig hoch entwickelter Persönlichkeiten manchmal erheblich weniger.

Offenbar weiß Steiner sehr detailreich Bescheid, wie übrigens auch sonst bei seinen weit gestreuten Erkenntnissen. Er „weiß" beispielsweise, dass der englische Philosoph Francis Bacon (Baco de Verulam) eine Wiedergeburt des Kalifen Harun al Rashid ist und der Dichter C. F. Meyer eine Wiedergeburt der Ehefrau seines historischen Romanhelden Jürg Jenatsch. Er schreibt sich im Grunde Allwissenheit zu, denn er will Einblick in die so genannte **Akasha-Chronik** haben. Diese ist ungeachtet des Sanskrit-Wortes eine Erfindung der modernen westlichen Esoterik, allerdings mit einer bis zu Plotin zurückreichenden Vorgeschichte. Es geht um eine Art „Weltgedächtnis", sozusagen eine Monster-Datenbank, in der alles je in der Welt Geschehene gespeichert ist. Wir werden auf diese Idee zurückkommen.

Schneider (Bo Yin Ra) und Steiner haben schulbildend gewirkt, Schneider in einer „Ermächtigten Bruderschaft der alten Riten", Steiner in ungleich größerem Umfang als Begründer der **Anthroposophie**. So merkwürdig seine Erkenntnisse dem Nicht-Anthroposophen erscheinen, ausweislich des Buches „Es gibt keinen Tod" des Arztes Lothar Hollerbach vermögen sie Anhängern seiner Lehre Trost beim Verlust eines lieben Menschen zu spenden.

Als weiterer geistiger Überbau der Jenseitserfahrungen ist die **Sterbeforschung oder Jenseitsforschung** bzw. Jenseitswissenschaft (auch „Thanatologie") zu nennen. Sie ist ein sehr neues Fach, dem man wohl ein weiteres Aufblühen in der Zukunft prophezeien darf. Trotz der unscharfen Grenzen zur Esoterik geht es ihr um eine wissenschaftliche Blickrichtung: Die einzelnen Erscheinungen sollen gesammelt und nach kritischer Prüfung in ein möglichst strukturiertes System gebracht werden. Schon in den dreißiger Jahren des 20.

Jahrhunderts hat Emil Mattiesen in dieser Absicht ein dreibändiges Werk verfasst. Aus neuerer Zeit sind Beat Imhof aus dem Umkreis der Geistigen Loge Zürich und der Jenseitsforscher Bernard Jakoby zu nennen.

Die Bestrebung, die Überfülle des Materials auf einen gemeinsamen Nenner zu bringen, ist gewiss verständlich. Mit Themen wie „Sex im Jenseits" kann man aber auch des Guten zu viel tun. Zudem besteht der Verdacht, dass bei den detaillierten Strukturen und Topographien des Jenseits über das hinausgegangen wird, was das empirische Material hergibt. Diesen Verdacht zu überprüfen, würde allerdings aufwendige Vergleichsuntersuchungen voraussetzen.

Unabhängig von den oft reichen Details taucht ein bereits angesprochener Gesichtspunkt immer wieder auf: die **Einteilung des Jenseits in Stufen**, meist sieben Stufen, die die Seele zu durchlaufen hat. Nach Jakoby ist die erste Stufe der Todesaugenblick, die zweite das Gewahrwerden des Gestorbenseins mit einem ersten Lebensrückblick, die dritte eine noch von Illusionen befrachtete Orientierungsebene (zuweilen farbig „Sommerland" genannt) und die vierte eine Phase des Erwachens, in der das Bewusstsein die Reife für den weiteren Weg erwirbt. Danach streift die Seele in einem „Zweiten Tod" ihre bisherige Form ab und begibt sich zu den letzten drei Stufen, die am Ende die **Vereinigung mit Gott** zum Ziel haben. Diese Stufen, die „Lichtwelt", sind dem menschlichen Verstand grundsätzlich unzugänglich; nur fragmentarische Einblicke konnten Medien erhalten.

Taugen solche Gegenstände für eine „Wissenschaft"? Darüber kann man trefflich streiten, und naturalistisch eingestellte Wissenschaftstheoretiker haben ohne Zweifel eine klare Antwort. Wir nähern uns damit kritischen Rückfragen. An deren Spitze steht eine schlichte Frage:

7. Sind die Erfahrungen „echt"?

Die Anführungszeichen bedeuten: So schlicht die Frage klingt, ihr Sinn ist nicht ohne Probleme. Ohne Zweifel soll **Betrug ausgeschlossen** werden. Betrugsvorwürfe begleiten Jenseitserfahrungen von jeher, angefangen bei der Behauptung der Juden nach den Erscheinungen Jesu, die Jünger hätten den Leichnam gestohlen. Machen wir es kurz: Dass immer wieder mit angeblichen Jenseitsbotschaften Missbrauch getrieben wird, ist ebenso offenkundig wie dass nicht alle Erfahrungen unter diese Rubrik einzuordnen sind. Selbst der skeptischste Zeitgenosse würde das nicht behaupten. Von den oben berichteten Fällen beruht wohl keiner auf Tricks.

Jetzt aber wird es schwieriger. Was bedeutet das Wort „echt" sonst noch? Die SPR verstand darunter: Die Erfahrung oder Botschaft stammt nicht nur angeblich, sondern wirklich aus dem Jenseits. Die Deutung leuchtet ein; es ist die so genannte **spiritistische Hypothese**. Ihr Problem besteht in der Abgrenzung zu zwei anderen Hypothesen, der natürlichen oder naturalistischen und der animistischen. Man wird, wie sich zeigen wird, zu diesen drei Hypothesen mindestens eine vierte hinzunehmen müssen; das kompliziert die Sache weiter.

Natürliche bzw. naturalistische Erklärung meint, dass sich die Erscheinung entgegen dem Anschein mit den gängigen Naturgesetzen erklären lässt. Nahtoderfahrungen werden beispielsweise durch medizinische Ursachen erklärt, etwa Sauerstoffmangel. Andere Erfahrungen, vor allem Visionen, haben sich ausschließlich im Kopf der betreffenden Person abgespielt, als Fantasien, Illusionen, Halluzinationen oder wie immer man das bezeichnen will. In Frage kommen auch krankhafte, etwa epileptoide Zustände: War es ein epileptischer Anfall, der Paulus bei seinem Erlebnis vor Damaskus vom Pferd geworfen hat?

Die **animistische Hypothese** deutet die fragliche Erfahrung als Psi-Effekt, wobei solche Effekte – ein entscheidender Punkt – ausschließlich lebenden Personen zugeschrieben werden. Damit bewegt sie sich im Gefilde der Parapsychologie. Beispielsweise könnte die Existenz eines bisher unbekannten leiblichen Vaters, die der Sohn in einem angeblichen Jenseitskontakt erfahren hat, auch die Mutter durch Gedankenübertragung übermittelt haben. Die mit Parapsychologie vertraute SPR hat gerade solchen Möglichkeiten ihr Augenmerk gewidmet. Denn die spiritistische Hypothese – Botschaft aus dem Jenseits - setzt den vorherigen Ausschluss der animistischen und der naturalistischen Hypothese voraus. An Geister will man nur glauben, wenn es nicht mehr anders geht.

Was ist bei den Prüfungen herausgekommen? Sehr wenig, wenn man darunter einigermaßen klare und anerkannte Ergebnisse versteht. Selbst bei den „starken" Fällen der Nachtodkontakte und Wiedergeburtsfeststellungen finden sich in der Literatur kaum definitive, sondern nur vorsichtige Aussagen im Stile von „Als Erklärung dürfte wohl nur in Frage kommen". Genau weiß man es nicht, so der Eindruck. Ein besonderes Kapitel sind die **Nahtoderfahrungen**. Schon wegen ihrer Häufigkeit wurde und wird hierzu viel geforscht, u.a. durch den niederländischen Arzt Pim van Lommel. Seiner derzeitigen Bilanz kann man wohl zustimmen, ohne sich auf seine weiteren Schlussfolgerungen („Endloses Bewusstsein") einlassen zu müssen: Man kennt derzeit keine körperlichen Ursachen. Im Besonderen steht der häufigsten Erklärung – Sauerstoffmangel – entgegen, dass bei einer Nahtoderfahrung klare, später erinnerte Bewusstseinserfahrungen gemacht werden und sich damit keiner der bekannten Fälle von Sauerstoffmangel vergleichen lassen.

Was könnte die **spärliche Bilanz** für Gründe haben? Eine zentrale Rolle spielt die **Parapsychologie**. Sie ist nicht nur zuständig für den Ausschluss der animistischen Hypothese, sondern auch in Fällen, die nicht unmittelbar mit dem Jenseits zu tun haben, mittelbar aber umso mehr. So erforscht sie bei Außerkörperlichen Erfahrungen ein außerkörperliches Bewusstsein und damit einen wichtigen Baustein in einem Weltbild, das ein vom Körper gelöstes Bewusstsein nach dem Tod annimmt. Nun ist **diese Wissenschaft derzeit in einer schwierigen Lage**. Nach Art ordentlicher Wissenschaftler untersucht sie ihren Gegenstand, die Psi-Effekte, in Laborexperimenten. So sollen Versuchsteilnehmer unabhängig voneinander, also telepathisch, dieselbe Karte aus einem Satz Karten erraten. Das gelingt einigen wenigen, offenbar „psi-begabten" Menschen recht gut. Im Allgemeinen aber ist die Signifikanz der Ergebnisse, d.h. ihre Abweichung von der Zufallsverteilung, gering und für niemand außerhalb des fachlichen Kreises besonders beeindruckend.

Viele Berichte zeigen außerdem, dass Psi-Effekte durch emotional aufgeladene Situationen wie etwa Todesfälle besonders begünstigt werden. Langweilige Kartenexperimente sind dafür denkbar ungeeignet. Psi-geneigte Situationen lassen sich aber praktisch nicht oder allenfalls nur andeutungsweise in wissenschaftlichen Experimenten herstellen. Das beschert der Parapsychologie ein strukturelles Dilemma, das ihre Schlagkraft und Ergebnisträchtigkeit schwächt: **Wo die Forschungsmöglichkeit hauptsächlich ist, fehlt weitgehend der Forschungsgegenstand – und umgekehrt.**

Es wurden zwar Entdeckungen gemacht, die für die Grundlagen des Weltbilds große Bedeutung haben – dazu näher im 15. Kapitel -, in den Augen der Öffentlichkeit fehlen jedoch die spektakulären Erfolge. Aus der Sicht der übrigen Wissenschaft **fehlt** darüber hinaus ein zentrales Element, nämlich **das theoretische Grundgerüst**. Der Stand ähnelt dem der Biologie vor etwa 200 bis 300 Jahren: Man sammelt und untersucht Erscheinungen, ohne sie zu einer umfassenden Theorie in Beziehung setzen zu können. „Psi" ist lediglich ein Arbeitstitel; die Wissenschaft weiß noch längst nicht, was sich wirklich dahinter verbirgt.

Insgesamt also eine eher bescheidene Bilanz. Dementsprechend bescheiden sind die Forschungsanstrengungen und die zur Verfügung stehenden finanziellen Mittel. Universitäten leiten ihr Geld lieber anderswohin. Bei den experimentell am ehesten zugänglichen Medienbotschaften stand nach den großen Zeiten der SPR die Forschung längere Zeit still. Erst von 1998 bis 2001 nahm der amerikanische Psychiatrieprofessor Gary Schwartz den Faden unter Laborbedingungen wieder auf, und zwar mit dem Ziel, das Leben nach dem Tod zu „beweisen".

Eine solche Zielsetzung ist klar weltanschaulich geprägt. Die **Weltanschauung** aber ist ein weiteres Problem. Bei der Frage, ob die Parapsychologie insgesamt eine Berechtigung als Wissenschaft hat, tun sich auf diesem Feld Gräben auf. Von naturalistischer Seite ist ein hartes Nein zu erwarten. Es gibt Stimmen, die von vorneherein jede Erkenntnis auf diesem Gebiet aus der Betrachtung ausschließen wollen, die nicht im Labor gewonnen wurde. Ebenso von vorneherein **verwerfen manche ein Ergebnis, das nicht dem naturalistischen Weltbild entspricht**: Es kann nicht sein, was nicht sein darf. Wiedergeburtsfeststellungen sind wertlos, weil es keine Wiedergeburt geben kann. Das erinnert an die Kardinäle, die sich weigerten, durch Galileis Fernrohr zu schauen, weil sie von Aristoteles her schon alles über den Himmel zu wissen meinten.

An dieser Stelle ist an die zentrale Erkenntnis des 7. Kapitels zu erinnern: Wo es um das Ganze der Welt geht, ist **dualistische Betrachtung ausgeschlossen**. Darum läuft der radikale Naturalist in genau die gleiche Falle wie von der anderen Seite sein radikal theistischer Gegenspieler mit dem tiefen Graben zwischen Welt und Schöpfergott. Auch der Naturalist zieht einen Graben um seine naturgesetzlich gesteuerte Welt und behauptet: Darüber hinaus geht nichts mehr! Aber woher weiß er das? Er kann ja nicht wissen, ob nicht doch ihm unbekannte Fäden nach außen verlaufen, zu ihm unbekannten Welten. In Verfolgung dieses Gedankens ist an dem säuberlich getrennten und geordneten Prüfungsschema „naturalistische – animistische – spiritistische Hypothese" zu rütteln, und zwar in mehrfacher Hinsicht.

Beginnen wir mit einem prominenten Beispiel, den Erscheinungen **Jesu**, also seiner **Auferstehung**. Im Jahr 1994 hat sich der protestantische Theologe **Gerd Lüdemann** mit seiner Kirche überworfen, weil er (wie übrigens schon D. F. Strauß in seinem „Leben Jesu" 150 Jahre vorher) die Geschichtlichkeit der Auferstehung bezweifelte. Es habe sich bloß um **„subjektive Visionen"** gehandelt, nämlich bei Petrus und Paulus, und im Übrigen um Massensuggestion. Nun sind Visionen in dem Sinn immer subjektiv, dass sie sich im Kopf einer Person abspielen. Lüdemann glaubt jedoch darüber hinaus, auch die *Ursachen* der Visionen ausschließlich in den Köpfen der beiden Apostel lokalisieren zu können. Dazu zieht er die jeweiligen emotionalen Befindlichkeiten heran, die er zu kennen meint. Ist man sich des Ausschlusses dualistischer Betrachtung bewusst, grenzt eine solche Argumentation ans Lächerliche. Hat Lüdemann mit dem Kernspintomographen in die beiden Köpfe geschaut? Wie kann er wissen, was die Visionen ausgelöst hat und was sie nicht ausgelöst hat? Das Gehirn des Menschen ist keine abgeschlossene Maschine. Auch der Körper wirkt, wie man weiß, auf das Bewusstsein – und was wirkt sonst alles noch? Kann man Psi-Effekte ausschließen? Kann man Einwirkungen aus uns unbekannten Weltebenen ausschließen?

Man sieht: **Es lassen sich keine exakten Grenzen zwischen „natürlich", „animistisch" und „spiritistisch" ziehen**. Der Begriff „physisch" lässt sich, wie schon gesagt, nicht exakt definieren. Man darf zwischen natürlich und übernatürlich unterscheiden, aber keine saubere Trennlinie erwarten. Die Gründe oder Ursachen der Visionen nach dem Tod Jesu genau fixieren zu wollen ist so absurd wie bei den Ursachen jedes beliebigen menschlichen Gedankens. Mangels fester Punkte **bleibt nur der Gesamteindruck des Geschehens** oder das so genannte Bauchgefühl. Und dieses besagt (unabhängig von den fruchtlosen Diskussionen über das volle oder leere Grab): Aufgrund der Vielzahl der Erscheinungen, aufgrund des gewaltigen Eindrucks, den sie jeweils hinterlassen haben, und aufgrund der gewaltigen Folgen, die sie ausgelöst haben, ist offensichtlich mehr am Werk gewesen als bloß vereinzelte Emotionen in vereinzelten Köpfen.

Nur ein allgemeiner Eindruck, gewiss, und deshalb als Beweismittel vor Gericht nur bedingt geeignet. Steht es besser bei den so genannten **„starken" Fällen**, die im Gegensatz zum Fall Jesu „feste Punkte" aufweisen, etwa durch Aufdeckung eines bisher verborgenen Testaments oder durch Offenbarung verborgenen Wissens, das bisher nur dem Mörder und Ermordeten zugänglich war (siehe Fall 10)? Im Grundsatz liegen die Dinge nicht anders: Die „festen Punkte" mögen den Gesamteindruck verstärken, **einen Beweis im eigentlichen Sinn erbringen auch sie nicht**. Denn nie kann alles Übrige ausgeschlossen werden; ein „Aber" bleibt immer. Gedankenübertragung kann im Spiel gewesen sein. Ein Sachverhalt, der vielen Befragungen und gerichtlichen Überprüfungen standgehalten hat, kann in Wirklichkeit doch anders gewesen sein. Strikt geleugnetes Vorwissen kann doch bestanden haben. Lückenlose Punkt-für-Punkt-Beweise zu suchen und den starken Fall „festnageln" zu wollen, hieße einen Pudding an die Wand zu nageln.

Nehmen wir als Kronzeugin Gerda Lier, die mit ihrem Monumentalwerk anderes im Sinn hat als den Unsterblichkeitsglauben ins Wanken zu bringen: Selbst sie sieht nirgendwo Beweise (proof), sondern nur Belege (evidence). Belege bedeuten, dass auf sie allein nicht gebaut werden kann, dass sie aber einen wichtigen Mosaikstein zum Gesamteindruck liefert. Diesen Gesamteindruck muss sich jeder selber bilden. Nimmt man alles Material dieses Kapitels zusammen, dürfte er ähnlich wie bei Jesu Auferstehung ausfallen: **Es muss wohl etwas dran sein!** Zwar kein Beweis, aber **Belege dafür, dass mit dem Tod nicht alles aus ist.** Aber was ist damit gesagt? Dazu sogleich.

Zunächst noch ein weiterer Punkt zum Thema der Echtheit. Bei ihm entspannt sich wiederum die Prüfung, wenn wir auf dualistische Konzepte verzichten. Die **Wiedergeburtsfälle** irritieren, weil sie auf einen von den anderen Berichten völlig verschiedenen Weg ins Jenseits verweisen. Dabei geht es um den Weg der Person. Das zwischen natürlich, animistisch und spiritistisch unterscheidende Konzept ist in seiner klassischen Form auf Personen zugeschnitten: diese lebende Person; andere (durch Psi verbundene) lebende Personen; verstorbene Personen. In all diesen Abgrenzungen hat es eine dualistische Schlagseite, und es verengt unseren Blick: Wiedergeburt ist dann und nur dann, wenn eine Person als Person wiedergeboren wird. Aber diese Engführung, auf die bereits im Zusammenhang mit den östlichen Religionen hingewiesen wurde, ist keineswegs zwingend. Die Wiedergeburtsfälle könnten auch einer vierten, nicht personengebundenen Hypothese zugeordnet werden; nennen wir sie in Anlehnung an den esoterischen Sprachgebrauch die **Akasha-Hypothese**. Auch wenn Rudolf Steiners Selbstbewusstsein bezüglich seiner Einsicht in die Ahasha-Chronik jeden Rahmen sprengt und auch wenn bisher keine empirischen Belege bekannt sind: Vom Grundsätzlichen her lässt sich ein **„Weltgedächtnis"** nicht völlig von der Hand weisen. Es wäre eher logisch, wenn der Satz von der Erhaltung der Energie – der erste Hauptsatz der Thermodynamik – durch einen Satz von der **Erhaltung der Information** ergänzt würde: Keine im Universum jemals angefallene Information geht verloren. Dabei stellt sich die philosophische Grundsatzfrage: Welchen Status hat die Vergangenheit? Ohne einen Satz von der Erhaltung der Information würde vergangenes Geschehen, sofern es nicht ausnahmsweise Spuren bis in die Gegenwart hinterlassen hat, vollständig der Vernichtung anheimfallen. Glück und Liebe, Mord und Totschlag in einem bronzezeitlichen Dorf wären nicht bloß vergangen, sondern für immer ausgelöscht. Theologen würden in diesem Zusammenhang auf Gottes Allwissenheit verweisen. Aber schlagen wir, gut monistisch, von ihm die Brücke zur Welt und fragen: Gibt es vielleicht in ihr, auch wenn wir derzeit nichts darüber wissen, eine gewaltige Datenbank, die solche Dinge lückenlos speichert?

Von einer solchen – zugegeben: kühnen – Hypothese aus würde der Fall 12 keine großen Schwierigkeiten bereiten. Mister Flowerdew müsste keineswegs in einem früheren Leben als römischer Soldat in Petra gedient haben. Ebenso gut könnte er auf geheimnisvolle Weise Zugang zum „Wikipedia der Welt" gefunden haben und auf das Innenleben der Stadt gestoßen sein. Da das Weltgedächtnis eine bloße Hypothese ist, können wir auch nicht verlangen, über die Zugangangsbedingungen Bescheid zu wissen. Ausschließen können wir solche Dinge jedenfalls nicht. Wenn man dualistische Einengungen hinter sich lässt, weitet sich das weltanschaulich Mögliche gewaltig aus.

Unter dem Dach einer „Akasha-Hypothese" könnten auch bescheidenere Versionen Platz finden. Es muss ja nicht das ganze Weltgedächtnis aktiv sein, es könnten auch einzelne Bewusstseinsinhalte eines Verstorbenen, von dessen Person gelöst, aufgegriffen werden. Wissen und Vorlieben des 13. Dalai Lama könnten in dem kleinen Jungen in Osttibet – warum nicht zusätzlich auch in anderen Menschen? – wieder aufgelebt sein, ohne dass sich deswegen seine ganze Person in diesem und nur in diesem Jungen wiederverkörpert hat. In diesen Zusammenhang gehören auch **„nachwirkende Psi-Effekte"**, wie sie vereinzelt angenommen werden

– in Durchbrechung des Grundsatzes, dass Psi-Kräfte nur von lebenden Menschen ausgehen können. Wir hätten es dann ebenfalls mit abgelösten, nicht mehr an eine lebende Person gebundenen Bewusstseinsinhalten zu tun, auf die ggf. ein Nachgeborener ähnlich zugreifen kann wie auf die „Akasha-Chronik". Wer in das vorige Kapitel zurückblättert, bemerkt: Wir bewegen uns auf eine Konvergenz zu mit der **fortentwickelten Wiedergeburtsauffassung** des Buddhismus, wie sie etwa Thich Nhat Hanh vertritt: Nichts in der Welt geht verloren, es lebt aber nicht notwendig in ein und derselben Person fort.

Die Echtheitsprüfung von Jenseitserfahrungen führt also weit über die simple Frage hinaus, ob geschwindelt wurde oder nicht. Tiefe Weltbildprobleme tauchen auf. Diesen treten wir nun näher. Dabei gilt der erste Blick, wie im 7. Kapitel erläutert wurde, der **Stimmigkeit**. Botschaften aus dem Jenseits sollten nicht nur im Einzelnen glaubwürdig, sondern auch in ihrer Gesamtheit stimmig sein. Das **muss nicht auf einen Einheitsweg aller Menschen nach dem Tod hinauslaufen**; diese könnten je nach ihrer seelischen Verfassung auch in verschiedene Bahnen geraten, die einen beispielsweise in eine Wiedergeburt, die anderen in ein Zwischenreich, wieder andere gleich in die Ewigkeit. Undenkbar wäre das nicht. Denkbar wäre aber auch ein Weiteres: Die gesamten **Erscheinungen des Zwischenreichs** – vor allem Nachtodkontakte und Wiedergeburtserlebnisse – **betreffen grundsätzlich nur bestimmte Menschen**, die aufgrund ihrer Veranlagung oder geistigen Beschaffenheit, wegen eines plötzlichen Todes oder warum auch immer dafür bestimmt sind – für den Rest der Menschheit ist der Tod das Ende. Diese Deutung liegt nicht fern, bedenkt man, dass Jenseitserfahrungen zwar häufig sind, aber nicht annähernd die Mehrzahl der Sterbefälle betreffen. Es verwundert daher, dass esoterische Kreise sie kaum in Betracht ziehen.

8. Sind die Botschaften stimmig?

Spöttische Skeptiker könnten mit der Frage einsetzen: Was wollt ihr überhaupt, liebe Esoteriker: nach dem Tod in den Himmel kommen oder in dieser Welt wiedergeboren werden? Und was die Wiedergeburt angeht, könnten sie folgende kleine **Tabelle** anlegen, in der die **Konzepte der Esoteriker** Schneider („Bo Yin Ra") und Rudolf Steiner und das sich ebenfalls auf Jenseitserfahrungen berufende tibetische Totenbuch **verglichen werden**.

Wiedergeburt	*Tibetisches Totenbuch*	*Schneider („Bo Yin Ra")*	*R. Steiner*
Wer?	Jeder, ausgenommen Erleuchtete	Niemand, ausgenommen u.a. Selbstmörder	Jeder
Als was?	Mensch, Tier, Dämon, etc.	Mensch	Mensch
Zwischenzeit?	Ca. 49 Tage	„kurze Zeit"	Einige hundert bis 1300 Jahre

So seid ihr eben, ihr Esoteriker, werden die Skeptiker schmunzelnd kommentieren; mit **„unstimmig"** bezeichnen wir das präzise. Weiter werden sie geltend machen, es sei völlig unklar, auf welcher Basis und mit Hilfe welcher Erfahrungen entschieden werden kann, welches der Konzepte das richtige ist.

Das Material dieses Kapitels ist bunt und widersprüchlich, weist aber in besagter Jenseitsforschung auch die umgekehrte **Tendenz** auf, nämlich **zu einem in sich geschlossenen Bild** vom Jenseits. Es ist freilich ein unscharfes Bild. Exakte Theorien fehlen noch mehr als in der Parapsychologie. Viele Konzepte verschwimmen, manche Beschreibungen sind blumig (z.B. „Sommerland") oder schießen ähnlich wie im Islam über das Ziel menschenmöglicher Erkenntnisse eindeutig hinaus. Vor allem würde jeder Wissenschaftstheoretiker sofort bemängeln, dass eine wiederholende **Nachprüfung anhand der Erfahrung ausscheidet**. Experimente mit dem Jenseits sind ja schon vom Gedanken her ein Witz. Es ist also erhebliche Zurückhaltung geboten, wenn im Folgenden einige gemeinsame Grundzüge solcher Jenseitsbilder angesprochen werden. Immerhin **bestehen gewisse Gemeinsamkeiten**, und ein Vergleich mit den Lehren der westlichen und östlichen Religionen drängt sich auf.

Vorrangig nach „Glättung" ruft offenbar die eingangs angerissene Frage: Himmel oder Wiedergeburt? Hier zeichnet sich in schwachen Umrissen folgende Harmonisierung ab: Das Jenseits ist ein **Prozess der Vergeistigung, in dem die „Erdenschwere" zurückgelassen werden muss**. Die Wege der Menschen unterscheiden sich danach, wie weit sie in diesem Prozess vor dem Tod, eventuell auch erst in den Anfangsphasen des Jenseits, vorangekommen sind. Die am meisten erdverhafteten Menschen müssen zunächst als so genannte erdgebundene Seelen, vulgo Poltergeister, herumspuken, bevor sie den Weiterweg antreten können. Geringere, aber immer noch zu große Erdenbindung führt in die Wiedergeburt. Erst bei ausreichender Vergeistigung ist der Weg frei zum Fortschreiten auf den Stufen des Jenseits. Anklänge an die östlichen Jenseitslehren sind in diesem Punkt offenkundig. Dagegen fehlen Vergleichspunkte mit der westlichen Apokalyptik und ihrem Glauben an eine spätere kollektive Auferstehung vollständig.

In auffälliger Weise **fehlt ein Totengericht**. „Gott" hat seine Bedeutung nicht als Herr eines solchen Gerichts, sondern als Ziel des Jenseitsweges. Im Rahmen einer Lebensrückschau muss jeder Mensch selbst mit seinen irdischen Verfehlungen fertig werden und sie abbüßen, da sie sonst seinen Weiterweg behindern. So etwas wie „Todsünde" ist nicht bekannt. Überhaupt werden Moral und moralische Verfehlungen mehr im Gesamtzusammenhang der geistigen Reifung gesehen und daher vergleichsweise milder behandelt als in der westlichen religiösen Tradition.

Dem entspricht, dass die Ausblicke ins **Jenseits überwiegend freundlich** und verheißungsvoll ausfallen. Darum wollen die meisten Betroffenen nach einer Nahtoderfahrung nicht mehr ins irdische Leben zurück. „Höllenerfahrungen" treten – mit Ausnahme der Untersuchungen von Rawlings – selten auf. „Dunkelwelten", in denen läuterungsbedürftige Seelen die notwendige Zeit verweilen müssen, werden zwar weithin angenommen. Völlig unbekannt ist dagegen eine ewige Hölle – wiederum eine Parallele zu den östlichen Religionen und ein schroffer Gegensatz zu den westlichen (deren Mindermeinung „Allversöhnung" ausgenommen).

Die Gliederung des **Jenseits in sieben aufsteigende Stufen** wurde erwähnt. Die Stufen bedeuten schrittweises Zurücklassen der Erde und schrittweise Vergeistigung. Gerade diese Vereinheitlichung dürften, so der Verdacht, weniger vorhandene Belege als der Drang nach Systematisierung und gegenseitiger Angleichung der Lehren bewirkt haben.

Häufig und übereinstimmend „berichten" – wenn man das so nennen will – Verstorbene ein bestimmtes Detail des Jenseitsweges:

die **Überwindung der Schranken von Raum und Zeit** durch die Macht des Gedankens: Wird dir ein Geschehen bewusst, bist du unverzüglich an seinem Ort. Kaum willst du, dass etwas geschieht, ist es schon geschehen.

Noch allgemeiner und bedeutsamer ist eine durchgehend angenommene Eigenschaft des **Stufenweges: Er ist aktiv zu durchschreiten**. Das Jenseitsbild der Esoterik (im weitesten Sinn) unterscheidet sich damit tiefgreifend von dem der westlichen und östlichen Religionen, den tibetischen Bardo vielleicht ausgenommen. In deren Vorstellung ist das, was „drüben" geschieht, eine karmische oder von Gott gegebene Antwort auf das, was der Mensch „herüben" getan hat. Drüben kann er selbst nichts mehr tun. Der Tod erscheint als die Nacht, in der niemand mehr wirken kann. Soweit überhaupt an ein Zwischenreich wie das katholische Fegfeuer geglaubt wird, ist die dortige Läuterung ein eher passiver Vorgang: Abgewaschen oder weggebrannt wird, was dem Weiterweg in den Himmel entgegensteht. Passiv empfangene Hilfe, etwa seitens höherer „Lichtwesen", kennt zwar auch die Esoterik in reichem Umfang. Entscheidend ist aber, dass die Seele den Stufenweg zum Licht selber gehen muss. Ein Vergleich drängt sich auf: Das esoterische Jenseits ähnelt einem riesigen Therapie- oder Meditationszentrum, in dem die Seelen unter wohlwollender und fachkundiger Anleitung Schritt für Schritt ihren Weg zur Erlösung beschreiten.

Damit kommen wir zur letztlich entscheidenden Frage: Was ist eigentlich dieses „Jenseits"? Vor allem: Ist es ein Zwischenreich, das noch dieser Zeit zugehört? Wie verhält es sich dann zur **„Ewigkeit"** – oder ist es schon die „Ewigkeit"? Die Einordnung in ein stimmiges Weltbild ist gefragt. Damit hat die Esoterik ebenso ihre Schwierigkeit wie die Religionen.

9. Zeit und Ewigkeit – wo ist das Zwischenreich?

Bei manchen Nachtodkontakten, vor allem den spontanen, liegt die Rückfrage auf der Zunge: Ja, und wie geht es dann weiter? Der verstorbene Ehegatte teilt kurz nach seinem Tode mit, ihm fehle es an nichts, und er sei glücklich an diesem Ort angekommen. Gilt die Durchsage noch in einem Jahr, in fünf, dreißig, hundert Jahren, gar in alle Ewigkeit? Das Zwischenreich hat ein **Problem mit dem Weltbild**, das von den meisten jenseitsbegeisterten Esoterikern nur wenig beachtet wird: **die Zeit**.

Es wird schon durch die empirischen Daten unterstrichen. Die allermeisten Nachtodkontakte – Ausnahmen bestätigen die Regel – finden **in einem begrenzten Zeitraum nach dem Tod** statt. Bei Wiedergeburtsfällen ist es nicht anders; Erinnerungen an das angebliche vorherige Leben treten zumeist in frühkindlichem Alter auf, später werden sie oft wieder vergessen. Die von den Guggenheims gesammelten Nachtodkontakte wurden in der Mehrzahl binnen eines Jahres nach dem Tod erlebt, in selteneren Fällen und in abnehmender Häufigkeit vom zweiten bis zum fünften Jahr. Die Erscheinungen Jesu fanden sogar einen feierlichen Schlusspunkt in der von Lukas berichteten Himmelfahrt. Ohne Ausnahme geht es aber auch hier nicht: Die historisch wohl wirkmächtigste Erscheinung vor der Stadtmauer von Damaskus geschah erst danach. Seitdem hat sich Jesus in der Tat zurückgezogen (nur seine Mutter sucht weiterhin die Öffentlichkeit in Lourdes, Fatima, Medjugorje und anderswo).

Weitere statistisch signifikante Daten treten hinzu. Mit geradezu überwältigender Häufigkeit war in den von Stevenson gesammelten Wiedergeburtsfällen die erinnerte Person durch Mord oder sonst **auf unnatürliche Weise ums Leben gekommen**. Menschen, die durch einen Unfall oder Mord umgekommen sind, werden bei spontanen

Nachtodkontakten viermal häufiger wahrgenommen als diejenigen, die eines natürlichen Todes gestorben sind. Mit Macht drängt sich die Deutung auf: Vor allem solche Menschen zieht es zurück in die Welt, deren Lebensfaden allzu abrupt abgeschnitten wurde und die ihrem Leben noch einen Abschluss hinzufügen müssen, bevor sie endgültig zur Ruhe kommen. Daraus könnten allgemeine Schlüsse folgen: Das Zwischenreich, in dem Jenseitserfahrungen geschehen, ist erstens – wie oben bereits angedeutet – nicht für jedermann, und es ist zweitens **nicht die Vorstufe zur Ewigkeit** – einer Welt ohne Zeit oder mit einer anderen Zeit - , **sondern ein Nachhall der irdischen Zeit**. Man ist gestorben, doch noch nicht wirklich tot; das aber wird man demnächst sein. Ob es so ist – das ist die Frage. Jenseitserfahrungen und Esoterik stehen mit ihr ganz in der Nähe des ersten im 5. Kapitel vorgestellten Weltbildes – „Jenseits im Diesseits". Dort zeigte sich bereits der Problempunkt „Zwischenreich und Ewigkeit", allgemeiner gesprochen: das Problem der Zeit.

Weitere Nahrung gibt diesem Problem die esoterische Literatur. Allenthalben stoßen wir auf bedenkenlos vorgetragene Zeitangaben, ähnlich den „zeitlichen Sündenstrafen" im katholischen Fegfeuer. Unermessliche Zeiträume etwa müssen stark belastete Seelen in Dunkelwelten verharren, bis sich ihnen der weitere Weg auftut. Heißt das, dass im Jenseits die irdische Zeit weiterläuft? Was bedeutet dann die Redeweise, im Tod habe der Mensch das Zeitliche gesegnet?

Es liegt auf der Hand, dass sich das Zeitproblem nur in engem Zusammenhang mit dem **Welt- und Jenseitsbild** insgesamt klären lässt. Insoweit unterscheiden sich die esoterischen Standpunkte. Rudolf Steiner legt mit seinem Geist-Materie-Gegensatz ein gnostisch-dualistisches Weltbild vor, das mit der irdischen Zeit keine Schwierigkeiten hat: Immerfort verläuft sie in der endlosen Abfolge der Leben und der Jahrhunderte langen Zwischenräume. Etwas anders sieht es beim wohl überwiegenden Strom von Esoterik, Spiritismus und Jenseitsforschung aus. Mit Blick auf die Trennung und Trennbarkeit der Seele vom Körper fällt in diesen Kreisen öfter das Wort „dualistisch". Bei genauerem Zusehen muss man jedoch von einer Fehlbezeichnung ausgehen. Bloße Trennbarkeit der Elemente macht noch keinen Dualismus aus (siehe das 7. Kapitel). Hier liegt eher ein **gegliederter Monismus** mit Übergängen vor.

Das esoterisch-spiritistische Weltbild kennt nämlich einen gestuften oder gar gleitenden **Übergang von der Materie zum Geist** (der so genannten „Mentalsphäre"). Die Zwischenstufen werden von einer **„feinstofflichen"** und zunehmend feiner werdenden **Materie** eingenommen, im Gegensatz zu ihrer grobstofflichen Form auf der untersten Stufe. Im indischen Denken haben wir bereits die Vorstellung einer feinstofflichen Seele kennen gelernt. Ebenfalls in diesen Zusammenhang gehören Vorstellungen von einem Ätherleib und Astralleib. Fast möchte man meinen, es handle sich immer um dieselbe körnige Substanz, nur mit je unterschiedlicher Korngröße. Jedenfalls kennt dieses Welt-Tableau keinen tiefen, dualistisch zu verstehenden Graben, weder im Diesseits noch im Jenseits noch dazwischen, sondern eben nur **stufenförmige Übergänge bis zu den höchsten geistigen Sphären** und zu Gott. Insgesamt also ein monistisches Weltbild, das die irdische und die geistige Welt unterscheidet, aber nicht scheidet. Verständlicherweise legen traditionell denkende Theologen hiergegen Protest ein. Gedanken wie „Die Materie ist nicht alles" oder „Mit dem Tod ist nicht alles aus" sind ihnen zwar willkommen. Dem Hinübergleiten in die andere Welt halten sie jedoch ihr dualistisches Weltbild entgegen mit seinem tiefen Graben zwischen Diesseits und Jenseits, Leben und Tod, Gott und Welt; einen Graben, den allein der Schöpfergott überwinden kann.

Zumindest ansatzweise, so scheint es wenigstens, löst der spiritistische Monismus für seine Welt das Zeitproblem. Denn auf den Stufen des Jenseitsweges vollzieht sich der Übergang aus der Zeit in die Ewigkeit. Die unteren Stufen, aus denen die Nachtodkontakte hervorgehen, gehören irgendwie noch unserer Zeit an und lassen sich mit ihr synchronisieren. Konkret gesagt: Beim Erscheinen des Verstorbenen im Schlafzimmer des Ehegatten ist es in etwa „hüben wie drüben" dieselbe Zeit; Montagabend, zwanzig nach zehn. Wie genau aber von einem solchen Stand aus der gestufte oder gleitende **Übergang in die Ewigkeit** geschieht, muss ebenso **im Dunkeln** bleiben wie der Sinn der Ewigkeit selbst. Eine auch nur entfernt wissenschaftliche Theorie des Zwischenreichs ist ausgeschlossen.

In voller Schärfe stellt sich das **Zeitproblem unter dem Stichwort „Erfahrung"**. Denn alle Erfahrungen geschehen in der Zeit und müssen es auch; die Zeitgebundenheit unserer Erfahrung hat uns Kant eindringlich vor Augen geführt. Man sollte in diesem Zusammenhang nicht die Mystik als Gegenbeispiel anführen, in deren Versenkung sich in der Tat Zeit und Raum auflösen. Das hat aber nichts mit dem Einblick in das zeitlose Geschick fremder Seelen auf den höheren Stufen des Jenseits zu tun. Abzulesen ist der Unterschied daran, dass Mystiker niemals Jenseitssysteme nach Art der Esoteriker oder Spiritisten entwerfen, und wenn sie es ansatzweises doch tun, ist dies nicht ihrer Mystik, sondern ihrer religiösen Überzeugung geschuldet. Kurz gesagt: **Weder auf dem mystischen noch auf sonst einem Weg sind uns die angeblichen höheren Stufen des Jenseits zugänglich**. Infolge dessen können Jenseitserfahrungen zwar belegen, dass „drüben" zunächst eine gewisse Verbindung zu unserer Zeit besteht. Sie können aber niemals zeigen, wann und wie der Verstorbene diesen Bereich in Richtung Ewigkeit verlässt und was „danach" – hier braucht es Anführungszeichen - geschieht. Alles, was hierüber gesagt wird, ist reine Theorie, oder schärfer ausgedrückt, Spekulation. Und Theorien und Spekulationen können so oder so ausfallen und auch ganz anders als bei den Esoterikern oder Spiritisten.

Man sollte in diesem Zusammenhang einen früher geschätzten, jetzt etwas in Vergessenheit geratenen (und vergriffenen) Roman wieder zur Hand nehmen, Hermann **Kasacks „Stadt hinter dem Strom"**. Der Protagonist fährt mit dem Zug über einen breiten Strom in eine Stadt. Dort tritt er eine Stelle als Archivar an. Bald bemerkt er Seltsames. Die Menschen beschäftigen sich mit sinnlosen Tätigkeiten, und sie werfen in der Sonne nur wenig Schatten. Er trifft Leute, die er vor ihrem Tod gekannt hat. Schließlich merkt er: Er ist der einzige Lebende in einer Stadt der Toten. Nicht für immer bleiben diese in der Stadt. Von Zeit zu Zeit müssen sie zur Musterung vor dem „großen Don" erscheinen, der einige vorerst weiter da belässt, die anderen aber mit einer knappen Handbewegung fortschickt. Sie gehen in den endgültigen Tod, ins reine Nichts. „Zu den gelben Quellen" nannte man das im alten China.

Die Parabel sagt uns: Es mag ein **Zwischenreich** geben – so nennt es auch der Roman – und es gibt es wohl auch; aber **niemand weiß, was danach kommt**: Es kann das blanke Nichts sein – oder eben nicht. Die Esoteriker mögen sich an ihren medialen Gottesdiensten erfreuen; sie sollen nur nicht glauben, dass sie dabei etwas über die Ewigkeit erfahren. Ihr siebenstufiges Jenseitsbild ist ebenso spekulativ wie Kasacks Fahrt über den Strom.

Was wollen wir im Zwischenreich? Es muss ja nicht ein ödes Leben als Poltergeist sein, vielleicht ein lichtvoller Aufenthalt im „Sommerland". Aber der geht in wohl absehbarer Zeit zu Ende. Lieber würden wir etwas über die Ewigkeit erfahren. Aber das ist auf objektivem Wege unmöglich; die Kapitel des folgenden Teils werden es bekräftigen. Wo, wie und was der auferstandene Jesus jetzt ist, muss aus objektiver Sicht offen bleiben.

Zusammenfassung

Jenseitserfahrungen in großer Zahl und unterschiedlichster Art haben wir gesichtet: Nahtoderfahrungen, Nachtodkontakte (spontane und medial vermittelte; auch die Auferstehung Jesu) und Wiedergeburtsfeststellungen. Bunt, unübersichtlich und zum Teil widersprüchlich ist das Material und gespalten vor allem in der Frage, ob dem Tod die Wiedergeburt oder ein Weg ins Jenseits folgt.

Viel spricht dafür, dass die Erscheinungen „echt" sind in dem Sinne, dass sie nicht durchweg auf Schwindel oder Einbildung beruhen und dass sie sich mit den bekannten Naturgesetzen nicht erklären lassen, dass an ihnen also „etwas dran ist". Schwierig ist die Deutung, zumal auch Psi-Effekte (z.B. Gedankenübertragung) als Ursache in Frage kommen. Bei erinnerten früheren Existenzen ist außerdem an eine Art „Weltgedächtnis" zu denken, aus denen die Erinnerungen geschöpft werden, ohne dass es dabei zu einer Wiederverkörperung der Person kommen muss. Dass es sich bei den Erscheinungen um Wirkungen aus dem Jenseits handelt, wird sich nie mit Sicherheit feststellen lassen.

Esoterik und Jenseitsforschung versuchen sich, was die Inhalte der Botschaften angeht, an einer gewissen Vereinheitlichung. Weithin gemeinsam ist ihnen die Anschauung, dass der Verstorbene im Jenseits stufenweise und in aktiver Mitwirkung die „Erdenreste" abstreift und sich vergeistigt.

Gegenüber den Jenseitsbildern der östlichen und noch mehr der westlichen Religionen zeigen sich erhebliche Unterschiede. Dabei kann die Esoterik zugunsten ihrer Modelle geltend machen, dass sie zu einem Teil auf Erfahrungen und nicht nur auf Spekulationen beruhen. Allerdings übersieht sie meist, dass die Erfahrungen nur in ein „Zwischenreich" nach dem Tod reichen. Dabei mag es sich um einen bloßen Nachhall der irdischen Zeit und des irdischen Lebens handeln. Die Frage, wie es danach weitergeht – die Frage der Ewigkeit oder stattdessen des endgültigen Nichts - , bleibt offen und ist überdies mit dem schwierigen Problem der Zeit befrachtet. Ebenso bleibt offen, ob in ein etwaiges Zwischenreich alle oder nur bestimmte Menschen gelangen.

Fassen wir den Ertrag des Kapitels noch kürzer zusammen: Es haben sich starke Hinweise auf noch unerforschte geistige Sphären der Wirklichkeit ergeben. Aus ihnen heraus können offenbar alle oder einige Verstorbene nach ihrem Tod noch Wirkungen entfalten, vermutlich für eine begrenzte Zeit. Für die Frage, ob es ein ewiges Leben im eigentlichen Sinn gibt oder nicht, folgt daraus leider rein gar nichts.

DRITTER TEIL: WAS KÖNNEN WIR GLAUBEN?

Was ist das Jenseits, wie, wo, wann ist es? Im Ersten Teil wurde die Frage aufgehellt und verständlicher gemacht. Der Zweite Teil hat keine Antwort geliefert, sondern Antworten, sehr verschiedene Antworten aus den westlichen und östlichen Religionen und der Esoterik. Daneben steht das große Nein des Nihilismus: Mit dem Tod ist alles aus.

Was davon können wir glauben? Einen allgemeinen, unbestrittenen, unfehlbaren Leitfaden gibt es nicht. Ganz allein stehen wir vor der Frage. Nur eigenes Nachdenken bringt uns der Antwort näher. Damit beginnen wir jetzt. Die Reihenfolge der Schritte wird allein der inneren Logik der Frage folgen, nicht dem Aufbau bestimmter Glaubensbekenntnisse. Diese haben wir im Hinterkopf und bringen sie an geeigneter Stelle zu Sprache und zur Prüfung.

Was bereits im Ersten Teil deutlich wurde, wird sich bestätigen: Objektive Überlegungen dienen zwar dem Verständnis der verschiedenen Weltbilder, aber nicht der Wahl zwischen ihnen. An eine Entscheidung durch Offenbarungen, Beweise, philosophische Schlüsse oder wissenschaftliche Erkenntnisse ist nicht zu denken. Letzten Endes werden wir uns auf die subjektive Seite schlagen müssen, die Seite unserer Existenz und unseres Lebenssinnes. Dort allein ist die Antwort zu finden. Ihren eigentlichen Standort hat sie im Diesseits: „Der Himmel ist in dir und auch der Höllen Qual" (Angelus Silesius).

11. Glauben, Wünschen, Denken

1. Glaube und Tradition

Selber mit dem Nachdenken beginnen – ist das selbstverständlich? Bei einer Diskussion hielt mir jemand entgegen: Ich stamme aus der Oststeiermark; da hat man nie über solche Dinge nachgedacht. Wir sind ja mit dem Glauben aufgewachsen und haben ihn nicht in Frage gestellt.

Ob das dort so bleibt? Jedenfalls ist es mit dem eigenen Nachdenken so eine Sache. Fragt man den sprichwörtlichen Mann auf der Straße, in Europa, Amerika oder Asien: Wie, glaubst du, geht es nach dem Tode weiter? Und dann, nach der Antwort, die zweite Frage: *Warum* glaubst du das? Daraufhin womöglich Verlegenheit und Gestammel: Mein Glaube von jeher, mein Volk, die Eltern und Lehrer, die Schriften, die Bibel oder der Koran. Die Grundlagen der jeweiligen Jenseitsbilder sind – soziologisch betrachtet – sonnenklar: Die weitaus mächtigste Grundlage ist in den meisten Fällen die Überlieferung, die **Tradition**, das von jeher Geglaubte. Gerade auf dem Gebiet der Religion erweisen sich Traditionen als außerordentlich stabil. So die Fakten – wie steht es aber mit ihrer Berechtigung?

Man sollte der Tradition keinesfalls von vorneherein das Recht absprechen. Ohne sie müsste jeder seine Weltanschauung von Anfang an selbst erfinden; fast jeder wäre damit überfordert. In die Überlieferung sind Gedanken, Erfahrungen und Visionen eingegangen, kurz: die Weisheit von Jahrtausenden. Sie ist ein unverzichtbarer Schatz, Rohmaterial unserer Überzeugungen, ein Angebot an unseren Glauben.

Im **Glauben** eignet man sich die Traditionen an. Er ersetzt die unmittelbare persönliche Erfahrung des Göttlichen oder Jenseitigen, die nur wenigen vergönnt ist. Nicht jedem erscheint Jesus wie dem Paulus bei Damaskus. Glauben heißt, sich auf die Erfahrung, Vision oder Weisheit anderer verlassen, wie sie uns die Überlieferung vermittelt. Das ist jedenfalls der Einstieg; danach mögen persönliche Prüfsteine dazu kommen, ja sie sollen dazu kommen.

Vor allem **das Christentum glorifiziert den Glauben**. Selig sind, die nicht sehen und doch glauben, heißt es im Evangelium (Joh 20, 29). Paulus und später die Reformatoren haben die Rechtfertigung durch den Glauben, ja allein durch den Glauben („sola fide"), geradezu zum Fundament ihrer Lehre gemacht. Aber wenn jemand glaubt, der nicht gesehen hat, warum glaubt er dann? Ist das nicht ein Glaube ohne Grundlage, ein „blinder Glaube"?

Die Frage spitzt sich zu, weil es – jedenfalls außerhalb der Oststeiermark – nicht nur eine Tradition gibt, der wir uns glaubend anschließen können. Sollen wir Jesus glauben oder Buddha, sollen wir an die Auferstehung glauben oder an die Wiedergeburt? Gewiss lassen sich dafür jeweils Gründe finden. Aber dafür dürfen wir nicht bei einer Tradition stehen bleiben, sondern müssen den Bogen weiter spannen. Anderenfalls drehen wir uns im Kreis: Wir glauben an Jesus, weil wir eben an Jesus glauben.

Das klingt selbstverständlich, nahezu banal. Aber das war nicht immer so; wiederum haben wir es mit dem **Wandel des Weltbilds** zu tun. Unter der Geltung des naiven Weltbilds war der vergleichende Blick auf anderer Traditionen meist schon deswegen nicht angesagt, weil man diese gar nicht oder nur unzureichend kannte. Vor allem blieben die Weltanschauungen in aller Unschuld partikulär: Jedes Volk, jeder Stamm hatte seine eigenen Götter und Jenseitsbilder. Auch das „auserwählte" Volk glaubte an seine herausgehobene

Stellung innerhalb der Apokalypse. Erst allmählich wurde klar, dass das Jenseits nur hinter der Welt als ganzer stehen kann, einer Welt mit einheitlichen – universalen, globalen – Gesetzen. Darum kann der Zugang dorthin ebenfalls nur universal und nicht partikulär sein. Folglich muss sich jede Tradition eine **Kritik anhand universaler Maßstäbe** gefallen lassen. Glaube ist sinnvoll nach, aber nicht vor einer solchen Kritik.

Demgegenüber setzen sich manche Traditionen immer noch von vorneherein absolut. Sie erklären sich in ihren Lehren oder Institutionen für unfehlbar oder berufen sich – als Buchreligion – auf ein irrtumsfreies Buch, im Falle des Islam sogar auf ein ewiges Buch im Himmel, das auf prophetischem Weg eins zu eins auf die Erde übertragen wurde. Meist bedeutet das dreierlei: Die eigene Tradition ist erstens allen anderen Traditionen überlegen; sie ist zweitens irrtumsfrei und drittens zeitlicher Veränderung enthoben – eine „ewige Wahrheit". Zusammengenommen kann man darin die Definition von **Fundamentalismus** sehen, eine schlimme Verirrung und Zerrform mancher heutigen Religionen.

Das gilt besonders für den dritten Punkt. Ebenso wie alles Menschliche dem Irrtum ausgesetzt ist, wird es ewig von Veränderung und **Entwicklung** erfasst. Der Wandel ist das einzig Bleibende. Glaubenskritik ist ebenso wenig absolut wie der Glaube; auch ihre Maßstäbe wandeln sich. Viele Menschen erschreckt ein solcher Gedanke; sie hätten gern festen Boden unter den Füßen. Den können sie haben, aber keinen ewig festen: den brauchen sie nicht. Ein Unding ist es deshalb, bestimmte Wahrheiten für immer festschreiben, gar „definieren" zu wollen und damit dem Dualismus eine fragwürdige Reverenz zu erweisen. Ebenso unsinnig ist das entsprechende Gottesbild: Hat Gott etwa nach Abfassung der von ihm inspirierten Schriften seinen Schalter geschlossen und steht für neue Erkenntnisse nicht mehr zur Verfügung? Es entbehrt nicht einer gewissen Komik, wenn Bischöfe gegen den „Zeitgeist" predigen. Gibt es eine Zeit ohne Zeitgeist? Hatte nicht auch die Zeit Jesu einen solchen, etwa in ihrer überspitzten Naherwartung? Soll nicht neuer Zeitgeist ein Recht neben dem alten haben? Tradition, das ist die Schlussfolgerung, kann nur eine **lebendige**, nicht eine eingefrorene oder festgenagelte **Tradition** sein.

Traditionalistisch eingestellte Leser werden da nicht mitgehen können. Sie haben die bisherigen Überlegungen wohl schon länger mit dem Gefühl verlassen, hier werde nicht „korangemäß", nicht **„biblisch"** bzw. „bibeltreu" oder nicht im Einklang mit definierten Dogmen argumentiert. Die allgemeinen Gedanken mögen sich nicht überzeugt haben. Die Problematik ihres Standpunkts lässt sich indessen auch an unzähligen konkreten Beispielen aufzeigen. Greifen wir eines aus der Bibel heraus: Der bibeltreue Christ hält heutzutage der „gottlosen" Darwinschen Evolutionslehre den Schöpfungsbericht der Genesis entgegen – und steckt sogleich in der Falle. Denn die Bibel kennt nicht bloß einen Schöpfungsbericht, sondern deren zwei, unmittelbar hintereinander, aber in der zeitlichen Entwicklung durch Jahrhunderte getrennt und inhaltlich völlig verschieden: Im zweiten Bericht geht es gleich mit der Bildung des Menschen aus dem Ackerlehm los. Danach erst kommen Pflanzen und Tiere, die im ersten (jüngeren) Bericht schon vorher da waren. Was also nun?

Noch schlimmer ergeht es demjenigen, der ein „biblisches" Bild vom Jenseits zeichnen will. Im 8. Kapitel sind wir auf vier verschiedene, miteinander unvereinbare Bilder gestoßen, alle aus der Bibel; selbst die platonische Philosophie ist in Spuren dabei. Das soll uns nicht irritieren, sondern von der einfachen Erkenntnis überzeugen: Alle menschlichen Vorstellungen, auch über Gott und das Jenseits, wandeln sich im Laufe der Zeiten. Nichts können wir auf ewig in Erz gießen, immer neu müssen wir um die Wahrheit ringen. Ob Bibel, Koran, Bhagavadgita, Tripitaka – in diesen Büchern dokumentiert sich das geistige Ringen der Menschheit um die letzten Fragen. Das macht sie zu unverzichtbaren Schatztruhen. Keine der entsprechenden Traditionen hat jedoch irgendeine Handhabe, sich von vorneherein, irrtumsfrei über allen Maßstäben stehend, zur alleinigen Wahrheit zu erklären.

2. Das „Wunder" des Jenseitsglaubens

Widersprüchliche, irrtumsanfällige, wandelbare Traditionen: Ein felsenfester Anhalt ist nirgendwo zu finden. Ohne Zweifel ist das letzte Urteil uns selbst überlassen. „Sapere aude!" – **Wage dich deines Verstandes zu bedienen!** Seit der Aufklärung hat sich das weithin herumgesprochen. Niemand weiß, wie viele Menschen mit welchem Ernst der Aufforderung nachkommen. Wir sollten ihre Zahl - auch außerhalb der westlichen Länder – nicht unterschätzen.

Unter dieser Voraussetzung überrascht das weltweite Ergebnis, wie es sich z.B. in Umfragen darstellt. Im Osten Deutschlands glaubt etwa die Hälfte der Bevölkerung nicht an Gott. Im internationalen Vergleich ist ein so hoher Prozentsatz die Ausnahme. Es **überwiegt der Gottes- und/oder Jenseitsglaube** selbst in Ländern (wie etwa China) ohne ausgeprägte Religionsbindung, nicht zu reden von besonders gläubigen Ländern (Philippinen 99 %). Wie erklärt sich das, muss ein Rationalist fragen, angesichts der Umstände? Gott ist weder sichtbar noch beweisbar, und ins Jenseits kann niemand hinüberschauen. Sonst glauben wir auch nicht ohne irgendeinen Anhalt – warum also hier und noch dazu in einem solchen Umfang? Zu diesem **„Wunder des Theismus"** hat der positivistische Philosoph Mackie ein ganzes Buch geschrieben. Positivisten sollten aber nicht an Wunder glauben, sondern Erklärungen suchen.

Haben Menschen ein „Gottesneuron" im Kopf? Was bringt Milliarden von ihnen dazu, an Gott und ein Jenseits zu glauben? Zum

Teil sicher die besagte Tradition: Ich glaube, was Vater und Mutter schon geglaubt haben und was meine Umgebung glaubt. Aber sicher nur zum Teil; es verbleiben unzählige Menschen mit eigenem Urteil. Irgendetwas muss ihren Glauben über das Sichtbare und Greifbare hinausführen. Und es kommt noch ärger: In den folgenden beiden Kapiteln lernen wir millionenfach geglaubte Vorstellungen kennen, die schlicht der Vernunft widersprechen; sie lassen sich weder begründen noch in ein stimmiges Weltbild einfügen. **Wie ist ein solcher Glaube möglich?** Eine einfache Antwort gibt es nicht. Es sind abgründige Kräfte im Menschen am Werk, die sich uns erst allmählich erschließen werden. Über ihnen liegt eine leichter zu beschreibende Oberfläche: Hoffnungen und Wünsche, kurz: **Wunschdenken**. Das Wort hat keinen guten Klang, wissen wir doch: Die Zeiten, „wo das Wünschen noch geholfen hat", gibt es nur im Märchen. Dennoch wollen wir näher zusehen.

3. Hoffen und Wünschen

Im Urlaub hoffe ich, der Dauerregen möge endlich aufhören. Ich hoffe auf einen Erfolg bei der Bewerbung um eine Arbeitsstelle. Und natürlich hoffen sehr viele Menschen, mit dem Tod möge nicht alles zu Ende sein. Für Christen ist die Hoffnung neben dem Glauben eine der drei Haupttugenden. Der vorige Papst sah in ihr sogar die Rettung selbst („Spe salvi" der Titel seines Rundschreibens: durch Hoffnung gerettet).

Was ist **Hoffnung**? In ihrer schlichtesten Form fällt sie mit dem **Wunsch** zusammen: Ich wünsche mir einfach besseres Wetter. Es kann aber eine Art Hoffnungsanker dazu kommen, ein Anhaltspunkt für die Erfüllung des Wunsches: Ich hoffe auf etwas oder jemanden. Im Falle des ewigen Lebens verweisen Theologen auf Gottes Zusage, auf die wir uns verlassen können. Wie und wann hat Gott dergleichen zugesagt? Die Frage ist problematisch, aber stellen wir sie bis zum übernächsten Kapitel zurück.

Von dem Gottesbezug abgesehen, ist auch die christliche Hoffnung mit dem Wunsch identisch, dem Wunsch, der die meisten beseelt. Außer den Unglücklichen, die an den Strick, an Gift oder an den Sprung vor den Zug denken, weiß und spürt es jeder: **Ich will leben**, ich will, dass es weitergeht, ich will – mit Nietzsche – tiefe, tiefe Ewigkeit. Ich will nicht im ewigen Schlaf, in der ewigen Vollnarkose, im ewigen Nichts versinken. Und – der Nebengedanke – ich hoffe auf den Ausgleich der irdischen Rechnungen und fürchte ihn zugleich: Das Gute wird belohnt und das Böse bestraft werden. So stark ist der Wunsch, dass viele sich seinetwegen moralisch bedenklichen Lustgewinn versagen, ja manche sich sogar seltsame Wetten auf das Jenseits ausdenken.

Sonnenklar also, dass der Wunsch nach ewigem Leben besteht, ebenso sonnenklar, dass er nichts begründet und beweist. Wünschen kann man viel; **Wünschen heißt noch nicht Bekommen**. Der Wunsch nach Bier, wie gesagt, begründet nicht die Existenz der Kneipe. Das Thema ist, kaum aufgerufen, schon wieder beendet. So lautet das Urteil der Vernunft. Doch im Leben geht es nicht immer vernünftig zu. Selbst für ein scheinbar so rationales Gebilde wie den Kapitalmarkt entdecken Wissenschaftler zunehmend, dass sich die Akteure oft mehr von Emotionen als von Berechnungen leiten lassen. Im Alltag ist Wunschdenken weit verbreitet, manchmal sogar dann noch, wenn die Wirklichkeit längst Einspruch erhoben hat. Der gehörnte Ehemann will die Untreue seiner Frau trotz eindeutiger Anzeichen nicht wahrhaben. Wir sagen dann: Er steckt den Kopf in den Sand. Im Allgemeinen aber muss der Wunsch weichen, wenn ihn die Wirklichkeit unmittelbar oder durch bleibende Nichterfüllung korrigiert.

Für den Jenseitsglauben ist diese Lage in zweifacher Hinsicht besonders. Einmal ist der Wunsch geradezu elementar, zum anderen kann ihn die Wirklichkeit gar nicht korrigieren. Er geht sozusagen ins Leere: **Was du über das Jenseits glaubst, kann im Diesseits weder bestätigt noch widerlegt werden**. Das werden die weiteren Überlegungen zwar einschränken: In einer gewissen, sehr vagen und hintergründigen Weise können wir nachprüfen. Richtig bleibt aber, dass es eine direkte, einfach zu kontrollierende Bestätigung oder Widerlegung nicht gibt. Du kannst glauben, was du willst – solange dein Glaube nicht in sich unlogisch ist, kann dir niemand das Gegenteil beweisen.

Damit haben wir nicht die einzige, aber doch eine wesentliche Erklärung für das „Glaubenswunder": Unvernünftiges wird oft deshalb **geglaubt, weil der Wunsch so stark und eine Widerlegung durch die Wirklichkeit nicht zu befürchten ist**. Der Wunsch kann sich immer wieder selbst bestätigen; und das tut er auch. Eine zynische Einschätzung der menschlichen Vernunft? Mag sein; doch möge, wer Zweifel hat, die folgenden Kapitel genauer ansehen und bessere Erklärungen für massenhafte Irrtümer suchen.

Für den Jenseitsglauben kommt der Vernunft eine zwiespältige Rolle zu. Sie ist nicht das Einzige, was zählt – denn das Entscheidende kann nicht mit Vernunft allein erschlossen werden. Für den Einstieg aber ist sie unentbehrlich. Vernunft ist nicht alles, aber ohne Vernunft ist alles nichts. Für uns stellt sich darum die **Gewissensfrage**: Wollen wir uns ihr ohne Vorbehalt anvertrauen und dem Wunschdenken abschwören? Machen wir uns die Sache nicht zu leicht. Sie verlangt Mut, **Mut zur Vernunft**. Mit einer solchen Position stellen wir uns immerhin gegen den Glauben von Millionen, wenn nicht Milliarden von Menschen. Trotzdem kann die Antwort nur Ja lauten. Zur Würde des mündigen Menschen gehört, den Dingen ins

Auge zu schauen und zu erkennen, wie sie sind – auch wenn es um die Letzten Dinge geht und die Wünsche noch so mächtig sind.

Der Leser hat hoffentlich dieselbe Entscheidung getroffen. Sie ist nun konsequent umzusetzen. Dazu gehört, auch **den unterschwelligen Formen des Wunschdenkens zu misstrauen**. Unbewusste Wünsche können unser Verhalten im Alltag steuern; das kennen wir. Wir verhalten uns oft wie ein Gutachter, dem der heimliche Ergebniswunsch seines Auftraggebers bewusst ist; wie zufällig kommt das Gutachten genau zu diesem Ergebnis. Der Gedankengang zugunsten des ewigen Lebens hat ein rationales Gesicht, die heimliche Regie indessen führt der Wunsch. Darum weiß man von keinem Ungläubigen, der je durch einen Gottesbeweis zum Glauben gekommen wäre; überzeugt wird immer nur, wer schon überzeugt ist. Das heißt im Klartext: Achte auf deinen Hintersinn, wenn du über das Jenseits nachdenkst, und bleibe „cool" – cool auch beim Blick in das Nichts!

4. Der Weg des Denkens

Traditionen, Glaube, Wünsche führen nicht zum Ziel. Wollen wir etwas über das Jenseits erfahren, müssen wir als Erstes schlicht nachdenken. So **voraussetzungslos** wie möglich setzen wir ein, in Weiterführung der Gedanken des Ersten Teils. Als mögliche Antworten hat uns der Zweite Teil ein wahres Dickicht von Lehren vor Augen geführt. Endzeitliche Auferstehung oder ewige unsterbliche Seele; ewige Hölle oder Allversöhnung; Himmel oder Wiedergeburt; Erlöschen oder Seligkeit im Nirvana; befristetes Zwischenreich oder Ewigkeit – wer soll da noch durchblicken? Mathematiker mögen auf die Idee kommen: Wir bilden die Schnittmenge aller Lehren. Aber was enthält sie? Im Grunde nur den Satz: Mit dem Tod ist nicht alles aus. Nehmen wir noch die Ungläubigen dazu, die auch ihr Recht haben, **ist die Schnittmenge leer**. So kommen wir zu nichts.

Keine Lehre können wir demnach von vorneherein als unbezweifelten Ausgangspunkt zugrunde legen. **Wir fangen buchstäblich bei Null an**. Dort steht am Anfang jeder, der ernsthaft über das Jenseits nachdenken will. Aber dann braucht er festen Boden unter den Füßen; wie bekommt man den? Wir dürfen dazu nicht an der verwirrenden Oberfläche der Lehren haften, sondern müssen in den Hintergrund dringen. Dort geht es zunächst um die Entscheidung zwischen verschiedenen Weltbildern. Findet sich das **Jenseits immanent**, auf verborgenen Ebenen der irdischen Welt, **oder transzendent** auf oder hinter der Ebene der Welt als ganzer? Siehe dazu das 5.Kapitel.

Vor allem ist zwischen einem dualistischen und einem monistischen Weltbild zu wählen. Die Wahl haben wir im Ersten Teil bereits **zugunsten des Monismus** getroffen, und sie wurde im Zweiten Teil bestätigt. Der Wirrwarr an religiösen und esoterischen Lehren geht zu einem guten Teil darauf zurück, dass die Menschen zu vieles wissen wollen und das auch noch genau: Für das ewige Leben ist der Mensch bestimmt, niemand sonst, und dies genau ab Befruchtung der Eizelle, nicht vorher. Aus einer genau umrissenen Existenz nimmt das Individuum sein genau umrissenes Karma mit in eine neue, ebenso genau umrissenen Existenz. Solche Abgrenzungen sind das Markenzeichen des Dualisten; damit will er sich Wissen verschaffen. Aber nur Scheinwissen kommt heraus und dazu eine Unmenge Widersprüche zwischen den Lehren.

Der Monist weiß viel weniger, weil er keine Grenze zieht und nichts grundsätzlich ausschließt. Aber damit steht er zunächst vor dem gegenteiligen Problem. Das Jenseits ist, um mit Fontane zu sprechen, ein weites Feld. Wenn wir nichts von vorneherein ausschließen, wo bleiben dann die Konturen? Wir dürfen und müssen sogar der **weltanschaulichen Fantasie** freien Lauf lassen – nicht um alles sofort zu glauben, sondern um uns die Fülle des Denkbaren bewusst zu machen. Die meisten Konzepte leiden darunter, dass sie von jeher auf eine Vorstellung fixiert sind, z.B. Auferstehung oder Wiedergeburt, und andere Möglichkeiten gar nicht wahrnehmen und zum Vergleich bringen. Wie weit spannen sich demgegenüber allein die vorstellbaren Möglichkeiten, von den unvorstellbaren oder schwer vorstellbaren ganz abgesehen, mit denen im Jenseits zu rechnen ist. Es geht noch weit über die Idee bewohnbarer Exoplaneten in anderen Sternensystemen hinaus; niemand kann schon für sie ermessen, was unser Universum alles an Wundersamem bereithält. Und für die Ewigkeit nehmen die Vorstellungen gar kein Ende.

Wenn nun der Monismus auf der Ebene dieser unvorstellbar weiten Welt samt Jenseits exakte Grenzen, exakte Definitionen und auch Kriterien ablehnt – stellt er sich nicht dann selbst ein Bein? Können wir uns, fantasievoll wie wir sind, den Tod auch als Sturz durch einen tiefen Brunnen ausmalen? Wir landen auf einer grünen Wiese mit einem Apfelbaum, einem Backofen und einem kleinen Häuschen, in dem uns eine freundliche Frau aufnimmt. Spricht etwas gegen ein Jenseits bei Frau Holle? Allerdings; denn auch ohne scharfe Kriterien kennt der Monismus Vorgaben, die die Spreu vom Weizen trennen. Es sind die im 7. Kapitel so genannten **Gebote der Einheit: Stimmigkeit und Begründung**.

Stimmig sollten Jenseitsvorstellungen nicht nur in sich selbst sein, sondern auch in ihrer Einbettung in ein stimmiges Weltbild. Sie können ja nicht ferne und isolierte Inseln der Seligen betreffen; das verbietet der Leitgedanke der Einheit der Welt. Noch härter die Forderung nach einer Begründung: Woher weißt du das? Philosophisches oder wissenschaftliches Denken kann zwar verstehbare Konzepte über die Welt als ganze erarbeiten. Aber es kann niemals – das sei vorgreifend gesagt – eine begründete

Entscheidung über sie herbeiführen. Eine solche führt in die Tiefen der persönlichen Existenz. Das muss sie auch deshalb, weil Jenseitsvorstellungen ohne Sinn wären, wenn sie sich nicht mit unserem Lebenssinn verflechten und diesen tragen. Auch davon war schon die Rede. Vorgaben gibt es also genügend. Dem Märchenerzählen über das Jenseits ist aus monistischer Sicht weit besser vorgebeugt als aus dualistischer.

Wie es sich für ordentliches Denken gehört, beginnen wir **Schritt für Schritt**. Von Kapitel zu Kapitel werden sich die Schritte als deutliche **Wendepunkte** darstellen, die zunehmend von einer objektiven zu einer subjektiv-existentiellen Betrachtung überleiten. Den ersten wichtigen Schritt haben wir bereits vollzogen: Die Wende vom Wunschdenken zur Vernunft. Der zweite Schritt betrifft die Weltbildfrage: Ewiges Leben, falls es das gibt, in der Immanenz oder der Transzendenz?

12. Natürliche Unsterblichkeit?

1. Das immanente Jenseits

Wo ist die Ewigkeit? Der Himmel, wenn es ihn geben sollte – wo könnte er sein? Wollen wir keine wolkig-weltlosen Reden führen, müssen wir ihn irgendwo im Weltbild verorten. Zum Einstieg sind die Fäden des 3. und 5. Kapitels wieder aufzunehmen. Vom Standpunkt des modernen Weltbilds aus haben wir unsere natürliche Umgebung betrachtet, die Menschen, Tiere, Pflanzen, Berge, Flüsse, Meere, Himmelskörper. All das ist zeitlich-vergänglich, wird durch zeitlose Naturgesetze geordnet und bildet in seiner Gesamtheit die weltliche, irdische Welt, anders gesagt die **Immanenz**. Insofern ist die Welt nichts weiter als die Summe alles Weltlichen so wie ein Steinhaufen die Summe aller seiner Steine. Sie könnte aber außerdem eine Ganzheit sein, mehr als die Summe der Teile, mit einer ganzheitlichen Qualität und ganzheitlichem Sinn – so wie der menschliche Organismus mehr ist als die Summe seiner Zellen, Adern, Gewebe usw., die ohne das Leben des Ganzen tot wären. Die Welt als ganze haben wir **Transzendenz** genannt; dazu mag man, wenn man es so sehen will, auch alles hinter der Welt Verborgene rechnen.

Für diese Unterscheidung ist das moderne Weltbild wesentlich. Das erschwert die Zuordnung der im Zweiten Teil behandelten Jenseitslehren. Die meisten von ihnen, vor allem die religiösen, sind nämlich in den Jahrhunderten vor Christus entstanden, in der vormodernen „Achsenzeit". Die Gesichtspunkte von Immanenz und Transzendenz sind ihnen ursprünglich fremd. Manches Konzept lässt sich daher nicht zweifelsfrei einordnen. Dennoch müssen wir auf dem Unterschied bestehen, schon mit Blick auf die Begründung der Jenseitslehren. Denn ein immanentes Jenseits, das sich auf einer verborgenen Ebene dieser Welt befindet, wird man völlig anders –

nämlich aus dieser Welt heraus - begründen als eines, dessen Begründung über Gott oder über das Ganze oder über den Sinn der Welt läuft.

Im 5. Kapitel hatten wir drei Weltbild-Varianten des Jenseitsglaubens vorgestellt: Die erste Variante, **ein immanentes Jenseits innerhalb der irdischen Welt, ist Gegenstand des vorliegenden Kapitels** und geht damit den weiteren Überlegungen voran. Denn wir müssen erst mit der Immanenz fertig sein, bevor wir uns der Transzendenz zuwenden. Demnach spielt für diese Variante im Unterschied zu den beiden anderen das Ganze der Welt, die Transzendenz oder Gott für das Leben nach dem Tod keine Rolle. Alles vollzieht sich innerhalb der irdischen Welt, ob diese nun eine monistische Einheit oder (wie bei Platon) dualistisch in Materie und Geist gespalten ist. Das Weiterleben geht direkt aus dieser Welt und aus unserer Natur hervor. Es ist uns sozusagen in die Wiege gelegt: Wir besitzen **natürliche Unsterblichkeit**. Als Grundmodell dieser Auffassung kann die Seelenlehre Platons (siehe 8. Kapitel Nr. 6) dienen: Eine in Verbindung mit dem Reich der ewigen Ideen existierende Seele, die für ihr ewiges Leben keinen Gott braucht. Wie kühn war doch die christliche Theologie, als sie ein solches Jenseitsbild mit dem völlig gegensätzlichen, nämlich transzendenten der jüdischen Apokalyptik zusammenspannte!

Für ein immanentes Jenseits scheint auf den ersten Blick der jederzeit **nahe Tod** zu sprechen: der Tod als Teil des Lebens. Schon die „kleinen Tode" – eine sterbende Beziehung, eine zerstörte Hoffnung – begleiten uns auf Schritt und Tritt. Auch der „große Tod" ist niemals wirklich fern (sagt doch der Spruch: Der Weg zur Ewigkeit/ Ist nicht weit. Um achte ging er fort/ um neune war er dort.) Liegt aber das, was dann kommt, auch so nahe? Im Tod verlassen wir die Welt, so hatten wir einen sehr naheliegenden Eindruck umschrieben. Wir sind dann ganz weit weg. Was uns ausgemacht hat, unser

Geistiges, ist vergangen, und zwar radikal. Unter diesem Blickwinkel erscheint der Gedanke eines immanenten Jenseits geradezu absurd: Wo sollen denn die verborgenen Winkel dieser Welt liegen, in die sich der Verstorbene zurückzieht? Über ein solches Konzept kann sinnvoll nur unter der Annahme nachgedacht werden, dass **die irdische Welt in Breite und Tiefe weit über das Sichtbare und Bekannte hinausreicht**, gemäß dem oft zitierten Spruch: Es gibt mehr zwischen Himmel und Erde als sich eure Schulweisheit träumen lässt. Diese Annahme ist immerhin nicht ganz abwegig.

2. Ewiges Zwischenreich?

Weiterleben in den unbekannten Ebenen oder Tiefen dieser Welt: ein etwas abstrakter Gedanke. Doch er tritt zuweilen in konkreten und populären Formen in Erscheinung.

Im südostasiatischen Myanmar wird ein Bus mit Blumen geschmückt, mit Wasser besprengt und fährt vor einem Schrein der „Nats" auf und ab, die ihn zwecks glücklicher Reise segnen sollen. Neben dem vorherrschenden Buddhismus ist dort der Glaube an Schutzgeister allgemein verbreitet. Zu ihnen gehören die Nats: vor langer Zeit verstorbene Menschen, die auf diese Weise fortleben. Mit Heiligkeit hat das nichts zu tun, eher mit dem gewaltsamen Tod, den manche von ihnen erlitten hatten. Auf natürliche Weise, ohne dass Gott oder die Transzendenz im Spiele wäre, sind sie unsterblich geworden.

Das immanente Jenseits umgibt auf seiner volkstümlichen Seite ein Dunstkreis, in dem sich viele Elemente mischen: Geisterverehrung, Schamanismus, Naturmystik, kosmische Religiosität. Im geheimnisvollen Schoß einer kosmischen Natur, so ließe sich zusammenfassen, begegnen sich Menschen, Geister, Götter, Lebende und Verstorbene. **Die Geister sind mitten unter uns**.

Das relativiert den Tod. Seine Radikalität, die im Gegenzug die westlichen Theologen stark betonen, tritt zurück. Der Sterbende verlässt nicht die Welt; er geht nach „nebenan", in eine andere Abteilung derselben Wirklichkeit.

Als Beleg dafür dient alles, was im 10, Kapitel unter der Rubrik **„Zwischenreich"** zusammengefasst wurde: spontane und mediale Nachtodkontakte, Wiedergeburtserfahrungen und manches andere im Interessengebiet der Parapsychologen. Solche Erscheinungen **verwischen die scharfe Todesgrenze** und offenbaren Übergänge von hier nach drüben, von einer Form dieser Welt zu einer anderen. Alles, was aus dem Zwischenreich kommt, scheint für die Immanenz der Verstorbenen zu sprechen. Meine verstorbene Frau, die mir im Traum ein bisher unbekanntes Dokument offenbart, muss sich in dieser irdischen Welt aufhalten, zumindest zeitweise; denn in dieser Welt geschieht mein Traum.

Der generelle Schluss aus solchen Dingen auf ein immanentes Jenseits wäre jedoch verfehlt. Unter monistischem Blickwinkel ist die ganze Welt nicht durch einen Graben von der irdischen Welt getrennt; Übergänge sind nicht nur möglich, sondern naheliegend. Problemlos lässt sich das Zwischenreich daher auch in ein transzendentes Jenseitsbild einfügen: als ein – im Einzelnen allerdings nicht beschreibbarer – Übergang zwischen Zeit und Ewigkeit. Die im Traum erscheinende Ehefrau steht gleichsam mit einem Fuß in der Zeit, mit dem anderen in der Ewigkeit.

Nicht das Zwischenreich als solches scheidet demnach die Weltbilder, sondern die Frage, ob das Weiterleben von etwas Transzendentem abhängt. Bei natürlicher Unsterblichkeit ist das nicht der Fall. Solche Weltbilder kommen häufig **ohne Gott** aus; und ein etwa verehrter Gott ist für das Weiterleben nicht wesentlich. Selbst wenn ein Hindu an Vishnu oder Shiva als einzigen Gott glaubt, bleibt seine Wiedergeburtserwartung davon unabhängig.

Wenn aber hinter dem Zwischenreich keine Transzendenz und kein Gott stehen, wie verhält es sich dann mit dem *ewigen* Weiterleben? Schon zweimal, im 5. und 10. Kapitel, haben wir die Frage berührt. **Die Ewigkeit wird zum kritischen Punkt**. Der Bereich der Zeit muss überschritten werden, nicht ins Zeitlose, sondern ins Zeitübergreifende. Anhand von Kasacks Roman „Die Stadt hinter dem Strom" wurde im 10. Kapitel veranschaulicht, was sonst der Fall sein könnte: Das Zeitliche erlebt im **Zwischenreich** lediglich einen verebbenden Nachhall, als **Übergang nicht in die Ewigkeit, sondern ins Nichts**. Die im Traum erschienene Frau wird bald nicht mehr erscheinen, weil sie nicht mehr ist. Das Band, das den Geist an den Körper bindet, wäre dann zwar loser als zunächst gedacht; aber irgendwann nach dem Tod holt es ihn zurück in die endgültige Verwesung.

Kann es Ewigkeit innerhalb der irdischen Welt geben? Das ist das eigentliche Problem des Konzepts „Natürliche Unsterblichkeit". Wir klären es in den zwei Formen, in denen sich Weiterleben denken lässt: als körperliches (physisches) und als geistiges. Dass der Monist nicht mit scharfer Definition trennt, steht einem intuitiven Auseinanderhalten der Formen nicht entgegen. Im Übrigen wird das Ergebnis in beiden Fällen das gleiche sein.

3. Körperliches Weiterleben

Immanentes Weiterleben, mag man einwenden, und das auch noch körperlich – was für eine fantastische Idee! Fantastisch, in der Tat; aber merkwürdigerweise übt sie noch unterschwellige Wirkungen aus. Mit dem Aufkommen des Christentums verschwanden die **Feuerbestattungen**; später wurden sie, wie erwähnt, ausdrücklich verboten. Zwar ist das Verbot inzwischen aufgehoben, doch erklären sie Bischöfe immer wieder mal für bedenklich. Im Islam ist ohnehin nicht daran zu denken; hier gibt es ausnahmslos Erdbestattungen. Warum das? Weil im Hintergrund dieser Religionen die jüdische Apokalyptik samt zugehörigem Weltbild steht. Gott wird am Ende der Tage die Menschen leiblich auferwecken. Die Interpretationen schwanken: Handelt es sich um den Leib, wie er ins Grab gelegt wurde, oder um einen neu erschaffenen nach dem Muster des alten? Wie auch immer, man sollte – so die unterschwellige Vorstellung – die erste Möglichkeit nicht ausschließen und deshalb dem toten Leib keine Gewalt und kein Feuer antun.

Dabei ist eine **unmittelbare Wiederbelebung** des Leichnams nur als Science Fiction denkbar. Jeder lebende Organismus wird sterben und tot sein; den ewigen Juden Ahasver gibt es nur in der Sage. Das Einfrieren der Leiche zwecks späterer Auferweckung (sog. Kryologie) überlassen wir den Fantasten. Wenn überhaupt körperliches Weiterleben, dann kann es sich nur um eine **neue Entstehung** handeln, der der alte Leib als Muster, Blaupause oder Software dient. Insofern die **Apokalyptik** solches im Auge hat, gehört sie allerdings nicht in das Kapitel „Natürliche Unsterblichkeit". Denn etwas Natürliches meint sie gerade nicht, sondern den übernatürlichen Eingriff des allmächtigen Gottes. Das gehört in das nächste Kapitel, und dort wird das Ergebnis klar negativ sein: Mit der Apokalyptik ist es nichts.

Umso überraschender wirkt es, wenn aus einer ganz anderen Ecke, derjenigen der modernen Naturwissenschaft, neuerdings die **„Physik der Unsterblichkeit"** verkündet wird. Ebenso merkwürdig wie der Titel des gleichnamigen Buches von Frank Tipler ist sein Inhalt und dazu die Bemerkung des Autors gegen Ende, die – mit großem mathematisch-physikalischem Aufwand unterfütterte - Theorie sei eindrucksvoll, er glaube aber selber nicht daran. Tipler knüpft mit seinem „Punkt Omega" an den großen Querdenker Teilhard de Chardin an, dem er aber sein Projekt schwerlich in die Schuhe schieben kann. Den Zusammenbruch der Welt sollen Supercomputer überleben, die in dieser fernsten Zukunft auf fernen Galaxien entwickelt sein werden und auf denen wir dann, als Programme installiert, wieder auferstehen werden.

Solche fantastischen Zukunftsvisionen glauben manche gar nicht nötig zu haben. Wir verwandeln uns einfach jetzt schon in Software, nämlich einen **„Avatar" als virtuelle Zweitexistenz** im Internet, die unseren physischen Tod überleben mag. Unter dem Stichwort „Secondlife" wird die Idee vermarktet. Kann man auf diese Weise die Sehnsucht nach Weiterleben stillen? Das glaubt man doch nicht im Ernst. Nur im digitalen Höhenrausch lässt sich übersehen, dass Software allein kein Leben und auch kein ewiges Leben ausmacht. Sie ist eine Erinnerungsspur, mehr nicht. Um sie zum Leben zu erwecken, wäre wohl ein zauberhafter Supercomputer der Tiplerschen Art das Mindeste, was man braucht.

Ob apokalyptisch oder physikalisch, wir sollten den Kommentar zu Ideen des körperlichen Weiterlebens kurz halten. Sämtliche Neuschaffungs- und Blaupausenkonzepte bewegen sich fernab der bekannten Weltläufe. Nie wurde etwas Derartiges beobachtet. Daher lösen sie einen massiven Begründungsbedarf aus. Woher weißt du das? Woher weißt du, wer oder was unsere Baupläne aufbewahrt? Woher weißt du, wann und wie die Software wieder in Hardware umgesetzt wird? Nur **reine Spekulation** kann darauf Antwort geben. Die aber zählt nicht. Nach unserem Ausgangsproblem – der Ewigkeit solcher Existenz – brauchen wir unter diesen Umständen gar nicht mehr zu fragen.

Eine physische Brücke ins Jenseits müssen wir uns aus dem Kopf schlagen. Allenfalls kann uns etwas Geistiges, das lebendiger ist als Software, hinüberführen. Deswegen brauchen wir uns – das ist beruhigend – **über das physische Geschick nach dem Tod keine Gedanken** zu machen, weder über das Geschick unser selbst, unserer Moleküle in der Erde, im Feuer, im Wasser oder in der Luft, noch über das Geschick der Welt im Ganzen. Wann wird sich unser Sonnensystem im Feuer auflösen? Wird das Universum unbegrenzt weiter existieren oder in zig Milliarden Jahren in einem Gravitationskollaps oder einem Wärme- bzw. Kältetod enden? Entgegen dem Bauchgefühl mancher Leute kann uns das herzlich egal sein.

4. Geistiges Weiterleben: unsterbliche Seele und Wiedergeburt

Wesentlich ernster zu nehmen sind Vorstellungen, die dem Geist oder der Seele ein weltimmanentes Leben nach dem Tod versprechen. Eine beachtliche Prominenz der Weltanschauungen versammelt sich unter dieser Fahne, und zwar in zwei sich zuweilen mischenden Glaubenskomplexen: unmittelbares Weiterleben in höheren geistigen Sphären dieser Welt – oder Wiederverkörperung in einem anderen Wesen.

Schamanische, spiritistische und allgemein **esoterische Strömungen** sind weitgehend hier anzusiedeln. Sie benötigen, soweit sie überhaupt Weltbilder unterscheiden, überwiegend keine Transzendenz. Dafür weisen sie – ähnlich wie im früheren naiven Denken – der irdischen Welt Winkel und Stockwerke zu, eine Unterwelt, eine Oberwelt und in dieser zahlreiche verborgene Ebenen. Die „Geister" sind, ob verkörpert oder nicht, gleichsam natürliche Bewohner der verschiedenen Abteilungen dieser Welt. Ihre nachtodliche Wanderung durch die Sphären wird wesentlich durch ihre eigenen Qualitäten, vor allem ihre geistige Reife bestimmt, nicht durch Gott oder sonst eine transzendente Macht.

Als weiteres Beispiel wurde die **Seelenlehre Platons** erwähnt. Dazu kommen die meisten anderen Konzepte einer **Wiedergeburt** oder Seelenwanderung. Von Verkörperung zu Verkörperung bewegen sich die Geister oder Seelen im Inneren dieser Welt. Im Falle des **Hinduismus und Buddhismus** kompliziert sich allerdings die Einordnung. Denn außer dem „Rad der Wiedergeburt" kennen diese Religionen noch einen zweiten Weg nach dem Tod, nämlich die endgültige Befreiung in Moksha oder Nirvana (siehe das 9. Kapitel). Dieser Weg führt auf die transzendente Ebene der ganzen Welt, was dem monistischen Grundansatz entspricht. Beide Religionen sind somit in zwei Weltbildern zugleich zu Hause. Ihre Behandlung spalten wir daher auf und verschieben den zweiten Weg auf später, wenn es um die Erlösung geht. Die Wiedergeburt hingegen – für die meisten Gläubigen die einzig reale Perspektive – geschieht eindeutig in der Immanenz und gehört in den vorliegenden Zusammenhang. Das gilt besonders für das **Karma**, das hinter den Wiedergeburten stehende Wirkprinzip. Trotz seiner moralischen Ausrichtung fehlt ihm jeder transzendente Bezug. Es wirkt wie ein Naturgesetz und ähnelt, so wie es vermehrt und verbraucht wird, einer Form von Energie.

Religionssoziologisch gesehen bilden die genannten Immanenzlehren das Gegenstück und die große Konkurrenz zu den theistischen Religionen, die (abgesehen vom Platonismus) das Jenseits maßgeblich mit Gott und der Transzendenz in Verbindung bringen. In der Sache können sie an die **Sonderrolle des Geistes** anknüpfen, der bekanntlich nur schwer in das moderne Weltbild einzufügen ist. Warum sollten ihm nicht eigene, der derzeitigen Physik unzugängliche Ebenen zur Verfügung stehen, in die er sich nach dem Tode begibt? Stützen nicht die vielfältigen, wissenschaftlich nicht erklärbaren Erscheinungen des Zwischenreichs eine solche Annahme? Doch es stellen sich Bedenken ein.

Reinkarnationslehren und esoterische Lehren weisen zahlreiche Ungereimtheiten auf (siehe das 9. und 10. Kapitel). Die Erscheinungen selbst gehen in verschiedene Richtungen. Nachtodkontakte deuten auf das Weiterleben derselben Person hin, Wiedergeburtserkenntnisse dagegen auf die Verkörperung in einer anderen Person. Beides ist schwer unter einen Hut zu bekommen. Dazu kommt das Ewigkeitsproblem. Folgt dem Zwischenaufenthalt in der „Stadt hinter dem Strom" die **Ewigkeit oder das Nichts?** Für den Fall endloser Wiedergeburten stellt sich die Frage in etwas anderer Form: Wird das, was mein Wesen ausgemacht hat, nicht im ewigen Wechsel der Verkörperungen zerfließen und **mit dem allgemeinen Lebensstrom unterschiedslos zusammenfallen?** Zwar haben wir fortdauernde Identität der Person nicht zur Bedingung ewigen Lebens gemacht, das pure Gegenteil - Versinken im allgemeinen Strom – aber auch nicht gemeint. Dann könnte man sich ebenso gut mit dem physischen Lebensstrom begnügen, der von dem verwesenden Körper ausgeht, in die Erde hinein oder anderswohin.

Solchen unterschiedlichen Problemen wird sich jeder stellen müssen, der an ein ewiges Leben in der Immanenz glaubt. Lösungen kann man sich grundsätzlich vorstellen. Uns müssten nach dem Tode gleichsam **Inseln des Zeitübergreifend-Ewigen** aufnehmen, Inseln, die irgendwo im Meer des Zeitlichen liegen. Ein fantastischer Weltbildentwurf; soll man ihn als baren Unsinn abtun? Weltanschauliche Fantasie lässt uns mit einer schnellen Verwerfung zögern. Der kritische Punkt aber ist das **Begründungsgebot:** Hier senkt sich der Daumen. Wo nimmt man die Belege für ein derart seltsames Welt- und Ewigkeitsbild her? Es gibt keine. Zwar sind unsere heutigen Vorstellungen von Zeit und Zeitlosigkeit mit Sicherheit nicht das letzte Wort. Physikalische und parapsychologische Ansätze, die möglicherweise weiterführen, kommen im 15. Kapitel zur Sprache. Das „Inselmodell" lässt sich aus ihnen aber nicht im Entferntesten ableiten. Im Übrigen spricht auch der Gesichtspunkt Stimmigkeit dagegen. Der Gedanke des Ewigen lässt sich nämlich auf der transzendenten Ebene der ganzen Welt wesentlich einfacher und glatter unterbringen. Das Zeitübergreifende wäre dort eine Eigenschaft des Ganzen, das das zeitliche Einzelne überwölbt.

In ähnlicher Weise ist dem **Karmaglauben Unstimmigkeit** vorzuwerfen. Das Karma zugleich moralisch und wie ein Naturgesetz zu konzipieren ist ein Widerspruch in sich. Die Natur kennt keine Moral und darum auch keine Vorräte an moralischer Energie, die von Existenz zu Existenz wandern könnten. Das Gute, so universal wie es der Karmagedanke meint, kann nicht als immanentes Naturgesetz beschrieben werden, sondern nur – mit oder ohne Gott – auf der transzendenten Ebene als Welt-Sinn oder Welt-Gutes. Auf dieser Ebene wird nichts mit blinder Notwendigkeit vererbt. Ähnlich wie das entfernt verwandte Erbsündekonzept des Christentums bedarf auch das Karmakonzept einer Öffnung in dieser Richtung.

Die Erscheinungen des Zwischenreichs kommen für eine Begründung geistigen Weiterlebens nicht in Frage, weil sie, wie gesagt, das Problem der Ewigkeit nicht lösen. Wo ist Jesus jetzt? Die Erscheinungen nach seiner Kreuzigung haben nicht allzu lange gewährt. Bei den **Wiedergeburten** könnte man sich theoretisch, um der Ewigkeit im Konzept näher zu kommen, eine **von Inkarnation zu Inkarnation zurücklaufende Erinnerung** vorstellen und dadurch einen endlos wandernden Geist belegen. Aber entspricht eine solche Endlosigkeit der Ewigkeit? Außerdem ist die Vorstellung eben nur theoretisch – denn wer hat schon eine solche Erinnerung? Die meisten Menschen haben keine Ahnung von einer vorigen Inkarnation. Allerdings soll es Belege für sehr lange zurückliegende

Verkörperungen geben, so den erwähnten römischen Soldaten aus Petra (10. Kapitel Nr. 5). Im dortigen Kapitel haben wir uns bereits mit der Deutung solcher Vorgänge befasst und führen das nun zusammenfassend zu Ende: **Als Ursachen der Erscheinungen sind Überbleibsel eines Menschen in Betracht zu ziehen**, die nichts mit ewigem Leben oder mit Wiedergeburt zu tun haben. Unser Leben hinterlässt **Spuren**, materielle und geistige. Werke aus Stein, Holz, Metall oder Schrift überleben uns, ebenso die Erinnerungen der Nachwelt. Bewusstseinsinhalte wandern telepathisch – also auf noch völlig unbekannten Wegen – von einem Menschen zum anderen; das belegen parapsychologische Experimente. Wer möchte ausschließen, dass sie den Tod überdauern und als unsere Spuren durch die Zeiten wandern können? Wer schließt aus, dass sie, in einer Art **Weltgedächtnis** („Akasha-Chronik") aufgehoben, späteren Menschen wieder zugänglich werden? Wieder stehen die Grenzen der Schulweisheit im Raum, die weltanschauliche Fantasie und das monistische Gebot, auf der Ebene der Welt nichts grundsätzlich auszuschließen. Es geht ja nicht darum, Derartiges nach der Art von Fantasten wie Rudolf Steiner strikt zu behaupten; es genügt es nicht auszuschließen.

Der Gedanke eines „ewigen Zwischenreiches" weicht daher folgender Erwägung: Leben und Lebloses sind nicht in gleichem Maße der Zeit unterworfen. Die leblosen, jedenfalls nicht im vollen Sinn lebenden Spuren eines Menschen sind in langer Frist ebenfalls vergänglich, können aber Jahrtausende überdauern wie etwa die Werke Homers. Leben dagegen ist weit mehr der Vergänglichkeit ausgesetzt; es verzehrt sich wie eine Flamme. Vor diesem Hintergrund lassen sich paranormale Beobachtungen relativ zwanglos in einem Konzept unterbringen, das **Reinkarnation nicht zwingend als Fortleben, sondern als Übergang langlebiger Bewusstseinspuren** deutet und das **Nachtodkontakte als Nachhall verlöschenden Lebens** versteht. Auch ein solcher Nachhall verlangt eine Fortentwicklung unseres heutigen Weltbilds, aber er schlägt ihm nicht derart den Boden aus wie der Gedanke ewigen Lebens in dieser Welt. Für einen solchen Gedanken findet sich keinerlei Begründung.

Schließlich tritt die letzte unserer Vorgaben auf den Plan, die **Forderung nach Lebenssinn**. Annahmen über das Jenseits sollen dem Leben im Diesseits einen bestimmten Sinn geben, sonst hängen sie in der Luft. Auch in dieser Hinsicht steht es nicht gut mit unserem Thema. Du wirst nach deinem Tod nicht erlöschen; dein Geist wird in immer feinstofflichere Sphären der Welt vordringen. So what! Mag der nüchterne Engländer dazu sagen. Warten wirs ab! Was ändert das an meinem derzeitigen Leben? Nicht viel anders müsste der Wiedergeburtsgläubige reden, selbst wenn er aufgrund des Karmagedankens meint, durch einen moralisch einwandfreien Lebenswandel seine künftige Existenz verbessern zu können. Er kennt seinen Vorgänger nicht, und sein Nachfolger wird sich an ihn nicht mehr erinnern können. Da jeder spürbare existentielle Zusammenhang fehlt, bleibt nur der allgemeine Lebensstrom. Diesen mit gutem Karma füttern zu wollen - was ist daran Besonderes? Nur in Worten unterscheidet sich ein solcher Antrieb von demjenigen, der um der allgemeinen ethischen Werte willen ein gutes Leben führen will.

Wie man es dreht und wendet – mit dieser Weltanschauung bekommen wir keinen Boden unter die Füße. Doch halten wir nochmal inne, bevor wir uns abwenden. Versetzen wir uns in den Geist der Menschen hinein, über deren Glauben wir hier urteilen. Millionen- oder milliardenfach stellen sie diesem Urteil ihre Praxis entgegen. Spiritisten sind begierig nach Jenseitskontakten, Anhänger östlicher Religionen jagen auf verschiedenste, oft sehr ungewöhnliche Weise dem guten Karma nach. Hat diese massenhafte **Gegenmacht des Faktischen** nicht normative Kraft und lässt unsere Kritik als leeren Rationalismus erscheinen?

Religionspsychologische Untersuchungen, die wohl am Platze wären, sollen kurzerhand durch eine Vermutung ersetzt werden. Bei sehr vielen Menschen mag eine **unbewusste Wette** auf ein als persönlich erhofftes Jenseits im Spiel sein, entfernt nach dem Muster der berühmten Wette des Philosophen Blaise Pascal. Mit Blick auf den außerordentlich hoch bewerteten Wettgewinn wagt man einen entsprechend hohen Wetteinsatz: nicht nur manche Mühseligkeit, sondern auch die Zurückdrängung der Stimme der Vernunft und ihrer Mahnung, dass von einem persönlichen Weiterleben in einer künftigen Existenz ohne Rückerinnerung nicht die Rede sein kann.

Das mag einiges erklären. Ein Unbehagen bleibt aber. Bringt uns das Gegengewicht des Faktischen nicht ins Schwanken? Nochmals überprüfen wir den Gang unserer Überlegungen … und stehen zu ihnen!

5. Die Wende zur Transzendenz

Es steht nun die Wende an von einem immanenten zu einem transzendenten Jenseitsbild. Wir sollten sie nicht missverstehen, was das Zwischenreich angeht, Wiedergeburten etwa oder geisterhafte Nachwirkungen eines Verstorbenen. Solche Erscheinungen werden nicht geleugnet oder ausgeschlossen. Der Monist schließt ohnehin nichts grundsätzlich aus. Unzählige Berichte legen im Gegenteil nahe, dass an den Erscheinungen tatsächlich „etwas dran ist". Warum sollte nicht etwas von meinem Lebensgeist nach dem Tod in andere Menschen einfließen?

Entscheidend ist vielmehr, dass dies nichts mit dem eigentlichen Thema des ewigen Lebens zu tun hat. Nichts spricht für ein ewiges Leben auf der Ebene des Zwischenreichs und innerhalb der irdischen Welt. Ein solches Leben kann es, wenn überhaupt, nur auf der transzendenten Ebene der ganzen Welt geben, und nur von dort her kann dem irdischen Leben Sinn zukommen: **Kein ewiges Leben ohne Gott oder einen sonst begründeten Sinn und Wert der ganzen Welt!**

Da mag jemand sagen: Dann eben kein ewiges Leben. Es ist doch kein Axiom, dass wir unbedingt ein solches haben müssen. Schön, dass es auf einer irgendwie geistigen Ebene nach dem Tod noch eine Weile weitergeht; aber dann soll es genug sein, alles hat schließlich ein Ende. Trotz unserer tief sitzenden Abwehr gegen das Erlöschen kann man so sprechen. Man sollte trotzdem weiterlesen und beim Thema bleiben. Es wird sich nämlich zeigen: Die eigentliche Pointe der Ewigkeit liegt nicht in ihr selbst (die wir uns ohnehin kaum vorstellen können), sondern in dem besagten Zusammenhang mit dem irdischen Leben, dem sie Sinn verleiht. Gerade das sollte uns bei der Stange halten.

Das erste Beispiel für den Zusammenhang ist gleich zur Hand: Wenn Transzendenz und Ewigkeit das Eigentliche sind, dann scheidet das Zwischenreich auch in existentieller Sicht aus dem Zusammenhang aus – es kann uns egal sein. Es ist eben nur eine Zwischenstation. Die Distanz, die die christliche Theologie – anders als vielfach die östlichen Religionen – zu solchen Erscheinungen wahrt, rechtfertigt sich unter diesem Blickwinkel. Was kümmert dich, ob es unterwegs dieses oder jenes Geisterhafte gibt, wenn letztlich nur dein ewiges Leben zählt? **Wenn du Gott hast, brauchst du keine Geister!** In ähnlicher Weise wird auf dem mystischen Weg davor gewarnt, an paranormalen Erlebnissen hängen zu bleiben und sich dadurch den entscheidenden Durchbruch zu erschweren.

Verabschieden wir uns infolge dessen vom Gedanken eines immanenten Jenseits und wenden uns der Transzendenz zu. Religionsgeschichtlich tritt sie uns in sehr unterschiedlicher Gestalt entgegen: Im Osten als Moksha und Nirvana nahezu inhaltsleer und insofern wenig sinngebend; in den drei westlichen Religionen in praller Inhaltsfülle und theistisch zentriert um Gott. Mit der theistischen Transzendenz befasst sich das folgende Kapitel.

13. Voreiliger Gottesglaube

1. Gott und die Welt

Transzendenz bedeutet die Welt als ganze, die Welt in ihrer Ganzheit. Diesem (dritten) Weltbild des Jenseitsglaubens haben wir im 5. Kapitel (unter Nr. 3 und 4) schließlich den Vorzug gegeben. Es steht in Konkurrenz zur Auffassung der Transzendenz, die dort als zweites Weltbild geschildet wurde und die nun im vorliegenden Kapitel zur Sprache kommt: Jenseits über dem Diesseits; Gott als Schöpfer. Im Namen dieses zweiten Weltbilds wird mancher Theologe schon gegen den einleitenden Satz protestieren: Gott ist doch nicht die Welt als ganze; er ist ihr Schöpfer und steht hinter und über ihr! Diesen Einwand schenken wir ihm: Mag es so sein, mag Gott oder sonst etwas hinter oder über der Welt stehen; solche Ideen werden immer rein spekulative Ausgriffe in eine uns völlig unzugängliche Sphäre bleiben. **Der Mensch kann nicht über die Welt hinaus.** Gott, wenn es ihn gibt, wird ihm immer in der Welt und durch die Welt begegnen. Allenfalls auf der Ebene der Welt als ganzer können wir ihn zumindest gedanklich berühren.

Gott und Transzendenz sind nicht ohne weiteres gleichzusetzen. Man kann Transzendenz auch ohne Gott denken wie etwa das buddhistische Nirvana. Dort geht es allein um die Befreiung aus den Fängen des Irdischen (samsara), ohne deutlich erkennbaren weiteren Inhalt. Uns interessiert aber ein etwaiger Inhalt. Als Möglichkeiten zeigen sich die beiden Grundrichtungen Sein und Sinn: Seinsmäßige **Macht über die Welt und in der Welt – und Sinn der Welt.** Aus monistischer Blickrichtung bestimmt beides zusammengenommen – nicht getrennt – auch das **Gottesbild**. Gott kann nicht nur ein saft- und kraftloses moralisches Prinzip sein, sondern muss in irgendeiner Weise Macht in der Welt haben. Auf der anderen Seite erwarten wir von ihm Sinn und daher mehr als bloße Macht. Die theistischen Religionen – jedenfalls in der Gestalt ihrer orthodoxen Theologien - stehen jedoch überwiegend auf dem dualistischen Standpunkt. Aus dieser Perspektive sind Macht und Sinn bei weitem loser verbunden, zumal **am geschichtlichen Anfang des Theismus die Macht eindeutig im Vordergrund** steht. Jahwe ist derjenige, der die Israeliten aus der Hand des Pharao befreit und durch das Rote Meer geführt hat. „Deine Rechte, o Herr, mächtig an Kraft, deine Rechte, o Herr, zerschmettert den Feind" (Ex 15, 6). Der Gedanke „Gott, der Sinn der Welt" hätte damals fremdartig gewirkt und wirkt es vielfach bis heute.

Trennung von Macht und Sinn also – noch eindeutiger fällt die **dualistische Trennung von Gott und Welt** aus. Zwar trägt Gottes Allgegenwart in der Welt monistische Züge: Er ist uns „näher als unsere Halsschlagader" (Koran, Sure 50, 16). Doch er geht in der Welt nicht auf, sondern steht ihr als etwas Besonderes, als etwas gänzlich anderes gegenüber. Seine Macht ist eine einseitige Macht und damit dem monistischen Urbild der Verflechtung und Wechselwirkung entgegengesetzt. Er ist der Schöpfer, wir sind das Geschöpf; wir sind der Ton, er ist der Töpfer; er wirkt auf uns ein, wir können nicht zurückwirken.

Gottes einseitige Stellung zur Welt erkennen wir auf zwei Weisen, die zugleich den Zugang zu ihm vermitteln: **Schöpfung und Offenbarung**. Allgemein und in erster Linie zeigt er sich in der Welt und durch die Welt, die allein aus seiner Hand stammt und von ihm erhalten wird. Mittelbar ist er daraus zu erschließen. Unmittelbar und in besonderer Weise gibt er von sich Kunde in speziellen Offenbarungen. Verbindend zwischen beiden Erscheinungsweisen stehen **göttliche Eingriffe in die Welt**. Schöpfung bedeutet aus Sicht der Theologen Schaffung, Erhaltung und auch Eingriff im Einzelfall, z.B. auf Gebete der Menschen hin. Und Offenbarungen bestehen meistens nicht nur aus Wortkundgaben, sondern werden durch ein „Zeichen", also einen tätigen Eingriff bekräftigt. Als Mose das Vieh seines Schwiegervaters Jetro hütete, offenbarte ihm Gott aus dem brennenden, aber nicht verbrennenden Dornbusch seien Namen: Jahwe – „Ich-bin-da".

In den östlichen Religionen spielen Schöpfung und Offenbarung, soweit sie überhaupt vorkommen, nur eine Nebenrolle. Die Schöpfung durch Brahma ist nicht der Angelpunkt des Hinduismus mit seinem zyklischen Weltbild und seiner Göttervielfalt; das gleiche gilt für die angebliche Offenbarung der Veden. Dagegen sind **Schöpfung und Offenbarung Angelpunkte der westlichen Religionen**. Aus ihnen schöpfen sie die Inhalte ihrer Botschaften. Dabei legt sich eine thematische Aufteilung nahe. Die Existenz Gottes lässt sich möglicherweise aus der Schöpfung, also der Welt ablesen. Für das Leben nach dem Tod wird sich das schwerlich machen lassen; hier sind wir auf die Offenbarung verwiesen. Das **Erste Vatikanische Konzil**, dem wir auch die Unfehlbarkeit des Papstes verdanken, hat 1870 dogmatisch einen solchen Schnitt vollzogen: **„Mit dem natürlichen Licht der Vernunft ist Gott aus den geschaffenen Dingen zu erkennen"**. Damit wurden offenbarungs-fundamentalistische („fideistische") Ansichten zurückgewiesen, die alles und jedes auf die gläubige Annahme der Offenbarung gründen wollten. Zumindest auf einige Glaubenswahrheiten, vor allem die Existenz Gottes, kann die menschliche Vernunft von sich aus kommen. Für den Rest braucht sie die Offenbarung.

Schöpfung, Offenbarung und als Zwischenglied göttliche Eingriffe gehören zusammen. Blicken wir nun im Einzelnen darauf.

2. Schöpfung und Gottesbeweise

„Wie können Sie an der Existenz des Schöpfers zweifeln, wenn Sie doch **täglich aufs Neue seine Schöpfung erleben**?" lässt Tolstoi einen Priester sprechen (Anna Karenina, Teil 5, 1. Kapitel). So einfach kommt man an den zentralen Punkt der westlichen Religionen heran. Zentral ist er nicht nur für das Leben in dieser Welt. Auch für den apokalyptischen Umbruch und die Auferweckung der Toten brauchen wir den allmächtigen Schöpfer, freilich nach Maßgabe zusätzlicher Offenbarung. Ohne Rekurs auf ihn wäre solche Hoffnung sogleich als unbegründet, spekulativ und fantastisch zu verwerfen.

Das Argument von Tolstois Priester gibt einen menschlichen Grundreflex oder Grundgedanken wieder, in den wir uns unschwer hineinversetzen können: Von Nichts kommt nichts – das muss doch jemand gemacht haben! Und zwar jemand mit Sinn und Verstand, wenn wir den zweckmäßigen Aufbau der Natur bedenken. So oder ähnlich mögen schon die Menschen des Altertums gedacht haben, als allenthalben Erzählungen über die Weltschöpfung entstanden, darunter die beiden Berichte in den ersten Kapiteln der Bibel. Das waren zunächst religiöse Vorstellungen. Ab der mittelalterlichen Scholastik sprangen auch Philosophen dem Gedanken bei, darunter vor allem Thomas von Aquin mit seinen „Fünf Wegen". Diese so genannten **Gottesbeweise** nehmen – als kosmologischer Beweis – den genannten Grundgedanken auf oder bewegen sich mehr oder weniger in seiner Nähe. Immanuel **Kant** hat sie in seiner **Kritik der reinen Vernunft**, wie man sagt „zertrümmert". Seitdem hat das Wort keinen guten Klang mehr. Dennoch versucht man sich in der einen oder anderen Weise immer noch an Beweisen, so beispielsweise in abgeschwächter Form der Theologe Swinburne: Auf naturwissenschaftlicher und philosophischer Basis will er zeigen, dass die Existenz Gottes zwar nicht sicher, aber überwiegend wahrscheinlich ist.

Die tatsächliche Überzeugungskraft ausgefeilter Gottesbeweise sollte man nicht überschätzen. Sie werden, wie schon gesagt, nur von denen verhandelt, die ohnehin an Gott glauben. Mehr unter die Haut geht der philosophisch unbelastete **Grundreflex**. Auf einer Bergtour waren wir lange in dichten Wolken unterwegs. Plötzlich rissen sie auf, und gleißende Sonne ließ den Gipfel vor uns inmitten der weiten Bergwelt erstrahlen. „Da muss man doch an Gott glauben" entfuhr es spontan meinem Begleiter. Hatte er Recht? Wenn damit ein Argument zur Gottesfindung gemeint war, eher nicht. Man sollte mit solchen Reflexen vorsichtig sein. Im übernächsten Kapitel werden wir von einem ganz ähnlichen Reflex hören, jedoch mit umgekehrtem Vorzeichen. Bei der Transzendenz geht es um die ganze Welt, und die liegt nicht in der Reichweite von Reflexen, auch nicht bei der schönsten Bergtour.

Ob Reflex oder Beweis, der hier eingeschlagene Weg führt nicht zum Ziel. Hinter beiden steht mehr oder weniger offen ein **dualistisches Weltbild**, das wir bereits an anderer Stelle verworfen haben. Für die ganze Welt kann es sinnvollerweise weder Definitionen noch Kriterien noch Beweise geben. Denn dabei ginge es um ein exakt trennendes „so ja und so nein", und solche Trennung kann menschliches Denken auf dieser Ebene niemals leisten. **Ein bewiesener Gott wäre kein Gott**. Auch inhaltlich käme es zu einer unmöglichen Aufspaltung der Welt in zwei Teile: Wir säßen „innen" in der Weltkugel, die Gott von „außen" in seinen Händen hält. Unter dem Stichwort Schöpfungsmythos haben wir dieses „Schalenmodell" bereits verworfen.

Soweit im Übrigen die Gottesbeweise nicht in untauglicher Weise von einem Begriff auf die Existenz des Begriffsinhalts schließen (wie Anselm von Canterbury in seinem so genannten ontologischen Argument), **übertragen sie allesamt weltliche Erkenntnisse auf die Welt als ganze** oder etwas jenseits der Welt. Im einfachsten Fall geht es so: Alles Entstandene hat eine Ursache, also kann die Welt nicht aus dem Nichts entstanden sein. **Damit wird eine der Erkenntnis gesetzte Grenze verletzt**. Um noch einmal Jaspers zu zitieren: Alles, was wir erkennen, ist *in* der Welt, ist niemals *die* Welt. Mit der ganzen Welt ebenso zu operieren wie mit Weltlichem, ist ähnlich falsch wie in der Mathematik das Operieren mit dem Unendlichen wie mit gewöhnlichen Zahlen. Der Satz „Alles hat eine Ursache" entspricht unserer Alltagserfahrung, zumindest vermeintlich (wo bleibt der Zufall?). Er lässt sich aber nicht auf die Welt insgesamt übertragen. Denn wir haben keinerlei Erfahrung mit Weltentstehungen oder Weltverursachungen. Sie sind etwas grundsätzlich anderes als die Herstellung eines Topfes durch den Töpfer. Schon dieser Gedanke entzieht dem kosmologischen Beweis und in ähnlicher Weise anderen Beweisansätzen den Boden. Sähe man das nicht so, müsste man sofort weiter fragen: **Und wer hat Gott gemacht?**

Kann man aber nicht solche Grenzüberschreitungen vermeiden und **aus dem Inneren der Welt auf ihren Schöpfer schließen?** Dies wird in der Tat auf zwei Weisen versucht, wobei außer philosophischen Gedanken auch wissenschaftliche Erkenntnisse ins Spiel gebracht werden. **Die Wege widersprechen sich allerdings gegenseitig**, wie vorweg zu bemerken ist. Es wird nämlich einerseits behauptet, man könne das Wirken des Schöpfers aus der sinnvollen, makellosen, perfekten Einrichtung der Welt ablesen. Andererseits heißt es, seine ständigen heilsamen Eingriffe in das Weltgeschehen ließen auf ihn schließen. Bei Menschen ginge das zusammen: eine hervorragend von ihnen konstruierte Maschine, an der aber gelegentlich Nachbesserungen nötig werden. An einen Gott sind dagegen höhere Anforderungen zu stellen. War die Welt perfekt konstruiert, erübrigen sich nachbessernde Eingriffe; werden sie dennoch nötig, war die Konstruktion nicht perfekt.

3. Weltenplan und göttliche Eingriffe

Vom „großen Baumeister aller Welten" sprechen die Freimaurer. An die **beste aller möglichen Welten** glaubten ihre geistigen Ziehväter, die Aufklärer, bis ihnen Voltaire höhnisch das entsetzliche Erdbeben von Lissabon entgegenhielt.

Aus der Vollkommenheit des Weltenplans auf den Schöpfer schließen: An dieser Stelle zeigt sich ein bedeutender Riss zwischen der objektiven und der subjektiven Betrachtungsweise. Subjektiv-existentiell, werden wir im 16. Kapitel erfahren, verhält es sich genau umgekehrt: Wäre die Welt perfekt und heil, bräuchte sie, bräuchten wir keinen Gott. Sie wäre sich selbst genug, und wir hätten keinen Anlass, uns zwecks weiterer Heilung an Gott zu wenden. Aus dem objektiven Blickwinkel der Gottesbeweise und verwandter Reflexe gilt dies gerade nicht: **Ein vollkommener Schöpfer lässt sich nicht aus einer unvollkommenen Welt ableiten.**

Nun zeigt sich eine für jeden dualistischen Zugang typische Schwierigkeit: Wir müssen das Besondere vom Allgemeinen abgrenzen. Die Welt in ihrer Vollkommenheit muss gleichsam einen besonderen Pfiff haben über die Tatsache hinaus, dass sie existiert und funktioniert. Man kann Gott nicht allein in den Naturgesetzen und ihrer Schönheit finden, wie Albert Einstein im Anschluss an Spinoza in deistischer oder pantheistischer Manier meinte. Denn dann **reichten die Naturgesetze für sich alleine aus**, und „Gott" wäre ein überflüssigerweise hinzugefügtes Wort ohne Erklärungswert. Manche Leute meinen allerdings – und halten dies sogar für einen Hauptsinn von Religion -, **Gottes Schöpfung erkläre, dass überhaupt etwas ist und nicht nichts.** Damit wird aber in besonders krasser Weise über das Ganze der Welt hinausgegriffen, mit „etwas" und „nichts" jongliert und **im Geiste Welterschaffung gespielt**. Das sind für Menschen durchaus unzulässige Spiele, ganz abgesehen davon, dass wir für den behaupteten Schöpfungsakt niemals Belege angeben können. Außerdem stellt sich mächtig die Sinnfrage entgegen: Warum willst oder musst du das überhaupt wissen; warum nimmst du nicht einfach die Welt so wie sie ist? Der Schöpfungsgedanke wird bei weitem überbetont. Interessiert es denn, ob die Welt je einen Anfang gehabt hat (was die östlichen Religionen mit ihrem zyklischen Weltbild bestreiten) und, wenn ja, was Gott vor 13 Milliarden Jahren genau gemacht hat? Es kommt doch alleine darauf an, was Gott in meinem und unserem Leben bewirkt, und alleine dazu können wir begründeten Zugang finden.

Ein Schöpfer, der bloß erschaffen hat und seitdem im Ruhestand lebt, ist also eine leere Vorstellung, es sei denn, dieser Gott greift noch in die Welt ein – dazu sogleich – oder **die Schöpfung weist den besonderen „Pfiff" auf**: Sie ist unwahrscheinlich, ungewöhnlich oder ungewöhnlich gut. In diesem Zusammenhang haben die evangelikalen Freunde der Bibel einen physikalischen Sachverhalt entdeckt, der Erinnerungen an den kosmologischen Gottesbeweis wachruft. Die Welt wird nicht nur von den Naturgesetzen regiert, sondern auch von den in diese eingefügten Naturkonstanten, z.B. der Lichtgeschwindigkeit, der Elementarladung oder der Gravitationskonstante. Entgegen den Idealvorstellungen der Physiker lassen sich die Konstanten nicht aus den Gesetzen ableiten, sondern mussten durch Messungen ermittelt werden. Von größter Bedeutung, so wurde festgestellt, ist das **Verhältnis der Naturkonstanten zueinander**. Eine winzige Änderung des Verhältnisses würde die Existenz einer für Menschen bewohnbaren Welt oder gar einer Welt überhaupt unmöglich machen. Nun also, so die Evangelikalen, ist die Schöpfung bewiesen: So etwas Unwahrscheinliches kann kein Zufall sein; das muss ein sinnbegabtes Wesen absichtlich gemacht haben.

Physiker springen nicht auf diesen Wagen auf. Sie sind auf der Suche nach natürlichen Erklärungen. Sie wollen entweder noch tiefer liegende Gesetze entdecken, aus denen auch die Naturkonstanten hervorgehen, oder sie nehmen eine Vielzahl von Universen an (sog. Multiversum) mit je verschiedenen Sätzen von Naturkonstanten. Nicht in unwahrscheinlicher Weise, sondern geradezu zwangsläufig – nach dem so genannten schwachen anthropischen Prinzip – leben wir genau in dem Universum, das unser Leben überhaupt erst möglich macht.

Soweit die Unwahrscheinlichkeit – wie steht es mit der **ungewöhnlichen Güte der Welt?** In einem jüdischen Witz vertröstet ein Schneider seinen Kunden wegen der bestellten Hose von Woche zu Woche. Als der Kunde die Hose endlich in der Hand hält, bemerkt er: „In sechs Tagen hat Gott die Welt erschaffen – und sechs Wochen habe Sie gebraucht für meine Hos!" „Aber schauen Sie doch an die Welt", so der Schneider, „und schauen Sie an diese Hos!" Dabei fallen uns sogleich die Leiden in der Welt ein und das Böse. Angesichts eines schauerlich langen Sterbens an Krebs, damals noch ohne Palliativmedizin, meinte mein Großvater zu mir: Es ist doch erstaunlich, was sich der liebe Gott alles hat einfallen lassen, um uns Menschen richtig zu quälen. Sehen so Gottesbeweise aus?

Dem Versuch, den Schöpfer aus der Unwahrscheinlichkeit oder der ungewöhnlichen Güte der Welt zu beweisen, steht nicht nur drastisches Anschauungsmaterial entgegen, sondern auch ein allgemeiner Gedanke: Wir müssten dann nämlich als Vergleichspunkt angeben können, was eine wahrscheinliche Welt oder eine Welt gewöhnlicher Güte ist. Wieder wären wir damit über unsere Reichweite hinausgeschossen und hätten im Sandkasten Welterschaffung gespielt. **Objektiv Begründbares und Belegbares gibt es auf der Ebene der Welt für uns nicht.** Die Alternativen „Die trickreiche Kombination der Naturkonstanten hat Gott gemacht" oder „Sie ist, wie sie ist, und ist einfach so entstanden" sind völlig gleichwertig und damit praktisch sinnlos, weil es auf dieser Welt kein Verfahren gibt, um zwischen ihnen zu entscheiden.

Unser Reflex „Das muss jemand gemacht haben" hält also näherer Betrachtung nicht stand. Wie aber steht es mit **Gottes Eingriffen in die Welt**? Wieder sind die Evangelikalen zur Stelle und bekriegen sich mit den Neuen Atheisten, die auf Darwins Evolutionslehre schwören. Wie konnte etwas so Fantastisches wie das Auge der Wirbeltiere – ein beliebtes Beispiel – zustande kommen? Doch nicht etwa durch zufällige Mutationen und allmähliche selektive Entwicklung, wo doch fossile Zwischenglieder zu den Vorformen fehlen – hier muss Gott gestaltend in den Schöpfungsprozess eingegriffen haben! Die Biologen haben dazu viel zu sagen; das überlassen wir den einschlägigen Büchern. Es genügt der Hinweis auf den schon angedeuteten Widerspruch zu der vorigen Argumentation, etwa zu den Naturkonstanten. Wenn der Weltenplan von Anfang an perfekt war, warum hatte Gott es dann nötig, seine Weltmaschine ständig durch einzelne Eingriffe nachzujustieren und den Plan für das Wirbeltierauge sozusagen mit Extrapost nachzuliefern?

Das ist nicht alles. Wie überall in diesem Kontext stehen weitere Gegengründe Schlange. Dualistische Gedankengänge brauchen überall das Besondere. Die Weltmaschine, ob perfekt oder nicht, läuft für sich alleine dahin, von ihrem Lauf muss sich daher Gottes Tun als etwas Besonderes abheben. Wie soll man sich das vorstellen? In ähnlichem Zusammenhang dachten wir bereits an einen Gott, der mit seinem Passwort den Maschinenraum betritt und einen Hebel umlegt – ein für das moderne Weltbild mit seinen universalen Naturgesetzen unerträglicher Gedanke. Wie sollte man außerdem einen solchen Eingriff feststellen und von gewöhnlichem Weltgeschehen unterscheiden? War es ein Gott? fragt dazu ein Buchtitel.

Bekanntlich hat man früher alles Unerklärliche höheren Mächten zugeschrieben; wenn es donnerte, war es der Donnergott. So sieht man das heute nicht mehr. Dennoch sind es weiterhin die weißen Flecken des Unerklärten, hinter denen Menschen auf der objektiven Suche nach Gott den Schöpfer vermuten: **Gott als Lückenbüßer**, als Ersatz für fehlende Erklärungen. Unter dem Einfluss der Wissenschaften werden indes die weißen Flecken beständig kleiner, so dass sich Gott unter manchem Spott in immer entlegenere Winkel zurückzieht. An dieser Front kann schon aus grundsätzlichen Erwägungen kein Sieg errungen werden. Denn niemals werden die Menschen alles wissen. Das Feld möglicher wissenschaftlicher Erklärungen wird immer offen bleiben. Bei unerklärbaren Erscheinungen wird zunächst immer unentschieden bleiben, ob später eine Erklärung gefunden wird oder nicht. **Niemals wird man mit Sicherheit Gott etwas in die Schuhe schieben können**. Es gibt keine Geschehnisse mit Beweiswert für göttliches Eingreifen.

Damit wird ein Handeln Gottes in der Welt keineswegs ausgeschlossen. Als so genannte **Fügungen oder Koinzidenzen** erleben es manche Menschen: Anscheinend durch Zufall fällt mir in einer ausweglosen Lage ein bestimmtes Buch in die Hand mit entscheidenden Hinweisen, die mir weiterhelfen. Oder ich habe, nach Gewissensqualen, einem anderen zuliebe auf die Teilnahme an einer heiß ersehnten Reise verzichtet; aufgrund eines Zufalls aber wird die Reise verschoben, und ich kann sie nachholen. So etwas beweist unmittelbar nichts. Es erschließt sich nicht einer dualistischen, sondern nur einer sinnhaft ganzheitlichen Wertung: nämlich als allgemeine Verwobenheit Gottes in das Weltgeschehen. Die naturwissenschaftlichen Einzelheiten sind freilich nicht bekannt; die Verwobenheit Gottes lässt sich wissenschaftlich weder bestätigen noch widerlegen.

Göttliche Eingriffe sind den westlichen Religionen ein bedeutendes Thema. Das gilt vor allem auch im Zusammenhang mit der Offenbarung, besonders wenn sie durch Zeichen oder **Wunder** unterstrichen wird. Wunder sind das Paradebeispiel für göttliches Eingreifen. Sie können entweder selbst eine implizite Botschaft transportieren oder die Autorität desjenigen bekräftigen, der anderweit Botschaften verkündet; man kann das ein **Beglaubigungswunder** nennen. Bereits im Alten Testament bezeugt (z.B. 1 Kg 13, 3), erhalten Zeichen ihre besondere Bedeutung beim Auftreten Jesu. Er bekräftigt seine Vollmacht, dem Gelähmten Sünden zu vergeben, indem er ihn anschließend heilt und seine Bahre nach Hause tragen lässt (Mk 2, 1 ff.). Immer wieder fordern die Menschen ein Zeichen von ihm, bis er schließlich genervt ablehnt und auf das Zeichen des Jona verweist, der drei Tage und drei Nächte im Bauch des Fisches verbracht hat. An der Vielzahl entsprechender Belegstellen in den Evangelien (Mt 12, 38 ff.; 16, 1 ff.; Mk 2, 1 ff.; 8, 1 ff.; Lk 11, 16; 11, 29; Joh 4, 48) ist abzulesen, wie sehr die damaligen Menschen, von theoretischen Bedenken noch ganz unangefochten, in derartigen Zeichen eine zentrale, wenn nicht gar *die* zentrale Begründung des Glaubens gesehen haben.

Das blieb nicht auf die damalige Zeit beschränkt. Vor allem im späten 19. und frühen 20. Jahrhundert hatten Wunder große Konjunktur vor allem in katholischen Landstrichen, und sie wurden für viele zur wichtigsten Grundlage des Glaubens. Noch heute muss obligatorisch Wunder vollbringen, wer als Verstorbener zur Ehre der Altäre erhoben werden will. Massiv ist der dahinter stehende Dualismus: Man lässt die „andere Welt" die Hülle dieser Welt zwecks spektakulärer Auftritte durchstoßen.

Verzichten wir darauf, einzelne Wundergeschichten zu zerpflücken. Aus heutiger Sicht gilt für Wunder und Zeichen ohne Abstriche das zu den göttlichen Eingriffen Gesagte. Wunder sind, für sich gesehen, kein Beweis. Einen Wunderglauben im strengen Sinn kann es vernünftigerweise nicht geben. **Offenbarungswunder** sind im Gegenteil **durch eine doppelte Schwierigkeit der Interpretation belastet**. Sie müssen sich erstens als göttliches Eingreifen verstehen lassen, was nie sicher festzustellen ist. Zweitens muss ihnen durch Auslegung der zu offenbarende Inhalt entnommen werden. Im Fall der Auferstehung Jesu wird sich das als ernstes Problem erweisen.

Zu dem Komplex „Schöpfung, Gottesbeweise, göttliche Eingriffe" summiert sich so unter dem Strich eine beachtliche Fülle von Einwänden. Ein letzter, der womöglich schwerwiegendste, steht noch aus.

4. Gott der Macht, Gott ohne Sinn

Thomas von Aquin beschließt jeden seiner fünf Gottesbeweise mit dem Satz „Und das (nämlich das angeblich Bewiesene) nennen wir Gott". Genau das tun wir aber nicht, selbst wenn wir die Beweisgänge sonst nachvollziehen könnten. Was Thomas und Kollegen beweisen, sind nämlich **abstrakte Prinzipien** – etwa nach dem Muster des „ersten unbewegten Bewegers" bei Aristoteles. Sofern etwas Persönliches dabei herauskommt, ist es **eine Art Weltingenieur**, der sich hervorragend auf Naturgesetze, Naturkonstanten und Wirbeltieraugen versteht. Aber es ist kein Gott, zu dem wir beten, vor dem wir knien und den wir lieben können. Eine Liebe dieses Wesens zu uns geht ebenfalls nicht aus den Beweisgängen hervor. Es fehlt jede emotionale Seite und jede Bedeutung für unseren Lebenssinn. Was können wir mit einem solchen Gott anfangen? Wir können immer wieder rufen „Gott ist groß" – aber in seiner Größe ist er darauf nicht angewiesen, und was haben wir davon? **Ein allein auf Macht und Schöpfung aufbauendes Gottesbild ist sinnlos**. Ein Gott der Macht und zugleich des Sinnes und der Liebe wäre das Thema. Für Gottesbeweise, wären sie nicht ohnehin schon tot, müsste es darum heißen: Thema verfehlt.

Ebenso wird unser eigentliches **Anliegen verfehlt, das Jenseits**. Gerne würden Theologen diesen Punkt direkt an den Gottesglauben anschließen. Der Satz „Gott ist treu" enthält in diesem Sinn die kürzest mögliche Begründung für ein Leben nach dem Tod. Der treue Gott lässt uns nicht im Nichts versinken. Zwar lässt die Schöpfung, so wie wir sie derzeit erleben, nicht auf eine künftige Auferstehung oder gar eine neue Schöpfung schließen. Er selbst aber hat es uns zugesagt und kann es in seiner Macht auch bewirken. Auf ihn allein stützt sich unsere Hoffnung. **Woher aber wissen wir von einem „treuen Gott", haben wir ihn etwa bewiesen?** Keineswegs; wie alle übrigen emotionalen Qualitäten fehlt dem „bewiesenen" Gott auch die Treue. Er ist der Schöpfer, weiter nichts. In keiner Weise folgt aus der Tatsache der Schöpfung eine spätere Neuschöpfung oder sonst ein Weiterleben der Menschen.

Heutzutage fügen wir dem Bild Gottes nahezu automatisch Züge der Treue und Liebe bei und übersehen, dass sie mit dem Bild des Schöpfergottes, eines reinen Macht-Gottes, in keinem notwendigen Zusammenhang stehen. Den fehlenden Zusammenhang illustriert das Gottesbild des alten Israel: Der damalige Gott war überhaupt nicht „treu"; er ließ die Menschen nach dem Tod in der Gottferne der Scheol versinken.

Gott und das Jenseits aus der Schöpfung erschließen – damit wird es also nichts. Dem Dogma des Ersten Vatikanischen Konzils lässt sich nicht beipflichten. Die Existenz Gottes und erst recht die des Jenseits ist aus den „geschaffenen Dingen" nicht abzuleiten – freilich auch nicht umgekehrt die Nichtexistenz. In der Folge legt sich das ganze Gewicht des Glaubens der westlichen Religionen auf den zweiten

Pfeiler: die Offenbarung. In ihrem eigentlichen Wesen sind sie Offenbarungsreligionen.

5. Die Offenbarung

Mehr oder weniger bewusst, mehr oder weniger theologisch unterfüttert, empfinden sehr viele Menschen: Keine Frage, über den Tod können wir unmöglich hinausschauen und sehen, was danach kommt. Aber von oben ist es uns geoffenbart. „Geoffenbart" – was heißt das? Blicken wir auf den Anfang dieser Geschichte.

Nach dem zweiten Buch der Bibel sprach der Herr zu Mose: „Du sollst deinen Stab erheben, deine Hand über das Meer ausstrecken und es spalten, damit die Israeliten inmitten des Meeres auf trockenem Boden hindurchgehen können". So geschah es; **die Israeliten zogen durch das Meer**, während „die Wasser eine Mauer zu ihrer Rechten und zu ihrer Linken bildeten"; die verfolgenden Ägypter dagegen versanken in den Fluten (Ex 14, 15 – 31). Mit diesem Wunder, dem Schlüsselerlebnis des alten Israel, setzt die lange **Offenbarungsgeschichte der westlichen Religionen** ein. Es war eine Zeichen-Offenbarung, der man als Botschaft entnahm: Jahwe hat es getan; „wer gleicht ihm unter den Göttern" (Ex 15, 11). Unter seinem besonderen Schutz steht das auserwählte Volk. Am Ende der Geschichte – nach den christlichen Offenbarungen – steht die **Offenbarung des Korans**. Als Original ist er im Himmel aufbewahrt, und er wurde angeblich dem Propheten Mohammed übermittelt, der Überlieferung nach durch den Engel Gabriel. Zuletzt also eine reine Wort-Offenbarung, und in welchem Umfang! Der Islam versteht sich von A bis Z als Offenbarung; er ist die Offenbarungsreligion schlechthin.

Der Grundgedanke jeder Offenbarung lautet: Wir Menschen können selbst nicht hinter den Vorhang blicken. Gott selbst aber hat uns Kunde gegeben – und nun wissen wir und glauben wir. So etwas kann es **nur in einem dualistischen Weltbild** geben. Es handelt sich ja nicht um religiöse Erkenntnisse, die Menschen gemeinschaftlich über Gott und Welt gewinnen. Von diesem allgemeinen Erkenntnisstrom sind sie als etwas Besonderes abgetrennt und herausgehoben, als ein besonderes, kundgebendes Eingreifen Gottes. **Aus sich selbst heraus soll die Kundgabe den Glauben tragen**, nicht so sehr wegen ihres überzeugenden Inhalts, sondern eben weil sie geoffenbart wurde. Normalerweise kennen wir das nicht: eine Aussage, die für sich selbst bürgt, d.h. für ihre Wahrheit und obendrein für ihre göttliche Herkunft. Im Normalfall muss jede Aussage durch etwas anderes begründet werden. Scharf spaltet der Dualist das Weltbild und behauptet den Einbruch einer höheren Welt in diese unsere Normalwelt. In der **Besonderheit des Ereignisses** soll sich der Einbruch ausdrücken: ein außergewöhnlicher Vorgang oder ein außergewöhnlicher Botschafter, im Falle des Jenseits auch ein außergewöhnlicher Gegenstand, der unserem Verstehen sonst kaum zugänglich ist. Der Dualist hat sich viel vorgenommen.

Ihm obliegt auf jeden Fall eine **heikle Grenzziehung**: Offenbarungsereignisse sind vom normalen Weltgeschehen zu trennen. Zu diesem gehört das religiöse, insbesondere theologische Denken der Menschheit, das für sich allein keine Offenbarung darstellt; Theologie behandelt Offenbarung, ist aber selbst keine Offenbarung. Zwar kann und soll der Gläubige auch in ihr das inspirierende Handeln Gottes am Werk sehen; ein herausgehobener, für die eigene Wahrheit bürgender Charakter ist damit aber nicht verbunden. Schwieriger ist die Grenze gegenüber den so genannten **Privatoffenbarungen** zu ziehen. Hierher gehören vor allem Visionen religiösen Inhalts, von denen im 10. Kapitel die Rede war. Wohl sind sie außergewöhnliche Ereignisse; aber sind sie deshalb schon maßgebliche Offenbarungen? Bei einem Mann wie Rudolf Steiner ließe sich dann mit Blick auf die Menge seiner Gesichte sagen: Der

Mann ist eine einzige Offenbarung. Man käme nicht weit, wollte man seinen Jenseitsglauben auf alle „Offenbarungen" dieser Art stützen. Dafür sorgt schon die Gegensätzlichkeit der Inhalte: Außer dem Satz „Nach dem Tod ist nicht alles aus" bliebe kaum eine Gemeinsamkeit übrig.

Man kann daher die Theologen verstehen, wenn sie die gleichsam offiziellen Offenbarungen Gottes von den Privatoffenbarungen unterscheiden und den letzteren einen geringeren Erkenntniswert zubilligen. Wo aber verläuft die Grenze? Hat Mose nicht als Privatmann das Vieh seines Schwiegervaters gehütet, als Gott ihm aus dem brennenden Dornbusch heraus seinen Namen offenbarte? Warum unterscheiden wir zwischen dem Seher Rudolf Steiner und dem Seher Johannes, der das letzte Buch der Bibel verfasst hat? Natürlich könnte man als „offiziell" solche Offenbarungen hervorheben, die in den Hochreligionen und nicht bloß in privaten oder esoterischen Kreisen Spuren hinterlassen haben. Damit würde aber offenkundig nur pragmatisch und ohne inhaltliche Aussagekraft unterschieden.

Eine überzeugende Abgrenzung wird der Dualist nicht finden können. In jedem Fall aber müsste er auf der Besonderheit des Ereignisses bestehen, sonst macht der Begriff der Offenbarung keinen Sinn. Zu jeder angeblichen Offenbarungswahrheit wird er also beantworten müssen: Wann, durch wen und auf welche Weise hat Gott sie kundgetan? Nun wird es konkret und für den Dualisten ungemütlich. Den an ihn zu stellenden Präzisionsanspruch kann er nicht erfüllen. Schon von außen betrachtet, breitet sich dichter Nebel über manche Schlüsselereignisse. Bestenfalls vermuten können Historiker, was der viel später aufgeschriebenen Geschichte über den Durchzug durch das Rote Meer zugrunde liegt, was damals genau geschehen ist und welche Menschengruppe es betroffen hat. Tiefe

Dunkelheit liegt auch über den einzelnen Vorgängen, als der Koran dem Analphabeten Mohammed diktiert wurde.

Auf der Ebene der Theologie nimmt es sich nicht viel besser aus. Bei den Christen ist ein deutlicher Hang zum Allgemeinen und zur Meidung konkreter Rückfragen zu vermerken. Unter Offenbarung versteht man zunehmend ein existentielles Näheverhältnis zwischen Gott und Mensch. Das ist nachvollziehbar, trägt aber nichts zur Begründung bestimmter Glaubenssätze bei. Auch sonst zeichnet man weniger die Konturen und Inhalte einzelner Offenbarungsereignisse nach, sondern **bevorzugt pauschale Darstellungen**: Gott offenbart sich in der „Heilsgeschichte" insgesamt, zunächst in seinem Weg mit dem Volk des Alten Bundes, sodann in Jesus Christus; Jesus ist Gottes Offenbarung in Person. Das ist ebenfalls nachvollziehbar, doch wiederum lässt sich so kein einziger Glaubenssatz auf eine bestimmte Offenbarung zurückführen. Das sollte einleuchten, wird aber in der Theologie großzügig beiseitegeschoben. Im hochoffiziellen Katechismus der Katholischen Kirche (Nr. 45) heißt es lapidar zur Lehre von der Heiligen Dreifaltigkeit: „Dieses Mysterium wurde von Jesus Christus geoffenbart". Bei aller Hochachtung für diese Lehre (siehe im 8. Kapitel Nr. 5): Sie wurde von Theologen in den Jahrhunderten nach Jesu Tod (bis etwa zum Zweiten Ökumenischen Konzil) ersonnen und dann an einigen Stellen in den Evangelien nachgetragen. Jesus selbst – das ist über jeden Zweifel erhaben – kannte sie ebenso wenig wie seine Zeitgenossen. Von Offenbarung also keine Spur.

Wenn Theologen von Offenbarung reden, sollte man deshalb genau hinschauen. Mit derart geschärftem Blick fragen wir: **Gibt es überhaupt Offenbarungen über das Jenseits?** Sieht man zunächst von Jesu Auferstehung ab, lautet die **klare, aber womöglich überraschende Antwort: Nein**. Soweit Platon in Betracht kommt, handelt es sich bei ihm natürlich um Philosophie, nicht um

Offenbarung. Und über die Apokalyptik wissen wir lediglich, dass sie in den Jahrhunderten vor der Zeitenwende aufgekommen ist. Ihre Quellen (persische? Visionen Zarathustras?) können nur vermutet werden. Ein Offenbarungsereignis ist weit und breit nicht in Sicht. Es ist der typische Fall einer in einem längeren kulturellen Prozess gewachsenen Idee; dieser kann, wie gesagt, nicht als Offenbarung gelten. Und Jesus? Er hat in Übereinstimmung mit der damaligen Mehrheitsmeinung den Glauben an die Auferstehung übernommen und ihn dabei nicht einmal zum Zentrum seiner Lehre gemacht. Eine Offenbarung wäre das nur, wenn man alles von Jesus je Gesagte oder Geglaubte unter diesen Begriff fassen würde. Das sollte man besser nicht tun, weil dann auch der Irrtum der Naherwartung zur göttlichen Offenbarung würde. Und Mohammed? Er hat der Apokalyptik in der Substanz nichts hinzugefügt, lediglich das vorgezeichnete Bild noch bunter ausgemalt, das Paradies etwa mit Gärten, Brunnen und Jungfrauen. Das sind eben Ausmalungen und Offenbarungen ebenso wenig wie die Bilder in Dantes Göttlicher Komödie.

Bleibt die **Auferstehung Jesu**. Die Erscheinungen nach seinem Tod sind als Ereignis einigermaßen fassbar, jedenfalls deutlich mehr als die historisch zweifelhaften Begebenheiten beim Auszug der Israeliten aus Ägypten. Hundertprozentig ausräumen lassen sich skeptische Zweifel freilich nicht; zu offenkundig ist die nachträgliche Ausschmückung der Erzählungen.

Das eigentliche Problem, will man den Glauben auf die Auferstehung als Offenbarungsereignis stützen, liegt wie bei jeder Zeichen-Offenbarung in ihrem Auslegungsbedarf. Die Botschaft in ihrer einfachsten Form lautet: **„Jesus lebt!"** Aber was heißt das? Die Zweifel beginnen damit, dass eine Auferstehung im Tod oder gleich nach dem Tod in der damaligen Lehre nicht vorgesehen war, Jesus also sozusagen regelwidrig auferstanden ist (siehe 8. Kapitel Nr. 4). Auch ist wie bei jedem Nachtodkontakt fraglich, aus welcher Sphäre die Erscheinungen hervorgegangen sind: aus der Ewigkeit oder aus einem womöglich bald erlöschenden Zwischenreich? In Ausdrücken wie „Jesu verklärter Leib" wird solche Unsicherheit romantisch bemäntelt. Kurz gesagt: Ohne weitere Information und **allein aus sich heraus beantwortet das Geschehen die eigentliche Frage nicht, nämlich nach einem Leben jenseits des Todes**. Allzu kühn will Paulus den Jenseitsglauben an der Tatsache der Auferstehung wie an einem seidenen Faden aufhängen: „Wenn aber Christus nicht auferstanden ist, dann ist euer Glaube nutzlos" (1 Kor 15, 17).

Heutige Theologen versuchen eher eine Bündelung von Glaube und Offenbarung zu gemeinsamer Kraft: Nur im Glauben gewinnt das Auferstehungsereignis seine Bedeutung. Doch werden hier nicht Defizite zusammengeworfen, so dass der Blinde den Lahmen stützt? Der Glaube, um nicht blind zu sein, braucht eine Grundlage, aber die Offenbarung kann sie allein nicht liefern. Die Auferstehung ist religiös gewiss ein hoch bedeutsames Ereignis, aber erst in einem sehr viel weiteren Kontext, nämlich Jesu Leben und Lehre: Entscheidend ist nicht, *dass* auferstanden wurde, sondern *wer* auferstanden ist. **Die Auferstehung Jesu führt für sich allein nicht zum Jenseitsglauben. Schon gar nicht führt sie, weil mit ihm nicht deckungsgleich und sogar widersprechend, zum Glauben der Apokalyptik an die endzeitliche Auferstehung oder Wiedererweckung**. Dies ist ohnehin die am fernsten liegende aller Jenseitsvorstellungen; kein Gott hat uns je auf sie Hoffnung gemacht. Nehmen wir also endgültig davon Abschied.

Allgemein zum Thema Jenseits steht uns jedoch noch ein anderer Ansatz offen: „**Gott ist treu**". Er liebt dich und wird dich nach dem Tode nicht im Nichts versinken lassen. Im Zusammenhang mit Gottesbeweisen sind wir schon auf diesen Gedanken gestoßen; jetzt geht es um die Offenbarung: Hat sich ein solcher Gott geoffenbart? Wieder geraten wir an die Apokalyptik als Angelpunkt. Denn vor ihrem Aufkommen war Gott sozusagen noch nicht treu und schickte die Menschen in die Scheol. Wie aber steht es überhaupt mit der **Selbstoffenbarung Gottes**? Eine sehr zentrale Frage für Religionen, die sich sowohl als theistisch wie als Offenbarungsreligionen verstehen. Merkwürdigerweise hat die sonst so dogmenfreudige Katholische Kirche noch in keinem Dogma festgestellt, dass es Gott gibt. Die religiöse Grundfrage schlechthin hat sie bisher den Theologen überlassen. Deren Antwort – wir ahnen es bereits – fällt wieder summarisch aus: In der gesamten Heilsgeschichte, angefangen bei Abraham (oder gar Adam), hat Gott sich selbst und seine Existenz geoffenbart. Natürlich: Wenn es überhaupt je Offenbarung gegeben hat, dann war es schon kraft Definition Gottes Offenbarung. Aber damit dreht sich der Begriff samt seiner Definition im Kreis. Man entgeht nicht der konkreten Frage: **Wann, wo, wie hat Gott geoffenbart, dass er als Gott existiert?** Doch mühen wir uns nicht ab mit der Suche nach dem bahnbrechenden Ereignis und seiner klaren Botschaft: In diesem Fall kann es einzig und allein nur Gott gewesen sein! **Niemals ist ein solcher Nachweis gelungen** und niemals wird er gelingen.

Die Konzepte des Dualismus und der Offenbarung sind Brüder im Geiste und schaufeln sich gegenseitig das Grab. Die allgemeine Verwerfung des Dualismus auf der Ebene der ganzen Welt nimmt dem Konzept der Offenbarung die Grundlage. Und dessen unlösbare Schwierigkeiten verstärken wiederum die Zweifel am Dualismus. Sehen wir die Dinge stattdessen durch die monistische Brille! Gott, wenn es ihn gibt, ist selbstverständlich in der Welt anwesend, aber nicht absonderbar und ausgrenzbar. Immer nur mittelbar schöpfen wir aus seinen Kundgaben, ohne sie als solche identifizieren zu können. Es ist die Einheit des Verschiedenen: Die Erfahrungen sind nicht alle gleich. Sie sind verschieden, auch verschieden gewichtig. Manche ragen an Bedeutung heraus, etwa Jesu Erscheinungen nach dem Tod: seine Auferstehung. Trotzdem fügen sich alle in den gleichen Weltzusammenhang. **Alles ist Offenbarung. Einen Begriff für besondere Ereignisse brauchen wir nicht.**

6. Der Kahlschlag und die Wende zum Sinn

Mit diesem Kapitel haben wir auch das zweite der im 5. Kapitel vorgestellten Weltmodelle zu den Akten gelegt, den dualistisch über dem Diesseits stehenden Gott mit entsprechendem Jenseits. Es bleibt nur das dritte Modell übrig: Gott und das Jenseits auf der Ebene der ganzen Welt. Konkret sieht die Bilanz des Gedankengangs so aus: Keine Schlüsse von der Welt auf Gott oder gar das Jenseits, kein Verlass auf die Offenbarung, keine endzeitliche Auferstehung der Toten, unter Einbeziehung des vorigen Kapitels auch keine platonische Unsterblichkeit und keine Wiedergeburt, zumindest im strengen Sinn. **Das ist wahrlich ein Kahlschlag – wo soll er enden?**

Es sind ja fast alle religiösen Hoffnungen kurz und klein geschlagen. Erneut tut sich ein gewaltiger Widerspruch zum tatsächlichen Glauben der Menschen auf, gerade was die Auferstehung angeht. In christlich-europäischen Kreisen macht sich zwar zunehmend Skepsis breit, weithin unbeschädigt ist der Glaube dagegen noch im **Islam**. Gegen ihn generell Front zu machen, kommt nahezu einer Koranverbrennung gleich. Aber wir haben uns in anderem Zusammenhang schon verschworen: Wenn die sachlichen Überlegungen der Nachprüfung standhalten, stehen wir dazu!

Sie haben ja mitnichten mit jeglichem Gottesglauben, jeglichem Jenseitsglauben und mit jeglicher Religion gebrochen. Im Kern richtete sich die **Kritik vor allem gegen den im Osten teilweise und in der Theologie der westlichen Religionen fast vollständig herrschenden Dualismus.** Und sie gab damit dem „Schalenmodell" der Transzendenz endgültig den Abschied. Gott durch einen tiefen Graben von der Welt zu trennen, den Gott der Macht und der

Schöpfung vom Gott des Sinnes und der Liebe zu scheiden – das kann nicht gut gehen. Halten wir es lieber mit der Einheit der Welt, ihrer Einheit in Verschiedenheit. In der Ganzheit der Welt ist das Einzelne im Ganzen aufgehoben und das Ganze im Einzelnen. So bleibt nur das dritte der im 5. Kapitel vorgestellten Welt- und Jenseitsmodelle übrig. Gott ist nicht mit der Welt identisch; aber er ist in allem, und alles ist in ihm: nicht Theismus und nicht Pantheismus, sondern **Panentheismus**.

Ein etwaiges Jenseits gehört unlösbar in diese Ganzheit hinein. Man kann sich nicht in theistischer Manier zunächst Gott als Fixpunkt wählen, glaubend oder gar beweisend, und daraus ein ewiges Leben als Konsequenz ableiten, z.B. auf eine angebliche Zusage Gottes vertrauend. Über Gott und das ewige Leben kann nur zusammen, in ein und demselben Sinnzusammenhang gehandelt werden. Mit der Bejahung des einen bejahe ich mehr oder weniger zugleich das andere. Diese Parallelität hat, soweit ersichtlich, zuerst Immanuel Kant in seiner Kritik der praktischen Vernunft gesehen.

Unlösbar verbunden im Sinnzusammenhang sind Sinn und Macht Gottes: Ohne Zweifel ist Gott auch ein Gott der Macht und nicht bloß ein abstraktes Prinzip oder ein gasförmiges Wirbeltier, wie Ernst Haeckel spottete. Nur wird für uns immer unzugänglich bleiben, wie es mit seiner Macht in der Welt und ihrer Ausübung im Einzelnen bestellt ist. Wichtige Fragen vor allem zum Leid und zum Bösen werden immer ohne Antwort bleiben. Begegnen können wir Gott am wenigsten auf seiner Machtseite; da verstellt die irdische Welt den Blick. Sehr **viel eher begegnen wir ihm auf der Sinnseite als Gott des Guten und der Liebe**. Nicht als Macht-Gott, sondern als guter Gott, als lieber Gott, als liebender Gott kann er unserem Leben Sinn geben und uns ins Jenseits begleiten.

Damit wird **die Wende vom Sein zum Sinn** vollzogen. Es ist die Wende vom Ontischen zum Ethischen und von der objektiven zur subjektiv-existentiellen Betrachtung des Zugangs zur Transzendenz, zu Gott, Welt und Jenseits. Der bisherige Weg hat dem Vorverständnis gedient, sonst aber nicht zum Ziel geführt. Im Letzten sind Gott, Welt und Jenseits keine Gegenstände, die man objektiv erforschen könnte. Nur im Leben des eigenen Lebens ist mehr über sie zu erfahren. Solche Erkenntnisse sind insoweit und nur insoweit möglich, wie wir sie für unser Leben brauchen. Darauf sollen wir vertrauen.

Die Wende zum Sinn lässt sich in einem einfachen Satz als „**pragmatisches Prinzip**" zusammenfassen: **Erkenntnisse zur Transzendenz und besonders zum Jenseits sind dann und nur dann möglich, wen wir sie zur sinnvollen Gestaltung unseres Lebens benötigen**.

Diesem Sinn gilt es nachzuspüren.

14. Sinn und letzter Sinn – der Schlüssel zu Erlösung und Jenseits

1. Sinn und Sein

„Ewiges Leben": Haben wir uns den Wahnwitz dieser Vorstellung klar gemacht? Von keinem Gottesbeweis und keiner Offenbarung gestützt, liegt sie zu allem quer, was wir von der Welt wissen. Zeitlose Naturgesetze sind kein Leben, und in dem Zeitlichen, das sie umschließen – Gestirne, Dinge, Lebewesen, Menschen – gibt es zwar Leben, aber es lebt unweigerlich seinem Tod entgegen. Zeitübergreifend haben wir die Ewigkeit genannt, eine Brücke zwischen dem Zeitlichen und dem Zeitlosen; ein schöner Gedanke, aber wo gibt es so etwas?

Zwei gegensätzliche Antworten melden sich. Zunächst **der Naturalist**: Selbstverständlich gibt es so etwas nicht; es gibt kein ewiges Leben. **Nichts existiert als das von den Naturgesetzen beherrschte Physische.** Eine scheinbar glatte Antwort, aber sie löst Gegenfragen aus. Wie kommt es zu der offenkundigen Kluft zwischen den zeitlosen Gesetzen und dem Zeitlich-Physischen? Woher kommen die reichen Gestaltungen des letzteren, das Leben allgemein, die Wirbeltiere, die Menschen? Der Naturalist spricht von Spontaneität der Natur, von Emergenzen und Fulgurationen. Fulgur heißt Blitz; aber woher hat der Blitz eingeschlagen, der Neues hervorbringt? Hat ihn etwa ein Gott geschleudert? Erneut eine von keiner Erklärung überbrückte Kluft. Eine solche Welt klafft auseinander. Die Naturalisten, so gerne die meisten von ihnen Monisten wären, plagt der Dualismus am Grund ihres Weltbilds. Im nächsten Kapitel kommen wir darauf zurück.

Offenem Dualismus verpflichtet ist die gegenteilige **Antwort des Theisten**: Ewiges Leben - kein Problem; **die Lösung lautet: Geist und Materie**. Wohl ist alles Materielle sterblich, aber der Geist ist unsterblich. Er war vor der Materie, er hat sie geschaffen und wird nach ihr sein. Hier der Geist meiner Enkel, dort die Kiste mit Legobausteinen; daraus formen sie eine Ritterburg. Ähnlich hat Gott den Menschen aus dem Lehm des Ackerbodens gebildet. Im Unterschied zur Ritterburg hat er ihm Geist eingehaucht, so dass er den Zerfall seiner Form überdauert. Der theistische Dualist sorgt sich nicht um die den Naturalisten kümmernde Zerrissenheit der Welt. Nach Art Platons und Plotins setzt er ihr das Ein und Alles des Geistes entgegen. Es ist ein Dualismus, dessen Haupttrennlinie zwischen dem Einen und dem Verschiedenen verläuft.

Nun haben wir **jeglichem Dualismus**, soweit es um die ganze Welt und die Letzten Dinge geht, mehrfach **eine Absage erteilt** und bekräftigen das nochmals. Denn woher nehmen wir das Messer, das die Welt scharf in zwei Hälften teilt? Nie wird es zur Hand sein. Zwar beobachten wir Unterschiede zwischen Zeitlichem und Zeitlosem und zwischen Geist und Materie; aber es fehlt die Handhabe, um aus der Unterscheidung eine absolute Scheidung zu machen.

Zu Recht heben die Theologen den Geist hervor, der die Grenzen zwischen Zeitlichem und Zeitlosem verwischt und überschreitet. Aber wir müssen ihn unter monistischem Blickwinkel betrachten. Er ist, als Menschengeist, aus der Materie erwachsen und nicht ihr absoluter Gegensatz. Seine Essenz ist Sinn, ein Sinn, der immer auf etwas aus ist. **Sinn und Sein sind die eigentlichen Pole**, Pole des Seins im weiteren Sinn. Als Kurzformel stehen sie für sinnfreies (bloßes) Sein und für sinnhaftes Sein. Einen Stein ordnen wir dem bloßen Sein, den menschlichen Geist dem sinnhaften Sein zuz. Nicht genau einzuordnende Übergänge dazwischen beunruhigen den Monisten nicht: Was ist mit dem Geist von Bienen und Wespen, was mit dem Geist meiner Katze oder meines Hundes?

Bloßes Sein ist, wie es ist. Und es ist, weil es ist. Es ist einfach da. Sinnhaftes Sein dagegen ist, weil es sein soll oder sein will. Die Legobausteine, um im Beispiel zu bleiben, wurden einmal sinnvoll hergestellt. Jetzt aber, in ihrer Kiste, sind sie bloßes Sein, einfach nur da als Stoff und Material. Dann entsteht die Burg, wie sie nach dem Sinn der Enkel sein soll, mit Türmen und Erkern. Von Kindesbeinen an sitzt uns der Unterschied von Sein und Sinn im Blut, von Sein und Sollen oder Wollen, sprachlich von Indikativ und Konjunktiv: Es ist und es sei; ist es wirklich so, oder möchtest du es nur so?

Was ist nun das Besondere an Sinn und Geist, das gar an einen Zusammenhang mit dem ewigen Leben denken lässt? **Sinn ist schöpferisch**. Er erschafft etwas und zugleich sich selbst. Es geht nicht so sehr um den Gegensatz von Sein und Werden. Auch das Sein ruht nicht; es wird. Gestirne ziehen ihre Bahn, Wasser fließt und verdunstet, Lebewesen werden alt und vergehen. Aber solches Werden bewegt sich in vorgezeichneten Bahnen; es läuft, wie es läuft und bringt kaum Neues hervor. Sinn dagegen ist wie Gott; kreativ erschafft er noch nicht Dagewesenes. Bei Kunstwerken ist es offensichtlich. Aber auch mein Eindruck von einer schönen Landschaft kann als Schöpfung gelten, selbst wenn ich sie nicht male: Jeder persönliche Eindruck, von der Person maßgeblich mitbestimmt, ist einzigartig. Kein anderer hat je die Landschaft genauso gesehen. **Einzigartigkeit und Einmaligkeit** gehören zu den Bestimmungen von Schöpfung und Sinn. Dagegen tritt uns das Sein oft als Dutzendware entgegen, siehe etwa Legosteine oder Geldscheine, nicht zu reden von Elektronen oder anderen Grundbausteinen der Materie.

Noch treffender lässt sich Schöpfung mit dem Begriff **„das Ganze"** umschreiben. Damit nehmen wir die im 5. Kapitel begonnene Linie wieder auf, und es zeichnet sich bereits der Zusammenhang von Sinn einerseits und Transzendenz andererseits ab. Das Ganze ist mehr als die Summe seiner Teile, und eben dieses Mehr wird geschaffen. Das Sein liefert die Teile, der Sinn macht aus ihnen ein Ganzes. Es ist die lustige Gestalt, ihre Ganzheitlichkeit, die der Ritterburg Sinn gibt über die Ansammlung von Bausteinen hinaus. Ganzheitlichkeit – im Fremdwort „Holismus" – gehört unabdingbar zu einem sinngestützten Weltbild. Die Wahrheit ist das Ganze, sagt treffend Hegel.

Eine Ausdrucksform des Ganzen ist, wie schon gesagt, die **Rückbeziehung oder Reflexion** einschließlich der Selbstreflexion. Das Sein, bildlich gesprochen, läuft einfach seinen Lauf, ohne umzuschauen. Der Sinn dagegen blickt auf sich zurück und bezieht sich in die eigene Schöpfung ein: Er erschafft sich selbst und anderes. Der Künstler ist durch sein Werk ein anderer geworden; er hat sein Inneres hineingelegt, und das Werk hat sich in ihn hineingelegt.

Richtig drückt es die Sprache bei Entscheidungen aus: „Er hat sich entschieden" bedeutet: Er hat etwas entschieden und zugleich sich selbst; er ist danach nicht mehr derselbe. Ohne solche Rückbeziehung gibt es kein Bewusstsein. **Bewusstsein ist immer zugleich Selbstbewusstsein**. Und Leben im eigentlichen Sinn ist nicht bloßes Dahinleben, sondern selbstbewusstes Leben. Schließlich erreicht mit der Rückbeziehung die Ganzheitlichkeit ihren umfassenden Höhepunkt: Nichts bleibt mehr außerhalb, auch nicht die Entstehung des Ganzen; denn dieses erschafft sich selbst. Insofern eignet dem Sinn ein Anflug von **Autonomie und Absolutheit**: Unabhängig von anderem ist er sein eigener Schöpfer.

Der Sinn verschmilzt das Selbst und seinen Gegenstand zur Ganzheit und ebenso die Formen der Zeit: Zeitlichkeit und Zeitlosigkeit. In einer symphonischen Komposition wachsen zeitlose Gesetze der Harmonie mit zeitlichen Akten es Komponierens und der

Wiedergabe **zeitübergreifend** zu einem Gebilde zusammen, das sowohl die „Symphonie an sich" wie ihre Komposition und jede einzelne Aufführung umfasst – ein „unsterbliches Werk" nennen wir das.

Der Sinn zeichnet sich, wenn wir zusammenfassen, im Vergleich zum Sein durch seine schöpferische Tätigkeit aus, in der Idealform einzigartig, ganzheitlich, selbstreflexiv, absolut und zeitübergreifend. Wer jedoch als Leser diese Hymne auf den Sinn für etwas überzogen hält, hat nicht ganz Unrecht. Denn **die Idealisierung hat Grenzen**, und diese trennen die menschlichen Sinnschöpfungen von dem, was wir uns als Gottes Schöpfungswerk vorstellen. Vollkommene Schöpfung würde auch das jeweilige Sein voll miterschaffen, tatsächlich wird ihm meist nur eine Form aufgeprägt. Bei der Ritterburg wurde bloß die Form geschaffen, das Material war vorhanden. Zwar greifen Schöpfungen oft tief in den körperlichen Bereich ein, bei einer Symphonie etwa in den der Musiker, von den Neuronen bis zu den Muskelfasern; dennoch werden diese Körperteile nicht miterschaffen. Überall finden wir ein Substrat, einen Stoff vor, der vor und unabhängig von der Schöpfung vorhanden war. Das Bewusstsein erschafft sich zwar selbst, aber auch das nur teilweise. An ähnliche Grenzen stößt der zeitübergreifende Aspekt: Selbst die unsterblichste Symphonie wird einmal sterben, nämlich nicht mehr gespielt werden. Und den Komponisten überlebt sie nur als Werk oder Erinnerung. Seinen eigenen Kompositionssinn beendet der Tod. Menschlicher Sinn bleibt vom Sein abhängig, von der Materie und ihren Elementen; nennen wir das für den weiteren Gebrauch die **elementare Abhängigkeit**.

Ihretwegen kann nicht einmal vom hoch entwickelten menschlichen Sinn ein direkter Weg zur Unsterblichkeit führen. Wie soll sich ein von den Elementen abhängiger Sinn davon für ein ewiges Leben freimachen? Warum reden wir dann so lange über ihn?

Offensichtlich als Vorspiel zu den entscheidenden Fragen: **Hat die Welt selbst Sinn?** Und trifft dieser Sinn auch mein hiesiges und womöglich jenseitiges Leben? Neues hat die Welt überreich hervorgebracht; etwa die Entstehung von Lebewesen und Menschen. Aber war das sinnvolle Schöpfung oder bloßer Zufall im Rahmen der Naturgesetze?

In diesem Zusammenhang spielt der etwaige **Inhalt des Welt-Sinnes** eine Rolle. Sinn ist nicht gleich Sinn. Ein inhaltlich verhältnismäßig leerer Sinn, wie er dem östlichen Weltbild entsprechen mag, würde nur das Weltliche in tiefer innerer Verbundenheit zusammenfügen zur Ganzheit der Welt. Inhaltlich reicher wäre dagegen ein Sinn, der das Sein schöpferisch trägt und sich ihm liebend zuwendet; in der christlichen Tradition nennen wir ihn **Gott**. Vorsicht ist allerdings angebracht, wenn Theologen in diesem Zusammenhang vorschnell von Vollkommenheit und Allmacht reden; denn wo bleiben das Leid und das Böse? Unterstellen können wir nur, dass der Welt-Sinn maßgeblichen Einfluss auf das Welt-Sein hat, maßgeblichen, nicht notwendig absoluten.

Wenn es ihn gibt, ist **Gott jedenfalls bedeutend weniger elementar abhängig als der Mensch**. Für seinen Sinn und den Menschensinn käme das bereits besprochene Bild – mehr als ein Bild kann es nicht sein – zum Tragen: die ganzheitliche Spiegelung. Wie das ganze Hologramm in seinen Teilen **würde sich Gottes Sinn vage und ungenau im Sinn des Menschen spiegeln und seinem Leben Sinn geben**. Mit dem Tod des Menschen, so wäre zu unterstellen, würde auch seine elementare Abhängigkeit enden, so dass sich **das Verhältnis in die Ewigkeit hinein fortsetzen könnte**. In Umrissen ist damit ein erstes Verständnis von ewigem Leben gewonnen, wie es den Vorgaben des Ersten Teils entspricht. Die Überlegungen zeigen:

Es ist das einzig mögliche Verständnis. Die meisten Fragen nach dem „Wie?" des Jenseits bleiben dabei leider offen.

Nun möchte man wissen: Was kann das für ein menschlicher Sinn sein, der so hoch hinaufreicht, dass er mit dem Sinn der Welt oder Gottes in Berührung kommt?

2. Streben und Wert

Der Sinn ist die Essenz von Geist und Bewusstsein und das schon bei den banalsten Lebensäußerungen. „Ich will noch einen trinken" drückt aus, was ich im Sinn habe, erreicht aber durchaus nicht die Höhen der Transzendenz. Dennoch verbinden – die Welt ist eine Einheit – gemeinsame Grundmuster die niederste mit der höchsten Sinnvorstellung. Diese Muster gilt es zunächst zu verstehen, bevor wir in die Gipfelregion vordringen. **Was ist Sinn?**

Wenn mich niemand fragt, weiß ich es; wenn jemand mich fragt, weiß ich es nicht. Das Wort des Augustinus über die Zeit gilt auch für den Sinn. Unbewusst ist uns der Unterschied zwischen „es ist" und „es soll sein" vollkommen vertraut; sollen wir ihn aber erklären, geraten wir in Schwierigkeiten.

Dabei stellt sich zu Anfang ein vor allem die Philosophen interessierendes Problem: Welchen Standpunkt wollen wir einnehmen? Erkunden wir den Sinn in der Binnenschau, also danach, wie er sich in unserem Inneren anfühlt? Oder betrachten wir ihn von außen, vorzugsweise bei anderen Menschen oder auch bei Tieren und überhaupt in der Evolution, und das womöglich mit den Methoden verschiedener Wissenschaften? Der Grundsatz der Einheit der Welt kommt uns hier zu Hilfe: Der **Unterschied zwischen subjektiver und objektiver Betrachtung** ist nicht so bedeutend wie oft behauptet wird; im Grund hängt ja alles zusammen. Ein Affe, belehrt uns die evolutionäre Erkenntnislehre, dessen innere Vorstellungen zu wenig mit der äußeren Realität übereinstimmen, wäre längst ein toter Affe. Immer wieder kehren dieselben durchgehenden, „transgressiven" Grundmuster wieder, natürlich mit Abwandlungen. **Eine Kluft zwischen innen und außen gibt es nicht**. Das sei zumindest als Arbeitshypothese vorangestellt. Sie wird sich gegenüber dem Naturalismus rechtfertigen müssen, der in seiner harten Version die Binnenschau gänzlich verwirft. Schon im Blick auf diese Streitfrage müssen wir beide Standpunkte durchprobieren. In diesem Kapitel geschieht die Schau vorzugsweise von innen, im nächsten von außen. Dabei werden auch in die Binnenschau zahlreiche Blicke nach außen eingeflochten, die die Parallelität der Muster belegen.

Einer solchen Parallelität begegnen wir beim Sinn in seiner ausgeprägten Form. Solcher **Sinn ist Streben**, Sinnstreben. Das Sein – so scheint es – ruht in sich, der Sinn dagegen ist immer auf etwas aus. Unruhig ist mein Herz, bis es Ruhe findet in dir, mein Gott, so wieder Augustinus. Der Mensch strebt, solange er lebt. Ist er hungrig, will er satt werden; und der Sättigung folgt bald wieder der Hunger. Doch wenn wir genauer zusehen, finden wir Streben auch im Sein. Die fallenden Tropfen streben nach dem Grund des Wasserfalls; chemische Reaktionen streben nach dem chemischen Gleichgewicht. Doch zum Sinnstreben fehlt dabei etwas Geistiges, das dem sonst blinden Lauf von Spannung zu Entspannung und von Not zu Linderung eine frei gewählte Richtung gibt – ein steuerndes Relais sozusagen, das sich zwischen Bedürfnis und Erfüllung schiebt. Stehen wir hungrig vor einem Buffet, schlingen wir nicht das Nächstbeste hinunter, bloß um so schnell wie möglich den Hunger zu stillen. Sondern wir suchen uns Leckerbissen aus; denn wir wollen nicht nur satt werden, sondern auch Schmackhaftes genießen. Dieses **geistige Steuerungsrelais** nennen wir einen **Wert**. Wohlgeschmack ist ein Wert, freilich ein sehr schlichter. Unser ganzes Sinnenleben oder geistiges Leben beruht auf Werten und Bewertungen. Werte sind uns zum Teil vorgegeben, im Beispiel etwa durch die Beschaffenheit unserer Geschmacksnerven, zum anderen Teil schaffen wir sie selbst. **Wertschöpfung** ist das vornehmste Geschäft des Sinnes. Binde ich mich an einen Lebenspartner, so schaffe ich mir diese Bindung als einen Wert, und ich versuche ihn in der Folge zu verwirklichen. Gelingt das, finde ich es gut. Die Bezeichnung **„gut"** – im allerweitesten Verständnis – zeigt an, dass ein Wert verwirklicht wurde.

Sinn muss jedoch nicht immer in ausgeprägter Weise streben. Das ist gleichsam seine voll entwickelte, aktive, nach vorwärts drängende Form. In gleitendem Übergang gibt es davor sanftere, passive, in sich ruhende Formen, die im Augenblick nirgendwohin wollen: Ich sitze auf der abendlichen Terrasse vor einem Glas Wein, fühle mich rundum wohl und will nicht mehr. Auch das ist sinnhaftes Erleben, auch in ihm stecken Wert und Bewertung. Dem Sinn liegt auch, wenn er gerade nicht strebt, ein Wert zugrunde.

Infolge der Allgegenwart von Werten und Bewertungen greift die Meinung zu kurz, unser Bewusstsein spiegle die Außenwelt. Zwar ist ein Moment der Spiegelung immer dabei, aber der Spiegel des Geistes wählt aus und verzerrt. Tatsachen dringen nicht als „nackte Tatsachen" in uns ein. „Erkenntnis und Interesse" titelt Habermas zu Recht und meint: Erkenntnis nur aufgrund von Interesse. Wertmäßig Uninteressantes fällt durch die Maschen und wird sogleich vergessen; wir merken das, wenn wir uns bei der Zeitungslektüre beobachten. Was den Wertfilter passiert, wird nicht eins zu eins abgebildet, sondern unlösbar verwoben mit seiner Bewertung. „Liebe macht blind" sagen wir im krassen Fall; aber auch in weniger krassen Fällen tragen Eindrücke den subtilen Stempel ihrer Bewertung. **Sinn und Wert sind die Grundlagen des Geistes.**

Werte und Bewertungen stehen nicht für sich allein, sondern fügen sich in das Ganze des Geistes ein. Dort hinterlassen sie ihre Spuren. Die Spur, die die Bewertung „gut" hinterlässt, nennen wir **Glück** – wiederum im allerweitesten Verständnis: Es reicht von schlichter Befriedigung über Zufriedenheit und kleine Glücksmomente zum so genannten großen Glück. Sinn hat, das ist deutlich geworden, ein besonderes Verhältnis zum Ganzen und zur Ganzheit. Das gilt auch und erst recht für das Glück. Höchstes Glück ist "aus einem Guss", es ist, wenn wir „ganz glücklich", „rundum glücklich" sind. Die Sprache zeigt, wohin das Herz zieht. Die Höhen der Werte und des Glücks sind es, von denen sich der Blick auf die Transzendenz öffnet. Das geschieht nicht auf Schritt und Tritt; es muss erst ein Weg begangen werden. In den folgenden drei Abschnitten soll der Weg des Sinnes zu seiner Vollendung anschaulich werden. Die Gesichtspunkte sind verschieden; doch **geht es im Grund immer um dasselbe: um Ganzheit und Ganzwerden**.

3. Primäre und sekundäre Werte

Sattsein befriedigt, aber bald folgt neuer Hunger. Das Sinnstreben ist paradox: Du willst irgendwohin, und wenn du dort bist, bleibst du nicht und willst weiter – wie der „Reiseesel" in einem der Bilderbücher von Janosch: Am Ziel angekommen, reist er sofort weiter. Und nicht nur weiter führt der Weg, sondern auch zu Höherem. Der Sinn übersteigt, „transzendiert" seine einfachen Ziele, er übersteigt sich selbst. Dem einfachen Sattwerden und Durstlöschen folgt der Wohlgeschmack, das Zergehen des Burgunderweins auf der Zunge. Damit nicht genug, über die einfachen Genüsse wölben sich die so genannten höheren Werte: Wir wollen Unterhaltung, Bildung, Kunst, Geige spielen und am Ende gar ein Buch über das Jenseits schreiben. Solche **Ziele erweisen sich im Vergleich zum einfachen Stillen des Hungers nicht bloß als höher, sondern als komplexer**, d.h. sie lassen sich nicht „einfach so" anstreben, sondern sind eingebunden in ein komplexes Geflecht von Voraussetzungen und Zwischenzielen: Die Grundbedürfnisse sollten einigermaßen befriedigt sein, ich brauche Geld und Zeit und Ausdauer für Übung und Studium. Entsprechend komplex gerät die Sinnerfüllung selbst, z.B. das Spielen einer schwierigen Sonate auf der Geige.

Sinn lebt in enger Verwandtschaft mit **Komplexität**. Seine biologische Herkunft hat sie ihm eingetragen. Sinn und Werte suchen wir weniger bei Fadenwürmern, eher schon bei Affen und Delphinen, am ehesten bei uns Menschen. Ohne Zweifel wird die Entstehung von Geist durch zunehmende Komplexität begünstigt, vor allem die des zentralen Nervensystems. Viele halten sie daher für einen Wert an sich.

Auf diesem Entwicklungsweg markiert der Gesichtspunkt der Ganzheit wichtige Stationen. Einfache Elemente schließen sich zu etwas Ganzem zusammen, etwa zum Zellhaufen einer Algenkolonie. Dadurch bekommen Begriffe wie Erhaltung und Zerstörung, auch Vergrößerung und Erweiterung einen Sinn. Die Kolonie kann fortbestehen oder zerfallen. Zunächst sind das tatsächliche Vorgänge; in einem nächsten Schritt aber erwächst daraus eine Urform des Wertes: Das Ganze entwickelt Mechanismen, um sich gegen Zerstörung zu verteidigen und seinen Bestand zu erhalten. Wir nennen es **Selbsterhaltungstrieb**, die einfachste Gestalt der Selbstreflexion des Sinnes: Der Sinn sinnt auf sich selbst und seinen Fortbestand.

Selbsterhaltung ist im Geflecht der Werte eine der grundlegenden Voraussetzungen. Verliere ich das Leben, geht gar nichts mehr, verliere ich die Gesundheit, geht vieles nicht mehr: Ich muss z.B. eine Menge Besprechungen und Termine absagen. In einem Geflecht oder einer Hierarchie sind auch sonst Werte und Sinnziele vielfach aufeinander bezogen. Am Bahnhof studiere ich den Fahrplan; ich tue das, um so schnell wie möglich von A nach B zu kommen; auch B ist kein Selbstzweck; ich will dorthin, um die Person X zu besuchen. Man könnte fortfahren mit dem „um zu, um zu". Relative Werte, die mittels „um zu" einem übergeordneten **primären Wert** zugeordnet sind und von ihm abhängen, nennen wir **sekundäre Werte oder Zwecke**. Werden sie befriedigend erfüllt, sprechen wir statt von „gut" oft von „richtig" oder „zweckmäßig". Es sind Zwischenstationen oder Dispositionen, die uns in den Stand setzen, das eigentliche Ziel zu erreichen. Die wohl bekannteste Disposition ist **Geld**: Will ich mich in einer Villa am Tegernsee niederlassen, muss ich erst das nötige Kleingeld beisammen haben.

In vielfacher Weise staffeln sich die Werte im Leben. Die meisten sind relativ, also Zwecke. Nicht selten wird ihre Relativität freilich übergangen, und sie werden zum primären Wert oder, wie man sagt, zum **Selbstzweck**. Wenn Walt Disneys Onkel Dagobert in Goldstücken badet, ist Reichtum zum Selbstzweck geworden. Und obwohl wir nicht wirklich nur um unser selbst willen auf der Welt sind, geschieht mit dem Selbsterhaltungstrieb zuweilen das gleiche: Man findet Erfüllung zwischen Bio-Gemüse, Wellness, Arztbesuchen und Fitness-Studios.

In solchen Fällen wird **die Werte-Hierarchie auf den Kopf gestellt**. Mit ihr verhält es sich so: Von einem bestimmten Wert – sagen wir: einem geplanten Ausflugs-Wochenende mit Freunden – kann ich einerseits „nach unten" blicken zu den abhängigen Zwecken: Was muss ich vorher alles tun, besorgen, einkaufen? Andererseits geht der Blick „nach oben": Will ich überhaupt mitfahren, oder mache ich mir lieber gemütliche Tage zu Hause? Die Suche gilt einem primären Wert, der die Unsicherheit beheben soll. Einfache Werte erübrigen oft eine solche Hinterfragung; sie sind von Haus aus primär. Die herrliche Blume des Rotweins spricht für sich selbst und braucht keine Rechtfertigung. Meistenteils sind Werte aber komplex. Dann begnügen sie sich nicht mit dem Relativen und **suchen Einbettung in einem höheren Wert**, der in sich selbst ruht und sich selbst genügt. Von Kunst und Ästhetik kennen wir das: „Was aber schön ist, selig scheint es in ihm selbst" dichtete Mörike über eine Lampe. Auch hinter Entscheidungen suchen wir einen Wert „aus einem Guss", mit dem wir uns vollkommen identifizieren können. Dumm kämen wir uns ohne solche Leitlinie vor, wenn wir die Gestaltung des Wochenendes auswürfeln müssten.

Rein subjektiv betrachtet, ist das Wichtige eben wichtig, und das Wichtigste ist primär. Sinn will sich aber im Sein verwirklichen, nicht nur in sich selbst. Was ich subjektiv für wichtig halte, sollte auch objektiv wichtig sein; was ich für wert halte, sollte es auch sein. Werten nachzulaufen, die sich letztlich als Blendwerk herausstellen, führt zu nichts. Die subjektiv primären oder absoluten Werte tendieren daher zu objektiver Absolutheit. Ob es schlechthin absolute Werte gibt, ist umstritten und wird uns noch beschäftigen. Dass ein **Rangverhältnis unter Werten – ein Verhältnis von vorläufig und endgültig, von sekundär und primär** – auch objektiv besteht, darüber sollte man sich hingegen einigen können. Insbesondere sollten Werte, die ihrem Wesen nach „um zu"-Werte sind, nicht absolut gesetzt werden. Wer Geld für das Wichtigste im Leben hält, stülpt das objektive Wertgefüge um.

Fassen wir zusammen: Sinn strebt über sich hinaus, und auf seinem Weg der Reife strebt er nach primären und letzten Endes **absoluten Werten**.

4. Harmonie, Konflikt, Ganzheit

Ich und der Andere oder das Andere – eine weitere Achse der Sinnentwicklung stellt sich vor. Ich bin nicht allein mit meinen Werten und mit meiner Wochenendgestaltung. Sinn vollzieht sich im Austausch mit der ganzen Welt um mich herum und vor allem mit meinesgleichen, meinen Mitmenschen. Wir wirken aufeinander ein mit unseren gegenläufigen Sinnen, Werten und Interessen. Mit „gegenläufig" kann sowohl ein freundliches, sich ergänzendes als auch ein feindseliges Gegenüber gemeint sein. Die Wirkungen geschehen nicht isoliert voneinander, sondern verschmelzen zu etwas, das wir **Wechselwirkung** nennen. Sinn bedeutet Verschmelzung zur Ganzheit, und deren Grundform heißt Wechselwirkung.

Sie geschieht nicht nur zwischen Menschen, sondern überall im Sein. Sämtliche physikalischen Grundkräfte sind Wechselwirkungen: Bei der Schwerkraft wirkt die Masse A auf die Masse B und umgekehrt. Daneben gibt es natürlich auch einseitige Wirkungen, ein einseitiges Gegeneinander. Oft wird dabei ein Lauf oder eine Linie unterbrochen. Ein Hund läuft mir ins Fahrrad und wirft mich um. Wechselwirkungen heben gleichsam solche Brüche auf und bringen sie in einem stabilen Mit- und Gegeneinander zum Ausgleich. Die Protonen im Atomkern würden wegen ihrer gleichen elektrischen Ladung auseinanderfliegen; die Kernkräfte wirken jedoch entgegen, wodurch der Atomkern als Gesamtsystem entsteht, stabil und harmonisch zugleich. Auch unter Menschen können sich gegenläufige Charaktere zu harmonischer Gemeinschaft verbinden. **Harmonie** ist eine zentrale Leitlinie des Sinnes. Die alte chinesische Kultur hat sie mit Recht hochgehalten; die „Halle der höchsten Harmonie" war das Zentrum der Kaiserstadt.

Aber auch Harmonien vergehen und zerbrechen. Dies schon deshalb, weil ewig dahindauernde Harmonie so langweilig wäre wie ein ewig fortbestehender Atomkern. Im Wesen des Sinnes liegt, sich selbst zu übersteigen und zu transzendieren und immer wieder zu neuen Ufern aufzubrechen. Das Spiel von Harmonie, **Bruch oder**

Konflikt und neuer Ganzheit wiederholt sich auf verschiedenen Ebenen, transgressiv durchsetzt es die Welt. Der Dialektiker mag es – ähnlich wie die Stationen der anderen Sinnwege – als Dreischritt von These, Antithese und Synthese deuten.

Harmonien können sich mit eingebauter Disharmonie zu höherer Harmonie verbinden; das wissen Künstler. Je tiefer der Bruch, umso größer die Chance für eine höherwertige Ganzheit. Gerade **die unlösbaren Gleichungen können den Durchbruch bewirken**, nicht auf ihrer Ebene, wo keine Lösung möglich ist, aber auf einer höheren. Als das geozentrische System des Ptolemäus für die Planetenbewegungen nahezu unlösbar kompliziert geworden war, sprengten es Kopernikus und Galilei und stellten die Sonne in die Mitte; eine neue Astronomie war geboren. Eine Richtung des Zen-Buddhismus macht geradezu ein System daraus, den Schüler vor ein unlösbares Rätsel zu stellen; geistig in die Enge getrieben, soll er zu höheren Stufen der Einsicht durchbrechen.

Wie nicht jede Wirkung zu stabiler Wechselwirkung wird, so ist nicht jeder Konflikt fruchtbar. Doch sind **fruchtbare Konflikte auf dem Sinnweg nicht zu entbehren**. Wenn das Samenkorn nicht in die Erde fällt und stirbt, wird es keine Frucht bringen, sagt Jesus. Neue Werte erwachsen aus Wertkonflikten, ob im Inneren des Menschen oder zwischen Menschen. Kriege lösen unerträgliche Spannungen zwischen Völkern und können zu einer stabilen Friedensordnung führen. Ein friedliches, gleichmäßiges, ja spießiges Leben mag geistig wenig voranbringen; erst im Leid reifen wir.

Sollen wir also Leid und Krieg anstreben? Natürlich nicht. Eine abgründige **Paradoxie** tut sich auf: **Bruch und Konflikt sind fruchtbar, aber nicht erstrebenswert**. Paradoxerweise soll man auch das Gegenteil nicht anstreben, das Glück. Man soll es nicht einmal beim Namen nennen, wie Hermann Hesse in einem Gedicht sagt. Allenfalls im Augenwinkel soll man es haben und von selber kommen lassen. Wer sich dennoch auf das Glücklichwerden fixiert, wie manche Ehepaare, erreicht das Gegenteil. Im Rahmen des Sinnstrebens allein lösen sich solche Paradoxien nicht auf – ein erster Hinweis darauf, dass der Sinn erst im Verein mit einem größeren Ganzen, womöglich mit Gott, zu seiner vollen Erfüllung kommt. Zunächst erschließt sich jedenfalls die Erkenntnis: Weniger im glatten Lauf als in Bruch und Konflikt und in ihrer Überwindung zu neuer Ganzheit kommt der Sinn zur Reife. Das heißt auch: Nicht mit mir allein, sondern erst im fruchtbaren und konfliktträchtigen Austausch mit anderen erreiche ich die Spitzen von Sinn und Wert. Nicht mehr fern ist die Einsicht: **An der Spitze der Wertpyramide steht die Liebe**, die den Hass und das Böse überwindet.

Ethik und Moral, die ja vorwiegend das Verhältnis zwischen mir und anderen betreffen, ist damit ein herausragender Platz zugewiesen. Die zahlreichen Ansätze, Ethik und Moral begrifflich voneinander abzugrenzen, lassen wir links liegen. Eine inhaltsgleiche Verwendung der Ausdrücke, wie sie weitgehend der Umgangssprache entspricht, tut den folgenden Überlegungen keinen Abbruch. Natürlich sind Sinn und Wert nicht insgesamt auf Moral festgelegt; es kann ihnen auch um ganz anderes gehen, etwa um Lebensgenuss. Die vorliegenden Gedanken lassen aber einen Schluss zu: Der Sinn des Lebens gipfelt im Leben mit anderen und für andere – **Werte gipfeln in ethischen Werten**. Das ist nicht als Ideologie der Aufopferung zu verstehen, als ob der Andere und sein Wohl in jedem Fall wichtiger wären als ich selbst. Mit seinem Gebot, „den Nächsten zu lieben wie sich selbst" hat Jesus solchem Irrtum vorgebeugt. Gemeint ist, dass der Bezug des Menschen zu anderen höher einzuordnen ist als reiner Selbstbezug.

5. Notwendigkeit, Freiheit, Schöpfung

Auf dem dritten Weg dringen wir noch tiefer ein, sozusagen zum Schmelzpunkt, wo der schöpferische Sinn die Elemente zu neuer Ganzheit verbindet.

Auch der Sinn ist aus Erde gemacht. Er geht aus dem Sein und seinen Notwendigkeiten hervor. **Notwendigkeit** prägt das Sein: Dieses ist, wie es notwendig ist; es läuft und wird, wie es nach den Naturgesetzen laufen und werden muss. Der Sinn braucht und erkämpft sich Freiräume, doch um sie herum setzt die Notwendigkeit Grenzen. Im Äußeren sind das etwa die berühmten Sachzwänge, die wir beachten sollten, wollen wir nicht mit dem Kopf durch die Wand gehen. Im Inneren kommen die so genannten Knoten im Kopf dazu, die sachliche Schranken an Härte oft übertreffen: Ich kann nur so und nicht anders. Nicht nur **Schranken** bietet die Notwendigkeit, sondern auch ein **unentbehrliches Geländer**. Auf das Sein und seine Gesetze kann ich mich verlassen und weiß, was ich zu erwarten habe. Folge ich beim Gärtnern den biologischen Bedürfnissen der Pflanzen, blühen diese doppelt so schön.

Letztlich ist das alles aber nur Umrahmung. In seinem eigentlichen Wesen ist Sinn der Widerpart der Notwendigkeit; er will sie überwinden. Einer fest vorgezeichneten Bahn zu folgen, ist nicht das Seine. Sinnvolles Handeln beginnt erst, wenn ich weiß: Ich kann so oder auch anders. Es braucht Spielraum oder, wie man technisch sagt, Freiheitsgrade. Wenn alles wie am Schnürchen läuft, wenn ich sklavisch der Gebrauchsanweisung folge, fehlt jedes schöpferische Moment. Kurz: Sinn braucht und gestaltet **Freiheit**, den Gegenpol oder die Antithese der Notwendigkeit.

Sinnvoller Gebrauch der Freiheit setzt Einsicht in die Notwendigkeit voraus, sonst laufe ich sinnlos gegen die Wand. Aber Freiheit ist nicht Einsicht in die Notwendigkeit, wie die Marxisten absichtsvoll verzerrt formuliert hatten, um das Befolgen der Parteilinie als Freiheit verkaufen zu können. Freiheit ist im Gegenteil Freiheit von der Notwendigkeit, zwar nicht schrankenlos, aber eben Freiheit.

Sie muss, als **Handlungsfreiheit**, zunächst nach außen bestehen. Mir dürfen nicht in jeder Hinsicht die Hände gebunden sein. Außerdem hat äußere Freiheit noch ein subtileres Gesicht. Das äußere Geschehen, mit dem ich es zu tun habe, darf nicht vollständig determiniert sein, also unerbittlich nach einem bekannten Plan ablaufen. Es muss Unvorhergesehenes, Überraschendes geben. Wetterkapriolen zwingen mich zum Umplanen. Ohne Überraschungen hätte Sinngeschehen nicht nur keinen Reiz, es wäre überhaupt kein solches. Der offene, lebendige Kontakt zwischen Sinn und Sein würde fehlen. Ich würde einen perfekten, alle bekannten Gesetzmäßigkeiten berücksichtigenden Plan machen, dann auf die Vollzugstaste drücken, und alles würde unweigerlich eins zu eins in die Wirklichkeit umgesetzt. Ein solcher Zusammenfall von Traum und Leben wäre irreal und jedenfalls ohne Sinn. Freiheit hat darum im äußeren Sein einen wichtigen Zweitnamen: **Zufall**. Gemeint ist zunächst Zufall im subjektiven Verständnis. Die Wetterkapriolen mögen irgendwelche Ursachen haben, die ich nicht kenne; für mich sind sie zufällig.

Freiheit muss selbstredend auch im Inneren bestehen. Nicht nur äußere Handlungsfreiheit brauche ich, auch innerlich muss ich mich – in Grenzen – frei fühlen, nicht völlig gehemmt durch Verpflichtungen, Verklemmungen, „Knoten im Kopf". Sinn und Wert kann es ohne **Willensfreiheit** nicht geben. So lautet eindeutig das Urteil in der Binnenschau. In der philosophisch-wissenschaftlichen Außensicht ist es dagegen unter dem Stichwort „Determinismus" ein heiß umkämpftes Problem: Sind alle Willensentscheidungen determiniert? Dazu Näheres im folgenden Kapitel.

Freiheit bricht die Ketten der Notwendigkeit und **führt den Geist ins Weite.** Nun kann er bis in die Unendlichkeit denken, mit Blick auf die Reihe der Zahlen, die Zeit oder die ganze Welt. Im Weltbezug wurzelt die Fähigkeit des Bewusstseins, „überhaupt" zu sagen und grundsätzlich zu bejahen und zu verneinen; davon war im 7. Kapitel die Rede. Und in der Weite erhält der Sinn sein Handlungsfeld.

Unter allen diesen Rücksichten ist die Freiheit als solche ein hoher Wert. In der politischen Geschichte wurde sie heiß erkämpft und als Grundsatz und Recht in Verfassungen verankert. Eine eigene Faszination geht von ihr aus. Manche sind nur deshalb so sehr hinter dem Geld her, weil es ihnen alle Freiheiten eröffnet, zu tun und zu lassen, was sie wollen. Davon mag auch mancher in der Tretmühle seines Arbeitsverhältnisses träumen. Doch der Wert ist zweischneidig. Kommen Kündigung und Arbeitslosigkeit, schmeckt Freiheit plötzlich anders. Ähnlich wie Selbsterhaltung ist sie **ein relativer, sekundärer Wert** „um zu" und dazu bestimmt, andere Werte zu schaffen. Für sich allein wird sie schnell zum Blendwerk.

Überhaupt pflegen Notwendigkeit und Freiheit ein eigentümliches Verhältnis zum Sinn. Ein Vergleich mit manchen chemischen Elementen drängt sich auf, die sich zu einer relativ ungiftigen Verbindung vereinen, für sich allein aber durchaus giftig sind, z.B. das im Kochsalz enthaltene Chlor. In ähnlicher Weise sind Notwendigkeit und Freiheit, schöpferisch verbunden, das Elixier des Sinnes, je einzeln aber und auf die Spitze getrieben das reine Gift. Für die Notwendigkeit liegt der Zusammenhang offen: Totale Notwendigkeit bedeutet totale Unfreiheit und damit den Tod des Sinnes. Die entsprechende **Übersteigerung der Freiheit** trägt den Namen

Beliebigkeit: „anything goes". Alles geht, und – als weitere Steigerung – keine Wahl ist durch irgendwelche Wertvorgaben eingeengt. Wenn alles gleichermaßen möglich und obendrein gleichwertig ist, hat nichts einen Sinn. Drastisch hat es ein mittelalterlicher Philosoph veranschaulicht: Burridans Esel verhungert in der Mitte zwischen zwei gleichgroßen Heuhaufen – die Wahl zwischen ihnen ist beliebig und daher nicht sinnvoll zu treffen. Beliebigkeit heißt Leere, Bindungslosigkeit, Strukturlosigkeit, Chaos, Wärmetod. Sie ist auch der Schrecken der Logiker: Ein widersprüchliches System ist gleichbedeutend mit einem beliebigen. Das Begründungsgebot würde ins Leere laufen, wenn auch beliebige Begründungen genügen würden.

In totaler Notwendigkeit durchs Leben gehen würde sich anfühlen wie mit einem Navigationsgerät in einer fremden Stadt, das uns in völliger Unerbittlichkeit durch das Straßengewirr lotst. Beliebigkeit hieße dagegen, dass das Gerät an jeder Straßenecke würfelt: rechts, links oder geradeaus. Beide Varianten sind, auf den Sinn im Leben übertragen, ebenso sinnlos wie ihre Kombination: Es wird straff geführt und an jeder dritten Straßenecke gewürfelt. **Nicht nur die Absolutheit eines Poles**, der den anderen völlig verdrängt, **tötet den Sinn, sondern auch ihr beziehungsloses Nebeneinander**, das nicht zum Miteinander verschmilzt: Ein fester Rahmen ohne Bezug zu seinem beliebigen Inhalt – wie ein Billardtisch, auf dem die Kugeln in zufälligen Bewegungen herumsausen. Der Strafgefangene, den im Gefängnis zu viele Notwendigkeiten und Beschränkungen gedrückt haben, findet bei seiner Entlassung am Gefängnistor zu viel Freiheit vor: Mangels bestehender Bindungen sind alle Wege vor ihm ebenso gleichwertig wie sinnlos. Wo soll er hin? Deshalb übt nicht nur Freiheit, sondern auch Ganzheit **eine Art Sog** aus. In der Ganzheit wollen Notwendigkeit und Freiheit „aufgehoben" werden, um nicht allein Unheil anzurichten oder ins Leere zu laufen.

Was aber ist der **„Schmelzpunkt"**, an dem sich Notwendigkeit und Freiheit zu neuer Ganzheit vereinen? Was geht dort vor; wie soll man es sich genau vorstellen? Um es gleich zu sagen: Von „genau" kann keine Rede sein; wer es wissenschaftlich exakt haben möchte, sollte besser nicht weiterlesen. Nur in Annäherungen lassen sich Sinn und Geist, das innerste Geheimnis des Menschen erfassen.

Vorstufen kann man benennen, neben der schon angeführten Komplexität und der Wechselwirkung vor allem die aus der Chaostheorie bekannten **Attraktoren**. Es sind Zustände, die ein sich bewegendes System gleichsam anziehen. Ein Pendel schwingt langsam der stabilen Ruhelage in der Mitte entgegen. Bei tropfenden Wasserhähnen bewegt sich die scheinbar zufällige Tropfenfolge auf ein bestimmtes Muster zu. Auch Werte und Neigungen lassen sich als Attraktoren verstehen. Sie üben eine Anziehung, einen Sog aus, aber sie zwingen nicht. Meine spürbare Berufung zum Musiker kann ich zurückdrängen, um aus irgendwelchen Gründen Verwaltungsbeamter zu werden.

Auch das klärt noch nicht die Kernfrage, wie Entscheidungen im Einzelnen zustande kommen. **Wie, wann, wo fallen in unserem Inneren die Würfel?** Von großer Bedeutung ist das, obwohl wir es nicht genau nachverfolgen können: Geschieht im Stillen die schöpferische Sinnsynthese, oder sind letzten Endes nur die beiden Gifte am Werk? Von Schöpfung wäre dann keine Rede. Die Entscheidungen wären durch verborgene Bindungen oder Gesetze fest vorgegeben, „determiniert", oder dem Zufall, der Beliebigkeit, dem Fallen der Würfel überlassen. Lebendigen Sinn könnte man in diesem Fall durch einen Geist-Computer ersetzen, der nach einem festen Programm vorgeht und außerdem durch einen Zufallsgenerator ein wenig Überraschung ins Spiel bringt (die Künstliche Intelligenz lässt grüßen). Betrachten wir dazu ein fiktives Dialogbeispiel:

Ein junger Mann hat sich nach langem Zögern entschlossen, seine Lebenspartnerin zu heiraten. Ein Freund, vor dem er keine Geheimnisse hat, fühlt ihm auf den Zahn: Ich bin etwas überrascht; was hat dich dazu gebracht? – Ich habe nachgedacht; es sprachen die besseren Gründe dafür. – Früher hast du mir Gegengründe genannt; die gibt es doch noch? – Ja – Kannst du mir dann erklären, wieso die jetzigen Gründe besser sind? – Nicht genau – Wenn du es dir nicht einmal selber genau erklären kannst, dann hast du sicher unter einem inneren Zwang gehandelt; man merkt es ja oft gar nicht. – Nein, bestimmt nicht, ich habe mich völlig frei gefühlt. – Frei und unerklärlich zugleich: Du hast also gewürfelt oder Münze geworfen? – Ich bitte dich, das macht man doch bei so etwas nicht! – Ja, aber was dann, war es die bürgerliche Moral? – Hab ich zwar überlegt, aber die hat für mich keinen großen Stellenwert. – Nun aber endlich, was ist in dir vorgegangen? – Ich sagte schon, genau kann ich es nicht erklären. Jedenfalls habe ich beide Alternativen in meinem Kopf durchgespielt, möglichst farbig und mit allen Gefühlen. Und ich habe gemerkt: Ehe und Familie sind doch mehr das Meine als das ewige Junggesellenleben.

Man sieht: Mit Computer-Vergleichen und rationalen Prüfverfahren kommt man nicht weiter. Zunächst glaubt man, das Verfahren strukturieren zu können, etwa wie ein Gerichtsverfahren. Unklare oder widersprüchliche Werte werden genauer erfühlt oder an einem übergeordneten Wert gemessen. Vom Sinn zum Hintersinn, das kennen wir, und den Hintersinn wieder an einem Hinter-Hintersinn prüfen. Nur verflüchtigt sich die Klarheit schnell, wie an dem Dialogbeispiel zu erkennen ist und wie man täglich erlebt. Die einzelnen Stufen lassen sich nicht mehr abgrenzen, verschwimmen und werden zunehmend unbewusst. Der Prozess des Dahinter-Zurückgreifens verliert sich in einer unauslotbaren Tiefe. Das ist kein Betriebsunfall, sondern Markenzeichen des Sinnes. **Der Sinn ist tief**. Kein Mangel ist das, sondern geradezu eine Bedingung unseres

Menschseins, die uns von Automaten unterscheidet. **Selbstundurchsichtigkeit** gehört unabdingbar zum Menschen. Er kann sich nicht unmittelbar ins Herz schauen und ins Herz anderer noch weniger. Die Frage, warum genau wir tun, was wir tun, muss ebenso offenbleiben wie die nach dem genauen Zusammenspiel der inneren Kräfte.

Die unzerlegbare **Ganzheit unseres Erlebens** betrifft keineswegs nur Entscheidungen, sondern beginnt bei den einfachsten Eindrücken, die die Philosophen „Qualia" nennen. Wenn im Mai neue Blätter an den Bäumen sprießen, sehen wir alle „grün'". Aber jeder erlebt dieses Grün auf ganz persönliche Weise und anders als jeder andere. Auch hier ist Schöpfung geschehen. Der Betrachter hat seine eigene Farb-Ganzheit geschaffen. Das mag weit hergeholt erscheinen; doch wenn Gefühle ins Spiel kommen, ist die persönliche Prägung offensichtlich. Rationalisten übersehen leicht, dass das menschliche Bewusstsein durch und durch von Emotionen durchzogen und getragen ist, selbst der exakteste mathematische Beweis: Ohne die mathematische Leidenschaft des Beweisenden käme er gar nicht zustande.

In seiner ursprünglichen Verfassung ist der Geist eine Ganzheit. Darin wurzelt die monistische Einheit unseres Eindrucks, wenn wir etwa absichtslos aus dem Fenster schauen (siehe 7. Kapitel). Doch dabei bleibt es nicht. So wie Harmonie immer wieder gebrochen wird, bevor sie neu entsteht, so auch die Ganzheit. Den Spaltpilz in die ursprüngliche Ganzheit trägt der Geist selbst, dies vor allem mit Blick auf die Außenwelt. Zwar erkennen wir in ihr keine absoluten, dualistischen Trennungen, weitgehend aber auch keine Ganzheit. Was haben die Autos vor meinem Fenster mit dem Pflaster zu tun, auf dem sie stehen, oder mit den Bäumen daneben? Wechselwirkungen als Bausteine der Ganzheit sind Physikern geläufiger als Menschen im Alltag: Der Wind peitscht die Bäume,

Regen tropft vom Dach, meine Frau schickt mich zum Einkaufen – einseitige Wirkungen stehen deutlich im Vordergrund. Aus solchen Wahrnehmungen **schafft der Geist ein Gegenbild seiner selbst**. Die Vorgänge und Dinge grenzen sich ab, nach außen und innen; ihrer Tiefe und Vertiefung wird ein Riegel vorgeschoben. Das Auto ist ein Auto, weiter nichts. So bilden sich, wie besprochen, die Grundbegriffe Ja und Nein heraus und **in weiterer Konsequenz die dualistische Zerteilung der Welt**. Nicht mehr Ganzheit ist ihr Motto, sondern Freiheit und Weite. Im Dreigestirn Notwendigkeit – Freiheit – Schöpfung verschiebt sie das Schwergewicht auf das zweite Glied. Unermessliche Weiten, beziffert in Gigabyte und Terabyte, erschließt sich die digitale Welt. Mit Computermodellen kann sie sogar Ganzheiten simulieren, z.B. Vorgänge im menschlichen Organismus, und so ihren Gegenpol in Beschlag nehmen, sozusagen als Pseudoganzheit.

Doch **der Geist will letztendlich neue Ganzheit** erreichen. Darum erklimmt er parallel dazu seine eigenen Höhen und schafft aus den Bruchstücken der ursprünglichen Eindrücke etwas Neues. Zu nennen sind natürlich in erster Linie Kunstwerke, aber auch „Lebenskunstwerke" wie eine gelungene Partnerschaft. So sucht der Geist die schiere Notwendigkeit, das ihn fesselnde Element, zu überwinden und ebenso die Beliebigkeit.

Aus diesen zwei Ansätzen, dem dualistischen und dem ganzheitlichen, erwachsen **zwei Pfade der inneren Entwicklung**: Die rational zergliedernde Richtung, gekennzeichnet durch Freiheit und Weite, und die gefühlsmäßig-ganzheitliche Richtung, gekennzeichnet durch Schöpfung und Tiefe. So scheiden sich auch Lebensentwürfe und Berufsziele, die mehr praktisch-technischen und die mehr künstlerischen. Doch ist die Lage assymetrisch. Die Lebenskunst, die auch der Techniker nicht vernachlässigen darf, steht an der Spitze der Ziele, und sie ist der ganzheitlichen Seite zuzuordnen. Auf dieser Seite ist der Geist ganz bei sich und im eigenen Feld; sie ist ihm die Synthese der zerbrochenen These, die Wiedergewinnung des Paradieses. Das wird sogleich deutlicher werden.

6. Lebenssinn und letzter Sinn

Der **Sinn des Lebens** ist es, Justizrat zu werden. Darüber musste schon der dänische Philosoph Sören Kierkegaard lachen. Nicht zum Lachen ist aber, dass wir im Leben Sinn suchen. Die Sinn- und Wertpyramide ist nach oben offen und sucht nach Schließung in einem letzten Wert, der das Leben zur Einheit zusammenfasst.

Triebkraft ist vor allem die Freiheit, die jedoch nicht selbst als letzter Wert genommen werden darf. Sie ist dafür da, dass man etwas aus ihr macht. Wie ungelöschter Kalk ruft sie nach Löschung durch andere Werte. Der von ihr angebotene Raum übt einen Sog aus. Umso größer die Freiheit, umso größer der Sog. Tiere ohne Freiheit kennen das Problem nicht. Geht der Sog ins Leere, drohen Sinnkrisen von Langeweile bis Depression.

Für den Gebrauch der Freiheit bieten sich die zwei Richtungen an, von denen soeben die Rede war. Unter dem Blickwinkel der Transzendenz und des Jenseits erweist sich die Wahl zwischen ihnen als entscheidend. Aus der einen Ecke kommt der **Ruf in die Weite**: noch mehr Freiheit, noch mehr Erleben, immer mehr und immer besser! Dem Blick „nach oben", zu höheren Werten oder – anders ausgedrückt – der Sinnvertiefung ist dieser Drang wenig förderlich. Oft geht es auf dieser Linie um sekundäre, aus objektiver Sicht nicht letzte, sondern vorletzte Werte, z.B. um die Mehrung von Geld und Besitz oder um Selbsterhaltung und Selbstverbesserung in allen Varianten. Sinnvertiefung ist dabei eher hinderlich und wird begrenzt. Da die Vertiefung auch die Beziehungen zu anderen und zur Welt beträfe, bedeutet umgekehrt ihre Begrenzung:

Einschließung ins Ich, anders gesagt **Egoismus**. Egoistisches Glücksstreben – wer wollte diesen Ruf des Sinnes in sich leugnen: Mir soll es in meinem Leben so gut wie möglich gehen!

Besonders markant unterscheiden sich die Richtungen in der Bedeutung der Worte „Lebenssinn" oder „Sinn des Lebens". Für den Drang ins Weite ist **„Leben" vor allem als Lebensspanne** und als natürliche Begrenzung zu verstehen; denn über den Tod hinaus geht nichts mehr. Leben ist wie ein Gefäß, das bis zum Tod so gut wie möglich und so viel wie möglich mit Inhalt zu füllen ist. Um Karriere geht es – den Justizrat - , um Besitz, um Erlebnisse. Neapel sehen und dann sterben, das ist nicht mehr aktuell, aber beispielsweise: Alle Viertausender der Alpen möchte ich in meinem Leben besteigen, alle Länder der Erde bereist haben. Systematisch sammelt man Eindrücke wie Bilder in einer Fotosammlung. Was aber wird aus den Schätzen, wenn der letzte Atemzug getan ist? Er hatte noch viel vor, heißt es zuweilen in den Todesanzeigen solcher Menschen.

Und es besteht eine Schwierigkeit: **Die Weite gibt kein Ziel vor**, sie ist bloß weit. Hierhin oder dorthin macht keinen wesentlichen Unterschied. Warum Bergsport und nicht Motorsport, warum das Geld in Reisen statt in eine tolle Villa stecken, warum überhaupt Karriere? Offenbar funktioniert die Sache nur mit Tiefenbegrenzung, wenn man der Hinterfragung einen Riegel vorschiebt. Nähme man den Riegel weg, würde sofort klar: Ich laufe in eine bestimmte Richtung, könnte aber ebenso gut in eine andere laufen. Einen Maßstab gibt es nicht; die Wahl ist beliebig. Wo nehme ich den Sinn des Lebens her?

Beliebigkeit kann man kompensieren, aber dann wird es eher schlimmer. Ich richte mich in der allgemeinen Relativität ein: Alles ist Geschmackssache. Doch dann hat letztlich nichts mehr einen Wert, und das Ergebnis ist Öde oder gar Ekel – das Thema der

Existentialisten. Umgekehrt kann ich der Beliebigkeit zu entkommen suchen, indem ich mich auf irgendetwas fixiere; doch dann begebe ich mich in die Macht eines Götzen.

Zusammenfassend lässt sich sagen: **Diese erste Sinnrichtung ist „flach"**. Entweder sie stresst sich in der Jagd nach materiellen Gütern. Oder sie strebt in die unterhaltsame Abwechslung des bunten Vielerlei, in die weite Welt des Verschiedenen und Sekundären. Die Frage, ob die Welt eine Ganzheit ist und als solche für uns Sinn macht, stellt sich ihr praktisch nicht. Dafür hat sie mit Fixierung und Beliebigkeit zu kämpfen.

Anders dagegen **die zweite, die „tiefe" Richtung**: Sie spürt einen Grund und Sinn der ganzen Welt und sucht sich mit ihm vertraut zu machen. Mit ihr werden wir in weiteren Kapiteln den Begriff **„Erlösung"** verbinden. Für Jenseits und Erlösung kommt es wesentlich auf den „tiefen" im Unterschied zum „flachen" Sinn an. Hier geht es nicht um Projekte für morgen und übermorgen oder gar das ganze Leben, sondern nur um das **Hier und Jetzt**. Um den heutigen Tag geht es – lebe ihn, als ob es dein letzter wäre! Im Altertum stritten die Denker darüber, ob man einen Menschen vor seinem Tod glücklich preisen solle. Man mahnte zur Vorsicht: Was kann ihm nicht alles noch widerfahren! Darum wollte man das Urteil erst am Ende abgeben – gesucht war der richtige Stichtag einer Bilanz. Glück, Sinn und Werte aber werden nicht über Zeiten hinweg bilanziert, sondern an Ort und Stelle vertieft. **Jeder Tag ist Stichtag**.

Leben und Lebenssinn nehmen unter diesem Blickwinkel eine ganz andere Bedeutung an. **Leben** ist nicht ein Zeitraum, nicht ein zu füllendes Gefäß, sondern **ein Wort für Offenheit**: Dem Leben gegenüber bin ich offen, gegen nichts schließe ich mich ab. Darum versinke ich bei aller Konzentration auf das Heute nicht im kurzfristigen Genuss, sondern habe alles im Auge, was da kommen mag. Vor allem bin ich offen für andere und anderes: Ich entgrenze das Ego und lebe in Einheit mit dem Sein, mit Baum und Blume, mit Wald und Feld und mit anderen Menschen. Von Mensch zu Mensch geschieht die wichtigste und tiefste Wechselwirkung. Am oberen Ende der Sinnpyramide vollenden sich Sinn und Wert in **Gemeinschaft und Liebe**.

Das hängt mit einer Binsenweisheit zusammen: **Sinn braucht Sein**. Sinn kommt aus dem Sein; dort ist er entstanden. Und er will dorthin zurück, im Sein Erfüllung finden. In Grenzen kann er sich zwar selbst befriedigen, „im eigenen Saft schmoren". Aber sein Eigentliches ist das nicht, er sucht und braucht Antwort. Darum sagen wir zu einem Projekt „Das hat keinen Sinn" und meinen: Bei solchem Vorgehen wird dir das Sein nicht die Antwort geben, die du in deinem Sinn erwartest. Wenn Sinn sich im Sein erfüllt, dann naturgemäß am meisten in einem Sein, das selbst Sinn ist und eine ähnliche Sinnhöhe hat: Dies verspricht den reichsten und tiefsten Austausch. **So ist der Mensch des Menschen Sinn**, und Liebe führt dorthin, wo wir den letzten Sinn suchen. Die Werte gipfeln im Ethischen, und **das Ethische gipfelt in der Liebe**.

Darum finden wir letzten Sinn nicht in der Weite, die sich in Beliebigkeit verliert. Je weiter du gehst, umso weniger erfährst du, sagte schon Laotse. Der eigentliche **Sinn des Lebens liegt in der Tiefe**, und er ist maßgeblich nicht für die Lebensspanne oder gar ihr Ende, sondern für jeden Augenblick. Letzter Sinn ist von nichts abhängig. Er ist, wonach der Sinn in seinem „Blick nach oben" letztlich strebt: absoluter Sinn.

In den beiden Sinnspitzen kehrt die Unterscheidung der Werte in sekundäre und primäre wieder, nunmehr bezogen auf das Leben. Eine weitere Unterscheidung schließt sich an: Flache, sekundäre Werte verbleiben im Weltlichen, der Immanenz. **Tiefe primäre Werte** zielen dagegen auf das Ganze von Welt und Leben, die **Transzendenz**. Das Streben nach Selbsterhalt und Selbstverbesserung, nach Freiheit und Weite ist dem Irdischen eigen. Transzendent dagegen ist der letzte Sinn, weil er das Einzelne zum Ganzen, das Weltliche zur Welt und das Selbst in Liebe zum anderen überschreitet. In deutlich höherem Maß ist er **ethisch gefärbt**.

Gibt es solchen letzten Sinn überhaupt? Sinn braucht Sein, ist kein über dem Sein schwebendes Gespenst. Darum kann sich die Frage nicht in unserem Sinngefühl allein entscheiden. **Das Sein der ganzen Welt muss solchen Sinn tragen**. Mag dieser noch so sehr in Gemeinschaft mit anderen Menschen zur Reife kommen – auch diese sind nur wie wir Gewächse auf dem Boden des größeren Seins. Ohne dieses könnten wir keinen Augenblick bestehen, ebenso wenig unser Sinn. Hohe Sinnerfüllung läuft darum als Wechselwirkung im Dreieck: Ich – der Andere – das ganze Sein bzw. Gott.

Die Forderung, das Sein müsse den letzten Sinn tragen, kann zweierlei bedeuten: Das Sein bringt diesen Sinn lediglich hervor, als Vorgabe für die Menschen, ohne sich weiter um die Folgen zu kümmern. Oder es bringt ihn hervor und erfüllt ihn auch: Das Sinnhandeln der Menschen findet eine entsprechende Antwort im Sein der Welt. Dann muss die Welt selbst Sinn haben, dann muss es **Gott als Sinn der Welt** geben. Das aber ist die Frage.

7. Sinn im Leben, Sinn im Jenseits

Womit klopfen wir an des Himmels Tür? Es muss etwas Geistiges sein, nicht der Leib. Der Verlegenheitsausdruck **„Seele"** hat sich eingebürgert. Mit Worten dieser Welt ist sie nur schwer zu umschreiben. Wenn wir Fantasieerzählungen und Science Fiction meiden und die Einpassung in ein vernünftiges Weltbild anstreben, wird schnell klar: Die Seele muss zwar etwas Seiendes, Wirkliches sein, aber über die Seite ihres Seins finden wir keinen Zugang zu ihr. Das wäre **so etwas wie ein Schmetterling**, der den sterbenden Menschen verlässt und in die Ewigkeit fliegt – eine romantische Erfindung, mehr nicht. Auch mit feinstofflicher Existenz, wie sie manche Esoteriker propagieren, können wir nichts anfangen; denn Stofflichkeit wie auch immer überschreitet nicht die Grenzen der zeitlichen Welt; in die Ewigkeit muss ein viel radikalerer Schritt getan werden.

Es bleibt nur das eine, das sich bereits abgezeichnet hat: nicht das Sein, nur der Sinn. Nur die Sinnbrücke führt hinüber. Nicht um ewiges Sein, sondern um ewigen Sinn geht es, oder deutlicher: **Es geht nicht um ewiges Leben, sondern um ewige Liebe**. Die Einzigkeit dieser Brücke sollte man im Auge behalten. Wird sie zum Einsturz gebracht, ist es mit jedem Gedanken an ein Jenseits vorbei; da kann keine Offenbarung und kein heiliges Buch mehr helfen.

Die **Seele ist gleichsam das „Paket" des im Leben erfüllten Sinnes**, der im Leben gelebten Liebe und der geschaffenen Werte. Sind die Werte zeitübergreifend-ewig, vergehen sie nicht im Tod, sondern geleiten dorthin, wo sie zu Hause sind: auf die Ebene der ganzen Welt, zu Gott. Der letzte Sinn herüben ist Abbild des letzten Sinnes drüben. Damit ist zugleich die zentrale Forderung erfüllt, jede Jenseitsvorstellung müsse dem irdischen Leben Sinn geben. Über den Tod hinweg verbinden die Werte Zeit und Ewigkeit.

Mit den Mitteln dieser Welt, z.B. der Psychologie oder der Neurowissenschaften, bekommt man das „Seelenpaket" nicht in den Griff. Ich kann nicht vernünftigerweise fragen: Was genau an meiner Frau ist ihre Seele? Die Seele ist im Verhältnis zur irdischen Welt durchaus hintergründig: ein Hereinscheinen, ein Funke, ein Abbild, eine **Spiegelung des transzendenten Ganzen** – vorausgesetzt, es gibt ein solches. Dennoch ist sie keine bloße Idee, sondern spürbar und erlebbar, nur nicht als solche abgrenzbar. Man kann sogar sagen: In jedem wirklichen Glück steckt ein Stück Seele, ein Widerschein von Transzendenz und Ewigkeit. Oder noch einfacher: **Wahres Glück ist transzendent**.

Vor diesem Hintergrund verliert die für manche bedrückende Frage ihre Last: In welchem Zustand gelange ich hinüber? Den Schatz der im bisherigen Leben geschaffenen Werte berührt der geistige Verfall nicht, wenn ihn der sterbende Demenzkranke in die Ewigkeit trägt. Das „Konto" wird ohnehin drüben, auf der Ebene der ganzen Welt, geführt, wo weder „Motte noch Wurm" den Schatz bedrohen (Mt 6, 20).

Umgekehrt müssen wir uns freilich die Frage verkneifen: Was machen meine Werte drüben, was werde ich einmal mit ihnen drüben machen? Das walte Gott! **Einzelheiten darüber erfahren zu wollen wäre vermessen** oder, besser gesagt, lächerlich. Erspüren können wir allein das Ewige, das in den Werten steckt. Werte übergreifen die Zeit, indem sie ständig anderes und sich selbst erschaffen. Der Weltsinn, den sie spiegeln, übergreift jede Zeit. Ewige Liebe wird nicht geboren und stirbt nicht.

Das alles aber muss es auch geben – das ist die Schlüsselstelle und die entscheidende Frage. Am Ende des vorigen Abschnitts haben sich dazu die Positionen abgezeichnet: Das Sein trägt keinen letzten Sinn – nennen wir das den **nihilistischen Standpunkt**. Das Sein lässt Menschen einen letzten Sinn für sich entwickeln, ist aber gleichgültig gegenüber dessen realer und gar jenseitiger Erfüllung – das wäre der **humanistische Standpunkt**. Und schließlich: Das Sein trägt und erfüllt den letzten Sinn des Menschen, indem es selbst letzten Sinn hat – der **religiöse Standpunkt**. Für unser Thema interessiert letzten Endes nur der dritte Standpunkt im Gegensatz zu den beiden anderen. Denn für das Jenseits ergibt die humanistische Position genauso wenig wie die nihilistische: Sie lässt den Sinn, was die ganze Welt angeht, ins Leere rufen, ohne Aussicht auf Antwort hier oder drüben.

Für ein ewiges Leben muss die **Welt ein Sinnganzes** sein, ein „Netz Indras" (siehe das 7. Kapitel) in seiner höchsten und ganzheitlichen Ausprägung. Und **ihr Sinn muss hinreichende Macht über das Weltliche haben**. Denn bei einer Ganzheit kann die Macht der „Zentrale" über die Teile sehr unterschiedlich ausfallen, wie wir z.B. aus der politischen Geschichte wissen (geringe Macht etwa des deutschen Kaiserreiches vor 1806, traditionell große Macht der französischen Zentralregierung). Ein kraftloser Sinn der Welt böte keine Perspektive für Leben und Jenseits. Ebenso wenig würde uns das Gegenteil bedeuten, eine absolute Allmacht Gottes – das wurde bereits im Zusammenhang mit dem Kalvinismus deutlich. Vor allem würde dann, wenn es ein guter Gott sein soll, das Problem des Bösen gänzlich unlösbar. Es bleibt darum nur die vage Formulierung: Hinreichend mächtig muss der Sinn der Welt bzw. Gott sein, also in nur geringer elementarer Abhängigkeit stehen und den Geschicken des Irdisch-Zeitlichen hinreichend enthoben sein.

Viel größer ist **unsere elementare Abhängigkeit**. Zumindest weitgehend hängt unser Geist oder unsere Seele am vergänglichen Leib. Diese Abhängigkeit trennt uns wie ein tiefer Graben vom Ganzen der Welt, von der Ewigkeit und von Gott. An die Erde und das Zeitliche gefesselt, können wir nur mit Ahnungen dorthin vordringen. Wir können, kurz gesagt, das Ewige nicht erfassen. Stellen wir uns ein Gerichtsverfahren zur Klärung der Frage vor: Existiert Gott? Endlos können wir die Beweiserhebung ausdehnen, eine klare Antwort käme nicht heraus. Für solche Fälle halten die Juristen den Begriff der **Beweislast** bereit. Beweislastregeln besagen, wie „im Zweifel" zu entscheiden ist, d.h., wenn sich weder die Behauptung noch ihr Gegenteil beweisen lässt. Die berühmteste Regel „in dubio pro reo" kennen viele: Der Angeklagte ist im Zweifel freizusprechen, wenn weder seine Schuld noch seine Unschuld bewiesen wurde. **Gibt es eine Regel, wie im Zweifel über Gott zu entscheiden ist?**

In populären Sachbüchern über Gott und das Jenseits findet man solche Regeln oft unausdrücklich in Formulierungen verborgen, etwa: „Durch alle diese Argumente wird die Existenz Gottes nicht widerlegt" oder „Keiner dieser Denker konnte den Glauben an Gott überzeugend begründen". Die betreffenden Autoren meinen offensichtlich, man müsse im Zweifel für bzw. gegen Gott optieren. Allzu deutlich hängen solche Optionen von vorgefassten Glaubensüberzeugungen ab. Als allgemeine Regel können sie nicht durchgehen. Aber gibt es eine solche? Auf der objektiven, zumal wissenschaftlichen Ebene kann es sie nicht geben. Die Wissenschaft ist indifferent, neutral gegenüber der Gottesfrage und der Frage nach dem Sinn der Welt. Gäbe es auch auf der subjektiv-existentiellen Seite keine Regel, dann könnten wir bei offener „Beweislage" nur Münze werfen: Gott oder nicht Gott – Kopf oder Zahl. Doch es ist eine bessere Antwort zur Hand. Sie wird die weiteren Überlegungen begleiten, zunächst aber manchen überraschen: **Im Zweifel für einen Sinn der Welt!**

Man missverstehe das nicht als praktisch endgültiges Glaubensbekenntnis. Das wäre es nur, wenn der Zweifel unüberwindlich feststünde. Er kann jedoch behoben werden, zwar nicht mit der Schärfe eines Gerichtsverfahrens, aber im persönlichen Erleben. Die Welt muss meinen Werten Antwort geben; in ihnen muss mir sozusagen Gott begegnen. Die Begegnung kann ausbleiben, vielleicht ein Leben lang. Es ist nicht entschieden, ob und mit welcher Klarheit der Zweifel behoben wird oder ob er bestehen bleibt.

Wenn aber Zweifel, warum dann die Option für einen letzten Sinn oder für Gott? Die Antwort liegt im Wesen unseres Sinnes. Sein „Sog" zieht uns zum letzten, absoluten Sinn, dem ganzheitlichen Wert in der Tiefe des Seins. Denn der Sinn will nicht um sich selbst kreisen; immer verweist er über sich hinaus auf das Sein. Darin liegt gewissermaßen ein Versprechen, dass der gewiesene Weg nicht sinnlos, sondern im Sein verankert ist – kein Beweis natürlich, nur ein gefühltes Versprechen. Sinn und Sein winken mir, im Ganzen und in der Liebe letzte Erfüllung zu finden. Warum sollten sie mich in die Wüste schicken? Der Philosoph Descartes hat einen „böswilligen Gott" erwogen, der uns falsche Gewissheiten vorspiegelt. Was spricht für einen solchen Gott? Sollten wir nicht besser in einer Art **Urvertrauen** dem uns eingezeichneten Weg folgen?

In der Tat, neben etwa der Angst vor dem Nichts ist im Kern des Gottes- und Jenseitsglaubens viel von diesem Urvertrauen am Werk. Das erklärt möglicherweise das erstaunlich hohe Ausmaß an Religiosität in der Welt, trotz der Unsichtbarkeit Gottes und der mächtigen gottfreien Wissenschaft. Auch wir verfolgen weiter die vom Sinn vorgezeichnete Linie. In den letzten vier Kapiteln werden wir sehen, was sich daraus ergibt.

In den folgenden zwei Kapiteln wird dieses sinnorientierte Weltbild zunächst mit zwei Einwänden ins Gespräch gebracht, die ihm die Berechtigung grundsätzlich absprechen. Zum einen wird die Bedeutsamkeit des Sinnes teilweise oder vollständig geleugnet. Zum anderen wartet die schon mehrmals berührte Frage der Theodizee noch auf Antwort: Wie kann ein guter Gott uns ins Jenseits rufen, wenn er auf Erden so viel Böses zulässt?

15. Welt ohne Sinn – der Naturalismus

1. Irdische Welt und Teleologie

„Was ihr soeben gehört habt, ist reine Schaumschlägerei. Denn der Sinn ist nichts weiter als Schaum auf den Wellen des Seins. Es gibt nur das Sein mit seinen Atomen, Molekülen und Kräften. Geist und Sinn, die der Mensch in seinem Inneren zu erkennen glaubt, sind reine Illusion – so wie der See in der Wüste, den die Fata Morgana dem Reisenden vorspiegelt".

In etwa so urteilt der Naturalismus in seiner harten Version über das vorige Kapitel. Schärfer könnte der Gegensatz der Standpunkte kaum ausfallen. **Mit dem Sinn wird alles verworfen, was dazu gehört**. Da er den einzig möglichen Zugang zu Gott und zum ewigen Leben eröffnet, bekommt man mit seiner Leugnung den Atheismus und die Verneinung des Jenseitsglaubens sozusagen gratis dazu. Ein **aus der Natur abgeleiteter Atheismus**: Er ist das nahezu symmetrische Gegenstück zu einem Theismus, der sich ebenfalls – in Gottesbeweisen und Ähnlichem – auf eine Betrachtung der Welt stützt (siehe das 13. Kapitel). Auch die jeweiligen Erkenntnisquellen entsprechen sich, natürlich mit gegensätzlichem Inhalt: Philosophie, menschliche Grundreflexe und die Erkenntnisse der Naturwissenschaften. Außerdem kommt, wenn wir vorblenden, dasselbe Ergebnis heraus: nämlich nichts. Genauer gesagt, es wird, wie im umgekehrten Fall, auf dieser Ebene völlig offen bleiben, ob es Sinn, Gott und das Jenseits gibt oder nicht. Wir könnten das Kapitel also gleich wieder schließen. Zu mächtig und prominent ist aber der Meinungsstrom, um den es hier geht. Ihm sollte man sich stellen.

Am Anfang steht der methodische Naturalismus: Die Methoden der Naturwissenschaften befassen sich, wie sollte es anders sein, nur mit der Natur. Ihn haben viele zu einem **ontologischen Naturalismus** erweitert: In der Welt ist nichts als Natur, griechisch „Physis", also Physisches. Das kennt man bereits vom Materialismus her, nur dass man heute statt des physikalisch etwas problembehafteten Begriffs Materie das allgemeine Wort Natur bevorzugt. So lehrte der Dialektische Materialismus von Marx, Engels und Lenin, es gebe nur die Materie als einzige Weltsubstanz, die in ständiger dialektischer Bewegung alles Übrige zustande bringe. **Ein Beweis?** Dazu müsste sich dieses Weltbild, das sich sogar „wissenschaftlich" nannte, selbst beweisen, ebenso wie umgekehrt das theistische des Thomas von Aquin. In Wirklichkeit handelt es sich in beiden Fällen um Gedankenkonstruktionen, um Weltentwürfe; und entwerfen kann man vieles. Aus reiner Philosophie ist weder für den Atheismus noch für den Theismus etwas zu gewinnen.

Dafür melden sich starke **Grundreflexe**. Sie warnen vor einer **„Illusion der Hinterwelten"**: Halte dich an das Sichtbare und Greifbare vor deinen Augen, nicht an wolkige Gedankengebilde dahinter! Auf das Sicht- und Greifbare stützen sich Wissenschaft und Technik, und was für Erfolge haben sie damit erzielt! Ein Übriges tut in dieser Richtung der Hang vieler Menschen zur Oberflächlichkeit. Doch mit Reflexen kommen wir nicht weit. Schon die innere Logik stimmt nicht. Die Wissenschaften arbeiten mit vielem, das nicht sicht- und greifbar ist, z.B. mit dem Begriff der Kraft, ganz zu schweigen von der Abstraktheit der modernen Physik. Außerdem haben wir bereits den umgekehrten Grundreflex kennen gelernt: „Das alles muss doch jemand gemacht haben". Wir haben ihn mit Skepsis betrachtet. Nun kommt hinzu, dass sich beide Reflexe gegenseitig aufheben, neutralisieren. Mit ihnen ist ebenso wenig Staat zu machen wie mit philosophischen Beweisen.

Als Drittes also die **Belege der Naturwissenschaften**. Im Vergleich zu ihrem Gegenstück – den eher dürftigen wissenschaftlichen Beweisen für das Schöpfungshandeln Gottes – werden weit zahlreichere und schwerere Geschütze aufgefahren, vor allem von Physik, Biologie und Neurowissenschaften. Das bereits erwähnte Werk von Gerda Lier über das Unsterblichkeitsproblem widmet sich ganz überwiegend der Gegenwehr. Wir lassen uns ebenfalls darauf ein, allerdings – unter Verweis auf Liers unerschöpfliche Fundgrube – wesentlich knapper.

Das bedeutet eine **vorübergehende Rückkehr auf die objektive Ebene**, nachdem wir seit dem vorigen Kapitel den subjektiv-existentiellen Standpunkt eingenommen haben. Die Rückkehr ist legitim, denn der Sinn mag noch so subjektiv sein – die Welt ist eine Einheit, darum muss der Sinn Sein haben. Er muss existieren und sich unter objektivem Blickwinkel betrachten lassen. Unter diesem Blickwinkel heißt er in der Fachsprache **Telos** (griechisch für Sinn oder Ziel). In Anlehnung an Aristoteles unterscheidet man ihn als **Zielursache** von der **Wirkursache**. Wird ein Haus gebaut, wäre das Projekt des Bauherren die Zielursache und das Wirken der Handwerker, Maschinen und Baustoffe die Wirkursache. Eine auf Telos und Zielursachen gestützte Weltauffassung nennt man **Teleologie**. Nachdem sich noch Kant in seiner Kritik der Urteilskraft unbefangen damit befasst hat, ist das Wort inzwischen bei den meisten Philosophen und Naturwissenschaftlern zum Unwort geworden. Wenige Ausnahmen wie Robert Spaemann bestätigen die Regel. Weil die Naturwissenschaften ihre Erfolge in der Moderne ausschließlich mit wirkursächlichen (kausalen) Betrachtungen erzielt haben, will man nur mehr diese Art von Begründungen gelten lassen. Dabei kann eigentlich kein Zweifel sein, dass Sinn wirkt: Ohne Bauabsicht und Bauplan kein Haus. Alle Veränderungen, sagt man, beginnen im Kopf. Was haben Ideen nicht alles an Gutem und Schlechtem hervorgebracht!

Vor diesem Hintergrund sind **zwei Versionen des Naturalismus** zu unterscheiden, die man mit „hart" und „weich" bezeichnen kann. Es geht um die zwei Arten von Sinn: den Sinn des Menschen, mit dem wir im Alltag wohl vertraut sind, und den Sinn der Welt oder Gottes, den wir zunächst nicht kennen und den wir allenfalls erschließen oder glauben können. Für den **harten Naturalismus** sind jegliche Teleologie und jeglicher Sinn, auch der menschliche, nichts als Illusion. Das hat radikale Folgen, wie sie derzeit vor allem mit Blick auf die Neurowissenschaften diskutiert werden: Mit dem Sinn entfällt alles Zugehörige wie Werte, Freiheit, Schuld und Sühne: Vor den Strafrichter treten keine schuldigen Menschen, sondern nur gefährliche. Solche Konsequenzen meidet der **weiche Naturalismus**. Er verwirft die Teleologie nur in Bezug auf die Welt: Die Welt ist ohne Sinn und ohne Gott. Menschlichen Sinn dagegen lässt er als Erzeugnis der Evolution gelten. Merkwürdig freilich, wie eine Welt ohne Sinn einen Menschen mit Sinn hervorbringen kann – Sinn ohne Sinn oder Zweckmäßigkeit ohne Zweck, wie es der Teleologiefreund Spaemann nennt. Unter dem Namen **„Teleonomie"** wird die weiche Version zuweilen gehandelt; das soll heißen: Sinn (Telos) ja, aber nur unter der Herrschaft der Naturgesetze (Nomos), nicht eines Weltsinnes. Anders gesagt: Sinn mag es geben, aber niemals vorgängig zum Sein und unabhängig vom Sein und dessen Naturgesetzen.

Vom vorigen Kapitel her sind es zwei alte Bekannte, die hier in etwas anderer Gestalt auftreten. Der harte Naturalismus leugnet – nihilistisch – jeglichen Sinn, und der weiche erkennt – humanistisch – menschlichen Sinn an, womöglich gar letzten Sinn, aber keinen Sinn der Welt. Für uns, die wir nicht als Strafrichter nach der Schuld fragen, sondern nach dem Jenseits blicken, ist der Unterschied zweitrangig. Teleonomie und radikale Anti-Teleologie kommen insofern zum gleichen Ergebnis: Es gibt keinen Sinn der Welt und damit auch keinen Gott und kein Jenseits. Ob hart oder weich, es geht nur darum: **Naturalismus ja oder nein?**

Heutige Wissenschaftler wollen alle Gegenstände ans Licht ihrer Wissenschaft heben. Unerklärliche Heiratsentschlüsse, die in unauslotbaren Sinntiefen fallen (siehe das vorige Kapitel), sind ihnen ein Gräuel. „Die Idealisten ringen um die Erhaltung metaphysischer Dunkelfelder" schleudern sie den letzten verbliebenen „Dunkelmännern" der Teleologie entgegen. Das ist **Mehrheitsmeinung jedenfalls der heutigen Naturwissenschaftler**. Seltsam, wie die Linien auseinanderlaufen: Religion und Jenseitsglaube halten sich in breiten Volkskreisen ebenso hartnäckig wie die antiteleologische und damit antireligiöse Haltung unter den Wissenschaftlern.

Es existiert freilich auch eine **sanftere Ablehnung der Teleologie**, die sich nicht solchen weltanschaulichen Ballast – antiteleologisch = antireligiös – auflädt. Sie will lediglich teleologische, „zielursächliche" Erklärungen aus den Naturwissenschaften fernhalten und ist dem methodischen, nicht dem ontologischen Naturalismus zuzuordnen. Allein die Frage Warum?, nicht die Frage Wozu? soll die Wissenschaft beantworten. Aussagen wie „Das Wasser hat seine größte Dichte bei 4 Grad, *damit* die Seen im Winter nicht bis zum Grund zufrieren und *damit* Fische überleben können" haben danach keine Chance; genau umgekehrt muss die Logik laufen.

Der zu Recht gerügte Fehler besteht darin, Zielursachen *neben* Wirkursachen zu stellen (wie es das System des Aristoteles allerdings nahelegt), als gebe es zwei Arten von Ursachen, von denen mal die eine, mal die andere zum Zuge kommt. Bei menschlichen Zielen und menschlicher Verursachung ist das ohne weiteres der Fall – siehe das Beispiel vom Hausbau - , nicht aber bei Sinn und Zweck in der Welt. Hier würde man unweigerlich bei einem dualistischen Weltbild landen, etwa wenn Theologen göttliche Eingriffe in die Schöpfung annehmen und damit Gott als eine Ursache neben andere stellen. Demgegenüber sollten wir auf den im 5. Kapitel erläuterten Unterschied zwischen der irdischen, immanenten und der ganzen, transzendenten Welt zurückblicken. In der irdischen Welt begegnet sich alles Weltliche unter der Herrschaft der Naturgesetze. **Den Sinn**

der Welt dagegen kann es nur auf der transzendenten Ebene des Ganzen geben – sofern die Welt nicht nur Gesamtheit, sondern auch Ganzheit ist. Das Ganze ist nicht Teil unter Teilen, sondern mehr als die Summe der Teile und wirkt nicht *neben*, sondern *hinter* den Teilen. Göttliches Handeln steht hinter, nicht neben den Naturgesetzen. Welt-Teleologie kann dem Naturforscher niemals bei der Erklärungen natürlicher Erscheinungen in die Quere kommen; solche Konkurrenz braucht er nicht zu fürchten. Der Wissenschaftler verknüpft Einzelnes mit Einzelnem; auch die Naturgesetze sind in diesem Sinn Einzelnes. Das Ganze dagegen ist nichts Einzelnes, es ist darum wissenschaftlich nicht zugänglich. Wie soll man sich ihm dann nähern? **Nur ganzheitlich**, wie schon gesagt (siehe das 7. Kapitel), **ist das Ganze zu fassen**. Das geschieht **in der Tiefe des Sinnes**, beispielsweise bei einem Entschluss. Dort reichen sich das Ganze des Selbst und das Ganze der Welt die Hände, und es kommen hinter einem Schleier die Werte der Welt zum Vorschein.

Hier aber hakt der eigentliche (ontologische) Naturalismus ein. Mit der Tiefe des Sinnes kann er nichts anfangen. Sie ist für ihn Hokuspokus, Mystizismus. Er ist **Szientist**, d.h., für ihn gibt es nur die Wissenschaft. Nur die von Naturgesetzen regierte, von der Wissenschaft erklärte irdische Welt existiert, keine ganze Welt darüber hinaus. **Die irdische Welt als Gesamtheit, nicht Ganzheit schließt sich gleichsam nach außen ab und mit ihr das moderne Weltbild.** Der Naturalismus erklärt es für endgültig und setzt es absolut.

Damit läuft er aber dem gleichen Problem, nur mit umgekehrtem Vorzeichen, in die Arme wie ein radikaler Teleologe, der mit seinem Weltsinn die Natur erklären will: **Aus den wissenschaftlich fassbaren Vorgängen in der Natur ist Weltsinn weder abzuleiten noch zu widerlegen**. Das Verhältnis der Teile untereinander offenbart nicht ohne weiteres, ob sie ein sinnhaftes Ganzes bilden oder nicht. Lassen wir uns in diesem Zusammenhang nicht irremachen von Ganzheiten, die wir von vorneherein kennen. Als Bürger sind wir Teile des Staats, der wiederum mehr ist als die bloße Summe seiner Bürger; das wissen wir und müssen es nicht erst erschließen. Andere Ganzheiten, besonders die wirklich umfassenden, sind dagegen von den Teilen aus nur schwer zu erschließen. Man hält, um mit Goethe zu sprechen, die Teile in der Hand, fehlt leider nur das einigende Band – man weiß nicht einmal, ob es existiert. Nur mit hoch entwickelter Astronomie war zu erkennen, dass die Erde Teil des Sonnensystems, dieses wieder Teil der Milchstraße und diese wieder Teil eines Galaxienhaufens ist. Ob die Welt insgesamt eine sinnhafte Ganzheit ist, lässt sich mit wissenschaftlichen Mitteln aus ihrem Inneren heraus nicht erschließen (zu einer Einschränkung sogleich). Der Wissenschaftler müsste dazu aus der Welt aussteigen oder aber hinter alles und damit auch hinter sich selbst treten können. Nur als dogmatischer Szientist kommt der Naturalist an dieser Stelle weiter: Er muss den Geist mit der Wissenschaft gleichsetzen und jede nicht wissenschaftliche Behauptung verwerfen. Aber das Dogma überspannt den Bogen. Denn offensichtlich wurzelt die Wissenschaft in etwas, das über sie hinaus und von ihr nicht zu erklären ist – nämlich in der von ihr beargwöhnten Sinntiefe, wo Lust und Freude an der Wissenschaft und damit diese selbst überhaupt erst entstehen.

Doch unterliegen diese Gedanken einer offenkundigen Einschränkung: Wenn man die Teile und ihre Beziehungen *vollständig* kennt, dann braucht man kein einigendes Band mehr, dann ist die Gesamtheit auch ohne Ganzheit restlos erklärt. Das ist im Grunde die eigentliche **Essenz des Naturalismus**: tatsächlich hinter sich selbst treten, **die Sinntiefe sozusagen von hinten umgehen und vollständig in die wissenschaftliche Erklärung einbeziehen**. Dann wird die Welt zur riesigen Maschine, deren Bauteile und Wirkgesetze zu 100

Prozent bekannt sind und keinen ganzheitlich-sinnhaften Rest mehr übrig lassen.

Ein Wahnsinnsprogramm, sollte man meinen, doch an ihm wird mit Hochdruck gearbeitet. In den vier nächsten Abschnitten besichtigen wir die Baustellen in den einzelnen Wissenschaften. Dazu ist vorgreifend eines zu bemerken: Soweit die Baustellen außerhalb der Physik liegen, befinden sie sich von vornherein an der falschen Stelle. Nichtsdestoweniger kommen die überzeugtesten Bannerträger des Naturalismus heute überwiegend aus der Biologie und den Neurowissenschaften; man denke an den Neuen Atheismus. Das ist kurios; denn **nur auf dem Gebiet der Physik kann der Naturalismus den Durchbruch erzielen**. Er ist ja seinem Wesen nach reduktionistisch, will also die Gesamtheit aus dem Einzelnen und seinen Gesetzen aufbauen und erklären. Ihm ist die Welt ein Baukasten wie die aus Legosteinen zusammengesetzte Ritterburg. Nur im Zurückgehen auf die allereinfachsten Weltbausteine kann er sein Programm verwirklichen. Dafür ist die Physik zuständig, der nun der erste Blick gilt.

2. Newtons Apfel und Schrödingers Katze – das Weltbild der Physik

Begeben wir uns noch einmal zurück in die Zeiten, in denen das moderne Weltbild entstanden ist. Im 3. Kapitel war davon die Rede und auch von dem **Apfel**, der – es soll im Jahr 1665 gewesen sein – dem Naturforscher Isaac **Newton auf den Kopf gefallen** ist. Newton erkannte: Die Kraft, die den Apfel zur Erde zieht, ist dieselbe, die Erde und Mond zusammenhält. **Die Idee der Naturgesetze war geboren**, der universell, am Himmel und auf Erden geltenden Gesetze.

Ihnen gab Newton später in seinem Hauptwerk „Principia Mathematica" Gestalt und begründete damit die klassische

Mechanik. Die Gesetze waren sämtlich deterministisch, d.h. bei bekannten Ausgangsbedingungen sagten sie die weitere Entwicklung eines mechanischen Systems exakt und eindeutig voraus. So ließen sich Planetenbahnen berechnen und Maschinen konstruieren. Derart eindrucksvoll waren die Erfolge, dass man bald glaubte: Die Gesetze gelten nicht nur allgemein, sondern auch für alles. Aus dem Determinismus der Gesetze wurde ein **Determinismus der Welt** mit seiner Symbolfigur, dem **Laplaceschen Dämon**: Dieser Dämon, der einen bestimmten Zustand der Welt vollständig kennt, kann daraus alle früheren und künftigen Weltzustände vollständig berechnen. Benannt wurde er nach dem Astronomen Laplace, der, wie wir hörten, gegenüber Napoleon die „Hypothese Gott" für unnötig erklärt hatte.

Der klassische Determinismus stellt sich das Weltgeschehen wie eine eindeutig bestimmte Linie vor, etwa wie einen Zug, der nach festem Fahrplan ins Unendliche fährt. Determinismus gibt es aber auch als „Kreisverkehr". Am Ende des 19. Jahrhunderts wurde diese Variante auf zwei ganz verschiedenen Ebenen publik: als **ewige Wiederkehr**. Der französische Mathematiker Henri **Poincaré** bewies 1890, dass jeder Zustand eines mechanischen Systems in der Zukunft genauso einmal wiederkehren wird. Den offenkundigen Gegensatz zum 2. Hauptsatz der Thermodynamik („Wärmetod") löste später der Physiker Ludwig Boltzmann dahin auf, dass sich die Poincarésche Wiederkehr in unvorstellbar ferner Zukunft, also praktisch nie ereignen werde (in einer Zahl von Jahren mit einer Trillion Stellen). Schon vorher und mit weitaus größerer Breitenwirkung hatte Friedrich **Nietzsche** denselben Gedanken als Inbegriff der Ewigkeit verkündet. Der Zarathustra-Stein bei Sils-Maria im Engadin erinnert an den Ort seiner plötzlichen Eingebung. Sowohl bei Poincaré wie bei Nietzsche geht es nicht nur um ein zyklisches Weltbild wie in den indischen Weltanschauungen, wo sich Zeitabschnitte wiederholen, so wie jeweils Frühling und Sommer. Es soll alles in jeder Einzelheit wiederkehren: Irgendwann werde ich wieder als exakt der gleiche in der gleichen Kleidung und Haltung am Computer sitzen und exakt den gleichen Text tippen. Das ist lupenreiner Determinismus, nur nicht in linear-fortschreitender, sondern in zyklisch-wiederkehrender Variante.

In seiner ersten, gut zwei Jahrhunderte währenden Phase war der **Naturalismus praktisch gleichbedeutend mit dem deterministischen Weltbild**. Selbst heute, trotz entgegengesetzter Erkenntnisse der Physik, gehört diesem die heimliche oder gar offene Liebe naturalistisch denkender Menschen; die neurowissenschaftliche Debatte über den freien Willen liefert dafür Belege. Man kann es verstehen; denn der Determinismus bietet die einzige in sich geschlossene Begründung für die naturalistische Grundvorstellung: Die Welt ist eine nach exakten Gesetzen funktionierende Maschine und keine darüber hinausgehende Ganzheit.

Damit ist der Freiheit und mit ihr dem Sinn und mit dem Sinn auch Gott und dem Jenseits der Boden entzogen. Konsequent folgt daraus der Kampfruf: Glaube oder Wissenschaft! Seit den Bemühungen Kants versucht man allerdings immer wieder, Determinismus und Willensfreiheit unter einen Hut zu bringen („Kompatibilität" heißt das auf Neuhochdeutsch). Gelingen kann das nur in einem dualistischen Weltbild, das Ideales und Reales trennt. Die Welt ist aber eine Einheit. Daher müssen Freiheit und Sinn wirklich und nicht nur in meinem Geist existieren. In einer deterministischen Welt können sie das nicht. **Absolute Notwendigkeit tötet den Sinn**. Natürlich steht nirgendwo geschrieben, dass Welt und Leben einen Sinn haben müssen. Doch sollte man im Zweifel einem sinnvollen Welt- und Lebensbild den Vorzug vor einem sinnlosen geben. Und es bestehen mehr als Zweifel: **Der Determinismus ist unhaltbar**.

Zunächst **widerspricht er der Lebenserfahrung**. Würden wir feststellen: Alles um uns herum läuft völlig berechenbar wie ein Uhrwerk ab, dann läge der Schluss nahe: Es gibt nichts anderes als dieses Uhrwerk und diese Berechnungen. Doch das Gegenteil ist der Fall. Der Determinist muss sich für seine Überzeugung an einige ausgewählte Bereiche halten. Sicherlich belegt die Landung einer Raumsonde auf dem Mars die exakte Anwendung exakt wirkender Naturgesetze. Aber sonst ist es weithin anders. Zwar hat sich die Zuverlässigkeit der Wetterberichte verbessert, aber ein Geheimnis ist das Wetter immer noch, gar nicht zu reden vom Treiben der zerfasernden Wolken am Himmel, von Entwicklung und Verhalten der Lebewesen und vom Spiel unserer Gedanken: Von einer erkennbaren Determiniertheit keine Spur. Das heißt nicht, dass überhaupt keine Ursachen zu sehen wären; aber für eine vollständige Determinierung fehlt jeder Anhalt. Darum hat der Determinismus niemals auf Erfahrung beruht, sondern immer nur auf dem Prinzip Hoffnung: Die Wissenschaft wird die bestimmenden Ursachen noch herausfinden! Schärfer formuliert: **Determinismus war und ist Ideologie**.

Ein Ideologie zudem mit einem tiefliegenden inneren Problem: Sozusagen in einem geschlossenen Zug – durch und durch monistisch – soll die Entwicklung der Welt aufgrund der Naturgesetze ablaufen, ausgehend von den Anfangsbedingungen. Aber was ist mit diesen Bedingungen selbst, speziell denen im Urknall? Sie werden von den Gesetzen nicht erklärt, sondern stehen – beziehungslos, dualistisch, wie vom Himmel gefallen – neben diesen. Das Gleiche gilt für die Naturkonstanten, die in die Gesetze zwingend eingehen, aber nicht von diesen erklärt werden. Dass das Licht im Vakuum 299 792 258 Meter in der Sekunde zurücklegt, wissen wir nur aus Experimenten; aus keinem Gesetz lässt sich die Zahl ableiten. All dies ist heutigen Physikern ein Dorn im Auge und hat zur Vorstellung vieler paralleler Universen (Multiversum) geführt und darüber hinaus zur Vision einer allumfassenden Theorie. Kurz: **Der Determinismus**, scheinbar aus einem Guss, **weist gewaltige innere Bruchstellen auf**.

Schließlich muss er auch den **Zufall** als seinen absoluten Feind betrachten, als etwas, das es jedenfalls objektiv nicht geben darf. Wiederum widerspricht massiv die Lebenserfahrung. Soll es etwa kein Zufall sein, dass die Roulettekugel auf Rot liegen geblieben ist und ich meinen auf Schwarz gesetzten Einsatz verloren habe? Schon die klassische Physik konnte solche Radikalität nicht mitmachen. Die Zickzack-Wege der Moleküle in einem Gas nachzuzeichnen und zu berechnen, liegt jenseits des Menschenmöglichen. Hier kann nur im Großen und Ganzen und folglich statistisch entschieden werden. Das ist das Gebiet der **Thermodynamik**. Dass sich die Temperaturen eines kalten und eines warmen Zimmers bei geöffneter Zwischentür ausgleichen, ist ein statistisches Gesetz. Es ist hervorragend durch die Erfahrung bestätigt – das Gegenteil beobachten wir nie - , aber es ist eben nicht deterministisch. Die Wege der einzelnen Stickstoff- und Sauerstoffmoleküle bleiben im Ungewissen.

In ähnliche Richtungen führt die Erkenntnis, dass die Anfangsbedingungen eines mechanischen Systems keineswegs nur ein Problem des Urknalls sind. Vielmehr können sich bei ganz banalen Systemen winzigste, nicht mehr erfassbare Unterschiede in den Anfangsbedingungen im weiteren Verlauf derart „aufschaukeln", dass die Entwicklung nicht mehr berechenbar ist. Beispielsweise lässt sich aus diesen Gründen der Weg angestoßener Billardkugeln etwa ab dem vierten Zusammenstoß nicht mehr vorhersehen. Bei weiträumigen Systemen kann das Missverhältnis zwischen minimalen Anfangsschwankungen und gewaltigen Folgen ins Gigantische gehen. Das ist der berühmte **Schmetterlingseffekt**: Der Flügelschlag eines Schmetterlings über einem oberbayerischen See löst, über unzählige Stationen vermittelt, einen Wirbelsturm in Ostasien aus. Für diese Zusammenhänge verwendet die Chaostheorie den scheinbar widersprüchlichen Begriff **„deterministisches Chaos"**: Alle beteiligten Gesetze sind deterministisch; trotzdem ist das Ergebnis chaotisch, also nicht determiniert oder determinierbar.

Das soeben geäußerte „oder" drückt eine gewisse Unsicherheit aus. In der Tat **kann man sich streiten, ob die Unwägbarkeiten noch subjektiver Art sind** oder ob sie sich auch objektiv nicht überwinden lassen. Praktisch die Folgen des Schmetterlings-Flügelschlags nachzuzeichnen, ist sicherlich ausgeschlossen. Theoretisch kann man darauf beharren, dass sie voll determiniert sind. So gesehen, würde es sich beim Ergebnis nur um Zufall im subjektiven Sinne handeln.

Endgültig überschritten wird hingegen die Schwelle zum objektiven, mit Determinismus nicht mehr vereinbaren Zufall, wenn wir die Gefilde der **Quantenmechanik** betreten. Das ist ein weites und schwieriges Gebiet, das sich hier nur andeutungsweise und in Kernpunkten darstellen lässt. Die Quantenmechanik hat ein merkwürdiges Doppelgesicht. Sie ist auf der einen Seite zu einem mathematischen Formalismus ausgearbeitet, basierend auf Zustandsvektoren oder – im Ergebnis gleichwertig – der Schrödingerschen Wellenfunktion. Dieser Formalismus ist hervorragend durch die Erfahrung bestätigt und liegt einem großen Teil moderner Technik zugrunde, angefangen beim CD-Spieler. Auf der anderen Seite sind die erfassten physikalischen Erscheinungen derart ungewöhnlich, sowohl aus der Sicht der klassischen Physik wie aus der des Alltagsverstandes, dass die Deutung des Formalismus zum großen Problem wird. Wohl bei keiner Theorie ist so sehr zwischen ihr selbst und ihrer Deutung zu unterscheiden.

Manche kennen einige Aspekte des Ungewöhnlichen, etwa den Welle-Teilchen-Dualismus, wie er sich in den Doppelspalt-Experimenten zeigt. Das Elektron scheint einmal durch einen Spalt zu gehen und dann wieder durch beide zugleich. Ungewöhnlich und hier besonders interessierend ist ferner der **Wahrscheinlichkeitscharakter der Theorie**. Die Werte der Wellenfunktion (genauer die Quadrate ihre Betrages) ergeben nicht den Ort, an dem sich ein Quantenobjekt aufhält, sondern nur die Wahrscheinlichkeit, mit der es dort gefunden wird. Und diese Wahrscheinlichkeit lässt sich – im Gegensatz zur klassischen Physik – prinzipiell nicht in Sicherheit überführen; nur die Messung erbringt Gewissheit. Damit hat endgültig der Zufall im objektiven Sinn Einzug gehalten. Demgegenüber wollte Albert Einstein, obwohl an der Entstehung der Quantenmechanik beteiligt, lebenslang am Determinismus festhalten. Bekannt ist sein Ausspruch: „Gott würfelt nicht". Er wollte das Geschehen hintergründig gelenkt wissen (durch sog. Verborgene Parameter). Später technisch möglich gewordene Experimente zum EPR-Paradoxon (siehe unten) haben seinen Ansatz eindeutig widerlegt. **Gott würfelt also doch**. Aber die Deutung seines Spiels ist ebenso schwer wie die der Quantenmechanik.

Im Zusammenhang mit dem historisch ersten Deutungsversuch – der sog. Kopenhagener Deutung – hat der Entdecker der Wellenfunktion eine Katze ersonnen, die als **Schrödingers Katze** seitdem durch nahezu alle einschlägige Literatur schleicht. Das für sie erdachte, zum Glück nie ausgeführte Experiment geht so: Die Katze wird in einen mit Tuch abgedeckten Käfig gesperrt. Dort befindet sich eine Höllenmaschine, nämlich eine Blausäurekapsel, deren tödliches Gift durch einen Schlag mit einem Hämmerchen freigesetzt werden kann. Dank einer trickreichen Apparatur löst den Schlag der Zerfall eines einzigen radioaktiven Atoms aus. Die Verweildauer der Katze ist so gewählt, dass die quantenmechanische Wahrscheinlichkeit für diesen Zerfall genau 50 % beträgt. Beim Wegziehen des Tuches ist das Tier also, mathematisch gesehen, halb tot und halb lebendig. In Wirklichkeit ist es eines von beidem. Und wovon hängt das ab? Vom Zufall!

Der Laie könnte einwenden: Machen wirs doch einfacher, lassen wir das quantenmechanische Brimborium weg und spielen mit dem Leben der Katze Roulette! Die Höllenmaschine ist elektrisch mit den roten und schwarzen Roulettefeldern verbunden: Bei Kugel auf Rot lebt die Katze, bei Schwarz ist sie tot – Zufall ist doch gleich Zufall. Ist es eben nicht, würde der Fachmann abwinken: Der Vergleich verfehlt die Pointe des Unterschieds zwischen klassischer Mechanik und Quantenmechanik. Bei ersterer könnte man zur Not noch von Zufall im subjektiven Sinn sprechen, also von ungenügender Kenntnis der Gesetze und Bedingungen, die den konkreten Lauf der Roulettekugel bestimmen. Bei quantenmechanischen Objekten wie dem radioaktiven Atom ist es damit radikal zu Ende: **Der Zufall ist eindeutig objektiv** und durch keinerlei Kenntnis zu überwinden. Er ist im Wesen der Welt selbst verankert. Außerdem, so der Fachmann, sei der Ausdruck „Zufall" ohnehin zu schlicht; es handle sich genauer um den **„Kollaps der Wellenfunktion"**.

Das damit Gemeinte erinnert an eine alte, auf Aristoteles zurückgehende Unterscheidung. Über der „harten", eindeutigen Wirklichkeit – „Akt", aktuelle Wirklichkeit oder Realität – schwebt sozusagen eine Wolke von nicht oder noch nicht verwirklichten Möglichkeiten – „Potenzen". So „schwebte" über der von Stauffenberg im Führerbunker abgestellten Sprengstofftasche eine Fülle möglicher Geschichten: Der Zünder versagt – Der Zünder versagt nicht; die Bombe tötet Hitler und verkürzt den Weltkrieg um ein Jahr – Der Zünder versagt nicht, aber die Bombe verfehlt Hitler. Im Augenblick der – wie man will: Wahrheit, Wirklichkeit oder Verwirklichung – „kollabiert" diese Wolke zu der einen aktuell verwirklichten Potenz. Wir wissen, wie es im Führerbunker ausgegangen ist. In ähnlicher Weise kollabiert die nur Potenzen, nämlich Wahrscheinlichkeiten anzeigende Wellenfunktion im Augenblick der physikalischen Messung zum aktuellen, eindeutigen Ergebnis. Im Schrödinger-Beispiel entspricht dem das Wegziehen des

Tuches vom Käfig: **Die für das Leben der Katze bestehenden Wahrscheinlichkeiten sind kollabiert**. Die Katze ist eindeutig tot oder lebendig; ein Drittes gibt es nicht.

Von den neben der Kopenhagener Deutung existierenden weiteren Deutungen bevorzugen viele Physiker die meist mit dem Namen Hugh Everett verbundene **Viele-Welten-Theorie**. Danach sind alle in der Wolke der Möglichkeiten oder Wahrscheinlichkeiten enthaltenen Verläufe in gleicher Weise real, die tote wie die lebende Katze, der 1944 durch die Bombe getötete wie der 1945 durch Selbstmord geendete Hitler. Im Augenblick der Feststellung oder Messung „schneidet" unser Bewusstsein aus den vielen Möglichkeiten die eine „heraus", die wir hinfort für die einzig aktualisierte oder reale halten. Fachliche Sympathie bringt dieser Deutung der Umstand ein, dass sie dem mathematischen Formalismus am nächsten kommt. Das natürliche Verstehen wird jedoch nicht mehr mitgehen können. Es wird sich durch die Theorie Everetts und seiner Kollegen allenfalls in dem Eindruck bestätigt finden: Der **quantenmechanische Zufall ist etwas außerordentlich Rätselhaftes**.

Viel kann daran auch David Bohms Theorie einer **„impliziten Ordnung"** – ein weiterer Deutungsversuch – nicht ändern: Hinter dem Zufall soll eine universale Überlagerung von Quantenfeldern stehen. Darunter kann man sich vielleicht eher etwas vorstellen als unter unzähligen parallelen Welten. Aber das Rätsel wird dadurch nicht gelöst; das Geheimnis bleibt. Eigentlich nichts Besonderes: Von Kind an umgibt uns Unerklärliches. Das aber wollten die Naturwissenschaftler ändern. Vieles haben sie bereits erfolgreich erklärt, und vieles werden sie noch erklären. Jedoch der Zufall wird sich ihnen als unbezwingbarer Rest widersetzen. **Was also ist dieser Zufall?**

Es geht um zweierlei: Was ist der Zufall überhaupt? Und woher kommt seine in der Physik allgemein angenommene Einbindung in ein statistisches Gesetz, z.B. die Einbindung des Zerfalls eines radioaktiven Atoms in die Halbwertszeit des betreffenden Isotops? Woher „weiß" das einzelne Atom angesichts des ja nur für *alle* Atome geltenden Gesetzes, wann für es selbst der Augenblick gekommen ist? Alltagsnäher gefragt: Was zwingt die Moleküle eines Würfels dazu, diesen in einer langen Würfelserie immer gleichmäßig nach allen sechs Seiten fallen zu lassen?

Es ginge zu weit, den Zufall allgemein als „Verursachung aus dem Nichts" anzusehen. Wirkungen haben immer eine reale Ursache; das Gegenteil würde den Satz von der Erhaltung der Energie verletzen. Doch ganz falsch ist die Bezeichnung nicht. Zwar nicht bei der Wirkung als solcher - die Kugel rollt, der Würfel fällt - , jedoch bei ihrer Feinsteuerung – Rollen nach rechts oder links, 3 oder 6 gewürfelt – müssen wir im Falle des objektiven Zufalls kapitulieren: Wir finden keine Ursache. Gelegentlich wird die „Spontaneität der Materie" angeführt. Karl Popper erklärt die Beachtung statistischer Gesetze bei Zufallsereignissen mit „Neigung" (propensity). Doch alle diese Begriffe beschreiben mehr das Problem, als dass sie es lösen. Anscheinend gibt es keine Lösung. **Der Zufall hat in dieser Welt offenbar keine Ursache**.

Das schlägt nun in der Tat dem Fass den Boden aus, nämlich dem Fass des Naturalismus und eines absolut geschlossenen modernen Weltbilds. Der Zufall ist das Leck im Fass, das Einfallstor für das große Unbekannte jenseits der naturgesetzlich bestimmten Welt, also für das Nichts oder für Gott. Im zweiten Fall verbergen sich hinter ihm die unsichtbaren Tasten, auf denen Gott auf dem Klavier der Welt spielt. Steht dagegen nichts hinter ihm, kann er ohne weiteres als Teil der natürlichen Welt – eben der Welt in ihrer Spontaneität – gesehen werden. Das kann so sein oder auch nicht. Gewissheit besteht nicht und ist über Naturerkenntnis nicht zu gewinnen. Dem methodischen Naturalismus, der sich in seinen Forschungen immer an die Natur hält, tut der Zufall nicht weh, wohl aber dem ontologischen mit seiner Gewissheit: Es gibt nur die Natur. **Der Zufall entzieht dem ontologischen Naturalismus den Boden.** Wohl deshalb gehört die heimliche Liebe vieler Naturalisten dem Determinismus.

Wie aber, sagen manche, wenn das Leck nur ein winziges Löchlein wäre, unbedeutend für das Große und Ganze? Immerhin gelten die Formeln, die den quantenmechanischen Zufall begründen und zur halbtoten Katze führen, nur für Quantenobjekte wie das radioaktive Atom. Für die größeren („grobkörnigen") Objekte der klassischen Mechanik wie etwa Roulettekugeln sind sie jedenfalls nicht direkt anwendbar; „Dekohärenz" nennt das die Fachsprache. Doch der Gedanke mit dem winzigen Loch trägt nicht weit. Es ist nicht ausgemacht, eher unwahrscheinlich, dass die Welt im Wesentlichen „grobkörnig" regiert wird. Man muss sich für diese Sicht nicht auf gekünstelte Tötungsapparate versteifen. Womöglich ist sogar die ganze Welt, wie manche Wissenschaftler meinen, durch Quantenfluktuationen im Vakuum entstanden. Und die besagte Chaostheorie samt Schmetterlingseffekt führt uns **die großen Auswirkungen** vor Augen, **die das Allerkleinste haben kann**. Erst recht für den menschlichen Geist lässt sich nur erahnen, wie winzig die Schalter sind, die am Anfang großer Gedanken umgelegt werden müssen.

So gesehen, darf man dem Naturalisten seine reduktionistische Vorliebe für die kleinsten Bausteine ruhig lassen. Nur sollte man die Welt nicht als Baukasten, sondern treffender als Geschehen oder Ereignis auffassen. Die kleinsten Bausteine des Geschehens wären dann die **Quantenzufälle**. Sie haben nicht die Eigenschaft winziger Materiepartikel, die Naturalisten seit Demokrit fast gewohnheitsmäßig für die Grundlagen des Seins halten, sondern sind **kleinste**

offene Fenster in eine andere Welt. Wenn die Welt einen Sinn hat, sind sie deren allgegenwärtige „Sinnkeime". Gott, wenn es ihn gibt, hätte keine Mühe, auf dem „Touchscreen" der Welt die Berührpunkte zu finden. Aber es muss Gott nicht geben. Welt und Zufall können auch sinnlos sein. So hat der Zufall im Weltbild eine merkwürdige Doppelfunktion. Auf der einen Seite verweist er den Determinismus in seine Schranken und ist das Einfallstor für Sinn, ja für den Sinn der Welt. Auf der anderen Seite und für sich genommen steht er für Beliebigkeit. Kurz: **Der Zufall ist das Einfallstor Gottes oder sinnloses Würfelspiel.**

So ist derzeit die Lage: Der Versuch, mit Hilfe deterministischer Physik den Naturalismus gleichsam im Handstreich auf den Thron zu setzen, ist fürs Erste gescheitert (von neueren Versuchen, mit ähnlicher Zielrichtung eine „Weltformel" zustande zu bringen, werden wir unter Nr. 5 hören). Notwendigkeit allein regiert nicht die Welt. **Zufall und Notwendigkeit** sind das aktuelle Paar. Sie sind nicht nur die Grundpfeiler der Naturwissenschaft, sondern, wie gesagt, auch des Sinnes – der Zufall dabei in Gestalt der Freiheit. Für den Sinn müssen sie allerdings eine Synthese eingehen; voneinander getrennt sind sie „Gift" und ebenso sinnlos wie die Notwendigkeit allein. Ein fest eingestelltes Navigationsgerät wird nicht dadurch zum sinntragenden Instrument, dass es an jeder vierten Straßenecke den Weiterweg auswürfelt. **Gibt es aber diese sinnvolle Synthese von Zufall und Notwendigkeit**, auf der Ebene des Menschen, auf der Ebene der Welt? Wie soll die Wissenschaft das feststellen?

Wir berühren das im vorigen Abschnitt benannte Grundsatzproblem: Der Sinn bewegt sich auf der Ebene des Ganzen. Vom Einzelnen aus, das allein Gegenstand der Wissenschaft ist, lässt sich das Ganze nicht fassen (vom Sonderfall des Determinismus abgesehen). Ganzes lässt sich nur ganzheitlich fassen. **Die Naturwissenschaft kann Sinn daher weder beweisen noch**

widerlegen. Ich habe kürzlich eine mir sehr genial vorkommende Entscheidung getroffen – wie ist sie zu deuten? Haben sich in meinem Kopf Notwendigkeit und Freiheit zu sinnvoller Synthese vereint, oder haben nur etliche Neuronen zufälligerweise in Richtung dieses Entschlusses gefeuert? Oder, auf Schrödinger zurückkommend: War es reiner Zufall, dass die Katze das 50:50-Experiment lebend überstanden hat, oder hat etwas aus dem Hintergrund der Welt mitgespielt, Bohms „implizite Ordnung" oder irgendein Weltsinn? Wer wird das je erhärten können?

Die Physik ist mit ihrem Latein am Ende. Sehen wir, was andere Wissenschaften dazu sagen.

3. Mutation und Selektion – das Lebensbild der Biologie

Die Geschichte der Naturwissenschaften kennt Durchbrüche, die mit einem Schlag ein neues Zeitalter eröffnen. In der Physik zählen dazu Newtons Principia Mathematica als Grundlegung der klassischen Mechanik und Einsteins zwei Veröffentlichungen zur Relativitätstheorie. Bei der Nennung für die Biologie kann es kein Zögern geben: **Charles Darwins 1859 veröffentlichtes Werk „Die Entstehung der Arten durch natürliche Zuchtwahl"** (On the origin of species by means of natural selection). Zum ersten Mal wurde ein in sich schlüssiges, nicht religiöses, sondern rein naturwissenschaftliches Werk zur Beantwortung der uralten Frage vorgelegt: Wie sind die Arten von Pflanzen, Tieren und auch Menschen entstanden? Darwins Antwort: Nicht durch irgendwelche Eingriffe von oben, sondern durch beständige natürliche Entwicklung (Evolution) im Zuge der Fortpflanzung. Und wie ging die **Evolution** vonstatten? Indem aus der Menge variabler Individuen jeweils diejenigen überlebt haben, die dem Kampf ums Dasein am besten gewachsen waren (**„survival oft he fittest"**). So haben sich die Populationen in Richtung der am besten angepassten Formen entwickelt.

Darwins Theorie war für weite Kreise ein Skandal. Einmal, weil in ihrer Konsequenz der Mensch entthront und als Abkömmling von Affen – besser: affenähnlichen Vorfahren - entlarvt wurde. Und noch grundsätzlicher, weil sie den Schöpfer aus der Schöpfung entfernte. **Die Natur kommt mit ihrem Entwicklungswerk ganz alleine zurecht**.

Diese ontologisch-naturalistische Note verschärften Darwins Nachfolger, die so genannten **Neo-Darwinisten** oder Vertreter der Synthetischen Theorie, die etwa seit der Mitte des vorigen Jahrhunderts die biologische Szene beherrschen. Manche von ihnen (z.B. Richard Dawkins) dienen dem Neuen Atheismus als seine wichtigsten Lieferanten von Wissenschaftsmaterial. Von Darwin unterscheiden sie sich durch einen anderen Blick auf die Variabilität der Individuen. Wir kennen alle Blumenarten, die verschiedenblütige Exemplare – etwa rot und gelb – hervorbringen, nicht zu reden von der Verschiedenartigkeit der Hunderassen. Wie sein großer Vorgänger Lamarck führte Darwin die Entwicklung solcher Varianten auf die Vererbung erworbener Eigenschaften zurück. Diesen Gedanken verwerfen die Neo-Darwinisten inzwischen vollständig: Die Variation soll allein durch zufällige Mutation von Genen im Erbgut zustande kommen, die entsprechende Abweichungen der Nachkommen von ihren Eltern bewirken. Im Ergebnis also **Mutation des Erbguts**, die zufällig geschieht, und **Selektion im Daseinskampf**, die den Naturgesetzen folgt – und damit wieder die üblichen Verdächtigen wie schon in der Physik: **Zufall und Notwendigkeit**. So hat der Biologe Monod geradezu programmatisch sein Buch über die Entwicklung der Welt betitelt.

Die Pointe des Neo-Darwinismus liegt in dem Wort „nur": **Nur Mutation und Selektion**, nur Zufall und Notwendigkeit – **und sonst nichts**! Andere Triebkräfte der Evolution gibt es nicht. Dabei bleibt Zufall Zufall, und Notwendigkeit bleibt Notwendigkeit; sie verbinden sich nicht zu einem vermittelnden Sinn. Die heutige **Mehrheitsmeinung der Biologie ist radikal anti-teleologisch**, mindestens in der Weise des „weichen", teleonomischen Naturalismus: Mag die Natur einen sinnbegabten Menschen hervorgebracht haben, es war dies nur die Folge zufälliger Ereignisse („Fulgurationen") ohne jeden übergeordneten Sinn. Die finale Frage Wozu? hat keinen Platz in der Wissenschaft; nur die kausalen Fragen Warum? und Woher? sind erlaubt. Evolution ist nichts als eine ununterbrochene Folge von Zufallsereignissen im einengenden Rahmen der Naturgesetze. Es gibt keine zielgerichtete Lebenskraft („elan vital"), wie sie sich manche Philosophen ausgedacht haben. **Der Uhrmacher für das Uhrwerk der Welt ist nicht göttlich, sondern blind** (so ein Buchtitel von Dawkins).

Bei Zufall und Notwendigkeit setzen einzelne Biologen verschiedene Schwerpunkte. Im Anschluss an den Determinismus vergangener Zeiten betonen manche die Selektion und die gesetzliche Notwendigkeit. Andere preisen wiederum den „kreativen Zufall", der ein „schöpferisches Universum" zustande bringt. Solche Nuancen sollen uns nicht kümmern; es bleibt dabei: nur Zufall und Notwendigkeit.

Doch **wer soll dieses „nur" beweisen?** Die Behauptung steht ohne Überprüfung, also ideologisch im Raum. Experimente, um die Evolution im Labor nachzubilden, haben bisher nicht weit geführt. Vom Grundsätzlichen her ist das „nur" ein dualistischer Schnitt – nicht viel anders als das „nur" der Reformatoren bei Gottes Rechtfertigungshandeln. Denn wie soll man das Nichts beweisen, nämlich dass zwischen Zufall und Notwendigkeit nichts Verbindendes besteht? Die bloße Behauptung würde künftiger Forschung bis in alle Ewigkeit vorgreifen, und ihr Beweis würde eine perfekte Weltformel voraussetzen, die es nicht gibt. An Kühnheit wird damit sogar das Vorhaben des Determinismus übertroffen. Denn nun ist auch der

Zufall im Spiel, und wer kann sagen, was hinter ihm steht, wer kann den Zufall als Einfallstor Gottes ausschließen? Wir fallen mit solchen Fragen zurück auf die Ebene der Physik und finden dort – wie gesagt – keine Lösung.

Man kann aber auch weniger grundsätzlich die **Plausibilität des Neo-Darwinismus** in Zweifel ziehen. Was hat den Maikäfer zum Maikäfer gemacht? Sind alle seine makroskopischen und mikroskopischen Eigenschaften und alle seine Verhaltensweisen allein auf zufällige Mutationen und auf die Auslese im Daseinskampf seiner Vorfahren zurückzuführen? Schon der Laie wird hier zögern; der Streit der Fachleute ist kaum mehr zu überblicken. Manche operieren mit der Wahrscheinlichkeitsrechnung und bringen eindrucksvolle Vergleiche: Die Wahrscheinlichkeit einer solchen Artentstehung entspreche ungefähr der eines Wirbelwindes, der über eine Mülldeponie fährt und aus den aufgewirbelten Gegenständen einen Jumbo-Jet zustande bringt. Andere Autoren bringen entgegen der herrschenden Meinung weitere formbildende Faktoren neben Mutation und Selektion ins Spiel; so Rupert Sheldrake seine morphogenetischen Felder. Das alles können wir für unser Thema beiseitelassen. Solange wir die zwei oder mehr Faktoren der Evolution nicht deterministisch sehen und die Synthese zwischen ihnen nicht mit einem ideologischen „nur" blockieren, ist weder dem Sinn des Menschen noch dem Sinn der Welt ein Riegel vorgeschoben.

Doch zumindest einen Sinn der Welt lehnt der biologische Naturalismus entschieden ab. Dieser seiner Stoßrichtung werden die bisherigen Betrachtungen nicht vollständig gerecht. Denn sie legen nahe, Sinn sei für ihn von vorneherein kein Thema. In seinem anti-teleologischen Furor bereitet er diesem Missverständnis selbst den Weg. **Tatsächlich kommen Sinn und Zweckmäßigkeit im derzeitigen biologischen Weltbild durchaus vor**. Die Grundformel „survival oft he fittest" wäre anderenfalls Unsinn. „Fit" bedeutet nämlich „fit fürs Überleben", so dass sich mit dem „Überleben des Überlebenstüchtigsten" der Gedanke im Kreise drehen würde, käme nichts Weiteres dazu. Das Weitere sind die Anforderungen der Umwelt – wie etwa bei einer Schreinerarbeit, die ich mir vorgenommen habe und deren Anforderungen ich mit einer Handsäge schlechter erfülle als mit einer Stichsäge. Die Anforderungen der Umwelt sind das Schloss, in das die Schlüssel der einzelnen Lebewesen verschieden gut passen, und der Beste öffnet die Türe. Dadurch kommt Zweckmäßigkeit ins Spiel. Denn die Tiere „wollen" ja beim Öffnen des Schlosses, also in der Umwelt, erfolgreich sein; sie brauchen das für ihr Überleben und das ihrer Nachkommen. Kein Wunder, dass deshalb Biologen immer wieder das Verbot der Teleologie vergessen und unversehens in eine **finale Sprache** verfallen: Hirsche haben ihr Geweih für den Rivalenkampf um die Weibchen, *damit* sich der Stärkere durchsetzt und seine Gene weitergeben kann.

Hinter diesem finalen Treiben der Natur steht ganz klar ein Wert: **Selbsterhaltung**. Selbsterhaltung wessen? Des Gens, des Individuums, des Familienverbands mit ähnlichem Genpool, der Gruppe, der Art? Lassen wir darüber die Biologen streiten. Jedenfalls Selbsterhaltung; und zur Selbsterhaltung gehören oft oder meistens Selbstverbesserung und Selbsterweiterung – an Territorium, Stärke, Einfluss, Macht, bei Menschen auch Geld. Stehenbleiben bedeutet Rückschritt; wer sich nicht verbessert, wird von Konkurrenten an die Wand gedrückt. Fortschrittsdrang ist in das Streben nach Selbsterhaltung eingebaut. Völlig ethikfrei – die Natur kennt kein Gut und Böse – bewegt es sich im Bereich der Werte, die im vorigen Kapitel als sekundär und immanent gekennzeichnet wurden. Höhere oder gar **transzendente Werte kommen nicht vor**.

Unter Menschen kommen sie aber nachweislich vor. **Wie stellt sich die Biologie zum menschlichen Geist?** Wie stellt sie sich dazu, dass Menschen Kultur, Moral und Religion entwickeln und sich immer wieder durch so undarwinistische Werte wie Mitleid, Liebe und Altruismus motivieren lassen? Eine offenbar vertrackte Frage, zu der zunächst einige Irrläufe zu betrachten sind.

Der amerikanische **Behaviorismus** schafft sich das Problem radikal vom Hals: Es kann nicht sein, was nicht sein darf. Den Geist und das menschliche Innenleben gibt es für die Wissenschaft nicht. Wie bei der Ratte in der Skinner-Box zählt nur das äußere Verhalten. Ungeachtet dessen, dass die segensreich wirkende Verhaltenstherapie behavioristisch beeinflusst war, kann man diesen Gedanken nur als pathologische Form des harten Naturalismus einordnen. Dass menschlicher Geist samt Moral und Religion existiert und gewaltige Wirkungen ausübt, ist über jeden Zweifel erhaben.

Auf andere Weise tötet der **Sozialdarwinismus** das Problem: Die höheren Werte, die die Natur nicht kennt, sind eine Fehlentwicklung und sollten verschwinden! Eine ethikfreie Ethik „jenseits von Gut und Böse" kommt dabei heraus mit dem „Willen zur Macht" und dem Recht des Stärkeren als Grundlage. Die Nazis haben, wie bekannt, Nietzsches einschlägige Predigten befolgt und den Biologismus zur Staatsreligion gemacht; dazu erübrigt sich ein Kommentar.

Den genau umgekehrten Weg gehen die von Frans de Waal so genannten **„Fassadentheoretiker"**: Die „weichen" Werte der Moral sind nichts Naturwüchsiges, sondern überdecken wie eine Tünche oder Fassade unser tierisch-biologisches Wesen. Aber wir sollten ihnen die Stange halten! Thomas Huxley, „Darwins Bulldogge" und Vordenker der Richtung, verglich die Menschheit mit einem Gärtner, der mit Mühe versucht, das von der Natur bescherte Unkraut aus seinem Garten herauszuhalten. In ähnlicher Weise will Freuds

Psychoanalyse dem persönlichen „Ich" helfen, das naturwüchsige „Es" in Zaum zu halten. Der Ansatz des Gedankens leuchtet ein: Moral kann nicht auf dem Boden darwinistischer Natur gewachsen sein. Denn wie kann das „böse" Grundprinzip des Daseinskampfes die „gute" Moral hervorbringen, wie kann aus Fressen-und-Gefressenwerden Mitleid entstehen? Dennoch ist die Theorie, die schon Gründervater Darwin nicht teilte, im Rahmen des Darwinismus und erst recht des Neo-Darwinismus offenkundig unhaltbar. Was, wenn nicht die Triebkräfte der Evolution, soll Moral hervorgebracht haben? Die Frage „War es ein Gott?" verbietet sich in einem naturalistischen Weltbild. Es bleiben wieder nur Mutation und Selektion: **Die Moral ist ein Evolutionsprodukt wie die Religion und überhaupt alles Geistige**. Dementsprechend beschert uns die heutige Biologie die Soziobiologie, die Evolutionäre Ethik, die Evolutionäre Psychologie und die Evolutionäre Erkenntnistheorie. Manche Biologen operieren sogar mit „Memen", den Grundeinheiten des Geistigen, die den körperlichen Genen entsprechen sollen.

Für die Moral versucht der Primatenforscher de Waal, das Anstößige abzuschwächen: Die Natur ist nicht so gnadenlos, wie wir meinen. Seine Schimpansen zeigen Ansätze zu Moral. Sie lausen sich nicht nur gegenseitig, sondern **wenden sich Artgenossen altruistisch zu**, also ohne erwartbare Gegenleistung. Ein Jungtier tröstet einen Älteren, der im Rivalenkampf unterlegen ist. **Solche Verhaltensweisen stärken den Zusammenhalt der Gruppe** und damit ihre Chancen im Daseinskampf. Die Moral findet durchaus einen Platz im System der Evolution!

Wie aber, wenn mich das Schicksal vernachlässigter Straßenkinder in Lesotho rührt und ich einen größeren Betrag spende? Kommt das Geld richtig an, erleichtert es den Kindern sicher ihren „struggle for life". Die biologische Frage ist jedoch eine andere: Was habe ich, was haben meine Gene, meine Verwandten, meine Gruppe davon? Ich mag mich als Wohltäter gut fühlen; aber ist das ein Evolutionsvorteil? Das biologische Problem heutiger Moral und auch Religion ist ihre persönliche Entgrenzung, ihr Hinausgreifen über alle Gruppengrenzen. **Mein „Nächster" kann auch der Fernste sein**.

Die hauptsächliche Antwort der Evolutionsbiologen lautet „Nebenprodukt". **Entgrenzte Moral und Religion sind Irrwege, die sich als Nebenprodukt aus einer ansonsten vorteilhaften Errungenschaft der Evolution ergeben haben**. Altruismus in der Gruppe ist als deren Überlebensvorteil zu einer Zeit entstanden, als die Gruppen weitgehend voneinander isoliert lebten und Altruismus nach außen ohnehin kaum möglich war. Als die Gruppengrenzen in der Moderne durchlässig wurden, hat er – nunmehr ohne Vorteil für die Evolution – in entgrenzter Form überlebt, als Nebenprodukt des alten „Binnen-Altruismus". In ähnlicher Weise soll uns ein Hang zum teleologischen Denken als Überlebensvorteil angeboren sein, d.h. die Neigung, überall Absichten zu vermuten, auch dort – und insofern wieder als Nebenprodukt – wo in Wirklichkeit keine vorhanden sind. So führt Dawkins den Glauben an Gott als absichtsvollen Schöpfer der Welt auf dieselbe Wurzel zurück wie meinen Wutausbruch, wenn ich den streikenden Computer in dem Gefühl zertrümmere, er ärgere mich mit Absicht. Grenzenlose Moral und grenzenlose Religion sind zwar Produkte der Evolution, aber fehlgeleitete Produkte. „Fehlleitung" ist dabei nur aus der Sicht der Evolution gemeint; eine andere Sicht kennt die Biologie nicht.

Religion ist demnach für Naturalisten generell Unsinn, **Moral hingegen wird in den Grenzen ihrer biologischen Nützlichkeit anerkannt**. Der Gedanke „Ohne Gott ist alles erlaubt", den Dostojewski seinem Iwan Karamasow in den Mund legt, stimmt nicht. Begrenzte Moral kennt der Naturalismus sehr wohl, und zwar **auf der Grundlage des Selbsterhaltungstriebs und der Gegenseitigkeit**. Ich will nicht gern ermordet werden und fordere konsequenterweise ein allgemeines Verbot des Mordes. Die so genannte **„Goldene Regel"**: „Was du nicht willst, dass man dir tu, das für auch keinem anderen zu!" ist, wiewohl von Jesus bekräftigt, auch ohne Religion einsichtig. Dabei kommt inzwischen die Mathematik zu Hilfe. Probleme der Gegenseitigkeit, die Moralphilosophie und Religion vorbehalten schienen, werden spieltheoretisch untersucht, etwa die Frage, wie ich in Austauschbeziehungen besser weiterkomme, ehrlich und vertrauensvoll oder trickreich und misstrauisch. Überdies stützt eine Biologie, die außer dem Einzelnen vor allem die Gruppe im Auge hat, ohne Weiteres eine Moral im Gruppeninteresse, z.B. die Steuermoral. Selbst ein Handeln in Verantwortung für kommende Generationen ist ihr kein Problem.

Wenn allerdings Mitleid mit den Fernsten in Rede steht, wird die Luft dünn und muss die Nebenprodukt-Theorie ins Spiel gebracht werden. Erst recht kann man von immanenter, biologisch begründeter Moral **keine absoluten Gebote** erwarten. Sie ist relative Moral, eine Moral des – in Grenzen – Beliebigen. Denn ebenso wie ihre evolutionäre Wurzel ist sie aufgrund von „Durchprobieren" entstanden. Beliebige, nämlich auf zufällige Mutationen zurückgehende Lösungen wurden im Daseinskampf erprobt und angenommen oder verworfen. Bei einer moralisch offenen Frage rät der Biologe: Probiere mal die und die Lösung und sieh zu, was daraus wird! Eine absolute Richtschnur hast du nicht.

Selbsterhaltung und Selbstvervollkommnung, sei es der Gene, des Einzelnen oder der Gruppe - von da aus lässt sich nicht nur die Moral, sondern **der menschliche Geist insgesamt auf eine biologische Grundlage** stellen, beispielsweise Kultur, Kunst oder Ästhetik. Nehmen wir die chinesische Hochkultur: Mit ihren Errungenschaften hat sie zwar immer wieder Barbaren aus der Steppe angelockt, aber diese, kaum waren sie da, in ihren Bann geschlagen und assimiliert, und sie hat dadurch letztlich triumphiert.

Auf der hochkomplexen Ebene des Geistes errichtet der Naturalismus ein Gebäude als Gegenstück zu dem, was er auf der physikalischen Ebene der kleinsten Bausteine, der Elektronen und Quanten versucht hat: eine rein natürliche Welt ohne übergeordneten Sinn. Auf der Basis von „selfishness" entstehen Hochkulturen, in denen nicht etwa plumper Egoismus herrscht, sondern Kunst, Kultur und Moral. Einer allzu direkten Rückführung der Kultur auf tierischen Überlebenskampf wird allerdings, das sei der Vollständigkeit halber vermerkt, inzwischen vereinzelt widersprochen. Der Biologe Edward O. Wilson, bisher als linientreuer Neo-Darwinist bekannt, will der Kultur jetzt eine gewisse Eigenständigkeit zuerkennen („Die soziale Eroberung der Erde"): In Freiheit führe sie die widersprüchlichen Anlagen zum Ausgleich, die die biologische Vergangenheit uns beschert hat. Das bringt eine gewisse Lockerung in die Zusammenhänge, ändert aber nichts am rein immanenten, natürlichen Ursprung von Kultur und Moral.

Vor diesem Hintergrund verschärfen sich die bisherigen Überlegungen zum Zusammenhang von Ethik und Transzendenz. Als Startpunkt **auf dem Weg zur Transzendenz ist nicht nur überhaupt Ethik vonnöten, sondern über gewöhnliche Ethik und Moral hinaus eine Art „hohe Ethik**. Bei ihr geht es – schlagwortartig – wirklich um „gut" und „böse", nicht nur um „richtig" und „falsch". Mit gewöhnlicher Moral können nämlich Biologie, Natur, irdische Welt und Immanenz von sich aus aufwarten, ohne auf einen transzendenten Bezug oder auf ein Jenseits angewiesen zu sein. Erst bei hoher Ethik bekommen sie Atemnot, nämlich wenn es um Altruismus jenseits einer berechenbaren Gegenseitigkeit geht, um Fernsten-Moral oder um tiefe Liebe. Deshalb wird in einem der folgenden Kapitel ein Abschnitt die Überschrift wagen „Die Liebe – der einzige Gottesbeweis".

Der Naturalismus hält die „Atemnot" selbstverständlich für beherrschbar, etwa durch die Nebenprodukt-Theorie. Mit ihm nicht identisch ist die Evolutionslehre als solche, die hier weder zum Dogma erhoben noch zur Gänze verworfen werden soll; ihre Verdienste sind unbestritten. Naturalistisch ist hingegen ihr Zuspitzung durch das Wort „nur": *Nur* durch erfolgreiche Durchsetzung bestimmter Mutationen im Daseinskampf sollen sich alle Erscheinungen des Lebens einschließlich des Geistes erklären lassen.

Dabei wird – als Pointe des Ganzen – **die Sinnhierarchie umgestülpt**. Sekundäre Werte werden primär und umgekehrt. Der hier als sekundär erkannte Selbsterhaltungstrieb regiert als oberster und primärer Wert die Welt, die selbst keinen letzten und absoluten Sinn hat. Auf persönlicher Ebene lässt man absoluten Sinn gelten, der subjektiv so empfunden wird; objektiv hängt er jedoch vollständig von den alles beherrschenden Evolutionsgesetzen ab. Edle subjektive Ziele werden dadurch nicht nur ins zweite Glied verbannt, sondern verlieren, genau besehen, jede Wirklichkeit, wenn man darunter ein Wirken in der Welt versteht. Was ich als Sinntiefe erlebe, ist nur ein romantisches Rauschen im Kopf und wirkt nur in meiner Einbildung nach außen. In der Tiefe meines Herzens glaube ich mich für die Lesothospende entschieden zu haben, in Wirklichkeit war nur ein biologischer Impuls aus der Steinzeit am Werk, der sich überdies in der Zwischenzeit überlebt hat und wie ein Blinddarm entfernt werden könnte. Weicher Naturalismus geht in harten über: **Sinn als tiefen Sinn gibt es eigentlich gar nicht**.

Diese Position, wenn wir sie bewerten wollen, kommt uns anschaulicher vor als die sehr alltagsfernen Grundbausteine der Physik. Mit zunehmender Entfernung von der Physik steigt jedoch die Begründungslast ins Riesenhafte. Auch der Biologe muss auf die Frage antworten können: **Woher weißt du das?** Die Evolutionslehre als solche ist zwar durch die Erfahrung gut bestätigt, nicht aber das für den Naturalismus grundlegende „nur". Hier reiht sich – bis hin zu den „Nebenprodukten" – Theorie an Theorie. Der Nachweis für ein getrenntes, nicht in verbindendem Sinn aufgehobenes Nebeneinander von Zufall und Notwendigkeit müsste an der physikalischen Basis der Wirklichkeit geführt werden. Solange er dort aussteht, kann er auf höheren, komplexen Stockwerken der Wissenschaft – sozusagen freischwebend – erst recht nicht gelingen. **Es ginge um den Nachweis des Nichts: Dass Sinn nicht ist**. Ein Nicht-Sein ist aber noch schwerer nachzuweisen als ein Sein: Leichter ist zu belegen, dass anderes Leben im Weltall existiert als dass es nicht existiert. Die Behauptung „Sinn gibt es nicht, weder beim Menschen noch auf der Ebene der Welt" ist, sofern sie wissenschaftlich gemeint ist, schierer Unfug. Wie soll ein Biologe so etwas belegen können? Ebenso wie die gegenteilige Überzeugung des Gläubigen kommt der Satz nur als Glaubensaussage in Betracht.

Auf zwei Gebieten sind wir dem Naturalismus nun begegnet, an der physikalischen Basis der Welt und im biologischen Reich des Lebens. Der Blick in den Kopf des Menschen steht noch aus.

4. Wollen wir, was wir tun? – das Menschenbild der Neurowissenschaften

In einem amerikanischen Labor, Anfang der 80er Jahre des vorigen Jahrhunderts, nahmen Menschen an einer seltsamen Serie von Experimenten teil. Nichts weiter als den Arm sollten sie heben, an die vierzig Mal. Der jeweilige Zeitpunkt stand ihnen frei; sie sollten lediglich ihren Entschluss, sobald er gefallen war, mitteilen und danach: Arm hoch! Über Kabel, an die die Versuchspersonen angeschlossen waren, ließ sich genau feststellen, wann sich in ihren Nerven das so genannte Bereitschaftspotential für die Bewegung aufgebaut hatte. **Benjamin Libet**, der Leiter der **Versuche**, fand heraus: Das Bereitschaftspotential setzte ungefähr 5 Zehntelsekunden vor der Handlung und – noch bemerkenswerter – 3 Zehntelsekunden vor dem mitgeteilten Entschluss ein. Also: Wenn sich mein angeblich freier Wille zu einer Handlung entschließt, ist diese im Inneren meines Körpers längst im Anlaufen. In einer Kurzformel: **Wir tun nicht, was wir wollen, sondern wir wollen, was wir tun**. Handlungen laufen von alleine ab; entgegen unserem subjektiven Eindruck ist der Willensentschluss nicht ihr Auslöser, sondern nur ihre nachträgliche innere Begleitmusik.

In der Folge hat sich daraus ein ganzer Forschungszweig entwickelt. Die Libet-Experimente wurden überprüft – z.T. widerlegt, z.T. bekräftigt – und sie wurden ausgeweitet, auch auf Tiere. Vor allem auf sie stützt sich der **Naturalismus in den Neurowissenschaften** mit seiner Überzeugung: Einzig und allein die Nervenzellen (Neuronen), die nach den Prinzipien von Zufall und Notwendigkeit arbeiten, bringen in unseren Köpfen das zustande, was wir irrtümlich für freien Willen oder tiefen Sinn halten. Dabei liegt in der Interpretation der Ton mehr auf der Notwendigkeit. Man hat weniger Zufallsentscheidungen im Auge als dass wir so handeln, wie wir handeln müssen. Der in der Physik überwundene Determinismus erlebt seine neurobiologische Auferstehung.

Kann man den Naturalismus der Evolutionsbiologen jedenfalls teilweise noch als „weich" (teleonomisch) einordnen – es gibt menschlichen Sinn, hervorgebracht jedoch durch eine sinnlose Welt -, geht es hier eindeutig um die harte Version: Schon in meinem Kopf gibt es keinen Sinn, geschweige denn einen Sinn der Welt. **Es gibt weder Willensfreiheit noch Schuld**. Strafrichter sollten nicht die Schuld, sondern die Gefährlichkeit eines Menschen beurteilen. In Deutschland stehen für solche Thesen vor allem die Namen von Wolf Singer und Gerhard Roth.

Die Einwände gegen die Schlussfolgerungen Libets und seiner Nachfolger brauchen wir nicht im Einzelnen zu erörtern. Ein Bedenken liegt ohnehin auf der Hand: Betrachtungen zur Sinntiefe hochkomplexer Entscheidungen lassen sich schlecht durch Experimente mit Elementarhandlungen wie Heben des Armes widerlegen. Wichtiger noch ist der Hinweis auf ein tiefgründiges **Missverständnis**, das auf den abendländischen Hang zum Rationalismus zurückgehen dürfte: **Man setzt freien Willen mit bewusstem Willen gleich**, der im Experiment geäußert wird. Wer diesen Fehlansatz verfolgt, verwickelt sich in schiefen Bildern und Problemstellungen. Das geht etwa so: Die Kursänderung eines Schiffes auf dem Meer – das entspräche der Handlungsebene – hat ihre Ursache in der Navigation des Steuermannes auf der Brücke – das wäre die Willensebene. Der Steuermann kann das Steuerrad frei bewegen, aber den Kurs auswürfeln will man ihn nicht sehen. Wo also nimmt er seine Anweisungen her? Man könnte an den Kapitän im Hintergrund denken, aber dann ginge es weiter: Woher weiß es der Kapitän? Man gerät in einen unendlichen Rückgriff (infiniten Regress). Die Auflösung liegt im Folgenden: Wenn jemand behauptet: „Ich habe diese Entscheidung frei und bewusst getroffen", dann liegt er falsch und merkt es nicht. Denn entweder hat er nicht wirklich entschieden, weil ohnehin alles klar war, oder er hat nicht bewusst entschieden, jedenfalls nicht ganz bewusst. Im Vorfeld mögen freie Entscheidungen im Licht des Bewusstseins liegen, nicht mehr aber in der dunklen Tiefe des Selbst, wo der eigentliche Würfel fällt. „Frei" und „bewusst" kommen nicht zusammen. **Auf die Letztbegründung von Sinnentscheidungen müssen wir verzichten.**

Es bleibt eben dunkel, was Zufall und Notwendigkeit miteinander wirklich treiben und ob sie sich zu Sinn verbinden oder nicht. Laborexperimente leuchten solche Tiefen nicht aus. In der Zukunft werden sie es aber, so die **Träume der Naturalisten**. Wenn dann der Proband im Kernspintomografen liegt, lächelt der Professor seiner

Assistentin zu: „Schauen Sie, Herr Meier denkt gerade an nackte Frauen!" Aber ob man auch die oben erwähnten „Qualia" ins Bild bringen kann, nämlich die genaue Art, wie sich Meiers Träume anfühlen? Die Idee in ihrer Konsequenz ist jedenfalls umfassend: **Das menschliche Gehirn zur Gänze einscannen**, auf einen Computer hochladen und simulieren. Und es kann noch weiter gehen. Für den Naturalismus dient ja die Erkenntnis der Natur vor allem ihrer technischen Beherrschung und Verbesserung. Warum also nicht den Geist technisch vervollkommnen und den Übermenschen aus der Taufe heben, in den Spuren Friedrich Nietzsches oder Julian Huxleys, der das schöne Wort **„Transhumanismus"** geprägt hat?

Lassen wir die Frage beiseite, ob so etwas technisch möglich ist oder ewig Science Fiction bleiben wird. Eines ist nämlich klar: Würde es funktionieren, wären wir keine Menschen mehr, und zwar bereits ab der vollständigen Durchleuchtung. Wir wären Automaten, deren Abläufe der Ingenieur bis ins Letzte durchschauen und manipulieren kann. **Das Dunkel der Sinntiefe gehört unabdingbar zum Menschen**. Es verhindert, dass er sich selbst und anderen unmittelbar ins Herz schauen kann. Anderswo mögen Nicht-Wissen und Dunkelheit von Übel sein, nicht aber in der Tiefe des Sinnes und des Subjekts. Dort sind sie geradezu die Bedingung von Menschsein, Wert und Glück.

Das Thema der naturalistischen Neurowissenschaften lässt sich indessen nüchterner abschließen – mit einer Frage, die den Leser in ihrer Wiederholung allmählich langweilt: Woher weiß der Wissenschaftler das, was er behauptet? Woher weiß er, dass die Neuronen in der Tiefe das Gehirns das tun, was er glaubt, und dass sie dort keinen schöpferischen Sinn zustande bringen? Er weiß es natürlich nicht. Auch auf diesem Gebiet bietet der Naturalismus nichts als **ideologische Zukunftsmusik** nach dem Muster: Die Wissenschaft wird es noch erweisen! Den großen naturalistischen Wurf könnte letztlich nur die Physik vollbringen. Nachdem sie mit ihrem deterministischen Ansatz gescheitert ist, nimmt sie derzeit in der Tat einen neuen Anlauf. Wir kehren nochmal zu ihr zurück.

5. Stephen Hawkings „großer Entwurf"

Um das Jahr 1900 herum hielten die Physiker ihre Wissenschaft für vollendet. Alle wesentlichen Fragen waren durch Newtons Mechanik im Verein mit den Maxwellschen Gleichungen des Elektromagnetismus geklärt. Arbeit gab es nur mehr für Ingenieure, nicht mehr für Grundlagenforscher. Deterministisch war das damalige physikalische Weltbild. Dann kamen Albert Einstein und wenig später Max Planck, danach Bohr, Heisenberg und andere und brachten mit **Relativitätstheorie und Quantenmechanik** das alte Gebäude ins Wanken: Das Alte war nicht falsch geworden, aber jetzt nur mehr ein Sonderfall des Neuen, und mit dem universellen Determinismus war es vorbei.

Die Physik machte seitdem große Sprünge nach vorne und in der technischen Umsetzung Sprünge weit in den Weltraum hinein. Mit den Erfolgen stellten sich neue Rätsel ein wie etwa die dunkle Materie und die dunkle Energie und vor allem ein Kardinalproblem: **Die beiden neuen Grunddisziplinen passen in ihren Strukturen nicht zusammen**. Die Relativitätstheorie als Theorie des ganz Großen, des Kosmos, ist deterministisch und infinitesimal, kennt also auch Unendlichkeiten wie die unendliche Dichte im Urknall. Die Quantenmechanik als Theorie des ganz Kleinen, der subatomaren Bereiche, ist indeterministisch – siehe Schrödingers Katze – und finit: Wirkungen sind nicht beliebig teilbar, sondern in winzigen Paketen, den Wirkungsquanten, „gequantelt" – daher der Name.

Quantenfeldtheorien, die die Kluft überbrücken sollen, haben sich zum so genannten **Standardmodell** entwickelt. Zwar gilt es als erfolgreich und wurde erst kürzlich durch die Entdeckung des so genannten Higgs-Teilchens weiter bekräftigt (was den Nobelpreis u.a. für Professor Higgs zur Folge hatte), doch ist die Einbeziehung der Schwerkraft (Gravitation), der eigentlichen Domäne der Allgemeinen Relativitätstheorie, noch immer nicht in Sicht. Für die Wiederherstellung der verlorenen Einheit der Physik werden die besten Aussichten heute den **Stringtheorien** und an ihrer Spitze der sogenannten **M-Theorie** eingeräumt. Strings als Grundbausteine der Welt soll man sich wie winzige schwingende Saiten vorstellen. Ihnen liegen eine zeitliche und zehn räumliche Dimensionen zugrunde, von denen nur die drei bekannten gewöhnlich wahrnehmbar und die übrigen „eingewickelt'" sind. Nicht nur Relativitätstheorie und Quantenmechanik soll die M-Theorie versöhnen, sondern auch das Rätsel der Naturkonstanten und etwaiger Paralleluniversen lösen. Konstanten wie etwa die Lichtgeschwindigkeit, die derzeit nur durch Experiment bestimmt werden können, sollen aus der Theorie selbst hervorgehen, allerdings unterschiedlich für jedes Universum. Von Gleichungslösungen für die unvorstellbare Zahl von bis zu 10^{500} Universen (eine Zahl mit 500 Nullen) ist die Rede. In einem dieser Universen kommen wir vor, nämlich in einem solchen, in dem die physikalischen Bedingungen unserer Existenz erfüllt sind.

Nach Ansicht des berühmten, bis zum Kopf gelähmten Mathematikers und Physikers **Stephen Hawkings** ist das **„der große Entwurf"** – die große Vereinheitlichung aller Theorien und die „theory of everything" (Theorie von allem): „Die M-Theorie ist der einzige Kandidat für eine vollständige Theorie des Universums ... Sie ist das Modell eines Universums, das sich selbst erschafft. Wir müssen ein Teil dieses Universums sein, weil es kein anderes konsistentes Modell gibt". Wenn das stimmt, dann gelangt damit der ontologische Naturalismus nach vielen vergeblichen Anläufen zu seinem krönenden Abschluss: eine Welt, die keinen Gott braucht, eine Welt, die sich mitsamt der ihr zugrundeliegenden Weltformel selbst begründet, erklärt und erschafft.

Aber **dieser Abschluss ist Vision und nicht Wirklichkeit**. In ausgearbeiteter und allseits anerkannter Form gibt es die M-Theorie nicht. Sie ist ein mathematischer Denkansatz. Erst recht steht die für eine physikalische Theorie unerlässliche Prüfung an der Erfahrung aus. Weiter bleibt offen, ob die Theorie die Welt wirklich so lückenlos durchwalten wird, dass jegliches Einfallstor für Sinn, Transzendenz und Gott geschlossen ist; immerhin wird es weiterhin den quantenmechanischen Zufall geben. Menschen, die ihre Lebensfragen mit weltanschaulichen Grundproblemen verbinden, finden in einer solchen Theorie keine Hilfe. Außerdem ist sie mit ihren elf überwiegend „eingewickelten" Dimensionen kein Kandidat dafür, vom Normalbürger verstanden zu werden.

Sie wirft allerdings ein eigentümliches Licht auf das naturalistische Grundmuster von Zufall und Notwendigkeit. Was soll man davon halten, dass die Menschheit, vereinfacht gesagt, eine von 10^{500} Lösungen der Weltgleichung ist? Man denkt hier weniger an den althergebrachten Determinismus als an das zufallsbetonte Lebensgefühl in Monods Buch „Zufall und Notwendigkeit": **Die Menschheit ist ein blinder Zufallswurf**, nahezu ein Witz des Universums oder, besser gesagt, Multiversums. Wo bleibt der Sinn? Ähnliches mag man sich auch ohne Ausflüge in die höhere Mathematik fragen: Dieses winzige Staubkorn Leben auf dieser Erde und vielleicht einigen Exoplaneten, neben dem die ungeheure physikalische Übermacht an Raum, Strahlung, Gaswolken, Schwarzen Löchern und unbewohnbaren Sternen und Planeten steht – ist es wirklich die „Krone der Schöpfung", kann in ihm wirklich der Sinn des Universums zum Ausdruck und zur Reife kommen?

Solche Fragen offenbaren ein tiefes Unbehagen. Die wissenschaftliche Betrachtung von Welt und Natur stützt zwar entgegen einer verbreiteten Meinung nicht die naturalistische

Leugnung des Sinnes, aber ebenso wenig die Existenz von Sinn. Eine solche Stütze hätte der Freund des Sinnes aber gerne. Das ist verständlich; denn **der bloße Verweis auf den Zufall als Einfallstor Gottes und des Sinnes bleibt unbefriedigend**. Man hätte nicht mehr als eine Kette determinierter Abläufe und in diese eingelagert etliche „Zufallspunkte", wie etwa den radioaktiven Zerfall in der Box der Schrödinger-Katze. Diese Punkte wären gleichsam die Knöpfe, auf die der Sinn Gottes oder des Menschen drücken kann, um dem ansonsten gesetzlichen Lauf der Dinge den gewünschten Kick zu geben. Dies wäre nichts anderes als der von den Theologen geliebte Dualismus, ein Nebeneinander von natürlichen und übernatürlichen Ursachen. Sinn und Transzendenz wirken aber, monistisch betrachtet, nicht neben, sondern hinter Immanenz und Natur. Dieser Vorstellung entspricht wesentlich besser ein Konzept, das nicht bloß auf den Zufall setzt. Es müsste dem Sinn natürliche Grundlagen zuweisen, die die Kluft zwischen Zufall und Notwendigkeit überbrücken. Naturwissenschaftlich denkende Menschen würden objektiv existierenden Sinn gerne nicht nur glauben, sondern auch in natürlichen Ansätzen vorfinden können: Wo sind seine Spuren in dieser anscheinend kalten, gleichgültigen Welt? Zwar kann man sich immer an das menschliche Erleben halten. Aber im Zusammenhang mit dem Naturalismus ist Spurensuche auf dem Gebiet der Wissenschaft angesagt. Sie sei an einem wichtigen Punkt veranschaulicht.

6. Wirkt Sinn aus der Zukunft? – das Problem der Zeit

Für Sinn interessieren wir uns mit Blick auf das Jenseits. Es geht um die Ewigkeit, also um zeitübergreifendes Sein und zeitübergreifenden Sinn. Ihn darf es aber nicht nur in einem dualistisch abgetrennten Himmel geben, den wir von hier aus nur mit Glauben oder Fantasie erreichen können. Die Einheit der Welt verlangt vielmehr, dass er in diese irdische Wirklichkeit hineinreicht.

Können wir ihn hier finden? Eher nicht. Es scheint im Gegenteil so, dass alles Irdische ausnahmslos und unerbittlich der Zeit und damit der Vergänglichkeit unterworfen ist. Schon gefühlsmäßig halten deshalb viele Menschen jeden Gedanken an Ewigkeit für fantastisch und ein ewiges Leben für ausgeschlossen. **Das Problem der Zeit ist für den Gläubigen wohl die härteste Nuss**.

Die naturalistischen Grundpfeiler Zufall und Notwendigkeit können ihm dabei nicht helfen; in ihnen gibt es nichts Zeitübergreifendes. Notwendigkeit bezeichnet die Steuerung des zeitlichen Geschehens durch zeitlose Naturgesetze. Auch **Zufälle** geschehen in der Zeit, kommen aber, was ihre Ursache angeht, gleichsam aus dem Leeren. Wir wissen nicht, was den „Kick" nach rechts oder links hervorgerufen hat. Den leeren Hintergrund **könnte man als außerzeitlich bezeichnen**; die Zeit übergreift er jedenfalls nicht.

Das aber müsste ein in die Ewigkeit führender Sinn, er müsste die Zeitgrenze überwinden. Eben dagegen wenden sich die **Naturalisten, indem sie den Teleologen unterstellen, ihr Sinn wirke aus der Zukunft**: Es werde der von der Vergangenheit in die Zukunft laufende Zeitpfeil umgedreht und eine Wirkung behauptet, die ihrer Ursache zeitlich vorangehen soll. Ziel oder Idee des künftigen Huhnes – so kann man den Gedanken ins Bild setzen – bewirken die Reifung des Eis und das Schlüpfen des Kükens; die Zielursache wirkt in umgekehrter Richtung wie die Wirkursache. Unsinn, sagen dazu die Naturalisten: Nichts Künftiges ist am Werk, sondern nur das in der befruchteten Eizelle angelegte genetische Programm; programmgesteuerte Abläufe werden mit sinngesteuerten verwechselt.

Dem kann man nicht gut widersprechen. Der Haken liegt darin, dass man „zeitübergreifend" nicht mit Wirkung aus der Zukunft übersetzen oder gleichsetzen sollte. Eine solche Wirkung mag im Begriff mit beschlossen sein, aber sie ist nicht das Entscheidende. **Es geht nicht primär um die Umdrehung des Zeitpfeils**, sondern um die Wirkung einer Vergangenheit und Zukunft verschmelzenden Ganzheit. Sie überwölbt die zeitlich linearen Wirkungen des Einzelnen. Dazu ein Bild aus dem Leben: Ein Mann und eine Frau sind beseelt von einer Vorstellung ihrer Ehe, die in Glück, Freuden und auch Konflikten gelingen soll. Diese ganzheitliche Vorstellung wird im Hintergrund der einzelnen Geschehnisse des Ehelebens wirksam sein, gestern, heute und morgen. Das Eheideal wirkt eben als Programm, wendet der Naturalist ein, ähnlich dem Genom im Hühnerei. Nicht ganz, ist zu antworten, denn es ist nicht bloß ein vorhandenes Programm abzulesen – etwa durch Kopieren der DNA-Sequenzen – und umzusetzen. Sondern das Eheideal entwickelt sich ständig fort, und zwar in Wechselwirkung mit den täglichen Erlebnissen in der Ehe. Dabei wird die Wechselbeziehung wiederum im Hintergrund durch das sich entwickelnde, seinen Kern aber bewahrende Ideal gesteuert. Es hat sich nach zehn Jahren in vielem geändert, nicht aber in seinem wesentlichen Gehalt. Die Philosophen sprechen von einer **regulativen Idee**, einem Etwas, das in komplizierter Wechselwirkung mit dem Zeitlichen zugleich schon da ist und noch nicht da ist und insofern jedenfalls **die Zeit übergreift**.

Für das Beispiel mag der Naturalist das einsehen; aber er gibt sich noch nicht geschlagen und wendet weiter ein: Du bist doch kein Dualist. Darum wirst du keinen tiefen Graben ziehen wollen zwischen dem Menschen und seinem zeitübergreifenden Sinn und der außermenschlichen Natur, wo es solchen Sinn nicht gibt. Zumindest in Keimen müsste er auch dort zu finden sein. **Wo sind die Keime?**

Aus naturwissenschaftlicher Sicht **ist das in der Tat der Knackpunkt**. Bis vor kurzem wäre der Gläubige hier dem Naturalisten hilflos gegenübergestanden. Inzwischen gibt es Hinweise auf

Ganzheiten, die die Grenzen von Zeit und Raum überwinden. Drei Fälle aus Physik und Parapsychologie seien angeführt. Zunächst das bereits erwähnte, auf Einstein zurückgehende **EPR-Paradoxon**. Folgendes steht hinter dem Kürzel (das aus den Initialen dreier Physiker gebildet ist): Quantenobjekte können in einer Verschränkung vorkommen. Zwei derart verschränkte Objekte, sagen wir Elektronen, bleiben nach ihrer Trennung eine raum- und zeitübergreifende Ganzheit in dem Sinn, dass eine Messung an dem einen Elektron auch das andere Elektron beeinflusst, und zwar sofort. Die Ganzheit – das war Einsteins Problem – ist damit stärker als die Grundregel der Relativitätstheorie, dass Wirkungen und Signale sich höchstens mit endlicher Lichtgeschwindigkeit, nie mit unendlicher Geschwindigkeit übertragen lassen, sofortige („instantane") Übertragungen also ausgeschlossen sind. Mit heutigen technischen Mitteln (und mit Hilfe der Bellschen Ungleichung) ist das Paradoxon lösbar: Die **Zeit und Raum übergreifende Ganzheit** gibt es tatsächlich. Kein Wunder, dass man mit Versuchen nach dem Muster des EPR-Paradoxons den Gedanken solcher Ganzheit inzwischen auch bei Menschen testet, z.B. bei Ehepaaren als „verschränkten Systemen".

Ein weiteres Beispiel aus dem an Paradoxien reichen Schatz der Quantenmechanik: Bei dem bekannten **Doppelspaltexperiment** finden Teilchen, etwa Photonen, auf ihrem Weg von der Quelle zur Aufnahmeplatte zwei enge Spalte vor. Beobachtet man den Durchgang durch sie nicht, stellt sich auf der Platte ein Interferenzmuster ein, wie wenn das Teilchen ähnlich einer Welle durch beide Spalte zugleich gegangen wäre. Beobachtet man die Spalte hingegen direkt, ergibt sich das Muster, das nach der klassischen Physik bei einem eindeutigen Durchgang durch einen der beiden Spalte zu erwarten wäre. Dieses ohnehin schon verblüffende Ergebnis hat der Physiker J. A. Wheeler mit seinem **„Experiment der verzögerten Wahl"** noch überboten (zunächst, ähnlich wie beim EPR-

Paradoxon, nur gedanklich; später kam die technische Bestätigung dazu). Mit Hilfe einer ausgeklügelten Apparatur wird die Entscheidung, ob der Pfad des Teilchens beobachtet wird oder nicht, bis nach dem Durchgang durch den Spalt und bis kurz vor dem Auftreffen auf die Platte hinausgeschoben. Die Ergebnisse sind die gleichen wie bei der einfachen Form des Experiments. Auch hier gehen die Versuchsideen weiter, nämlich zu einer Umsetzung in Weltraumdimensionen; das ist technisch noch nicht machbar. Für den Naturalisten ist das Experiment noch heikler als das vorige, weil es nicht nur eine zeitübergreifende Ganzheit nahelegt, sondern **in der Tat eine Wirkung aus der Zukunft**: Ein Vorgang wird mit seinen physikalischen Auswirkungen durch die *spätere* Entscheidung beeinflusst, ob man ihn beobachtet oder nicht.

Ähnliche Beispiele liefert die **Parapsychologie**. Sie stehen alltäglichem Erleben zwar ebenso fern wie Wheelers Teilchen am Doppelspalt, sind dafür aber wesentlich anschaulicher. Eines der untersuchten Phänomene ist bekanntlich die **Präkognition**. Ein entsprechend begabtes Medium sieht in die Zukunft und sagt Ereignisse voraus, die dann tatsächlich eintreten – eine an sich schon sprachlos machende Umkehrung des Zeitpfeils, aber es geht noch weiter: In einigen derartigen Versuchen musste das Medium im Voraus beschreiben, wohin sich eine andere Person in Bälde begeben würde; diese kannte zu diesem Zeitpunkt ihr Ziel noch nicht. Die Vorhersagen funktionierten in auffälliger Weise am besten dann, wenn das Medium *nach dem Versuch* über den betreffenden Ort informiert oder gar persönlich dorthin gebracht wurde. Wiederum hat anscheinend ein späteres Ereignis ein früheres beeinflusst.

Ach ja, die Parapsychologie, mag ein überzeugter Naturalist seufzen, das Wort Wissenschaft sollte man bei ihr in Anführungszeichen setzen. Ihn wird allerdings überraschen, dass es sich bei den Versuchen um militärische Forschungsprogramme gehandelt hat. Militärs sind im Allgemeinen nicht an Esoterik und Mystizismus, sondern an handfesten, im Krieg verwertbaren Ergebnissen interessiert. Tatsächlich kann man der Parapsychologie nicht ernsthaft vorwerfen, die von ihr angeführten Beobachtungen seien allesamt Schwindel. Ihr wissenschaftliches Handicap liegt vielmehr im **Fehlen einer grundlegenden, die Beobachtungen erklärenden Theorie**. Eine solche Theorie zu schaffen und mit den Theorien der Physik in Einklang zu bringen wird eine der großen wissenschaftlichen Herausforderungen der Zukunft sein. Das New Age brachte die Vision hervor – das „Tao der Physik" - , aber noch nicht das Ergebnis. In weiter Ferne, wenn überhaupt, liegt der Abschluss der Wissenschaft.

In der Bilanz zeigt sich damit ein Patt zwischen den Naturalisten auf der einen Seite und den Teleologen oder religiös Gläubigen auf der anderen. **Weder können die einen belegen, dass es bei der gähnenden Lücke zwischen Zufall und Notwendigkeit bleibt, noch die anderen, dass sich die Lücke mit Sinn füllt**. Auch der Gedanke der Beweislast hilft im Rahmen der Wissenschaft nicht weiter, obwohl er häufig traktiert wird. „Wo ist in den ganzen Zusammenhängen eine Spur von Sinn oder von Gott zu finden?" fragen die einen, nicht unähnlich den Astronauten oder Kosmonauten, die Gott im Weltall gesucht und nicht gefunden haben. „Wo ist der Beleg, dass Gott nicht existiert und die Welt sich vollständig selbst erklärt?" fragen die anderen. Auf objektiver Ebene führen solche Ansätze nicht weiter. Die Wissenschaft bleibt neutral.

Anders sieht es – siehe das vorige Kapitel – auf der subjektiv-existentiellen Ebene aus. Hier lässt sich sagen: Im Zweifel für den Sinn, Im Zweifel für Gott! Von dort aus versteht sich die soeben behandelte Rückfrage an die objektive Seite: Wenn schon im Grundsatz offen, können nicht wenigstens Ansatzpunkte oder Keime für zeitübergreifenden Sinn in der natürlichen Welt gefunden werden? Kann die Naturwissenschaft nicht wenigstens einen Zipfel des Sinngeschehens zu fassen kriegen? Lange hätte die Antwort „Fehlanzeige" lauten müssen, inzwischen wird man in der Tat fündig, freilich an etwas entlegenen Stellen der Wissenschaft. Aber immerhin, **die ehedem so festgefügte Mauer der Zeit wankt**. Die Rolle des Dunkelmanns neben dem aufgeklärten Wissenschaftler kann der Gläubige allmählich hoffen loszuwerden.

7. Die Wende zur Ethik

Einen vorsichtigen Ausblick hat das lange Kapitel erbracht, keine Entscheidung. Insofern ist nichts herausgekommen. Das war schon angekündigt.

An einer wesentlichen Stelle wurde jedoch der weitere Weg des Denkens befestigt. Bereits im vorigen Kapitel wurde klar, dass es sich bei dem zur Transzendenz führenden Sinn nur um einen ethischen handeln kann, und zwar um einen im engeren Sinn, nicht um ein ästhetisches oder sonst wie perfektionierendes Streben. Die Betrachtungen zur Biologie und zum biologischen Naturalismus haben dies nicht nur bekräftigt, sondern weiter zugespitzt: **Der Transzendenz entgegen kann uns nur eine „hohe Ethik" des wirklich Guten und Bösen führen**. Es genügt nicht eine gewöhnliche Ethik des „richtig" und „falsch" und der Gegenseitigkeit, wie sie uns Natur und Evolutionslehre zur Verfügung stellen.

Die Grenze zwischen „hoher" und „gewöhnlicher" Ethik ist so uneigentlich und unscharf wie die zwischen Transzendenz und Immanenz. Die Bereiche stehen jeweils nicht nebeneinander, sondern hintereinander. Beispielsweise kann man nicht in einem Ethik-Lehrbuch mit dreißig Verhaltensregeln eine Handvoll mit einem Sternchen als „hohe Ethik" kennzeichnen. Zwar mag in besonderen Situationen – etwa bei der Aufopferung für andere – „hohe Ethik" zu besonderen Forderungen gelangen. Im Allgemeinen steht sie aber nicht neben den gewöhnlichen Forderungen, sondern befeuernd hinter ihnen. Sie verstärkt die Liebe zum Anderen, und zwar in einer über diese Welt hinausgreifenden Weise.

Mehrere Wenden haben schon unseren Weg in Richtung Jenseits und Transzendenz begleitet. Auf die Wende zum Sinn folgt nun – innerhalb des Sinnes – die ausdrückliche **Wende zur Ethik, zur „hohen Ethik"**. Sie löst sogleich den zweiten Mega-Einwand gegen ein sinngestütztes Weltbild aus: Was ist mit dem Bösen in dieser Welt der hohen Ethik? Wie kann es neben oder unter einem guten Weltsinn bestehen, hier und im Jenseits?

16. Das Geheimnis des Bösen

1. Paradoxer Gottesglaube

Seine Entdeckungen zur natürlichen Artentstehung brachten Charles Darwins ursprünglich sehr soliden Glauben an den Schöpfergott ins Wanken. Endgültig verloren hat ihn der Kirchenvater des atheistischen Naturalismus aber erst, als 1851 seine geliebte kleine Tochter nach langer qualvoller Krankheit starb. Diesen sinnlosen, ungerechten Tod konnte er Gott nicht verzeihen.

Sehr vielen Menschen geht es ebenso. Die Einwände der Naturwissenschaftler gegen Sinn, Gott und Jenseits, wie sie im vorigen Kapitel erörtert wurden, lassen sie eher kalt. Wen interessiert, ob die Unschärferelation der Quantenmechanik Gott genügend Handlungsspielraum für ein Eingreifen in die Welt bietet? Nicht mehr beten können die Leute, weil Gott einen endlosen, entsetzlichen Todeskampf nicht gemildert, weil er schreiendes Unrecht in der Familie nicht verhindert und den Übeltäter anscheinend noch belohnt hat. Nicht besser der Blick in die Welt: Auschwitz und unzählige andere Gräuel. In Afrika hacken Milizen unschuldigen Zivilisten reihenweise die Gliedmaßen ab. Dazu **die Rechtfertigungsanfrage („Theodizee") an Gott**: Ekeln ihn die blutigen Stümpfe nicht? Konnte oder wollte er es nicht hindern? Gibt es ihn vielleicht gar nicht? **Das Leid und das Böse** sind ein gewaltiges Hindernis auf dem Weg zu Gott und bei einem Glauben an einen Sinn der Welt.

Unter dem **„Bösen"** verstehen wir das von Menschen in freier Verantwortung zugefügte Leid, unter **„Leid"** das sonstige, sozusagen aus der Natur erwachsenen Leiden, an seiner Spitze den Tod. Ohne Leid kommt die Natur nicht aus, ohne Tod kein Leben. Auf der vom Wirbelsturm schrecklich verwüsteten Urwaldfläche sprießt neues

Grün. Auch Leid kann uns gegen Gott aufbringen – siehe Darwins Beispiel - , aber wir erkennen noch eher Sinn in solchen natürlichen Zusammenhängen. Anders das Böse: Wenn es einen göttlichen **Weltsinn** gibt, der sich in der „hohen Ethik" des Menschen spiegelt, dann **kann er in der Kurzformel nur lauten: Das Gute überwindet das Böse**. Das ist die eigentliche Domäne Gottes. Aber warum behauptet er sich dann nicht gegen den Widersacher? Warum lässt er, der Allmächtige, sein Geschöpf gewähren, den so genannten Teufel?

Das ist paradox, doch es kommt noch schlimmer: Diese **Paradoxie** ist, genau betrachtet, die zweite, der sich eine erste vorlagert, die wiederum zur zweiten in einem paradoxen Gegensatz steht. Mitten in Gottes gut erschaffener Welt muss es nämlich das Böse geben – so die erste Paradoxie - , sonst könnten wir gar nicht an Gott glauben! Wahrhaftig verwirrend! Betrachten wir es der Reihe nach.

2. Eine heile Welt braucht keinen Gott

Die Überschrift bringt schon das Wesentliche zum Ausdruck: Eine heile Welt braucht keinen Gott. Erinnern wir uns an die Wende zum Sinn und an das „pragmatische Prinzip" am Ende des 13. Kapitels: Ein rein objektiver Glaubenszugang funktioniert nicht. Aussagen über Gott und Jenseits haben nur insoweit Sinn, als wir sie zur Bewältigung unseres Lebens brauchen. Wobei natürlich ein wirkliches, nicht bloß eingebildetes Brauchen gemeint ist. Dieses „Brauchen" mag konservative Theologen empören, aber an ihm führt kein Weg vorbei. Jemand fragte **Brechts Herrn Keuner**, ob es einen Gott gebe. Herr Keuner sagte: „Ich rate dir nachzudenken, ob dein Verhalten je nach der Antwort auf die Frage sich ändern würde. Würde es sich nicht ändern, können wir die Frage fallen lassen".

Für die Schönheiten der Welt brauchen wir keinen Gott. „Schau mal, wie die Sonne eben untergeht, ein großartiger Anblick – das kann nur Gott gemacht haben". Nüchtern ist darauf zu antworten: Nimm Gott weg; ist der Sonnenuntergang dann weniger schön? Ein für Gottesbeweise aller Art **typischer Denkfehler**, der uns nicht das letzte Mal begegnet: Man hat Gott bereits irgendwie gefunden und setzt ihn danach mit Erscheinungen der Welt in Beziehung, etwa als Schöpfer. Macht man daraus einen Beweis, übersieht man den Einbahncharakter des Weges: In umgekehrter Richtung führen die Erscheinungen der Welt keineswegs zwingend zu Gott.

Nennen wir eine **„heile Welt"** eine solche, die großenteils gut und schön ist und vielleicht in mancher Hinsicht noch technisch oder ästhetisch verbessert werden kann, sonst aber nur kleinere Mängel des Alltagslebens und die unvermeidlichen natürlichen Leiden kennt, nicht dagegen das Böse. Eine solche Welt **kann mit sich selbst zufrieden, sich selbst genug sein** und allfällige Nachbesserungen aus Eigenem erbringen. Sie braucht nichts anderes, sie braucht keinen Gott. Es kam bereits zur Sprache: Leid und Konflikt sind nicht erstrebenswert; dennoch lassen sie unseren Sinn reifen, als „unlösbare Gleichungen", die das Bewusstsein auf eine neue Stufe heben. Auf einer glatten, friedlichen, problemlosen Lebensstrecke dagegen fehlt es uns an nichts, und wir sehen nicht, wieso wir auf Gott angewiesen sein sollten. Das Denken an ihn schläft ein – sofern man sich nicht bewusst macht, dass es demnächst auch anders kommen könnte (in Kriegszeiten sind die Kirchen wieder voll).

Kein Problem, mag man einwenden, **in Wirklichkeit ist die Welt ja nicht heil**. Der jüdische Schneider hat es im Witz auf den Punkt gebracht (siehe 13. Kapitel Nr. 3): Die von ihm geschneiderte Hose ist perfekt, aber die Welt: O je! Verflogen ist der Glaube der Aufklärer an die beste aller möglichen Welten. Welt und Leben sind mit

Verhängnissen durchsetzt. Friedliche Lebensstrecken gibt es; aber nur Spießer verlieren dort das Wissen um die Abgründe des Ganzen.

Die These von der heilen Welt hat dafür eine Erweiterung parat: Nicht nur eine heile, **auch eine heilbare Welt braucht keinen Gott**, nämlich eine Welt, die sich aus eigenen Mitteln selbst heilen kann und keine transzendente Nachhilfe benötigt. Die Unterscheidung erinnert an die marxistische Lehre. Diese wollte für sozialistische Gesellschaften die Widersprüche zu „nicht-antagonistischen", nämlich mit „Bordmitteln" lösbaren herabstufen, während kapitalistische Gesellschaften durch ihre antagonistischen Widersprüche gesprengt werden sollten.

In ähnlicher Weise wäre in einer heilbaren Welt **das Böse**, dem nur das transzendente Gute Paroli bieten kann, **zum „sogenannten Bösen" herabgestuft**.

Nicht zufällig geht der Ausdruck auf den Buchtitel eines Biologen, des bekannten Verhaltensforschers Konrad Lorenz zurück. Soeben betrachten wir nämlich die negative Medaillenseite dessen, was wir im vorigen Kapitel als positive Moralbegründung der Evolutionsbiologen kennen gelernt haben. Moral als Nebenprodukt der Evolution und das Böse als sogenanntes Böses: Die Konzepte entsprechen sich in ihrer biologisch-immanenten Verortung der Ethik. **Was wir „böse" nennen, sei nichts als unser natürlicher Aggressionstrieb** und die unerwünschte Folge dessen, dass wir ihn unter den Bedingungen unserer Zivilisation nicht „in artgemäß vorgesehenem Ausmaß ausleben" könnten. Als extremes Beispiel erwähnt Lorenz einen nordamerikanischen Indianerstamm, dem die natürliche Auslese in der Prärie hohe Aggressivität angezüchtet habe, die nun allenthalben an die Mauern der modernen Gesellschaftsordnung stoße. Die Aufgabe bestehe darin, Lebensumstände und biologische Ausstattung besser in Einklang zu bringen. Unterdrückung der Aggression durch moralische Verbote sei jedenfalls nicht die Lösung. Wieder taucht in diesem Konzept das Wort „nur" auf, wenn dem Bösen eine nur biologische Bewandtnis zugesprochen wird. Solchen Versuchen, die gesamte Ethik in die Immanenz einzugliedern, sind wir im vorigen Kapitel bereits mit Skepsis begegnet. Eine „hohe Ethik" entzieht sich jedenfalls diesem Zugriff.

Für das Böse gilt dies entsprechend. Neben das „sogenannte Böse", das die Biologen deuten mögen und für das man besser die Adjektive „schlecht" oder „falsch" gebraucht, tritt **das wirklich Böse als Gegenstück des Hoch-Ethischen**. Wiederum lässt sich keine scharfe Grenze ziehen, etwa zwischen „Todsünden" und „lässlichen Sünden". Man kann sich beispielsweise Bösartigkeiten – besser: Schlechtigkeiten – eines Kollegen vorstellen, denen mit Weltklugheit beizukommen ist. Das ist das Reich der Lebenshilfen und Ratgeber, wie wir sie zahlreich in Bahnhofsbuchhandlungen finden. Daneben aber gibt es Abgründe des Bösen, für die Konflikt-Handbücher keinen Rat mehr wissen.

Einzelheit interessieren uns weniger als die grundsätzliche Aussage: Der Gegensatz von Gut und Böse führt zu Gott und zum Jenseits nur dann, wenn er jenseits der gewöhnlichen Ethik und jenseits der Lösungswege der irdischen Welt liegt. Ob eine transzendente Lösung überhaupt möglich ist, sei an dieser Stelle offen gelassen. Ohne diesen Ansatz gibt es jedenfalls keinen Weg zur Transzendenz; dann verbleibt alles innerhalb der heilen, sich selbst heilenden und sich selbst genügenden Welt. Nur was deren Maß überschreitet, führt weiter. Schlagwortartig: Nur das maßlose Gute, das sich dem maßlosen Bösen entgegenstellt, kann von Gott sein. Noch schärfer: **Ohne maßlos Böses können wir nicht an Gott glauben.** Das ist ein wahrlich **paradoxes Gegenstück zum Theodizee-Problem**. Aber kann man ihm widersprechen?

Nur eine unheile Welt braucht Gott. Er soll sie vom Unheil des Bösen erlösen. Erlöse uns von dem Bösen! hat Jesus uns zu beten gelehrt. **Religion ist wesentlich Erlösungsreligion**. Natürlich setzt sie Gott, hat sie ihn einmal gefunden, auch in Beziehung zu allem anderen, etwa zu einem prächtigen Sonnenuntergang. Aber der entscheidende Zugang zu ihm führt durch die finstere Nacht, durch das enge Schlüsselloch des Bösen und der Erlösung vom Bösen. Eine harte Konsequenz: Nur wenn und insoweit Religionen Erlösungsreligionen sind – das sind sie nicht alle - , können sie auf unsere Zustimmung hoffen.

3. Erlösung im Diesseits?

Wenig drücken den gottesfrohen Menschen die geschilderten Paradoxien: Wir brauchen Gott, damit er uns vom Bösen erlöst? Das tut er doch auch, jetzt oder spätestens im Jenseits! Stimmt das?

Für das Diesseits bejahen wir die Frage am einfachsten mit dem **Kinderglauben an den „lieben Gott"**, der ganz von sich aus alles gut macht. An seiner Hand fühlen wir uns geborgen. Weit hält er das Böse von uns fern. Kleinere Missgeschicke müssen wir zwar ertragen, vor größeren bewahrt uns jedoch die inständige Bitte an den großen Beschützer – Gott, ein liebender Vater, heißt es im Religionsunterricht. Auf die Gebete der Kinder wird die todkranke Mutter wieder gesund und stirbt erst im biblischen Alter. Alles fügt sich wie im Märchen, wie in Zeiten, „als das Wünschen noch geholfen hat". Aber jeder Erwachsenen weiß: Wir leben nicht in einer Märchenwelt.

Bei der Frage nach Erlösung im Diesseits sollten wir vernünftigerweise von uns selbst und nicht vom lieben Gott ausgehen. Können wir zur Erlösung der Welt mehr beitragen, wenn wir uns statt auf bloß weltliche Ethik auf das transzendente Gute stützen? Brauchen wir Gott, um dieses „mehr" zu erreichen, also um im höchstmöglichen Maß gut zu sein? Noch einfacher gefragt: **Macht es im ethischen Ergebnis einen Unterschied, ob wir gläubig sind oder nicht?** Selbstverständlich muss der Gläubige jeweils mit Ja antworten, sonst zöge er sich den Boden unter den Füßen weg. Hält seine Antwort aber der Wirklichkeit stand?

Betrachten wir, zunächst ohne Blick auf Gott, das Gute: Kann es das Böse überwinden? Wie überwindet man überhaupt das Böse? Der radikalste Ansatz wäre, das Böse insgesamt aus der Welt schaffen, es mit Stumpf und Stiel ausrotten zu wollen. Solche Versuche hat es in der Geschichte immer wieder gegeben. Zuletzt wollte der Kommunismus in seinen Ländern alle „antagonistischen Widersprüche" und damit alles ernstlich Böse beseitigen. Das Ergebnis kennen wir; um ein Haar wäre stattdessen das Gute abgeschafft worden. **Das Böse erscheint tatsächlich als transzendent, insofern es von immanenten Generalangriffen drastisch verfehlt wird.** Diese scheitern nicht nur, sondern treffen letztlich den Angreifer: Wer auszieht, das „Reich des Bösen" also solches zu bekämpfen, gehört diesem Reich schon selber an. Darum wird sich der Widerstand gegen das Böse immer mit Teilerfolgen begnügen müssen.

Ebenso wenig verfängt das Rezept, **Böses mit Bösem zu vergelten**, so nach dem alttestamentlichen Prinzip „Aug um Aug, Zahn um Zahn". Denn wer Hass mit Hass bekämpft, sät nur neuen Hass. Auch hier kennen wir viele Beispiele, etwa den Versailler Vertrag und seine Folgen oder den in manchen Winkeln der Erde nicht endenden Kreislauf der Blutrache.

Es bleibt nur der Ratschlag, **das Böse durch das Gute zu überwinden**. Das ist geradezu der krönende Gedanke der „hohen Ethik". In vielen Fällen trägt er reiche Frucht. Während im Nahen

Osten neues Unrecht und neue Morde den Hass zwischen Israelis und Palästinensern weiter anstacheln, bewirken andere Initiativen das Gegenteil: die verfeindeten Brüder bei Sport, Musik, Kunst und Kultur einander persönlich näherzubringen. Hier überwindet gewiss das Gute das Böse. Aufs Ganze gesehen ist es freilich nur ein Teilerfolg. Und überhaupt: Lässt sich die Regel verallgemeinern? Kann ich immer den Schläger erweichen, wenn ich gut zu ihm bin oder ihm gemäß der Bergpredigt die andere Backe hinhalte? KZ-Insassen können da mit Blick auf die meisten ihrer Wächter und Quäler nur bitter lachen. Es gibt einen Sadismus, an dem Güte wirkungslos abprallt. **Die Antwort auf die allgemeine Frage ist zwiespältig, ambivalent**.

Das Gleiche gilt für den **Zusammenhang zwischen Religiosität oder Gottesglauben und ethischem Verhalten**. Ohne Zweifel kann die Religion entscheidende Antriebe für Mitleid und Hilfsbereitschaft liefern. Ihr zwar umstrittenes, insgesamt aber segensreiches Werk hätte Mutter Theresa niemals ohne ihren religiösen Glauben begonnen. Doch es gibt auch andere Blickwinkel und Beobachtungen, manchmal schon in unserem privaten Umfeld. Krasse Gegenbeispiele lassen sich im Ländervergleich finden, etwa wenn wir die überwiegend glaubenslosen, aber eher gesitteten und kriminalitätsarmen Länder Skandinaviens mit einigen Regionen Süditaliens vergleichen: Massive Bandenkriminalität wird dort weithin von der Bevölkerung durch Schweigen und Ausgrenzung der Opfer gestützt, das alles getragen von einer Welle liturgischer Frömmigkeit und Marienverehrung. In ähnlichen Zusammenhängen haben Atheisten Kriminalitätsstatistiken zur Hand, die sie genüsslich zitieren.

Das erneut ambivalente Ergebnis weist darauf hin, dass die Frage auf der falschen Ebene gestellt wurde. Auf der allgemeinen, öffentlichen, politischen, soziologischen, statistischen Ebene ist ihr nicht beizukommen. Zu viel nicht Messbares, nicht Definierbares ist im Spiel. Eine gute Tat kann, unmittelbar betrachtet, erfolglos sein, unterschwellig aber segensreich wirken. Wirkliche Gläubigkeit führt in Tiefen, die statistisch und auch sonst nicht zu fassen sind. Es bringt wenig, an den Taufschein oder das Anzünden einer Kerze vor dem Marienbild anzuknüpfen. Kurz gesagt: **Erlösung im Diesseits lässt sich nicht auf der öffentlichen Ebene feststellen**. Sie geschieht in der Tiefe der Person, natürlich nicht ohne äußere Anzeichen, aber nicht mit definierbaren Anzeichen. „Erlöster müssten mir die Erlösten aussehen, wenn ich an ihre Erlösung glauben soll" – Nietzsches bekanntes Wort trifft jedenfalls den **höchstpersönlichen Charakter von Erlösung**. Wir werden darauf zurückkommen.

Zuvor ist dem Hauptstrom religiösen Denkens nachzugehen, der zunächst in eine ganz andere Richtung führt: Wenn es mit der Erlösung im Diesseits nicht recht klappt, dann eben im Jenseits! Dort lösen sich die Paradoxe auf, werden die Rechnungen ausgeglichen, wird endlich alles gut. Das Jenseits wird zum großen Angelpunkt des Erlösungsglaubens und umgekehrt die Erlösung zum großen Angelpunkt des Jenseitsglaubens – ein fragwürdiger Angelpunkt.

4. Erlösung im Jenseits?

Wieder stoßen wir auf ein Paradox. Auf der einen Seite hat der Gedanke **jenseitiger Vergeltung** eine geradezu ungeheure Breitenwirkung entfaltet; für viele ist er der Einstieg in den Jenseitsglauben schlechthin. Auf der anderen Seite gibt es gute Gründe, ihn von vorneherein und in Bausch und Bogen zu verwerfen.

Wir erinnern uns: Jenseitsglauben macht nur Sinn, wenn wir ihn für unser Leben brauchen, und zwar wirklich brauchen. Wenn wir sagen: „Der Mann ist schon über achtzig und braucht immer noch das Gefühl, dass ihm junge Mädchen nachschauen", dann meinen wir ein

Brauchen ohne rechte Substanz. Sinn soll aber Substanz haben. Darum soll er sich nicht selbst befriedigen, sondern Erfüllung und Bestätigung im Sein suchen und finden. **Nur wenn das Sein ihn bestätigt, ist der Sinn sinnvoll**. Nur wenn der Glaube das Erhoffte bringt, hat man ihn wirklich gebraucht. Ein Brauchen, das zu 100 Prozent aus Hoffen und zu 0 Prozent aus Erfüllung besteht, ist imaginär. Erstaunlich leicht geben sich manche bei der Transzendenz mit imaginären Bestätigungen zufrieden. In einem jüdischen Witz rühmt jemand die Wundertaten seines Rabbi: Er hat einmal das Haus seines Feindes verflucht, es solle zusammenstürzen. Dann reute ihn der böse Wunsch, und er wünschte, das Haus solle stehen bleiben. Und, welch ein Wunder, das Haus blieb tatsächlich stehen! Nicht viel anders steht es mit dem Glauben an jenseitige Erlösung. Ob wir diesen Glauben im Leben wirklich brauchen, sei es auf der persönlichen, sei es auf der öffentlichen Ebene, lässt sich an seinen Folgen und Früchten ablesen. Aber ein Bestätigung allein im Jenseits suchender Glaube, einem Jenseits, in das niemand blicken kann, von dem niemand wirklich zurückgekommen ist – das ist Hoffnung pur, ein imaginäres Brauchen und ein **imaginärer Glaube**.

Dennoch sind Unzählige von ihm überzeugt. Die Überzeugung hat verschiedene Grade. Im schwächsten Fall ist es **eine Art Wette**. Meine alles andere als religiöse Großmutter sagte: Ich gehe in die Kirche, man kann ja nie wissen: Vielleicht schadet es einmal, wenn man es nicht getan hat. **Blaise Pascal**, der große Philosoph und Begründer der Wahrscheinlichkeitsrechnung drückte sich bei seiner schon erwähnten Wette etwas gewählter aus: Die ewige Seligkeit ist ein so ungeheuer wertvolles Gut, dass sie auch bei geringer Wahrscheinlichkeit jeden Einsatz lohnt. Man weiß nicht, ob er es ernst gemeint hat. Jedenfalls hakt es mit der Mathematik, denn für das Jenseits gibt es keine großen oder kleinen, sondern überhaupt keine Wahrscheinlichkeiten. Ob außerdem Gott auf ihn gesetzte Wetten einlösen wird? Er müsste sich wie ein Rennpferd vorkommen.

Im Allgemeinen aber wird nicht nur gewettet, sondern aus Überzeugung mit hohem Einsatz gespielt. Dahinter steht die Forderung: Den Himmel muss es geben, weil sich sonst das Gutsein nicht lohnt, und die Hölle muss es geben, weil sonst das Böse nicht bestraft wird – der Grundgedanke einer **ins Jenseits verlängerten Lohnmoral**. Offensichtlich ist der logische Zirkelschluss: Warum tun wir das Gute? Weil wir im Himmel dafür belohnt werden wollen. Woher wissen wir, dass es den Himmel gibt? Weil sich das Gute sonst nicht lohnen würde. Die Katze beißt sich in den Schwanz. Der Glaube muss sich selber stützen, weil er anders keine Bestätigung findet. Immanuel Kant hat das nicht gehindert, in vornehmerer Formulierung und als „Postulat der praktischen Vernunft" dasselbe zu fordern, nämlich die „Einheit von Tugend und Glückseligkeit". Diese soll, wenn nicht schon hier, dann jedenfalls drüben hergestellt werden.

Eine geradezu **ungeheure Motivationskraft** hat solche Lohnmoral durch alle Zeiten entfaltet. Die Jagd nach gutem Karma ist im Osten jede Entbehrung wert. Ähnliches bewirken im Westen Himmelshoffnung und Höllenfurcht. Wie viel Böses wurde so verhindert und wie viel Gutes geschaffen! Auch seltsame Blüten sind dabei. In Franz Werfels Roman „Der veruntreute Himmel" überhäuft die gutgläubige Tante den betrügerischen Neffen und vermeintlichen Priester ein Leben lang mit Geld, nur um sich den Himmel zu verdienen. Entsetzt wäre mancher Pfarrer, würde man die Lohnmoral in Frage stellen: Wie soll er seine Schäfchen dann noch auf dem rechten Weg halten, wenn sie die ewige Strafe nicht mehr fürchten müssen?

Mächtig lastet solches Denken auf den meisten Religionen. Die Frage „Wie kriege ich einen gnädigen Gott?" hat **Martin Luther** umgetrieben und sogar die Kirche spalten lassen. Der katholischen stellte er seine protestantische **Rechtfertigungslehre** entgegen als „Artikel, mit dem die Kirche steht und fällt". Nicht mit Werken, sondern vor allem mit Glauben soll sich der Mensch den Himmel verdienen.

In seiner Enzyklika über die Hoffnung hat **Benedikt XVI.**, der vorige Papst, nicht nur ebenfalls der Lohnmoral gehuldigt, sondern sie ausdrücklich zum Angelpunkt des Jenseitsglaubens gemacht: „Ich bin überzeugt, dass die Frage der Gerechtigkeit das eigentliche, jedenfalls stärkste Argument für den Glauben an das ewige Leben ist. Das bloß individuelle Bedürfnis nach einer Erfüllung, die uns in diesem Leben versagt ist, nach der Unsterblichkeit der Liebe, auf die wir warten, ist gewiss ein wichtiger Grund zu glauben, dass der Mensch auf Ewigkeit angelegt ist. Aber nur im Verein mit der Unmöglichkeit, dass das Unrecht der Geschichte das letzte Wort sei, wird die Notwendigkeit des wiederkehrenden Christus und des neuen Lebens vollends einsichtig".

Auffällig an dem Text ist die Betonung der Geschichte, mit der der Papst seine Vorliebe für die jüdische Apokalyptik und ihr kollektiv-geschichtliches Verständnis des Jenseits zum Ausdruck bringt. Auffällig ist weiter die in den vorsichtigen Anfangsworten durchscheinende Skepsis gegenüber allen anderen, insbesondere objektiven Argumenten für ein Jenseits, an die der Papst offensichtlich weniger glaubt als an den Gedanken ewiger Gerechtigkeit. Mit dem Wort „Notwendigkeit" ist dieser, wie schon bei Kant, in die Sprache der Forderung gekleidet. Nur ist **die Forderung keineswegs „einsichtig"**, sondern im Gegenteil Folge eines schon in anderem Zusammenhang beanstandeten Denkfehlers: Man glaubt bereits aus anderen Gründen an Gott, zieht daraus gewisse Folgerungen für Gottes Wirken und meint dann, diese an sich einbahnige Logik umdrehen und aus den Folgerungen wieder auf Gott rückschließen zu können. Konkret: Wenn ich bereits an einen

Gott glaube, der für ethische Gerechtigkeit steht, dann ist es folgerichtig nicht egal, ob ich als guter oder schlechter Mensch zu ihm ins Jenseits gelange. Diesen Schluss kann man nicht umkehren: **Daraus, dass ein gerechter Gott im Jenseits zwischen Gut und Böse unterscheidet, folgt in keiner Weise, dass es einen solchen Gott und das Jenseits überhaupt gibt**. Ersparen wir uns die Frage, warum Joseph Ratzinger an Gott glaubt. Jedenfalls zeigt sich die Unmöglichkeit, aus einer irgendwie unterstellten Existenz Gottes ein gerechtes Jenseits oder überhaupt ein Jenseits abzuleiten. **Gott und Jenseits bekommt man gedanklich nur im „Doppelpack"**. Kant hat das richtig gesehen, seinem „Postulat" freilich auch keine überzeugende Begründung gegeben.

Letztlich ist das alles eine verunglückte Theodizee. Gott ist gut, sagt man, also führt er das Gute zum Sieg. So sah es konsequent der jüdische Glaube an den Tun-Ergehen-Zusammenhang. Aber er scheitert an der Lebenserfahrung. Darum heißt es: Wenn es hier nicht klappt, muss es drüben klappen. Wieso aber „muss"? **Wo steht geschrieben, dass die Welt von universaler Gerechtigkeit regiert wird und dass darauf ein Anspruch besteht?** Wir hätten es gerne so, aber der Wunsch hat noch nie als Begründung gereicht. Die moralfreie und gnadenlose Natur müsste uns nachdenklich machen. Das Leben ist keine Rentenkasse, bei der die Erträge exakt den Einzahlungen plus Zinsen entsprechen. Wenn es hier schon nicht so ist, wer oder was garantiert dann, dass es drüben besser wird? Überhaupt Gott mit seiner Macht: Warum vollbringt er sein Erlösungswerk nicht hier, obwohl er könnte, und verschiebt es nach drüben? Freut er sich daran, dass wir uns hier die Finger verbrennen und er uns drüben Wundpflaster anlegen kann?

Darum ist der Gedanke nicht nur ein Kind des Wunsches, sondern obendrein wenig plausibel. Zwei tiefer liegende Einwände treten noch hinzu. Von Sinn und Wert her gesehen sind Selbsterhaltung und

Selbstverbesserung der entscheidende Antrieb der Lohnmoral. Ich will nicht im Nichts versinken, und ich will außerdem belohnt, aber nicht bestraft werden. Damit wird **die Sinnhierarchie wiederum umgestülpt**; Evolutionsbiologen müssten sich angesprochen fühlen und an eine Fortsetzung der Auslese nach dem Tod denken. **Das Gute und die Liebe** treten in den Dienst der Selbstverbesserung, nämlich als Voraussetzung für die angestrebte Belohnung. Sie sind sich nicht selbst genug, sondern **Eintrittskarte für den Himmel**. In Wirklichkeit kommt ihnen aber der Spitzenplatz zu; sie sind die obersten Werte und stehen in keinen anderen Diensten.

Zum anderen **entwertet ein auf Lohnmoral gegründetes Jenseits offenkundig das Diesseits**. Ohnehin haben manche östliche und westliche Religionen, zumal die Gnosis, eine Schlagseite in diese Richtung; „unsere Heimat ist im Himmel", meint Paulus. Sie verstärkt sich, wenn das Diesseits bloß als Prüfungsvorlauf für das ewige Leben gesehen wird, wie eine Probezeit oder eine Examensklausur, die man bestehen muss, um in das eigentliche Berufsleben eintreten zu können. Manche „Prüfungsordnungen" gestatten, Fehler noch rechtzeitig zu korrigieren: schlechtes Karma durch gutes auszugleichen, Sünden zu beichten oder durch Glauben zu überbieten. Das mag gut gemeint sein, verstärkt aber den Vorrang des Jenseits und den Nachrang des Diesseits. Bleiben wir lieber – mit Nietzsche – der Erde treu!

Wieder klingt es paradox: Wir dürfen **das Jenseits nicht zum Angelpunkt des Jenseitsglaubens machen**. Angelpunkt ist und bleibt dieses irdische Leben und was wir in ihm Gutes bewirken.

5. Das Elend der Theodizee

Bevor wir die Gedanken weiterspinnen, gilt es, die Scherben eines wohlbekannten Themas zusammenzukehren: Gott und das Böse, anders gesagt: die Theodizee. Damit steht es nicht gut. Die Hoffnung, das anfängliche Paradox – ohne das maßlos Böse können wir nicht an Gott glauben – im Erlösungswerk Gottes aufheben zu können, scheint sich im Diesseits zu zerschlagen und in der Ungewissheit des Jenseits zu verlieren. Das Problem steht ohne Lösung da. Die Standardantwort der Theologen – Gott duldet das Böse um unserer Freiheit willen – haben wir schon im 8. Kapitel verworfen. Selbst wenn man ihr nähertreten würde, erklärt sie bei weitem nicht das schreckliche Ausmaß des Bösen. Nochmal gefragt: Warum hat Gott dem „freien" Wüten von Hitler, Stalin und Mao nicht eher und wirksamer einen Riegel vorgeschoben? Eine Antwort darauf ist aussichtslos.

Ebenso aussichtslos ist das hartnäckige Beharren darauf, Gott sei zugleich allmächtig und allgütig. Das gehört nach Meinung der Theologen zu seiner Definition. Doch was für ein Gedanke: **Gott definieren!** Ein hemmungsloserer Dualismus ist kaum vorstellbar. Den offensichtlichen Widerspruch zwischen Allmacht und Güte erklärt man zum „Geheimnis". Nun kann man zwar eine schwierige Frage offenlassen und sie als Geheimnis bezeichnen, aber man kann sie nicht falsch und widersprüchlich beantworten und dann dem Widerspruch den Namen „Geheimnis" geben. Vergessen wir also diesen Ansatz.

Wenn die Überwindung des Bösen durch Gott in Rede steht und dazu die Fragen: Kann er nicht oder will er nicht oder kann und will er nicht?, dann können wir unmöglich alle drei Varianten zugleich ausschließen. Ehrlicherweise können wir keine der drei ausschließen, denn **was wissen wir schon über Gott?** Weltanschauliche Fantasie lässt uns alle möglichen Lösungen entwerfen. Auch eine evolutionäre

Sicht ist in der Diskussion: Gott selbst ist in einen Entwicklungsprozess eingebunden und sucht ihn in sich und in der Welt zum Guten zu wenden. Empörte Theologen, die sich gegen dunkle Flecken auf seiner weißen Moralweste erregen, seien mit einem Hinweis auf das Alte Testament ruhig gestellt; es spricht an einer Stelle von einem „bösen Geist Jahwes" (1 Sam 16, 14). Was die Allmacht angeht, ist uns aus der altpersischen Religion die Vorstellung eines Gottes (Ahura Mazda oder Ohrmazd) bekannt, der mit seinem bösen Widersacher (Ahriman) im Kampf liegt, ein Kampf, der bei absoluter Allmacht Gottes gar nicht begonnen hätte oder gleich zu Ende wäre. Außerdem wurde **der Gedanke absoluter Allmacht** – siehe nochmals das 8. Kapitel – nicht nur von Calvin ins schauerliche Extrem getrieben, sondern **führt auch sonst zu einem unsinnigen Weltbild**: die Welt ein einziges Heimkino Gottes.

Damit wanken einige klassische Glaubensüberzeugungen. Was nicht wankt, ist die Vorstellung: **Gott ist das Gute und die Liebe**. Ohne das wäre er in der Tat nicht Gott. **Aber er ringt mit einem bösen Prinzip**, von dem wir nicht wissen können, inwieweit es in ihm, außer ihm oder beides ist. Gott ist nicht der „große Baumeister aller Welten", nicht der Super-Ingenieur, der nach einem fehlerlosen Plan eine fehlerlose Welt hingestellt hat, die seitdem fehlerlos läuft. Dafür quietscht und kracht die Weltmaschine viel zu sehr. Was ist Gott dann? Nennen wir ihn **die mitleidende Seele einer leidenden Welt**, einen, der wie wir und als unser mächtiger Beistand mit dem Bösen ringt. Können wir einem solchen Gott nicht mehr Gefühle entgegenbringen als einem Perfektionisten ohne Fehl und Tadel?

Machen wir uns jedoch nichts vor. Die Andeutungen dieser Sätze sind ein Tasten im Dunkel, das nicht ernsthaft als Lösung des Theodizee-Problems durchgehen kann. **Das „Geheimnis des Bösen" (mysterium mali) bleibt Geheimnis**. In diesem Bereich sollte man den Argumentationsdrang bremsen und besser schweigen. Die

Fragen nach dem Bösen schlechthin, seinem Ursprung und seiner Überwindung liegen auf der transzendenten Ebene der ganzen Welt, zu der uns der Zugang fehlt. Anderenfalls würden wir im Geiste „Welterschaffung" spielen, ein uns nicht erlaubtes Spiel. Wer dennoch auf dieser Linie weiterforschen möchte, wird sich nur in abstrusen Fragen verwickeln, beispielsweise: Warum hat der gütige Gott überhaupt ein Vorspiel im Diesseits vorgeschaltet und uns nicht gleich als selige Himmelswesen wie die Engel erschaffen? Wollte er uns erst ein bisschen draußen im Sand spielen lassen, bevor er uns in sein Haus ruft? Der Unsinn solcher Fragen spricht für sich selbst.

Damit stehen wir in der Tat vor der unlösbaren Gleichung, von der die Rede war und die uns auf eine höhere Stufe heben soll. **Das Theodizee-Problem ist unlösbar**. Der gesamte Fragehorizont ist zusammengebrochen. Auf der Ebene der Welt, des Guten insgesamt und des Bösen insgesamt kommen wir nicht weiter. Auch das Jenseits kann mit Himmel und Hölle keine Ersatzlösung bieten; denn dafür fehlt uns der hinreichende Einblick.

6. Himmel und Hölle

Werfen wir einen Blick zurück auf die Betrachtungen, **wie man sich ein Jenseits überhaupt sinnvoll vorstellen kann**. Es müsste auf der Ebene der Welt einen ethischen Weltsinn, einen Sinn Gottes geben, der sich in unserem irdischen Sinn spiegelt, natürlich mit Abstrichen. Dieser Sinn wäre zeitübergreifend und damit nicht der Vergänglichkeit unterworfen. Nach dem Tod, dem Ende unserer elementaren Abhängigkeit, würde er uns der ganzen Welt zuführen, also Gott und der Ewigkeit.

Diese Skizze ist reichlich abstrakt und muss es leider bleiben. **Konkrete Ausmalungen wären Fantasieprodukte ohne Wert**. Der Ausschluss dualistischer Unterscheidungen verhindert schärfere

Konturen. Demnach verbietet sich eine präzisere Festlegung der Zugangsbedingungen zum Jenseits, etwa nach dem Muster: Menschen gelangen ins Jenseits, Tiere nicht; ab der Befruchtung der Eizelle existiert eine unsterbliche Seele, vorher nicht; mit abgebüßten „lässlichen Sünden" kann man in den Himmel kommen, mit „Todsünden" nicht usw. usw. Ähnliche Zurückhaltung gilt für die Beschreibung des Jenseits selbst. Es gilt sich auf das zu beschränken, was aus den bisherigen Überlegungen zwingend folgt. Wenn das Jenseits durch „hohe Ethik" bestimmt ist, dann macht es dort eine Unterschied, inwieweit unser im Leben geformter Sinn, anders gesagt: unsere Seele, gut oder schlecht ist. Das wurde schon gesagt, und dabei muss es bleiben. Jedes weitere Wort wäre substanzlose Spekulation; selbst der persönliche Charakter des Weiterlebens bleibt in Schwebe.

Unser natürliches Verlangen nach Anschaulichkeit möchte freilich mehr, möchte sich unter jenseitiger Gerechtigkeit etwas vorstellen können. Man hat beispielsweise etwas dagegen, dass die großen Mörder der Weltgeschichte zusammen mit ihren Opfern an Gottes Tisch Platz nehmen. Unterschied und Abstand sollten schon sein, Himmel und Hölle also. Was ist überhaupt mit dem Bösen im Jenseits; **gibt es die Hölle?** Wie im 8. Kapitel vermerkt, gehen die Meinungen weit auseinander: Die leere Hölle einerseits, die „massa damnata" – die zur Hölle verdammte Mehrheit – des Augustinus andererseits. Die zugehörigen Fragen wurden bereits besprochen. Klare Antworten gibt es zur Hölle ebenso wenig wie zur Ausgestaltung des Himmels. Allenfalls lassen sich plausiblere von weniger plausiblen Vorstellungen trennen. Zu den letzteren gehört sicher die Idee, Gott ertrage bis in alle Ewigkeit das Heulen und Zähneknirschen neben oder unter sich. Wird es am Ende eine Allversöhnung geben? Oder versinkt das Böse ins Nichts?

Als Kinder hat uns einmal eine Zeugin Jehovas auf der Straße mit solchen Fragen traktiert. Sie meinte, Hölle ist, wenn wir im Grab zu Staub zerfallen – Hölle also als Versinken im Nichts. Vielleicht hatte sie Recht. Nach dem Glauben der Taoisten ist Unsterblichkeit nicht für alle, sie muss im Leben erworben werden. Das alte Israel kannte eine ähnliche Idee: die Auferstehung (nur) der Gerechten. Das Böse verneint, es verneint das Sein, darum ist es nicht zum Leben bestimmt. „Alles, was entsteht, ist wert, dass es zugrunde geht. Drum besser wärs, dass nichts entstünde" – so Goethes Mephisto. So mag man es sehen: **Die Liebe besteht, das Böse vergeht**. Das Böse an uns vergeht im Tode, und wenn wir ganz böse sind, vergehen wir ganz. Wer weiß? Jedenfalls ist es ein plausiblerer Gedanke als die ewige Hölle.

Wir können es anpacken, wie wir wollen: Weder für das Diesseits noch für das Jenseits kommen wir zu einem klaren Ergebnis, wenn wir nach „dem" Guten und „dem" Bösen fragen. Diese Ebene öffnet sich uns nicht. **Die Wende zum persönlichen Inneren steht an**. Es geht um *meine* Person, *meine* ganz persönliche Theodizee, *mein* Böses, *mein* Gutes, *meine* Liebe.

7. „Der Himmel ist in dir"

In Gewändern mit leuchtenden Farben schreiten die Seligen dem Himmel entgegen. So auf mittelalterlichen Fresken. Freuen wir uns an dieser Kunst, aber verwechseln wir sie nicht mit der Wirklichkeit! Die kann noch leuchtender sein oder auch nicht, sie ist unvorstellbar. Etwas anderes aber können und sollen wir uns vorstellen: „Der Himmel ist in dir und auch der Höllen Qual!" Und: „Halt an, wo laufst du hin/ Der Himmel ist in dir: Suchst du Gott anderswo/ Du fehlst ihn für und für". Der Mystiker Angelus Silesius weist uns den richtigen Weg ins **persönliche Innere**.

Dort ist das eigentliche Wirkungsfeld der Religion. Natürlich soll sie auch in der Öffentlichkeit segensreich wirken. Sie würde sich aber unter ihrem Wert verkaufen, machte sie sich von solchen Folgen abhängig. Die oben beschriebene Ambivalenz ihrer Wirkungen in Welt und Gesellschaft können wir gelassen sehen. Über Erfolge in weltlichen Dingen freut sie sich, sieht darin aber nicht ihr eigentliches Wesen. Sie ist kein pädagogisches Hilfsmittel zur Besserung der Gesellschaft oder der Kriminalitätsstatistik. Sie ist überhaupt nicht Mittel zum Zweck, sondern selber ihr letzter Zweck. Und diesen erfüllt sie zu allererst in der menschlichen Seele.

Es ist infolge dessen ernst zu machen mit dem Gedanken, dass **das Gute** kein Wert „um zu" ist und nicht bloß Voraussetzung für eine bessere Welt oder für ein seliges Jenseits. Als oberster Wert ist es sich selbst genug und **um seiner selbst willen zu tun**. Der eigentliche Wert und Lohn liegt nicht drüben, auf dem jenseitigen Lohnzettel, sondern in dir selbst, hier und heute. Für das Böse gilt das Gleiche mit umgekehrtem Vorzeichen. Das Böse, das du tust, macht dich inwendig kaputt. Zertritt bloß mutwillig ein hilfloses Tier auf der Straße, und du schadest dir selbst. Das Gute dagegen, ein reicheres Gutes als bloß die Befolgung von Geboten, hebt dich hinauf und erfüllt dich mit Freude. Eine gute Tat, und wir ernten ein Lächeln, und selbst ohne Lächeln fühlen wir uns richtig. Das meint nicht, immer vor dem Bösen zurückzuweichen. In kluger Abwägung können und sollen wir uns verteidigen. Aber auch die Verteidigung soll im Geist der Güte und Liebe geschehen.

Das alles klingt schön, aber das Ziel ist hoch gesteckt. Weithin läuft es auf eine Umstülpung der Religionen hinaus, die mehr oder weniger auf Lohn fixiert sind. Auch persönlich kann es bitter werden. Es ist ja damit zu rechnen, dass die Überwindung des Bösen durch das Gute in der äußeren Wirklichkeit oft keinen Erfolg hat: Das Böse lacht uns aus, und wir fühlen uns als die Dummen. Hier ist ein Maß an ethischer Reife gefragt, das nur wenige aufbringen. **Gelangten wir alle dorthin, sähe die Welt anders aus**. Den Weg zu weisen ist oder wäre die wirkliche Aufgabe der Religionen, noch vor ihrer Wegweisung zum Himmel.

Dieser Ansatz ist **nicht mit Subjektivismus zu verwechseln**. Von diesem kann man etwa reden, wenn die humanistische Psychologie die Wirklichkeit Gottes durch die therapeutische Wirksamkeit der Idee Gottes ersetzen will. Oder wenn jemand sagt: Ich folge den Lehren dieses Gurus, weil ich mich so gut dabei fühle. Dass es mit dem Gut-Fühlen nicht sein Bewenden haben kann, ist an den zuweilen bitteren Folgen abzulesen, wenn wir das Gute allein um seiner selbst willen tun. Subjektivität ist nicht alles. In das persönliche Erleben geht neben subjektiven Ausrichtungen die ganze Objektivität der Umwelt ein, nicht nur meine momentane gute Stimmung, sondern dazu die Rückmeldungen von außen. Selbst die bekannten „Fügungen" können eine Rolle spielen (siehe das 13. Kapitel Nr. 3). Unübersehbar ist der Reichtum des äußeren und inneren Erlebens, in dem die Ethik auf dem Prüfstand steht. Das alles ist nicht bloß subjektiv.

Aber es ist ein persönliches Erleben, und nur darüber können wir in Berührung kommen mit dem Sinn der Welt, mit Gott und letztlich mit dem Jenseits. Das wird vielfach – ein weiterer Vorwurf – als **„religiöser Individualismus"** gebrandmarkt. Denn es steht in klarem Widerspruch zur jüdischen Apokalyptik mit ihrem kollektiven Denken. Das Jenseits aber ist kein geschichtliches Ereignis für „die Völker", allen voran das auserwählte, bei dem unter dem Klang der Posaunen gemeinsam in die neue Welt marschiert wird. Vielmehr ist **Erlösung höchstpersönlich**, und auch der Weg ist höchstpersönlich. Nur dein ganz persönlicher, in deinem persönlichen Leben verwirklichter Sinn kann dich hinübertragen. *Du* kommst hinüber, nicht deine Familie, nicht dein Volk, nicht die Kirche.

Aber, sagte kürzlich ein Pfarrer, die Kirche ist kein Verein religiöser Einzelgänger. Da hat er auch wieder Recht. **Religionen haben – ganz unverzichtbar – auch ihre öffentliche Seite**: im gemeinsamen Gebet, in gemeinsamen Riten und vor allem in der Weitergabe der Lehre. Der Islam führt uns diese öffentliche Seite eindrucksvoll vor Augen. Niemand braucht sich seinen Glauben im Alleingang zurechtzulegen. Es herrscht jedoch ein charakteristisches Wechselverhältnis zwischen „öffentlich" und „persönlich". Öffentlich werden dem Glauben das nötige Material und das Feld seiner Darstellung geliefert, persönlich wird er entschieden und gelebt, und dies strahlt wiederum in die Öffentlichkeit zurück. Sie ist das Umfeld; Kern und Angelpunkt aber ist die Person als Ort des tiefen und letzten Sinnes. Religionen haben den Auftrag zu lehren. **Über den Glauben aber kann und muss letztlich jeder allein entscheiden**. Ihren seltsamen Versuch, auch das noch „amtlich", nämlich lehramtlich, zu kontrollieren, wird die Katholische Kirche vor diesem Hintergrund aufgeben; angesichts gewohnter Langsamkeit und gewisser Bremsversuche wird es allerdings noch eine Weile dauern. Erst recht heißt es für den Staat: Hände weg vom persönlichen Glauben! Staatsreligion ist ebenso ein Gräuel wie staatliche Religionsverfolgung oder gar beides in Kombination.

Diese Gedanken sind so grundsätzlich, dass man sie nicht mit religionskulturellen Einordnungen verwechseln sollte, stichwortartig etwa: protestantische Innerlichkeit gegen katholische Äußerlichkeit und Ritenfreude. So etwas kommt an zweiter Stelle. Das sind Ausdrucksformen einer schon bestehenden Religiosität. Erst muss diese gewonnen werden, und das kann – unabhängig von Ausdrucksformen – nur im Inneren der Person geschehen.

Wegen ihres im Kern innerlichen Charakters ist **Religion im öffentlichen Diskurs schwer dingfest zu machen**. Mit bloßen Fakten, mit Wissenschaft und Philosophie ist ihr nicht beizukommen. Sie eignet sich nicht für Feuilletons und Podiumsdiskussionen. Der bei vielen Wissenschaftlern und Philosophen verbreitete Atheismus oder Agnostizismus ist wohl kein Zufall: In den öffentlichen Foren, wo sie vor allem zu Hause sind, kann man der Religion nicht eigentlich begegnen.

Trotz diese Mankos bleibt es dabei: Die letzten Fragen sind höchstpersönlich. Worum geht es der Person? Man kann es in ein einziges Wort fassen: **Erlösung!**

17. Was ist Erlösung?

1. Der geputzte Spiegel

„Erlöse uns von dem Bösen!" Jesu Gebetsruf schlägt die Brücke vom geheimnisvollen Bösen zur Erlösung. **Das Christentum ist wesentlich Erlösungsreligion**. Doch es herrscht Unsicherheit über den Begriff. Fragt man Christen, was sie sich unter Erlösung vorstellen, werden die Antworten sehr unterschiedlich ausfallen. Die einen meinen das Erlösungswerk Christi, seinen Tod und seine Auferstehung, andere die Reinwaschung von Sünden durch die Taufe und andere Sakramente, wieder andere die Erlösung nach dem Tod im Himmel und schließlich manche alles zusammen. In jedem Fall setzt das Christentum – zumal im Vergleich mit dem Buddhismus, der anderen Erlösungsreligion – einen starken oder gar zu **starken ethischen Akzent**: Immer geht es um das Böse, um Sünde und Schuld.

Was sollten wir richtigerweise unter Erlösung verstehen? Kurz und bündig gesagt: **Erlösung des Menschen ist die Verwirklichung seines tiefen Sinnes, in dem sich der Sinn der Welt spiegelt**. Hat das etwas mit dem Jenseits zu tun? Ja und Nein. Ja insofern. als das Jenseits nicht als harmlose Idylle, sondern nur als erlösendes Jenseits Sinn macht, als ein Jenseits also, in dem sich die Erlösung in dem genannten Verständnis vollendet. Nein insofern, als Erlösung zunächst und vor allem in diesem irdischen Leben geschieht und in ihrem Begriff nicht einmal ein Jenseits voraussetzt. Dem Denken und Fühlen vieler Menschen, das Wichtigste an der Religion sei die Aussicht auf ein Leben nach dem Tod, ist entgegenzuhalten: **Nicht das Jenseits, sondern die Erlösung ist der Angelpunkt der Religion**.

Im Zuge seiner Erlösung gewinnt der Mensch, um mit dem Theologen Schleiermacher zu sprechen, „Sinn und Geschmack für das Unendliche". Er greift über das bunte Vielerlei seines täglichen Lebens hinaus und öffnet sich dem Ganzen der Welt und ihrem Sinn. **Er geht auf das Absolute zu**, das sich ihm hienieden allerdings nur verhüllt, als „relativ Absolutes" zeigen kann. Seine elementare Abhängigkeit, wie wir sie genannt haben, also seine Einbindung in Leiblichkeit und Zeitlichkeit, hindert den letzten Schritt auf die Ebene der ganzen Welt. „In dieses Fleisches Hülle" ist Gott nicht zu schauen. Ein mathematischer Vergleich: Auf dem Weg der Erlösung folgt der Mensch einer Folge, die – wie er glaubt – auf einen Grenzwert zuläuft („konvergiert"). Diesem Grenzwert, dem Absoluten, kann er sich nur immer mehr nähern, aber ihn weder erreichen noch berechnen: Das Ganze der Welt als der transzendente Grenzwert. Die Schritte oder Stufen der Annäherung werden im folgenden Kapitel deutlicher werden.

In einem anderen Bild war bereits davon die Rede, dass sich im tiefen Sinn des Menschen der Sinn der ganzen Welt spiegelt. Inbegriff unserer Erlösung ist es demnach, **unseren Spiegel so klar und rein wie möglich zu halten**. Solange darüber der Staub des Irdischen in Menge liegt, solange ihn unserer Ängste, Begierden und Irrtümer trüben, solange kann uns kein Licht der ganzen Welt entgegenscheinen - wie bei einem Brunnen, in dessen Wasserspiegel wir unser Bild erst klar erkennen können, wenn wir ihn nicht mehr durch Hineinwerfen von Krimskrams in Wellen versetzen.

2. Brauchen wir Erlösung?

Wir sitzen, sagen wir, in einem gemütlichen Biergarten, und ich rede über derlei Dinge. Da wendet mein Freund ein: Fehlt dir eigentlich etwas? Dir geht es doch bestens, an diesem lauen Abend in angenehmer Runde. Was soll da noch so etwas wie Erlösung? Wozu brauchst du das überhaupt?

Das brauche ich, das brauchst du, gebe ich zurück, das braucht jeder zu Sinnen gekommene Mensch. Denn **ohne Erlösung ist er nur ein halber Mensch**. Er lebt in der Sinnlosigkeit oder, wie Heidegger sagen würde, in der Uneigentlichkeit oder, wie Kierkegaard sagen würde, in der Krankheit der Verzweiflung: Gerade dann, wenn die Krankheit nicht bewusst ist, ist sie am gefährlichsten.

Die Krankheit wurzelt in der menschlichen Freiheit. Blicken wir zurück auf das 14. Kapitel über den Sinn. An viele Ziele und Werte ist der Mensch nicht fix gebunden. Er kann sie nicht nur nach unten, zu den Hilfsmitteln und Zwecken, hinterfragen, sondern auch nach oben, zum höheren Sinn: Will ich das wirklich? Ein Bussard mag sich fragen, ob das Geraschel im Gras von einer Maus kommt. Niemals aber wird er sich fragen, ob Mäusefangen für ihn Sinn macht oder ob er eine andere Nahrung bevorzugen sollte. Freiheit und damit höherer Sinn und damit **Erlösung** sind dem Menschen vorbehalten (ohne dass es für diesen Gedanken einer scharfen, dualistischen Abgrenzung des Menschen bedürfte). Sie gehören entscheidend zur Menschwerdung, zum **Übergang vom Tier zum Menschen**. Erst der Mensch hat die nötigen Freiheitsgrade, um sein Tun „nach oben" hinterfragen zu können, beispielsweise ob er heiraten soll oder nicht. Dadurch wurde ihm auch die Not der Antwort beschert, verbunden mit der Gefahr, keine Antwort zu finden und vor der Sinnleere zu stehen. Ein Zurück zur Fraglosigkeit der Tiere gibt es nicht; das wäre keine tierische Unschuld, sondern Vertierung. Die **Last der Freiheit** ist nicht abzuwerfen, sondern zu bewältigen. Erst in der Erlösung kommt der Mensch ganz zu sich, wird er ganz er selbst.

Nichts Übernatürliches ist ihm bei seiner Entstehung eingehaucht worden. Der Vorgang war Teil der biologischen Evolution, nicht viel anders als die Entstehung der Käfer und Schmetterlinge. Doch **auf natürlichem Wege hat die Natur sich selbst überschritten**. Sie, die ursprünglich nur das Gesetz des Fressens und Gefressen-Werdens kannte und den Eigennutz des „egoistischen Gens", bringt plötzlich Neues hervor: Liebe, zunächst als Trieb, Neigung, Begehren, dann in einem immer höheren ethischen Sinn. Die Biologen mögen von „Nebenprodukt" sprechen. Anders betrachtet, ist es das Durchscheinen des erlösenden Absoluten.

Hinter dem Paradox der sich selbst überschreitenden Natur steht wiederum die seltsame Grenze zwischen irdischer Welt und ganzer Welt. Beide Welten sind einerseits dasselbe, andererseits fügt die Ganzheit etwas dazu, was das Irdische so nicht kennt. Die Sinnfragen, die die menschliche Freiheit aufwirft, sind irdisch entstanden, ihre Antwort kann aber nur vom Ganzen des Lebens und der Welt her gegeben werden. Dort wohnt das, was wir den tiefen Sinn genannt haben, der als Sinn des ganzen Lebens taugt. Demgegenüber steht der flache Sinn, der sich auf die Einzelheiten des Irdischen wirft und vor allem auf die Mehrung sekundärer Werte wie Geld, Freiheit, Macht. Darum **bedeutet Erlösung die Überschreitung des flachen Sinnes zum tiefen Sinn**.

Dabei ist eine dem Sinn eigene Dynamik am Werk. **Flacher und tiefer Sinn** stehen sich nicht als statische Blöcke gegenüber, sondern **üben einen je eigenen Sog aus**. Die Freiheit ruft gleichsam: Mach etwas aus mir! Finde einen tieferen Sinn, der dein Leben trägt! Das ist der Sog, der zur Erlösung und zu ihren höheren Stufen zieht. Es gibt auch den gegenteiligen Sog „von unten"; in religiöser Sprache heißt er Versuchung: Vergiss den Erlösungs-Quatsch, freu dich des Lebens und trink lieber noch ein Bier! Von der Gegenseite könnte wiederum die Antwort kommen: Aber Erlöste fühlen sich im Biergarten nochmal so glücklich!

Worin besteht genau die Sinnlosigkeit, Uneigentlichkeit oder Verzweiflung, von der wir erlöst werden sollen? Es ist zunächst die **Sinnleere**, das Fehlen von Sinn. Notwendigkeit und Freiheit, die an sich wohltätigen Bausteine des Sinnes, treten hinaus ins Leere und werden zu Giften, zu Fixierung und Beliebigkeit. Wir verfallen einem Menschen, einer Sucht, einer fixen Idee oder einem rigiden Glaubensbekenntnis. Oder wir leben beliebig im Unverbindlichen, Belanglosen, Relativen, naschen mal hier und mal da, probieren ein bisschen diesen Glauben und ein bisschen jenen. Unzählige Beispiele ließen sich finden.

Zur Sinnleere gesellt sich ihre Verwandte, die **Sinnzerstörung, mit anderen Worten das Böse**. Das Böse ist wesentlich Sinnzerstörung, es zerstört eigenen und fremden Sinn. Wer wollte behaupten, dass es Böses nur in Auschwitz gegeben hat? Wer wollte bestreiten, dass im ganz gewöhnlichen Alltag außer der Sinnleere auch die Sinnzerstörung lauert? Von beidem heißt es Erlösung finden.

Aber warum dieses hohe Wort mit dem Geschmack der Transzendenz? **Ist das nicht schlicht Lebenshilfe, vielleicht etwas anspruchsvollerer Art?** Findet man nicht in „Psychologie Heute" oder vielen Gesundheitszeitschriften unzählige Ratschläge, die in diese Richtung weisen: Nicht bloß an Geld und Karriere denken, sondern Stress meiden, zu sich selbst kommen, in Harmonie mit der Umwelt leben! Sogar von Pfarrern verschiedener Konfession kommen solche Töne. Ein Protestant mahnt: „Simplify your life!"; ein Benediktinerpater schickt uns in die persönliche Stille – sagen sie das als Psychologen oder Lebensberater oder predigen sie Erlösung von der Religion her? Gute Frage – ob sie es wohl selber wissen? Wieder stehen wir an der schwierigen Grenze, die es nicht gibt und doch gibt. Immanenz geht gleitend in Transzendenz über, Lebenshilfe in Erlösung. Und unversehens kommt dabei etwas anderes und Grundsätzliches dazu. Denn die irdische Natur ist nicht auf Erlösung aus, nicht einmal Glück ist in ihr programmiert. Nur lässt sich dieses Etwas nicht exakt und allgemein definieren, es bleibt nur eine vage Richtungsangabe: Wo die Gleichungen mit irdischen Hilfsmitteln nicht mehr lösbar sind, Lebensberater und ihre Literatur uns ratlos entlassen, wo wir die Lösung in unserer eigenen Tiefe finden müssen – da beginnt **Erlösung im engeren Sinn**. „Im engeren Sinn" meint die transzendente Seite; denn selbstverständlich sollte man die immanenten Vorstufen nicht gering achten. Auch „simplify your life" kann zur Erlösung gehören, wenn auch nicht im engeren Sinn.

3. Religion von unten

Da wird doch allen Ernstes gefragt, ob vom Menschen her ein „Bedarf" für Erlösung besteht! So mag sich ein konservativ denkender Mensch über den vorigen Abschnitt entrüsten und hinzufügen: Religion und Erlösung kommen von oben, von Gott her und nicht von unten, von den Bedürfnissen des Menschen. Gott ist wirklich Gott und nicht bloß, wie der Philosoph Feuerbach meinte, eine Projektion des Menschen. Erlösung dürfe darum auch nicht, wie den östlichen Religionen vorzuwerfen sei, als Selbsterlösung verstanden werden.

Solche Empörung stellt sich schnell als Missverständnis heraus. Doch der erste Anschein ist nicht zu leugnen: Gemessen an der Tradition wird hier Religion auf den Kopf gestellt. Nicht mehr von der Höhe des Sinai donnert Gott herab und schickt Glaube und Ethos ins Tal, sondern **aus den Tälern steigt Erlösung empor**. So war es ohnehin immer, werden manche Religionswissenschaftler einwenden: Den Berg haben die Priester erfunden, um dem „unten" gewachsenen Ethos höhere Würde zu verleihen. Da haben sie wohl nicht Unrecht: Das „Epizentrum" der Religionen liegt bei den Menschen und dem natürlichen „Sog" ihres Sinnes.

Also sind sie **eine rein natürliche Angelegenheit?** In gewissem Sinn ja, aber ansonsten trügt der Schein. Erinnern wir uns an die Gedanken über den Sinn: Sinn und Wert bilden sich zum Teil, ja weitgehend im Unbewussten. Es irrt, wer Willensfreiheit als die Freiheit des bewussten Willens sieht. Für die Erlösung gilt das auch und erst recht. Nur zum Teil ist sie Sache bewussten Glaubens und bewusster Ethik; im Übrigen geschieht sie in der unbewussten Tiefe der Seele. Wer oder was dort das Sagen hat, liegt im Dunkeln. Wer an einen irgendwie machtvollen Sinn der Welt glaubt, muss ihn zwangsläufig auch in der Seele am Werk sehen. Sucht man auf den Wegen der östlichen Religionen Erlösung in der Meditation, wird man den Vorwurf „Selbsterlösung" schnell als Unsinn durchschauen. Versenkung und Erleuchtung kann man nämlich nicht „machen". Nur günstige Bedingungen kann man schaffen, dann aber nur das Weitere als Geschenk erwarten, das einem unverhofft aus dem Dunkel zukommt.

Die Theologen nennen dies **„Gnade"**. Darum sollten sie vor dem hier aufgezeigten Weg zur Erlösung nicht zurückschrecken. Ihm liegt ein von Gott wesentlich mitbestimmter „Gnadenstand" der Seele zugrunde. In ihn Einsicht nehmen kann der Betroffene freilich nicht und ebenso wenig ein anderer Mensch.

Wieder stoßen wir auf ein Wechselverhältnis. **Erlösung hat bewusste und unbewusste Anteile, die sich wechselseitig bedingen und beeinflussen**, ohne dass wir die Vorgänge im Einzelnen beschreiben könnten. Auf der einen Seite stehen Glaube und Ethos, die der Mensch bewusst in sein Leben einbringt, auf der anderen die unbewusst verwirklichte und gelebte Erlösung. Was wir glauben und für richtig halten, wirkt ohne Zweifel auf das, was wir sind und tun – aber nur zum Teil; denn wie oft widersetzt sich das schwache Fleisch dem willigen Geist. Umgekehrt prägt unser unbewusstes Streben und Werten das, was wir bewusst bejahen – aber wiederum nur zum Teil, weil der Glauben zum anderen Teil von außen empfangen wird. So verschlingt sich ständig das Eine mit dem Anderen.

Im unbewussten „Gnadenstand" begegnen sich **Menschliches und Übermenschliches**. Über die Anteile von Mensch und Gott wurde in der Religionsgeschichte mit Eifer gestritten. Hat Gott mir Sinn und Hand geführt, oder war es meine freie Entscheidung? Die pelagianische Linie stand ganz auf der Seite des Menschen, die augustinische (mit dem Extrem der Prädestination) ganz auf Seiten Gottes. Die jeweiligen Extreme, so viel lässt sich sagen, sind Unsinn. Alles Übrige muss offen bleiben; es ist nicht weiter aufzuklären und sozusagen Geschmackssache.

Im äußerlich wahrnehmbaren Geschehen der Erlösung begegnen sich die verkündeten und geglaubten Inhalte der Religionen mit ihrer tatsächlichen Verwirklichung im Leben der Menschen. **Erlösung ist Überzeugung und Geschehen zugleich**, Inhalt und Verwirklichung. Unter diesem Blickwinkel gliedern sich die beiden folgenden Kapitel: das 18. handelt von den Inhalten, das 19. von der Verwirklichung. Zusammengefasst ergeben sich zwei Perspektiven, unter denen Erlösung erscheint: Man kann sie als bewussten, von Menschen gemachten Inhalt sehen oder als weithin unbewusstes, übermenschlich beeinflusstes Geschehen der Verwirklichung.

Aus dem Blickwinkel der Erlösung als Geschehen ergibt sich ein schlichter Satz: **Erlösung für alle!** Erlösung ist der Weg, für den wir alle gemacht sind und auf den Gott uns alle führen will – unabhängig von Taufschein, Bekenntnis und ausdrücklichen Überzeugungen. Konsequenterweise gibt es daher **Erlösung auch für Nihilisten** –

wenn wir darunter diejenigen verstehen, die nicht an ein Jenseits glauben. Auch sie können sich vom „flachen" zum „tiefen" Nihilisten erlösen, vom blinden Versinken in den täglichen Geschäften zu einer tiefen, wohlwollenden Verbundenheit mit allem Sein – beispielsweise buddhistisch gefärbt oder existentialistisch. Dies ist ein **Humanismus**, der aus metaphysischer, also jenseitsbezogener Sicht weiterhin als nihilistisch anzusehen wäre, sich bei näherer Betrachtung aber als erlöst erweist. Aus diesem Blickwinkel stuft sich die Bedeutung ausdrücklicher Glaubensüberzeugungen massiv zurück. Dem Glauben die entscheidende Rolle bei der Erlösung zuzuweisen („sola fide") und Ungläubige gar von ihr auszuschließen, erscheint nachgerade als grotesk. Glaube und **Glaubensinhalte** bleiben Hilfsmittel und insofern wichtig; **Ausschlusskriterium können sie niemals sein**.

Damit relativieren sich auch die Unterschiede zwischen den Weltreligionen, dies jedenfalls aus dem Blickwinkel der Erlösung als Geschehen; aus dem gegenteiligen Blickwinkel werden wir anschließend darauf zu sprechen kommen. Ist es entscheidend, ob jemand an Jesus Christus, Allah, Shiva oder Buddha glaubt? Machen wir es uns nicht zu leicht: Das sind nicht bloß Namen, sondern es verbinden sich damit religiöse Konzepte mit bedeutsamen inhaltlichen Unterschieden. Aber hängt von ihnen die Erlösung ab? Die Antwort müsste sich jedem Theologen in wenigen logischen Schritten erschließen. Aus der Sicht jeder Weltreligion, falls sie sich für „alleinseligmachend" hält, sind die Angehörigen der anderen, also „falschen" Religionen innerhalb der Weltbevölkerung bei weitem in der Mehrheit. Wenn Gott aber die Erlösung will und bewirkt und wenn er zugleich hinreichende Macht über Welt und Menschen hat, wie kann er dann zulassen, dass die Menschheit mehrheitlich in die Irre geht? Hier müsste eine der Voraussetzungen weggenommen werden, etwa indem man die Erlösung gar nicht zum allgemeinen Ziel setzt, sondern sich wie Augustinus über die mehrheitlich in der Hölle schmorende „massa damnata" freut. Ansonsten aber kann der Theologe, will er nicht wieder in eine logische Falle tappen wie bei der Theodizee, nur den Satz unterschreiben: Erlösung als persönliche Möglichkeit für alle, unabhängig vom Glaubensbekenntnis! Vergessen wir also gequälte Konstruktionen wie etwa die „anonymen Christen", mit denen man dieser einfachen Folgerung zu entkommen sucht.

Nun drehen wir die Perspektive um und verbinden Erlösung mit einem bewussten, menschengemachten Inhalt. Wieder landen wir bei den Glaubensbekenntnissen, und zwar bei einer besonders heiklen Frage: **Gibt es** aus diesem Blickwinkel **gute und schlechte Religionen?** Die direkte, politisch allerdings nicht korrekte Antwort lautet Ja. Es ist nicht alles relativ, und es sind nicht alle Überzeugungen gleich gut, wie es die Aufklärer gerne sehen wollten – wir erinnern uns an Lessings Nathan den Weisen. Allerdings, das sei vorausgeschickt, dürfen die Weltreligionen nicht jeweils als Blöcke in den Test eingebracht werden; zu groß sind die inneren Unterschiede. Ein Sufi-Mystiker steht einem Hindu-Mystiker näher als einem Salafisten; die eigentlichen Grenzen laufen quer durch die Blöcke. Und es gibt solche Grenzen, dies sogar in dem harten Sinn des Satzes: Auch und nicht zuletzt **bedeutet Erlösung, schlechte Religion und schlechte Inhalte von Religion zu überwinden**.

Unterschiede zwischen den Religionen ergeben sich zwingend aus den bisherigen Überlegungen. Wenn Erlösung der Angelpunkt der Religion ist, dann **verdienen Religionen nur Zustimmung, insoweit sie Erlösungsreligion sind**. Ein Gott, der von den Menschen nur seine Größe gesagt bekommen will, ist nicht genug – er muss den Menschen Inhalt und Wegbereiter ihrer Erlösung sein. Und diese, das sei wiederholt, befreit von Fixierung und Beliebigkeit, von Sinnleere und Sinnzerstörung. Als Erstes sollten sich Religionen deshalb davor hüten, selbst in diese Übel zu verfallen. Beliebigkeit droht zwar seltener (so aber im jetzigen deutschen Protestantismus), weit häufiger jedoch Fixierung: Fixierung auf Glaubensinhalte, Dogmen, Gebote und Verbote, Ämter und Hierarchien und vor allem auf unhaltbare Jenseitsvorstellungen samt Hoffnungen und Drohungen. Es gibt für die konkreten Religionen noch eine Menge zu tun, um sich selbst zu erlösen. Danach sollten sie ihre Gläubigen zur Erlösung führen.

Bleiben wir zunächst bei den religiösen Inhalten. Was bedeutet Erlösung inhaltlich? Dazu wurden soeben Schlagworte genannt. Sie lassen sich weiter entfalten.

18. Die drei Stufen der Erlösung

Ist meine Frau erlöst? Was für ein Gedanke! Für derart einfache Fragen ist das Thema zu vielschichtig. Erlösung ist kein Zustand, sondern ein Prozess. Außerdem ist Erlösung inhaltlich gegliedert. Vereinfacht lassen sich drei Stufen unterscheiden: Als erstes die Befreiung im negativen Sinn eines Freiwerdens von etwas. Danach die Befreiung positiv zu etwas, zunächst zum Einswerden mit dem Sein und schließlich zur Vollendung des Sinnes in der Liebe.

Gedanklich und vom Inhalt her lassen sich die Stufen einigermaßen unterscheiden und in diese Reihenfolge bringen. Für ihre Verwirklichung gilt das keineswegs. Hier kann es kreuz und quer gehen mit verwischten Grenzen und umgekehrter Reihenfolge. Beispielsweise kann jemand erst dann wirklich frei werden im Sinne der ersten Stufe, wenn er zu vollen Liebe vorgedrungen ist.

1. Befreiung

Dem Wortsinn nach ist Erlösung in erster Linie Befreiung. Von den drei Giften Hass, Gier und Unwissenheit soll der Mensch befreit werden – so die buddhistische Lehre. Wir haben die Gifte bisher etwas anders beschrieben; es kommt aber auf dasselbe hinaus. Gifte des Sinnes, von denen wir uns freimachen müssen, sind zunächst **Fixierung und Beliebigkeit**. Da sie ineinander umschlagen können, hängen sie eng zusammen. So begegnet ein evangelikaler Fundamentalist der Beliebigkeit, wenn er sich auf die Bibel als Kompendium von Geboten und Verboten fixiert und vor einer Frage steht, die in der Bibel nicht vorkommt. Umgekehrt suchen sehr viele von einer beliebigen Basis aus den Halt in einer Fixierung.

Erst recht gilt es, sich von Sinnzerstörung frei zu halten. **Erlöse uns von dem Bösen!** Dies ist Ethik im engeren Sinn. Sie ist kein bequemer Weg. **Das Böse hat seinen Reiz**; nicht leicht entgehen wir seinen Verlockungen. In der Umdrehung gilt: Das Gute ist langweilig. Lesen wir in Dantes Göttlicher Komödie nicht lieber über die Hölle als über den Himmel, ist nicht die „Schwarze Chronik" vielen der liebste Teil der Zeitung? Warum werden Büchermarkt und Fernsehprogramme immer mehr mit Krimis überschwemmt? Die postmoderne Glorifizierung der „Differenz", des bunten Einzelnen, weist in eine ähnliche Richtung: Warum sollen wir unter den tausend verschiedenen Blumen nicht auch die so reizvollen „Fleurs du Mal", die Blumen des Bösen pflücken?

Der Ruf zur Erlösung lässt uns gegenhalten. Wir sollen, wie Kierkegaard fordert, von der ästhetischen Existenz – die er in Don Juan verkörpert sieht – zur ethischen Existenz übergehen. Das Gute, nicht Reiz oder Kitzel, soll unser maßgebliches Motiv sein. Deswegen brauchen wir Krimis noch lange nicht durch Erbauungsliteratur zu ersetzen; aber müssen es unbedingt die blutigsten und grausamsten Stoffe sein, die zunehmend angeboten werden?

Freilich haben Ethik und Anstand für sich allein einen schweren Stand. Die Befreiung im bloß negativen Sinn eines Appelles „Halte dich vom Bösen fern!" ist oft zu kraftlos, um die Schwäche des Fleisches zu überwinden. „Das ist eine Versuchung, sagte der Hofprediger, und erlag ihr" (Brecht). Wirkliche Kraft gegen das Böse gewinnt Erlösung erst, wenn sie in den beiden folgenden Stufen positiven Boden unter die Füße bekommt und wenn dort das Böse durch etwas Stärkeres verdrängt wird.

Die Befreiung betrifft zunächst den weltlichen Bereich. Dafür sind die Anwendungen schnell zur Hand: Mach dich frei von Sucht jeder Art! Verwechsle nicht sekundäre mit primären Werten! Geld und

Karriere sind nicht alles. Setze dem Stress eine Grenze, und behalte dir Zeit für dich selbst! Jeder Tag braucht Augenblicke der Stille. Musst du wirklich dich selbst und deine Familie aus einer Umgebung reißen, in der ihr glücklich seid, nur um in einer anderen Stadt noch mehr Geld zu verdienen – musst du wirklich dem in manchen Unternehmen gepflegten Kult der Mobilität Folge leisten? Die Beispiele lassen sich beliebig fortsetzen.

Manche werden bei ihnen den **transzendenten Aspekt von Erlösung** vermissen. Alles scheint dem Bereich irdischer Lebenshilfe anzugehören. Das mag sein; die Grenzen sind nicht scharf. Außerdem kann es sich sowohl um Vorstufen wie um Folgen einer Erlösung im engeren (transzendenten) Sinn handeln. Im ersten Fall ist gemeint: Du erreichst Erlösung nur, wenn du dich zuerst aus deinen Verstrickungen gelöst hast und zur Ruhe gekommen bist. Das Zweite bedeutet: Je tiefer du in die Transzendenz vorgedrungen bist, umso leichter fallen solche Verstrickungen von dir ab. Manchmal werden die Zusammenhänge offensichtlich: Du siehst die Versunkenheit der Menschen vor der goldenen Pagode. Sie könnte dich selber tiefer blicken lassen. Aber da ist die touristische Neugier, die dich auf der Reise begleitet und dich bloß die Kamera zücken lässt. Von ihr musst du dich freimachen, sonst erfährst du nichts.

Heikel ist **der religiöse Sektor**. Hier müssen sich die Religionen zunächst selbst befreien, nämlich von ihren schlechten Seiten. Das betrifft beispielsweise Bekenntnisse, die ihre Essenz im **Gehorsam gegenüber Geboten** sehen – bekannt sind in diesem Zusammenhang die 613 Gebote und Verbote der jüdischen Thora. Die zwanghafte islamische Unterscheidung von „halal" und „haram" steht in derselben Tradition. Hier wird das Vorletzte mit dem Letzten verwechselt. Mehr als um letzte Werte geht es dabei nämlich um die Identität der Glaubensgemeinschaft. Man schärft das eigene Profil und grenzt es gegenüber den Anderen, den „Ungläubigen", ab. Hier hat Religion etwas abzuwerfen, was ihr nicht zukommt und was sie sich in manchmal geradezu blasphemischer Manier angeeignet hat: Gott wird etwas in die Schuhe geschoben, was mit ihm nichts zu tun hat. Er ist kein Gesetzgeber nach Menschenart. Wer wollte ihm nachweisen, dass er jemals den Genuss von Schweinefleisch verboten hat? (Etwas anderes wäre übrigens der völlige Verzicht auf die Tötung von Lebewesen.) **Gott ist kein Gott des Gesetzes, sondern – wenn es ihn gibt – ein Gott der Liebe.**

Generell ist zwar nichts gegen Gebote und Verbote, nichts gegen Glaubenssätze und schließlich nichts gegen Riten und Sakramente zu sagen. Wo aber Fixierung einsetzt und diese Dinge zum Angelpunkt werden, mit dem Glaube und Erlösung stehen und fallen, **müssen Religionen zum Selbstbefreiungsschlag ausholen**. Denn alle diese Dinge können nur Hilfsmittel zur Erlösung sein, niemals aber ein Kriterium dafür oder gar die Erlösung selbst.

Ein eigenes Kapitel bilden **Jenseitsvorstellungen**. Besonders sie sind von Unwissenheit zu befreien, von Verblendung, Angst und falschen Hoffnungen. Schwer und **sinnlos lasten Jenseitsfurcht, Höllenangst und das Thema der so genannten Rechtfertigung**. Wie kriege ich einen gnädigen Gott? (so Luther beim Studium des Römerbriefs). Was für eine Frage! Gott kann man zu nichts „kriegen". Gott *ist* gnädig. Wie er das macht, ist seine Sache und völlig außerhalb unserer Reichweite – ob er mit harter Hand gerecht ist oder ob er regnen lässt über Gerechte und Ungerechte. Solange wir das Gute um seiner selbst willen tun, ohne Angst und Erwartung von Lohn, solange sind wir bei Gott und haben nichts zu fürchten. Dann mag es kommen, wie es kommt.

Erst recht **das Hoffen und Warten**. Vor Jahren wollte ein Zeuge Jehovas meinen Onkel Kurt missionieren. Nach fruchtlosen Gesprächen zog er seinen letzten Trumpf: Aber denken Sie an die

Auferstehung! Darauf der Onkel: Wissen Sie, ich habe ein Geschäft in der Stadt. Da muss ich jeden Tag den frühesten Zug nehmen und noch früher aufstehen. Wie froh werde ich sein, wenn ich einmal nicht mehr aufstehen muss! Daraufhin verschwand der Zeuge.

Worauf warten wir? Auf die Auferstehung, auf eine Wiedergeburt im Paradies Amidas oder sonst eine glückliche Wiedergeburt? In hohem Maße sind die Religionen und seit der jüdischen Apokalyptik vor allem die westlichen von einer **Kultur des Wartens** durchzogen. Vor Weihnachten widmen die Christen ausdrücklich drei Wochen dem Warten, nämlich auf die Ankunft (Advent) des Erlösers: Tauet Himmel den Gerechten! In den Evangelientexten häufen sich mehr oder weniger passende Zitate aus dem Alten Testament, die überwiegend dem Nachweis dienen sollen: Jesus ist der Messias oder der „Gottesknecht", jedenfalls ist er derjenige, auf den die Väter und die Propheten gewartet haben. Als ob Botschaft, Leben und Leiden Jesu dadurch an Wert gewinnen würden, dass er erwartet wurde. Als ob uns ein lieber Gast noch sympathischer wird, wenn er angekündigt ist. **So wird allenthalben gewartet:** Die einen warten auf den Messias noch das erste Mal, die anderen schon zum zweiten Mal, die Schiiten warten auf das Erscheinen des verborgenen Imam, im Mittelalter wartete man – im Gefolge von Joachim von Fiore - auf das Anbrechen des Zeitalters des Heiligen Geistes, manche warteten oder warten auf das Ende der Welt, in der säkularisierten Neuzeit wartete der real existierende Sozialismus auf die klassenlose kommunistische Gesellschaft und – nicht zuletzt – warten die Menschen auf das Heil im Jenseits.

Hinter den meisten dieser Erwartungen steht die **historistische Überzeugung**, die Geschichte, auch die „Heilsgeschichte", sei ein von Menschen deutbares System, das Vorhersagen ermögliche. Mit dem Verständnis der Auferstehung Jesu als heilsgeschichtliches Ereignis wird sogar das Jenseits dem System eingefügt. Doch nachdem praktisch alle Vorhersagen - vom Weltuntergang bis zur klassenlosen Gesellschaft – danebengegangen sind, sollte man über den Historismus kein Wort mehr verlieren. Geschichte, Zukunft und Jenseits sind offen; sie liegen in Gottes Hand. Lassen wir darum das Warten! Der Zug fährt keine Sekunde eher ein, wenn wir dauernd auf die Bahnhofsuhr starren; allenfalls übersehen wir dabei die schönen roten Blumen zwischen den Gleisen. Im günstigen Fall nutzlos, im ungünstigen schädlich ist der Geist des Wartens. Und erst recht die **Vertröstung auf das Jenseits** – was haben die Religionen damit durch die Jahrtausende Unheil angerichtet, indem sie den Unterdrückten dieser Erde eine Besserung ihrer irdischen Lage ausgeredet und sie auf das Jenseits verwiesen haben! Der lateinamerikanischen Befreiungstheologie darf man dafür danken, dass sie sich von diesem Irrsinn gelöst hat.

Sehen wir die Dinge entspannt: Was ist nach dem Tod? Lassen wir es auf uns zukommen!

2. Einswerden mit dem Sein

Für die zweite Stufe der Erlösung zeichnen in der Geschichte vor allem die östlichen Religionen verantwortlich. „Nirvana" und „Moksha" heißen die Zielpunkte in der dortigen Kultsprache Sanskrit. Der zentrale Begriff im Deutschen lautet, wie auf der ersten Stufe, „Befreiung". Hinter der Gleichheit des Worts verbirgt sich ein feiner Unterschied der Bedeutung, der dem Unterschied der Stufen entspricht. Praktisch können wir ihn in der Meditation erleben. In ihrer ersten Stufe geht es darum, alle störenden Gedanken und Vorstellungen aufhören zu lassen. Man nennt es Konzentration; es ist die Phase der negativen Befreiung, in der etwas verschwindet und Raum gibt für den eigentlichen Gegenstand, z.B. unseren Atem. Auf der zweiten Stufe, der Meditation im engeren Sinn, geschieht etwas Positives: Wir verschmelzen mit dem Gegenstand, werden eins mit dem Atem und erlangen dadurch in einem tieferen und allmählich stabileren Sinn Befreiung von allem Übrigen. Es naht **die große Befreiung**.

Sie befreit von allem und führt in die „Leere", wie es im Mahayana-Buddhismus heißt. Aber die Leere wird – siehe das 9. Kapitel – zugleich als Fülle gesehen, als **Fülle des Seins, mit dem wir eins werden**. Dies ist das Absolute, die Essenz der Erlösung. Seinen Geschmack bekommen wir auf die Zunge. Aber es ist ein namenloser Geschmack, eine namenlose Fülle, **ein namenloses Einswerden**.

Die Fülle des Ganzen erwächst aus der **Entleerung des Einzelnen**. Entleert wird es bezüglich seiner unzähligen Verbindungen, die es horizontal in die Welt verwickeln, in Konzepte und Strukturen. An die Stelle tritt vertikal seine Verwurzelung im Sein und damit seine schlichte, banale Einfachheit. „Ich habe erkannt", so der Zen-Meister Dogen, „die Augen sind waagrecht, und die Nase ist senkrecht".

Erst recht zu entleeren ist das Selbst von den Vorstellungen seiner Vereinzelung und vermeintlichen Autonomie gegenüber der Welt. Den Buddhismus studieren, so wiederum Dogen, heißt, sich selbst studieren, und sich selbst studieren heißt, sich selbst vergessen. Selbstlosigkeit ist das Ziel. **Das Selbst als Einzelnes verschwindet und wird eins mit der Fülle**. Von mystischer Vereinigung (unio mystica) sprechen die Mystiker. Das Ich verschwindet und wird eins mit dem All. „Ich bin das Licht und Tag und Nacht und Finsternis. Das Innere und das Äußere bin ich, der und der. Ich bin der Mond, die Sonne, Ros und Rosenbeet", so der große Sufi-Dichter Dschalaleddin Rumi.

Offensichtlich gerät man mit der zweiten Stufe der Erlösung voll in die Gefilde des Monismus, der östlichen Religionen und der Mystik allgemein. Das könnte zu dem Irrglauben verleiten, es handle sich nur um eine Sache für weltentrückte Asketen. Doch weit gefehlt; es bleibt auch insoweit bei dem Satz: Erlösung für alle! Das Selbst entleeren und mit dem Sein verschmelzen können wir nämlich nicht nur in mystischer Versenkung, sondern auch im Alltag. Das Wort dafür ist **Gelassenheit**. In ihr wird zunächst erkannt, dass wir weitgehend nichts bewirken können. Du hast alles getan, damit etwas geschieht; dann kommt etwas dazwischen, und es geschieht doch nicht. Du hast alles getan, um etwas zu verhindern, und schließlich geschieht es doch. Die Welt ist stärker. Kein einziges deiner Haare kannst du schwarz oder weiß machen (Mt 5, 26). Nimm also ruhig hin, was du nicht ändern kannst.

Doch das ist erst der Einstieg. Zähneknirschend hinzunehmen, dass unsere Pläne und Konzepte von der Wirklichkeit durchkreuzt werden, genügt nicht. Wir sollen uns von Plänen und Konzepten so weit wie möglich freihalten. Dann zeigt sich die Welt in ihrer unverstellten Wirklichkeit. „Sorgt euch also nicht um morgen … Jeder Tag hat genug eigene Plage". Frei von unnötigen Zukunftssorgen können wir uns fühlen wie die Vögel am Himmel und die Lilien auf dem Feld, die einfach da sind und „vom himmlischen Vater ernährt werden": Jesus, der Mystiker (Mt 6, 26-34).

Geht im Leben etwas schief, ist nicht bloße Resignation – „da war eben nichts zu machen" – die eigentliche Antwort der Gelassenheit, sondern Einswerden mit dem Geschehen, auch dem bitteren oder enttäuschenden. Dies meinen Moslems, wenn sie **„Inschallah"** sagen: Das Bittere ist nichts Fremdes, Feindliches, dualistisch Abgetrenntes, sondern Gottes Wille, mit dem wir eins werden wollen. Ein Unfall hat die ersehnte Fernreise verpatzt und dich zum Balkonurlauber gemacht. Genieße jede Blume und jeden Sonnenuntergang auf dem Balkon – Gott hat sie für dich ausgesucht! Nur in diesem Geiste versteht sich Jesu Gebetsruf: „Dein Wille geschehe!" Denn dieser Wille geschieht sowieso; nicht darum müssen wir beten, sondern um das Einswerden mit ihm.

Gelassenheit auch gegenüber dem Bösen? Die zweite Stufe der Erlösung steht nicht weniger auf der Seite der Ethik als die erste. Überdies ist dem Denken der Einheit die postmoderne Verherrlichung der Differenz und damit ansatzweise des Bösen fremd. Gut und Böse sind nicht gleichwertig. Aber sie sind vereint in der großen Einheit des Ganzen. Eine bekannte Kurzformel drückt es aus: Gut und Böse sind die zwei Seiten derselben Medaille. Vor dem Hintergrund dieser Einheit kann man dem Bösen in der Tat gelassen gegenübertreten. Es ist nicht der durch einen Abgrund getrennte Feind. Letzten Endes hat das Streben tief im Sein eine gemeinsame Wurzel, die sowohl die Begierden des Verbrechers wie die Bemühungen des Heiligen hervorbringt. Auf dem Weg zur Erlösung ist es wichtiger, sich die Einheit des Seins als die Unterschiede von Gut und Böse klar zu machen. „Denk nicht an Gut und Böse!" mahnt der erwähnte Dogen in seinen Anleitungen zur Zen-Meditation. Moralisieren und moralisch Verurteilen sind nicht Sache der Mystik und dieser Stufe der Erlösung. Heilige und Verbrecher sind einander verwandter als sie glauben. Darum sollte der Heilige dem Verbrecher gegenüber aufgeschlossener sein als es die allgemeine Moral der Leute gutheißt.

Genau so hat sich Jesus zu „Zöllnern und Sündern" verhalten und sich das Gerede zugezogen. Allerdings hat er aus Liebe gehandelt, also vom Standpunkt nicht der zweiten, sondern der dritten Erlösungsstufe aus. In der Verwirklichung verschlingen sich, wie gesagt, die Stufen. Von der dritten Stufe aus kann geschehen, was, äußerlich betrachtet, der zweiten entspricht. Inhaltlich sind die Unterschiede deutlicher. So ist aus der Sicht der dritten Stufe Argwohn gegenüber der Moral der zweiten angebracht: Gut und Böse nur zwei Seiten derselben Medaille – **wird da nicht der Schrecken des Bösen verharmlost**, ähnlich wie bei manchen Philosophen, die das Böse lediglich für einen Mangel an Gutem halten? Tatsächlich relativiert dieser Ansatz bei aller Hochschätzung der Ethik offenkundig deren Stellenwert (siehe dazu auch das 9. Kapitel).

So bildet mit Blick auf das Böse die zweite Stufe den Übergang von der ersten zur dritten. Ähnliches gilt für den Gegenpol des Bösen, die Liebe. Die unterschiedlichen Begriffe springen ins Auge: „Liebe" ist das große Thema der dritten Stufe; von „liebendem Mitgefühl mit allen Wesen" spricht die zweite und vor allem von „Mitleid". Kurz: **Liebe für Christen, Mitleid für Buddhisten**. Die verschiedene Wortwahl kommt nicht von ungefähr; dahinter steckt Tieferes. Der Angelpunkt ist die **Selbstlosigkeit**, die unterschiedlich gewertet wird. Für Christen ist sie die natürliche Voraussetzung der Liebe; niemand kann wirklich lieben, der sein Selbst nicht zurückzustellen vermag. Für Buddhisten dagegen liegt in ihr die Befreiung selbst, und damit ist sie nicht Voraussetzung, sondern Ziel. Immer geht es – so die dritte und vierte der Vier Edlen Wahrheiten des Buddha – um die Lösung von Anhaftungen. So überwinde ich das Leiden, gewinne Harmonie und Gelassenheit und entwickle Mitgefühl. Umgekehrt hilft Mitgefühl über die Eigensucht hinweg und befreit von der Anhaftung an das illusionäre Selbst – Mitgefühl also als Mittel und zugleich Frucht der **Befreiung** und diese **als Wert an sich**.

In diesem Zusammenhang, so ließe sich kritisch formulieren, ist der zu liebende Andere nur Mittel zum Zweck, nämlich zum Zweck der eigenen Befreiung. Doch die Stufen sind nicht scharf getrennt, darum sollte man den Buddhisten nicht Liebe absprechen. Zudem lässt sich Befreiung nicht bloß negativ als grenzenlose Leere denken, sondern auch positiv als grenzenlose Offenheit. Dies bedeutet Offenheit zum Anderen und zur Welt.

Damit stehen wir am Übergang zur nächsten Stufe. Bereits auf der zweiten Stufe hat sich die Welt zur Einheit des Seins gefügt. Sie ist zur ganzen geworden und nicht mehr nur das bunte Allerlei, das der ersten Stufe genügen mag. Ihr Sinn aber liegt allein in ihrem Sein. Es stellt sich bloß als Wert dar, nicht als Streben (siehe 14. Kapitel Nr. 2). Das Sein will nichts und will nirgendwohin; insofern ist es leer. Es ruht in sich und ist sich genug. Die Liebe aber, der wir uns jetzt zuwenden, strebt über sich hinaus. Sie will als Mindestes, dass der Andere oder das Andere existiert und dass es ihm gut geht.

3. Die Liebe – der einzige Gottesbeweis

Es gab schon Ehegatten, die zu ihrem Partner sagten: Du bist mein 13. Kapitel. Sie meinten den großartigen Hymnus auf die Liebe im 13. Kapitel des ersten Korintherbriefes des Apostels Paulus. Sein Kernsatz: **Die Liebe hört niemals auf**. Wenn, wie wir gesehen haben, der Sinn die einzige denkbare Brücke in die Ewigkeit ist, dann ist die Liebe sein Kern. Sie, die niemals aufhört, führt zu Gott und zur Ewigkeit. Sie und nur sie „beweist", dass es Gott gibt; die Anführungszeichen verstehen sich auf der subjektiv-existentiellen Ebene von selbst.

Die Liebe ist, aus der Sicht der dritten Stufe der Erlösung, der Angelpunkt des irdischen Lebens. Liebe – und tu, was du willst! sagt Augustinus. Liebe ist nicht romantische Zutat, sondern geht – wie im 14. Kapitel abgeleitet wurde – aus dem Wesen des Sinnes als sein Höchstes hervor. An ihr hängt die ganze Ethik. **Sie ist Urbild und Verwirklichung der monistischen Weltauffassung: Einheit in Verschiedenheit**. Die Unterschiede der Liebenden werden zusammengeschmolzen und versöhnt, und doch bleibt jeder ganz er selbst. Liebend und doch eigenständig verbindet sich das Weltliche zum Ganzen der Welt. Schöpferisch geht daraus Neues hervor, so wie aus der Liebe zweier Menschen ein Kind hervorgeht. Dualistische Ethik schärft demgegenüber ontologisch-metaphysische Grenzen ein, zum Beispiel: Solange das „Band" einer Ehe besteht, die menschlich gescheitert und weltlich geschieden ist, bleibt das Eingehen einer neuen Beziehung oder Ehe absolut verboten. Dahinter steckt ein ähnlicher Geist wie hinter dem Satz: Ab der Befruchtung der Eizelle ist die Abtötung des menschlichen Embryos absolut verboten. Frei erfunden sind solche Grenzen. Damit wird keineswegs der weiteren Verbreitung von Ehescheidungen und Abtreibungen das Wort geredet. Weit besser als mit imaginären metaphysischen Wesenheiten wird die Unauflöslichkeit der Ehe mit dem Gebot der Liebe begründet, die niemals aufhört und aufhören soll: Liebe – und tu, was du willst!

Doch mit dem Satz des Kirchenvaters haben konservative Kreise ihre Probleme. Sie sind in einer Hinsicht verständlich; denn was heißt „Liebe"? Das Wort hat in unserem Sprachgebrauch eine Unzahl von Bedeutungen, und einige von ihnen hat Augustinus sicher nicht gemeint. Schon die griechisch-römische Antike unterschied zwischen Eros, Sexus, Philia und Agape. Wir kennen die erste Liebe, die große Liebe, die Gattenliebe, die Mutterliebe, die Freundesliebe, die Tierliebe, die Naturliebe, die Musikliebe, die körperliche Liebe, die freie Liebe, die käufliche Liebe, die Lebensliebe, die Gottesliebe und und und. Von welcher Art Liebe ist hier die Rede? Es ist **die transzendente Liebe, anders gesagt: die Liebe schlechthin.** Man erschrecke nicht über die hoch gegriffenen Ausdrücke. Sie meinen nichts Erhabenes, etwa eine den Heiligen vorbehaltene himmlische Liebe, nicht einmal etwas Besonderes, also eine ganz besondere Erscheinungsform der Liebe neben den anderen. Vielmehr steckt in jeder echten Liebe ein Kern, der auf die Liebe schlechthin verweist und diese mehr oder weniger spiegelt. Die Transzendenz steht, wie immer betont, nicht neben, sondern hinter der Immanenz. Die hier gemeinte Liebe steht nicht neben, sondern hinter unseren Lieben, sofern sie echt sind. Was zeichnet echte Liebe aus?

Selbstlosigkeit ist ein Punkt, der echte und so genannte Liebe zu sortieren hilft. Beispielsweise wird käufliche Liebe konsumiert, und dies so wenig selbstlos wie bei jedem anderen Konsum. Auch insoweit Berechnung am Werk ist, kann offenbar nicht von einer echten Liebesbeziehung gesprochen werden. Diese setzt immer ein Stück Selbstlosigkeit voraus. Dem anderen zuliebe springt man über seinen Schatten, schiebt die eigenen Interessen zur Seite, lässt sich selbst und sein Vorteilsstreben los. Wer dies nicht kann, kann nicht wirklich lieben. Im Geben liegt das Wesen der Liebe: „Geben ist seliger als Nehmen". Der Altruismus, mit dem wir den Anderen an die erste Stelle setzen, kennzeichnet den Weg vom Tier zum Menschen, der ja ein Weg der Erlösung ist. An der Frage, ob schon Schimpansen die ersten Schritte auf diesem Weg getan haben (siehe 15. Kapitel Nr. 3), sollten wir dabei nicht allzu sehr hängen bleiben.

Selbstlosigkeit, wenn sie wirklich Grundlage der Liebe sein soll, darf in kein falsches Fahrwasser geraten. Ich habe mich lange auf einen bestimmten Ausflug gefreut. Nun wird meine Mutter krank. Schweren Herzens opfere ich den Ausflug und verbringe den Tag an ihrem Bett. Wenn ich dort jedoch mit zusammengebissenen Zähnen gesessen bin, war das Ganze wenig wert. Es wäre dies eine **unerfreuliche Variante von Selbstlosigkeit**, die freudlose Aufopferung eigener Interessen im Geiste strenger **Pflichterfüllung**. Leitschnur dafür ist Pflicht, nicht Liebe. Der große Philosoph Kant glaubte, diesen Gegensatz zugunsten der Pflicht auf die Spitze treiben zu sollen: Nicht ein Handeln aus Neigung, sondern nur in reinem Gehorsam gegenüber dem Sittengesetz habe ethischen Wert. Berühmt geworden ist Friedrich Schillers Erwiderung: „Gerne dien ich den Freunden, doch tu ichs leider mit Neigung/ Und so wurmt es mir oft, dass ich nicht tugendhaft bin". Über pflichtgeleitete Tugend höhnt auch Wilhelm Busch: „Im Ganzen lässt sie etwas kalt. Und dass man eine unterlassen, vergisst man bald". Ganz anders sieht es die Liebe. Sie ist warm, nicht kalt, und sie vergisst nicht so schnell, wenn du dich einem anderen versagt oder einen Bettler ohne Grund und Not von der Schwelle gewiesen hast.

Selbstverständlich müssen Pflichten sein; man denke an die Steuerpflicht. Aber wer die ganze Ethik auf Pflicht gründen möchte, kehrt das Verhältnis von primären und sekundären Werten um und setzt Sekundärtugenden an die oberste Stelle. Auch diese sind zwar von Wert und sollten nicht, wie es die 68er-Bewegung getan hat, verteufelt und durch moralische Laxheit ersetzt werden. Aber sie und überhaupt Pflichten sind „Werte um zu", niemals letzte Werte. Steuern dienen nicht sich selbst, sondern dem Gemeinwohl. Das Gleiche gilt für den Gehorsam gegenüber Pflichten. Dass sich Religionen wesentlich auf Liebe statt auf Gebote stützen sollten, wurde schon gesagt. Auch kann nur Liebe ins Jenseits geleiten. Wie sollte ein sorgfältig abgearbeiteter Pflichtenkatalog dazu die Kraft haben?

Liebe soll Freude machen. „Freut euch im Herrn", so Paulus, „noch einmal sage ich: Freut euch!" (Phil 4, 4). Liebe wird zuweilen mit Opfer einhergehen, aber ihr Hauptgeschmack sollte nicht bitter sein. Nicht freudlose Opferseelen sind ihr Leitbild, sondern das Geben mit Freude. Jesus bringt es auf den Punkt: Du sollst deinen Nächsten lieben wie dich selbst. Wiederum eines der vielen Paradoxe von Sinn und Wert: Bei aller nötigen Selbstlosigkeit beginnt die Liebe mit Selbstliebe. Das bedeutet: Sieh einerseits das Geben als reine Aufgabe an, selbstlos und ohne Erwartung von Gegenleistung und Lohn! Vernachlässige andererseits nicht dich selbst, tu dir selbst etwas Gutes und gib nur, was du mit deinen Kräften geben kannst, mag es auch das „Scherflein der Witwe" sein. Und schließlich als Synthese: Habe Freude am Geben und betrachte den ganzen Vorgang als Geschenk! Und zwar sollst du sowohl die Freude mit genießen, die du dem Anderen gemacht hast, als auch dich selbst als Gebenden genießen. Als Gandhi einmal überschwänglich für seinen Einsatz für

Indien gepriesen wurde, antwortete er ganz bescheiden: Ich habe es doch für mich selber getan!

Aufgabe und Geschenk, Selbstlosigkeit und Selbstliebe zugleich. Es ist der Witz solcher polaren Gegensätze, dass man sie nur in dialektischer Verschmelzung begreifen und nicht auseinander dividieren darf. Sonst geht es einem wie dem Liebenden, der den Partner fragt: Brauchst du mich? und über jede Antwort enttäuscht ist: Nein – dann kann ich ja gleich gehen! Ja – dann bin ich ja nur zur Deckung deines Bedarfs gut! Nur in der höheren Einheit eines Ganzen lösen sich solche Widersprüche auf. Nicht du brauchst mich, sondern wir brauchen uns. Liebe ist schöpferisch, sie schafft das Ganze, in dem sich der Liebende mit seinem Partner oder Gegenstand zu wechselseitiger Freude, zum „Rundum-Glücklich-sein" verbindet. Hegels Spruch „Die Wahrheit ist das Ganze" sollte treffender lauten: **Die Liebe ist das Ganze**.

Doch von der Höhe solcher Gedanken herab zu der praktischen Frage: Wer oder was wird in diesem Sinne geliebt und wie? Da finden wir wenig Grenzen. Nicht um eine äußerlich definierbare Sonderform von Liebe geht es. Solche Liebe kann für jeden und jedes in der Welt aufgebracht werden, ja nicht zuletzt in einer Art **„Welt-Eros"** für die Welt selbst: Ich fühle mich liebend und fürsorglich mit der ganzen Welt verbunden und in ihr aufgehoben. Zutiefst bin ich mit der Löwenzahnwiese vor meinen Augen befreundet, ja selbst mit dem öden Tankrüssel an der Tankstelle. Das ist kein romantischer Schnickschnack, sondern trifft das Wesen einer Liebe, die sich als transzendent versteht und daher im Ganzen der Welt beheimatet ist. Das Herauspicken einzelner Liebesobjekte kann ihr nicht genügen. Ansonsten reicht die Spanne von der so genannten großen Liebe und der sich in einzelnen Akten oder im ganzen Leben aufopfernden Liebe bis zu den kleinen Liebestaten des Alltags. Den allermeisten Ausdrucksformen fehlt jede Spur von Großartigkeit. Den anderen statt einer Meile zwei Meilen weit zu begleiten, wie Jesus vorschlägt (Mt 5, 41), was ist daran Besonderes? Diese Liebe ist **nichts Besonderes**, jedenfalls äußerlich gesehen. Innerlich betrachtet, haben wir es freilich mit einer Grenze zu tun, für die man früher die Begriffe **himmlische oder göttliche Liebe einerseits und weltliche Liebe andererseits** verwendete. Wo verläuft diese Grenze?

Die emotionale Beziehung zu Arbeitskollegen kann in eine Vielzahl von Farben getaucht sein: Sympathie, Antipathie, Rivalität, Bewunderung, Hilfsbereitschaft, Eifersucht, Fürsorglichkeit und eben auch Liebe, wobei „weltliche" Liebe, also Liebe in ihrer erotischen Bedeutung gemeint ist. So mächtig solche Liebe in viele Lebensläufe hineinwirkt, sie ist ein Gefühl unter zahlreichen anderen, und die gemeinte Person ist eine unter anderen. Hier dagegen geht es um eine Einstellung hinter allen anderen und hinter allen Gefühlen, selbst den negativen. Es werden keine einzelnen Objekte herausgegriffen und von anderen abgegrenzt.

Außerdem überspringt transzendente Liebe subjektive und objektive Schranken. Subjektiv bewegt sich „weltliche" Liebe nicht selten in einem Gehäuse von Eigenwilligkeit und Eigensucht, die die sonstige Welt aus den Augen verliert. In ihrer Maßlosigkeit kann sie geradezu gegen die Vernunft stehen. Auch spleenige Liebe gehört dazu. Tierliebe kann überborden und zur Enterbung der eigenen Nachkommen zugunsten eines Tierheims führen. Dagegen behält wirkliche Liebe immer das Nächstliegende, das Maß, den Weltzusammenhang, kurz: **die Vernunft im Blick**.

Dennoch bleibt sie frei und fixiert sich nicht auf objektive Regeln und Vorgaben. Sie bedenkt die Interessen der Familie, der Freunde, der Gesellschaft, ohne sich gebunden zu fühlen. So erhält der von Jesus geschätzte Begriff des „Nächsten" seine Bedeutung: Du bist mit keiner starren Prioritätenliste konfrontiert, sondern der wichtigste

Mensch ist – bildlich gesprochen – immer der, der gerade vor dir steht. Er muss aber nicht physisch anwesend sein und kann auch am anderen Ende der Welt wohnen; aber sein Leiden steht dir unmittelbar vor Augen. Die erwähnte Spende für die Straßenkinder in Lesotho gehört hierher und damit allgemein die **Entgrenzung der Ethik**, die den Evolutionsbiologen den Schweiß auf die Stirne treibt. Nichts in der weiten Welt entgeht dem Ruf der Liebe; alles kann ihr Gegenstand sein.

Liebe in vernünftiger Ausgewogenheit und ohne Fixierung und Grenzen – dies ist allgemeine Menschlichkeit oder **Humanität**. Jede einigermaßen geordnete Gesellschaft ist auf sie angewiesen. Auch etliche Religionen, vor allem die westlichen, setzen sich die Gestaltung der Gesellschaft zum Ziel. Damit ist einerseits eine dezidiert religiöse Formung gemeint – „Scharia" genügt als Stichwort -, auf der anderen Seite, vor allem im liberalen Protestantismus, ein allgemeiner Humanisierungsauftrag. Die Politik gerät dabei voll ins Visier, Kirchentage wirken wie parteiübergreifende Parteitage. Dahinter steht der gutmenschliche Impuls, alles gut, richtig und gerecht zu gestalten.

Doch mit solchem Engagement, ob in der Variante Scharia oder weichgespült, kann Religion an ihrem Eigentlichen vorbeilaufen. Zwar soll sie ohne Frage in die Gesellschaft hineinwirken, aber ihr Platz ist unter normalen gesellschaftlichen Umständen nicht vorne auf der Bühne, sondern in den Kulissen. Ihr vornehmlicher Ansatzpunkt sind nicht Strukturen, sondern Menschen. Und Humanität ist zwar wichtig, aber nicht genug. „Sei ein guter Mensch!" – nichts ist gegen diesen Appell zu sagen und ebenso wenig gegen gerechte Verhältnisse im Land. Aber Religion und Liebe gehen weiter und sind **mehr als Humanität**. Sie reichen hinüber auf die Nachtseite der Welt. **Ihre eigentliche Domäne** wurde schon beschrieben: Nicht die heile Welt, die glatten Wege, die wohlgefügte Gesellschaft, sondern **die**

zerbrochenen Verhältnisse, die unlösbaren Gleichungen, das Leiden und das Böse, christlich gesprochen: das Kreuz. Man kennt die entsprechenden Konstellationen: Gegensätzliche Konzepte und Gefühle der Menschen, auch die Liebe, haben sich unentwirrbar ineinander verwickelt. Kein soziales Management, keine Mediation, keine Paartherapie helfen mehr. Was du auch tust, es zischt wie Wasser im Feuer. Nur erlösende Liebe löst den Knoten: Löse dich für einen Moment aus dem Geflecht der Konzepte und brich durch in die Tiefe des Seins und der Liebe – konkret etwa: Atme im heißesten Getümmel durch und schau dem Partner tief in die Augen; fühle plötzlich, was er wirklich fühlt; das mag der Durchbruch sein, und du hast die höhere Liebe gefunden.

Sie trägt das besondere Kennzeichen der Erlösung: Sie ist **absolut**. Darum duldet sie keine Beliebigkeit. Letztlich egal, letztlich Geschmackssache, von meiner Stimmung abhängig, ob ich mich liebevoll zeige oder nicht – mit dieser Einstellung bleibe ich im Vorfeld. Packt mich die Liebe wirklich, dann lässt sie keine Wahl; sie bindet unbeliebig, absolut. Erlösung rührt an das Absolute, kann aber auf Erden immer nur ein „relativ Absolutes" erfassen. Im Zusammenhang mit Liebe und Ethik führt das zu gegensätzlichen Standpunkten.

Die einen bewegen sich von vorneherein nur im Relativen. Es gibt keine klaren Grenzen. Für sie bezeichnet transzendente Liebe nur eine etwas edlere Variante der irdischen. Alle Religionen dienen im Grunde nur der Menschlichkeit. Gut und Böse gehen ineinander über. Moralisch liegen wir alle mehr oder weniger im Mittelfeld, mit guten und schlechten Kräften in uns. Hierzu passt ein liberal-optimistischer Ausblick ins Jenseits, wie ihn der Gassenhauer ausdrückt: Wir kommen alle, alle in den Himmel, weil wir so brav sind, weil wir so brav sind. Es ist ein Wischiwaschi-Monismus, den die konservative Gegenseite mit dem Kampfbegriff **Relativismus** belegt. In entschiedenem Dualismus setzt sie ihrerseits auf **das Absolute**. Scharf ist die Grenze zwischen Gut und Böse und zwischen Himmel und Hölle. Doch solche Härte lässt sich in der Praxis nicht immer durchhalten. Relativierungen und Abweichungen im Einzelfall werden daher zuweilen geduldet; von „Epikie" sprechen die Fachtheologen und von jesuitischer Moral die Spötter.

Beide Extreme, Relativismus und Absolutismus, treffen den Punkt nicht. Die Wahrheit liegt in der Mitte. Vor allem stellt sich **das Verhältnis von absolut und relativ** anders dar als es der Absolutismus sieht. Unser tägliches Verhalten sollte nicht von generellen und absoluten Geboten gelenkt werden, von denen augenzwinkernd gelegentlich Ausnahmen gewährt werden. Vielmehr sind solche allgemeinen Vorschriften von vorneherein menschlich-relativ zu sehen: „Der Mensch ist nicht um des Sabbats willen da, sondern der Sabbat um des Menschen willen" (Mk 2, 27). Unter Verletzung des Gebots haben die Jünger Jesu am Sabbat Kornähren gepflückt. Umgekehrt kann sich ein Gebot im Einzelfall zu einem absoluten verschärfen. Keine allgemeine Richtlinie sagt mir, ob ich auf eine Menge Lebensfreude verzichten und in Treue bei meinem querschnittgelähmten Partner verweilen soll. Mein **Gewissen** dagegen kann es mir in der ganz speziellen Lage auferlegen, als **absolutes Gebot der Liebe**. Viel unerbittlicher als jedes äußere Gebot tönt der innere Ruf: Du musst! Du darfst ihn jetzt nicht im Stich lassen!

Das absolute Gebot ist Kern der „höheren Ethik", die über die weltliche Ethik hinausgeht und die allein in die Transzendenz hinüberführen kann. Es hat ein merkwürdiges **Doppelgesicht, belastend und entlastend** zugleich. Die Last besteht darin, dass die Schwebe von „wollen" und „sollen", wie sie Sinnentscheidungen kennzeichnet, in Richtung „sollen" verschoben ist. **Du sollst und musst**, ob du willst oder nicht. Das Ganze der Welt lastet auf dem

Befehl. Auf der anderen Seite **entlastet dich** dieser **von deiner Unsicherheit** und Orientierungslosigkeit. Beliebigkeit vergiftet den Sinn. Abseits von absoluten Geboten und Werten bekommen wir es mit ihr zu tun. Wir stehen vor einer Lebensentscheidung mit manchem Pro und Contra. Du musst wissen, was dir wichtiger ist, sagen die Freunde. Aber wie soll ich es wissen? In der Hierarchie unserer sekundären und abhängigen Werte klettern wir nach oben, kommen an unseren Neigungen und Bestimmungen vorbei und enden oft im Leeren. Wir müssten wissen, was letztlich den Ausschlag gibt, und wissen es nicht. Wir wälzen uns im Bett und sind nahe daran, Münze zu werfen. Es fehlt der absolute Wert, der solcher Not ein Ende setzt.

Nicht nur bei grundlegenden Weichenstellungen des Lebens bekommt die **Unbeliebigkeit der Liebe** ein Gesicht. Im Alltag ist es zwar in der Tat oft Geschmackssache, ob wir rechts oder links gehen. Wir können unseren Neigungen folgen, ohne von einem Gewissensruf behelligt zu werden. Und doch bleibt ein feiner Unterschied. Wer sich dem Absoluten anvertraut, folgt der Maxime: **Was du tust, das tue ganz!** Man ist ganz bei der Sache und frei von unterschwelligen Einflüsterungen der Beliebigkeit: Ist doch egal, was du tust – du könntest sowieso auch anderes tun! Absolut leben und lieben bedeutet, ganz im Hier und Jetzt zu sein. Dann wird der Mensch mir gegenüber zum wichtigsten Menschen.

Die Absolutheit, die mich bindet, habe ich nicht selbst gemacht und gesetzt. Ich spüre: Sie kommt von anderswo her, aus dem Ganzen des Seins oder von Gott. In der Unbeliebigkeit des Gebots fühle ich mich nicht allein, vielmehr in der ganzen Welt aufgehoben und dort „rundum" glücklich. Dem absoluten Gebot entspricht das absolute Glück bei seiner Erfüllung. Wie alles Menschliche ist es natürlich nur „relativ absolut". Es schimmert durch hinter den relativen Glücksgefühlen des Alltags.

Aus der Sicht der dritten Erlösungsstufe ist die Liebe absolut, weil sie der Sinn der Welt ist. Der Sinn der Welt ist Liebe. Anders ausgedrückt: **Gott ist die Liebe**. Das meint vor allem: Er liebt dich, und du sollst ihn lieben. Jesus hat uns das Gebot der Gottesliebe eingeschärft. Aus dem Alten Testament hat er es übernommen und um den Gedanken ergänzt: Gott ist unser Vater, wie einen Vater sollen wir ihn lieben. Betrachtungen dazu sind Gemeingut der christlichen Theologen und ihrer Predigten. In einem haben sie jedenfalls Recht: Anders als über die Liebe erschließt sich Gott uns nicht, finden wir ihn nicht.

Aber es gibt ein Problem: **Verstehen wir überhaupt, wovon die Rede ist?** Den Pfarrern gehen die Worte leicht von den Lippen, doch auch sie haben Gott nie gesehen. Wie kann man einen Unbekannten, nie Gesehenen lieben? Für Menschen, die keine Mystiker sind, hängt solche Liebe ein Stück weit zu hoch. Beginnen wir daher mit Einfacherem, nämlich mit der Überlegung, inwiefern Gott das Fundament der transzendenten Liebe ist. Daraus mag sich in einem zweiten Schritt ein Verständnis für die eigentliche Liebe zu Gott entwickeln.

Gewöhnliche Liebe kann einseitig sein. Wenn ich den Wald liebe, liebt der Wald nicht zurück. Auch einen Menschen kann ich lieben, ohne selbst geliebt zu werden; unter Umständen hat dies sogar besonderen ethischen Wert. Aber umfassende, nicht auf einzelne Objekte eingeschränkte Liebe richtet sich letztlich auf das Sein insgesamt und wäre ohne Antwort des Seins blind und sinnlos, ein romantischer Spleen. **Absolute Liebe verlangt einen absoluten Wert** auf der Ebene der ganzen Welt, sie muss sich in einem Sinn der Welt bergen, anders gesagt, in Gott.

Ihre erste Voraussetzung ist daher der Glaube oder, wie im 14. Kapitel formuliert, das Grundvertrauen, dass solcher letzte Sinn existiert. Und dieser Sinn muss einen besonderen Bezug zum Sein haben, der in traditioneller Sprache Schöpfung heißt. Gott kann kein machtloser Gott sein, auch wenn wir Einzelheiten und Grenzen seiner Macht nicht durchschauen. Er will und macht, dass das Sein ist. Das ist der Grundansatz von Liebe: Zu wollen und gut zu finden, dass das Geliebte oder das Geliebte ist – nicht wie Mephisto, der es besser fände, wenn nichts wäre. „Gut, dass es dich gibt" – so ein wesentlicher Ausdruck menschlicher Liebe. Gleichsam als Mitschöpfer **treten wir ein in Gottes Sinn und lieben das Sein**. Dies ist wohl der tiefere Grund dafür, dass sich in den meisten Kulturen ethische Bedenken gegen den Selbstmord finden.

Neben dem Sein geht es um das Gute. An Gottes Seite kämpfen wir für das Gute und **die Überwindung des Bösen**. Das ist die eigentliche Essenz der Liebe. Sie muss Stützpunkt und Widerlager in der Welt haben. Sonst käme nur ein heroischer Individualismus im Stile des Albert Camus heraus: Der Kampf gegen Gipfel kann ein Menschenherz erfüllen. Da berauscht sich der Sinn an sich selbst. Aber in Wirklichkeit sucht und braucht er die Stütze im Sein. Nichtig wäre die Aufopferung für nichts. „Ein Heiliger werden ohne Gott" – so wiederum Camus – warum willst du das? Ohne Gott gäbe es doch Besseres zu tun!

Als transzendentes Widerlager bewahrt uns Gott nicht nur vor sinnlosen Opfern. Er gehört überhaupt in menschliche Liebesbeziehungen hinein. Dort ist er nicht überzählig, sondern der Dritte im Bunde. Gemeinsame Rückbindung an ihn bewahrt vor typischen Fehlentwicklungen wie Verfallenheit oder egoistische Vereinnahmung.

Gott also als Grundlage der Liebe. Daran fügen sich der Gedanke und das Gefühl: Ich bin da, weil Gott mich liebt – und ich gebe die Liebe weiter, an den Geliebten, an den Wald und die Blumenwiese, an die ganze Welt und am Ende vielleicht sogar zurück an Gott.

So viel zu Gott – was aber hat die Liebe, was hat die Erlösung mit dem Jenseits, dem Leben nach dem Tod zu tun? Das war doch die eigentliche Frage.

4. Und das Jenseits?

Was bedeuten die Gedanken zur Erlösung für das Jenseits? Eine Warnung vorweg: Erwarte nicht zu viel von diesem Abschnitt! Er wird eher kurz und wenig konkret. Die Antwort stößt nämlich gleich auf drei Schwierigkeiten.

Zum einen war alles Bisherige Gedankenarbeit. Das Jenseits lässt sich aber nicht erdenken. Wie schon gesagt: Alle Erlösungsinhalte bedürfen der Verwirklichung; ohne sie sind sie nichts. Es war vom „Sog" des Sinnes die Rede, der zur tiefen Vollendung zieht. Der Sog als solcher ist rein subjektiv. Will man aus ihm etwas ableiten, muss ein objektiver Sinn der Welt dahinter stehen: Ich habe nur ein Spiegelbild – gibt es den Spiegel wirklich oder ist mein Bild eine Fata Morgana? Der objektive Sinn erschließt sich nicht aus sich selbst, er muss im Leben geprüft und bestätigt werden; dazu Näheres im folgenden Kapitel. Es ist jedoch von vornherein klar, dass **ein präzises und unumstößliches Ergebnis** wie in der Technik **nicht zu erwarten** ist. Es werden immer Ungewissheiten bleiben, die eventuell durch das erwähnte Grundvertrauen zu überwinden sind.

Zum zweiten haben – ausweislich der vorigen Abschnitte – die **Erlösungskonzepte keinerlei direkte Bezüge zum Jenseits**. Erlösung kann beschrieben werden, ohne das Leben nach dem Tod überhaupt zu erwähnen. **Nur indirekt kann darauf geschlossen werden**, dann nämlich, wenn die innere Logik der vorgestellten Erlösung nahelegt, dass sie nicht mit dem Tode endet. Es ist wie mit den Umrissen einer menschlichen Gestalt, die wir nur schemenhaft und nur teilweise erkennen können. Wir sehen nur ein Bein, das irdische, schließen aber aus dem Gesamtbild, dass die Gestalt noch auf einem unsichtbaren zweiten Bein, dem jenseitigen, stehen muss. Mehr als Schlüsse dieser Art dürfen wir nicht erwarten.

Unmittelbar daran schließt sich die dritte und ernsteste Schwierigkeit an: **Das Erschlossene können wir uns nicht einmal vorstellen**. Den meisten Menschen ist wohl nicht bewusst, wie paradox, wie unvorstellbar eine solche Nicht-Vorstellbarkeit ist. Ohne eine Art Vorstellung können wir nichts erfassen. Und die Vorstellung muss sich wenigstens auf vage Einzelheiten stützen, sonst löst sie sich im Nichts auf. Im Leben gibt es kein Was ohne ein Wie. Man sagt zwar, die Gegenstände der Quantenmechanik seien unvorstellbar. Das stimmt aber nur für die anschaulichen Vorstellungen; mathematisch sind die Einzelheiten sehr wohl zu fassen. Beim Blick ins Jenseits fallen dagegen alle Einzelheiten aus, ob konkret oder weniger konkret, ob anschaulich, mathematisch oder was immer. Nicht nur auf barocke Bilder müssen wir verzichten, wo um die Armen Seelen die Flammen des Fegfeuers züngeln, sondern auf ausnahmslos alle Bilder. Auch die von uns offen gelassene Frage, ob und inwieweit die Person fortbesteht, bleibt weiter offen. **Im Jenseits ist von hier aus nichts, rein gar nichts wahrzunehmen** – eine ebenso einfache und selbstverständliche wie oft verdrängte Erkenntnis. Lassen wir uns nicht von den Visionen täuschen, die vielen Menschen bei einer Nahtoderfahrung so starke Gewissheit über das Jenseits geben. Hart, aber notwendig ist der Einwand: Ihr wart überhaupt noch nicht drüben, und erst recht wart ihr noch nicht „ganz drüben": Wie schon öfter bemerkt, mag es einen Nachhall des irdischen

Lebens nach dem Tod geben, der nicht die eigentliche Ewigkeit darstellt. In diese jedenfalls dringt von hier aus kein Blick.

Jenseitsvorstellungen sind darum im strengen Sinne gar keine Jenseits"vorstellungen". Sie haben keinen vorstellbaren Gegenstand, also sind sie gegenstandslos. Darum kommen sie auch nicht – eine wichtige Konsequenz – als Basis für Lebensführung und Lebensentscheidungen in Frage; die haltlose Lohnmoral ist dafür ein wichtiges Beispiel. Kurz gesagt: **Das Leben darf und soll nicht auf Jenseitsvorstellungen, wohl aber auf Erlösungsvorstellungen gegründet werden**.

Illusionslos betrachtet, können Jenseitsbilder nur zweifach gebrochen in unserem Geist Platz finden. Einmal, weil sie nicht direkt, sondern nur als Schlussfolgerung aus Erlösungsbildern zugänglich sind. Und weiter, weil das derart Erschlossene nicht einmal vorstellbar ist. Es offenbart sich nur als eine Art Zeichen, hinter dem sich – unvorstellbar – die eigentliche Wirklichkeit verbirgt. Dem Gläubigen steht das Jenseits wie ein Abendrot über dem Ende seines Lebens. Er weiß: Das Abendrot selber ist es nicht. Es steht **nur als Zeichen für etwas gänzlich Unvorstellbares**, das danach kommt. Das sind reichlich viele, schwerwiegende und leider unvermeidliche Beschränkungen für jeden Jenseitsglauben. Aber er ist ohnehin nur ein Nachtragskapitel zum Erlösungsglauben. Wie steht es damit bei den drei Stufen solchen Glaubens?

Für **die erste Stufe** kommen Jenseitsvorstellungen nicht in Frage. Hier geht es um ein besseres, von Verstrickungen freies Leben, mehr nicht. Für die Welt als eventuelle Ganzheit, für ihren Sinn und erst recht für ein Jenseits ergibt sich daraus nichts.

Weiter reicht das Weltbild der zweiten Stufe: Die Welt ist eine Ganzheit des Seins. Sie umschließt dich und entlässt dich selbst nach dem Tod nicht. Aber dieses Sein ist nicht nur unpersönlich, sondern auch ohne Namen und Inhalt. Das gilt vor allem für Nirvana und Moksha, die das Erlösungsbild der östlichen Religionen bezeichnen. Sieht man von volkstümlichen Ausmalungen ab, haben sie keinen Inhalt außer der bloßen Befreiung von der Anhaftung an das Irdische. Sie sind damit weit blasser als christliche Jenseitsbilder. Nihilistisch sind sie nur insofern nicht, als sie das Sein nicht antasten: Nie kann etwas, das ist, zu nichts werden. Aber dieses fortdauernde Sein ist eben ohne Inhalt und erreicht damit nicht das Minimum dessen, was wir uns als ewiges Leben vorstellen (siehe das 2. Kapitel). Sein Kern ist leer. Die Folgerung kann nur lauten: **Die zweite Stufe der Erlösung bietet dem Jenseitsglauben keine Stütze**. Ihr Ziel ist es, im Diesseits Erlösung zu finden als Buddha, Bodhisattva oder Jivanmukta, als jemand also, der den Weg der Befreiung vollständig zu Ende gegangen ist und nur noch das Abfallen seiner äußeren Hülle im Tod zu erwarten hat.

Eine wirkliche Jenseitsperspektive bietet nur die Liebe. Ein „Netz Indras" (siehe das 7. Kapitel), das alles Sein zusammenschließt, kennt auch die zweite Stufe. Aber erst die dritte Stufe gibt ihm mit der Liebe Inhalt und Sinn. Auch hier geht es zunächst um die Befreiung von der Fixierung auf das Selbst. Nicht der Wunsch, weiter zu leben und nicht im Nichts zu versinken, kann hinüber geleiten und erst recht nicht die Hoffnung auf Lohn. Dieses an sich haftende Selbst vergeht mit dem irdischen Leben oder danach im Zwischenreich. Die Liebe dagegen verströmt sich und lebt im Verströmen weiter. „Wenn das Weizenkorn nicht in die Erde fällt und stirbt ... " Das geschlossen in der Schale seines Selbst verharrende Korn wird irgendwann verfaulen. Nur das Korn, das die Schale sprengt, wird den Keim neuen Lebens hervorbringen. „Wer sein Leben verliert, wird es finden" (Joh 12, 24 f.). Im Schlagwort: **Nicht um ewiges Leben, um ewige Liebe geht es**.

Die Ewigkeitsdimension der Liebe ist unserem unmittelbaren Blick nicht zugänglich. Aber wir können sie von ihrem Wesen her erspüren und erahnen. Die Liebe, erst recht Gottes Liebe, will Leben, nicht Tod. Sie will eine gute, eine immer bessere Welt. Wenn unsere Seele – das ist die entscheidende Voraussetzung – an Gottes Liebe teilhat und sich in ihr spiegelt, reicht sie über den Tod hinaus und in die Ewigkeit hinein.

Und wie liebt sichs dann in der Ewigkeit? fragt der Spötter, kannst du mir das näher schildern? Mit Jesus wäre darauf zu antworten: Dort liebt sichs, wie die Engel lieben; jetzt weißt du es. Nur rätselhafte Antworten lassen sich auf solche Wie-Fragen geben. Sie überschreiten die dem Menschen gesetzte Grenze. Konkretes ist unmöglich zu erfahren. Es mag sein, dass alles für die Liebe noch nicht Reife und alles die Liebe tötende Böse im Jenseits erlischt. Das wurde im vorigen Kapitel angedeutet: **Das Böse vergeht, die Liebe besteht. Die Liebe hört niemals auf**.

19. Die Ewigkeit im Augenblick

1. Verwirklichung

Erlösung, gleich welcher Art und Stufe, muss im Leben verwirklicht werden. Als Gedanke bleibt sie tot. Deshalb betonen die östlichen Religionen die Praxis (der Westen setzt mehr auf Offenbarung und Lehre). Verwirklichung geschieht immer höchstpersönlich. Sie kann nicht wieder in allgemeingültige Lehren umgeformt werden. Allenfalls am Gesicht des Menschen und seinem Tun lässt sie sich ablesen. Das meinte Nietzsche, als er sagte, Erlöste müssten auch erlöst aussehen.

Die Verwirklichung beginnt im Kopf. Als jemand meinte, sein Verhalten würde sich ändern, je nachdem, ob es Gott gebe oder nicht, antwortete Brechts bereits zitierter Herr Keuner: „Du hast dich schon entschieden: Du brauchst einen Gott". Mit dem subjektiven Brauchen beginnt es; das ist unerlässlich. Aber für sich allein genügt es nicht. Sich beim Gedanken an Gott und das Jenseits nur „gut zu fühlen", wäre schwach. **Erlösung** wäre dann nur Wunschbild und Projektion. Sie **muss im objektiven Sein Antwort finden**. Aber wie?

Wieder stehen wir an der geheimnisvollen Grenze von Immanenz und Transzendenz. Unvermischt, aber auch ungetrennt stehen sie zueinander. Unentwirrbar ist die Transzendenz in Irdisches gekleidet. Direktes Durchgreifen auf sie ist ausgeschlossen. Dennoch hat man es mit Hilfe der so genannten **Wunder** versucht. Gleichsam wie bei einer Geisterbeschwörung wollte man das Ungreifbare dazu bringen, sich zu materialisieren. Wie wenig damit anzufangen ist, wurde schon im 13. Kapitel ausgeführt. Weder durch Wunder noch sonst wie bekommen wir die Transzendenz direkt in den Griff. Der Blick hinüber muss sich, wie gesagt, auf ein Erahnen beschränken. Es mag bei Mystikern tiefer reichen, aber auch sie können nicht direkt hinüberschauen. Ebenso bleibt unsere persönliche Beziehung zur Transzendenz, also unser Seelenzustand, unsere „Seligkeit" oder, wie die Theologen sagen, unser Gnadenzustand im unzugänglichem Drüben. Darüber kann man sich gewaltig irren, und darum denkt man besser nicht darüber nach.

Verfehlt am Wunderglauben und anderen direkten Durchgriffen ist weiter **der Hang zum Besonderen**. Dass es mit der Liebe meist nichts Besonderes ist, wurde gesagt. In voller Breite und weniger in besonderen Einzelaktionen erschließt sich der Sinn der Welt. Mehr als in Wundern ist er in den kleinen Begebenheiten des Alltags zu suchen, angefangen bei dem Glück, das mich nach einer guten Tat erfüllt. Auch die erwähnten Fügungen gehören hierher und können dem subjektiven Glauben einen objektiven Hintergrund geben. Sie sind natürlich keine Wunder und keine Gottesbeweise; auch mit dem Wort „Vorsehung" sollten wir vorsichtig umgehen. Nicht als „beweisendes" Einzelereignis, sondern im Zusammenhang des ganzen Lebens müssen sie gesehen werden.

In einer weiteren Hinsicht sind **Erlösung und Transzendenz nichts Besonderes**: Sie eignen sich nur sehr bedingt dazu, zum besonderen Lebensweg oder zur besonderen Lebenshilfe gemacht zu werden. Menschen treten in ein Kloster ein, um ganz der Transzendenz zu leben, und finden dort sehr irdische Verhältnisse vor. Andere leiden an einer ernstlichen Störung und wollen in einem Meditationsseminar darüber hinwegkommen; doch die Störung lässt sich nicht beeindrucken. Irdische Probleme weg zu beten oder weg zu meditieren gelingt häufig nicht. In komplizierter Wechselwirkung verbunden, steht die Transzendenz nicht neben, sondern hinter der Immanenz. Das heißt praktisch: Du musst dein Eheproblem erst in allen seinen irdischen Facetten durchschauen. Du musst es, vielleicht unterstützt durch Gebet, mit irdischen Mitteln zu klären versuchen. Dann erst kannst du die Lösung in transzendenter Liebe und bei Gott suchen.

Die Ganzheit, in der die Transzendenz in unserem Leben aufscheint, wird in einer Weise allgemein erfahren, die man **Lebensgefühl** oder Weltgefühl nennen kann, ein Gefühl jedenfalls, das schlechthin alles umfasst. In Kurzfassung könnte es beispielsweise lauten: „Wir ruhen all in Gottes Hand" – eine Ahnung, dass hinter scheinbar zufälligem Tagesgeschehen ein tieferer Sinn steckt und dass die Liebe nicht ins Leere ruft, sondern in der Welt Grundlage und Antwort findet. Dabei mag das Grundvertrauen des Sinnes zu Hilfe kommen, sein Vertrauen darauf, dass das natürliche Streben nach Erlösung nicht ins Leere zielt.

Eine derartige **Erlösung ist ohne Frage ein Geschehen, das das gesamte bewusste Leben umfasst und vorher nicht zu Ende kommt**. Kann es Vollendete schon zu Lebzeiten geben, Buddhas oder Jivanmuktas, die keine weiteren Erlösungsschritte mehr vor sich haben? Lassen wir die Frage offen; für uns gewöhnliche Menschen ist das jedenfalls keine Option. Für uns kann es immer nur Schritte, aber nicht *den* Schritt zur Erlösung geben. Obwohl wir es der Einfachheit halber gelegentlich tun, sollte das Wort „erlösen" nicht in der Form „erlöst" oder „Erlöster" gebraucht werden. In meist kleinen Schritten zieht sich der Prozess ein Leben lang hin. Manchmal kann er eine Zuspitzung erfahren, dann nämlich, wenn die Frage der Fragen ins volle Bewusstsein rückt: Gibt es einen letzten absoluten Sinn der Welt? Gibt es Gott?

Mit dieser Frage steht ein großer Schritt an. Wird er im Sinn das Glaubens getan, heißt er **Bekehrung**. Man sollte darunter weniger öffentliche Kundgaben verstehen, wie sie protestantische Sekten unter diesem Namen zelebrieren. Ihnen kommt allenfalls zweitrangige Bedeutung zu; denn Bekehrung ist ihrem Wesen nach ein höchstpersönlicher und zutiefst innerlicher Akt. Mit ihr gründet der Mensch Glaube und Leben entschieden auf eines der drei Erlösungsbilder. Die Phase dauernden Suchens und Probierens, Schwankens und Zweifelns ist überwunden. Doch die Überwindung ist, wie alles hienieden, nur „relativ absolut" und keineswegs endgültig: Der Glaube wird den Zweifel in seiner Brust niemals los (nur besonders engstirnige Theologen erklären Glaubenszweifel zur Sünde). Nach der Bekehrung geht der Weg der Erlösung weiter, nun wieder in kleineren Schritten.

Ebenso gut kann sich der Mensch das **Gegenteil einer Bekehrung** als Antwort geben: Ich spüre nur den Widerhall des Irdischen, sonst nichts. Irdische Liebe ist schön, auch Menschlichkeit ist vonnöten. Einen weiteren Sinn sehe ich nicht. Jenseits ihrer Gesetze ist die Welt undurchschaubar, von Zufällen regiert, ohne letzte Vorgaben und ohne letzten Sinn. Auch das kann Inhalt einer persönlichen Letztentscheidung sein. Er ist ebenso legitim und gleichberechtigt wie die vorige Antwort, für die sich – das mag angeklungen sein – der Autor entschieden hat. Niemand darf in solche Entscheidungen steuernd eingreifen.

Sie setzen, das versteht sich von selbst, eine gewisse menschliche Reife voraus. Erlösung ist kein Kinderspiel. Nur wer schon das Salz des Lebens auf der Zunge gespürt hat, darf auf Klärung hoffen. Und **die Entscheidung will vorbereitet sein**. Insofern ist eine gewisse Assymetrie der beiden Antworten zu bedenken, die schon im 4. Kapitel deutlich geworden ist. Der Welt den letzten Sinn abzusprechen, ist eine sehr schlichte Angelegenheit. Das Nichts ist einfach und ohne Struktur; da gibt es wenig zu erklären. Dagegen sind die verhüllte Anwesenheit der Transzendenz und Gottes Liebe als Sinn der Welt und als Vorgabe für unseren Lebenssinn sehr viel vielschichtiger und schwieriger zu erfassen. Schon zur Vermeidung zahlreich lauernder Missverständnisse sollte hierüber aufgeklärt, also der Sinn der Religion erläutert werden. Nichts dergleichen zu tun, wie in manchen Teilen des ehemaligen Ostblocks allgemein üblich, und den Kindern einfach die spätere Entscheidung zu überlassen, ist nicht fair gegenüber den beiden ungleichen Alternativen. Der Jugend werden so die Grundlagen einer Entscheidung vorenthalten.

Und es geht nicht nur um verstandesmäßige Einführung, um Religionskundeunterricht sozusagen. Mehr noch sollten **die drei Stufen der Erlösung praktisch versucht werden**, bevor man sich für oder gegen sie entscheidet. Das ist ein weites Feld, für dessen Einzelheiten hier der Raum fehlt. Nur ein Stichwort sei genannt: **Spiritualität**. Gemeint sind deren sämtliche Formen wie Gebet, mystische Versenkung und die sakral-gottesdienstliche Seite der Religion. Wird Erlösung auch vornehmlich im Inneren entschieden und im gewöhnlichen Leben praktiziert, so ist ihr doch Spiritualität ein wesentliches Hilfsmittel. Zeichenhaft und in spürbarer Weise schimmert in ihr das Absolute durch. Dies wehrt der Gefahr der Banalisierung und Verflachung, der sich erlösende Liebe in den Geschäften des Alltags immer ausgesetzt sieht. Spiritualität macht Geheimnisse sinnfällig; sie verdeutlicht, dass sich Erlösung nicht in einem bloßen „Seid nett zueinander!" erschöpft. Auch ohne sie ist der Weg zu gehen, aber eine wichtige Wegzehrung fehlt. Das sollte man bei Fragen der Art bedenken: Muss man in die Kirche gehen, um ein guter oder gar „erlöster" Mensch zu werden?

In einem Punkt sind die Überlegungen, wie sich Erlösung verwirklicht, noch sehr unkonkret geblieben: Wie, wann und wo tritt die Transzendenz im Irdischen in Erscheinung? Immer wieder stoßen wir dabei auf dieselben unscharfen Grenzen. Alles verschlingt sich, Immanenz und Transzendenz, auch Gut und Böse: Selbst der Gerechte fällt siebenmal am Tag. Nur im Märchen begegnet Gott uns direkt, sonst verhüllt er sich, zum Beispiel im „Geringsten meiner

Brüder", wie Jesus sagt. Und doch lässt sich noch etwas genauer sagen, wie, wann und wo Erlösung erscheint.

2. Der Augenblick

Erlösung geschieht im Augenblick, sie kristallisiert sich im Augenblick. Die Ewigkeit erreichen wir nicht erst drüben – sie wohnt im Hier und Jetzt. Darum macht Warten, ob fürchtend oder hoffend, keinen Sinn. „Jeder Tag hat genug eigene Plage" (Mt 6, 34). Heute wird getan und auch vertan. Heute musst du die Liebe verwirklichen. Schlag die Zeit nicht tot und lass den Augenblick nicht nutzlos verrinnen! **An jedem Tag ist Auferstehung und Nirvana**. Erlösend kehrt sich die erste der Vier Edlen Wahrheiten des Buddha um: Nicht „Alles Leben ist Leiden", sondern „Jeder Tag ist ein guter Tag" und „Du kannst dem Leben nicht mehr Tage geben, aber dem Tag mehr Leben".

Solche Sprüche sind nicht unbekannt. Sie zeigen an, dass die Botschaft vom erlösenden Augenblick halbwegs zu uns vorgedrungen ist. Selbst die Zigarettenreklame hat schon den „Spirit of Now" gepriesen. In vieler Munde ist das **„Carpe diem"** der Römer: Carpe diem nec nimis credula postero! – Pflücke den Tag und vertrau nicht zu sehr auf den nächsten!

Ein schöner Spruch; was er wirklich bedeutet, spüren wir erst, wenn uns der Arzt die Krebsdiagnose mitteilt, oder auch, wenn wir uns eine solche Mitteilung nur lebhaft vorstellen: Ungefähr vier bis sechs Wochen haben Sie noch vor sich; mit Chemotherapie können wir die Zeit noch etwas in die Länge ziehen. Das „Vorlaufen zum Tod", wie Heidegger es nennt, setzt nun mit voller Konkretheit ein und nicht nur abstrakt wie gelegentlich im gesunden Leben. Zum „großen Tod" laufen wir in Gedanken vor und entdecken dabei die unzähligen „kleinen Tode": In jedem Augenblick lebt und stirbt zugleich ein Stück Leben. Nie kehrt wieder, was dieser Augenblick gebracht hat, an Freuden und Leiden. Und die Möglichkeiten, die du nicht ergriffen hast, besonders auf deiner letzten Wegstrecke, kommen nicht mehr zurück. Wie kostbar wird jeder Blick aus dem Fenster, wie kostbar jedes Amsellied, wie kostbar jedes Zusammensein mit einem geliebten Menschen! Erlösung heißt auch, das alles schon vorher zu realisieren, jetzt, wo das ultimative Röntgenbild noch nicht vor uns liegt. **Erlösung bedeutet, in jedem, möglichst in wirklich jedem Augenblick voll anzukommen.**

Was aber ist am Augenblick so Besonderes? Der Augenblick bricht das Geflecht von Strukturen, Konzepten und Verwicklungen auf, das sich sozusagen horizontal um uns in Zeit und Raum ausbreitet und stößt vertikal in die Tiefe des Seins vor. Allenthalben binden, stützen, umgeben uns **Strukturen**; wie in einem Spinnennetz hängen wir in ihnen. **Der Augenblick ist ihr Widerpart**. Er zerreißt das Netz. Er durchstößt gleichsam die Zeitmauer in Richtung Ewigkeit.

An dieser Stelle lauert freilich ein Missverständnis: die Verachtung der Strukturen zugunsten eines spontanen Hineinlebens in den Tag. Ebenso wie auch sekundäre Werte ihre Bedeutung haben und nicht verachtet werden sollten, so in gleicher Weise die **Strukturen. Sie sind uns unentbehrlich** und geben dem Leben Halt und Kontur. Nehmen wir die Religion als Beispiel: Zunehmend wird sie im Leben der westlichen Länder zum form- und strukturlosen Gebilde; man verzichtet auf Kirchgang und sonstige religiöse Praxis. Das lässt sie als blasse Idee verdunsten. Der Islam lehrt uns demgegenüber den Wert religiöser Strukturen zu achten. Oder nehmen wir die Liebe. Die Liebe zweier Menschen will dauern, sie will Bindung, Verbindung, Treue, ja Treue bis zum Tod. Solche Strukturen sind nichts Nebensächliches; sie wollen ernst genommen, bedacht und gepflegt werden. **Sie sind der Rahmen des Lebens**.

Aber sie sind nicht sein Inhalt; das sind die Augenblicke. Diesen Inhalt können die Strukturen ersticken. Das vor allem dann, wenn sie übergroße Geschäftigkeit erzeugen. Was haben wir nicht alles „um die Ohren"! Angefangen beim vollen Terminkalender, die Bewerbung für eine neue Stelle läuft, das Auto ist beim Kundendienst, der Urlaub will vorbereitet sein, eine menschliche Beziehung kriselt, eine andere bahnt sich an. In der Folge werden die Strukturen übermächtig und lasten auf jedem Augenblick. Wir bekommen den „Kopf nicht mehr frei". Wir sind nicht bei der Sache und im Geist schon bei der nächsten. Beim Arbeitsgespräch mit dem Chef wälzen wir die allgemeinen Probleme dieses Jobs im Kopf, über die wir besser gesondert und in Ruhe nachdenken würden. Fest eingespannt, hängen wir im Geflecht. Der Sinn ruft uns, es in Richtung Tiefe zu durchstoßen, zur Tiefe des Seins, ja der Ewigkeit. **Erlösen wir die Augenblicke von der Last der Strukturen!**

Und dies beispielsweise so: Wir sind eingebunden in ein Krisengespräch mit dem Partner oder in eine angespannte und nervenaufreibende Vertragsverhandlung. Dann gelingt der rettende Augenblick: Ganz kurz klinken wir uns aus, schauen aus dem Fenster und hören der Amsel zu, wie sie auf dem Dach singt – umso gelassener, stressfreier und besser läuft danach das Gespräch. Oder ein anderer Blick hinaus: Die goldenen Blätter des Spitzahorns haben ein leichtes Rot aufgelegt und leuchten in der Herbstsonne – wie schön ist doch die Welt! Bald danach ein tiefer Blick ins Auge des Partners und ein plötzliches Gefühl dafür, was in ihm vorgeht – der trennende Graben ist doch nicht so tief! Momente, die die Dornenhecke der Verstrickungen um uns herum aufgerissen haben und uns kurz eine tiefere Wirklichkeit schauen ließen. Mehr solche Augenblicke, und erlöster würden wir auf Herrn Nietzsche wirken, erlöster dem Partner gegenübertreten, erlöster wäre unsere Partnerschaft.

Überhaupt **der Blick**. Augenblick hat nicht zufällig mit Blick zu tun: Wesentliches kann in ihm blitzartig in Erscheinung treten. Der Blick aus dem Fenster, der Blick in das Gesicht des Anderen, der Blick in sich selbst. Blicke decken auf und enthüllen. In mancher Liebe, eigenen oder fremden, entdecken sie fragwürdige Züge, etwa das Bedürfnis wichtig zu sein oder sich wichtig zu machen. In manchem Bösen entdecken sie, was milde stimmt, etwa Not und Schmerz, die geheilt werden wollen.

So sehr indes Blicke und Augenblicke aus dem Geflecht unseres Lebens herausragen, sie sind dort nicht allein. Augenblicke gehen nahtlos in den nächsten über; sie schwimmen in einem Meer von Augenblicken. Sprechen wir von „herausragen", meinen wir vor allem die **„großen Augenblicke"**, die sich wie markante Felsen über den Strom des Lebens erheben. Es kann sich um die erwähnte Bekehrung handeln. In den östlichen Religionen sieht man oft die „Erleuchtung" als Durchbruch zur Erlösung. „Großer Augenblick" aus der Sicht der Liebe wird vor allem der absolute Ruf des Gewissens sein, wo es um wirklich Ernstes, etwa die Aufopferung für andere geht. Schließlich kann, sofern in vollem Bewusstsein erlebt, auch der letzte Augenblick, dass Sterben, in diese Reihe gehören. Wer Religion auf Offenbarung gründen will, sollte sie in solchen Augenblicken suchen. Sie zeigen übrigens an, wie sehr sich die verschiedenen Religionen und Erlösungsstufen gegenseitig durchdringen; denn im weitesten Sinn gibt es Bekehrung, Erleuchtung und Gewissensrufe überall, weitgehend unabhängig von Religion und Kultur.

Nun stehen große Augenblicke eben nicht allein. Es zählen auch die **„kleinen Augenblicke"**. Wenn sie immer wieder in vollem Gewahrsein gelebt und ausgekostet werden, geschieht in ihnen allmähliche Erlösung. Wie sich „groß" und „klein" zueinander verhalten, wurde vor Zeiten im Buddhismus heiß diskutiert unter den

Stichworten „plötzliche Erleuchtung" und „allmähliche Erleuchtung". Lassen wir das auf sich beruhen. Es muss jeder den ihm bestimmten Weg gehen, ob mit Höhepunkten oder in eher sanfter Entwicklung. Entscheidend ist lediglich, dass die **Augenblicke** nicht nur durch den Fluss der Zeit, sondern auch **innerlich in das Leben eingebunden** sind. Erlösung meint das ganze Leben. Nur insofern sie in die Ganzheit des Lebens integriert sind, haben Augenblicke Wert. Das „Carpe diem" würde missverstanden, sähe man darin ein perspektivloses Versinken im Augenblick: Heute besaufe ich mich, der Kater morgen ist mir egal! Um den aus dem ganzen Leben gespeisten und ins ganze Leben zurückstrahlenden Augenblick geht es. Selbst eine Erleuchtung wäre wertlos, wenn sie im weiteren Leben ohne Früchte bliebe.

Im Augenblick kristallisiert sich das Leben, begegnen sich irdische Welt und ganze Welt. Wie kann man das verstehen? Die Frage rührt an das unergründliche **Geheimnis der Gegenwart und damit der Zeit**. Hat man die Gegenwart erfasst, ist sie augenblicklich schon wieder Vergangenheit; gibt es sie überhaupt? Und wie lang ist ein Augenblick? Er kann nicht die zeitliche Läng Null haben, sagen die Physiker, es gibt eine – allerdings unvorstellbar kurze - Mindestspanne der Zeit (die sog. Planck-Zeit), die niemals unterschritten wird. Doch solche quantitativen Gedanken führen nicht weiter. Sehen wir es lieber inhaltlich: **In einem Augenblick fließen die umgebenden Wirklichkeiten und Möglichkeiten („Potenzen") der Welt zusammen und kristallisieren aus sich eine neue Wirklichkeit („Akt") heraus.** Das kann man sowohl immanent wie transzendent sehen.

Auf **der immanenten Ebene** ist es leicht zu erläutern. Jedes Augenblicksereignis geht aus einer zeitlichen und räumlichen Umgebung hervor. In ihr finden sich die einzelnen Bedingungen und aus ihr kommen die einzelnen Wirklinien, die in ihrem

Zusammentreffen das Ereignis zustande bringen. Zum Beispiel: Fahre ich nachts auf der Straße ein Reh an, obwohl ich an sich noch rechtzeitig hätte bremsen können, führt eine Unzahl von Wirklinien oder Faktoren auf dieses Geschehen zu: Die Funktionen meines Autos, meine allgemeinen Fahrfähigkeiten, der etwas reichlich genossene Alkohol, der mich unvorsichtig gemacht hat, das ablenkende Gespräch mit dem Beifahrer, der leichte Nebel und schließlich das Reh zur falschen Zeit am falschen Ort. Hinter allen diesen Wirklinien stehen als Vorursachen wieder weitere Wirklinien, die sich in frühe Vergangenheiten und weite Räume verlieren. Allgemein gesprochen: Aus unübersehbaren Weiten herkommend, kondensieren oder kristallisieren sich in einem Augenblick die Wirklichkeiten und Möglichkeiten der irdischen Welt. Von diesem Punkt aus strahlen sie wieder in die Welt zurück (der Unfall wird ein Nachspiel haben).

Aus dem Blickwinkel der **Transzendenz** gilt nichts anderes. **Auch sie kondensiert sich im Augenblick.** Dem Unfall mit dem Reh wäre dann ein Sinn auf der Ebene der ganzen Welt zugeordnet. Den mag er haben; er ist aber nicht leicht aufzuspüren. Besser als Beispiel eignen sich erlösende Augenblicke. In einem Meditationskurs, Retreat oder Exerzitienwochenende habe ich ein tiefes Erlebnis, in dem sich mir Sein und Sinn der Welt ein Stück weit erschließen. Dieser Augenblick hat ebenfalls eine irdische Vorgeschichte, z.B. die Entdeckung des Kursprogramms im Internet, dann die Anmeldung und Bezahlung, dann die Anreise. Auf der anderen Seite ist er aber aus einem ganz anderen Umfeld hervorgegangen: aus der ganzheitlichen Tiefe meiner Seele, deren Reifeprozess mir sicher nur zum Teil bewusst war – ein Umfeld, in das das Erlebnis wieder zurückwirken wird. Selbstverständlich setzt eine solche Betrachtung voraus, dass man an die Transzendenz glaubt. Unter dieser Voraussetzung lässt sich wieder verallgemeinern: Im Augenblick kondensiert oder kristallisiert sich die Welt, einmal als irdische Welt und außerdem als ganze Welt, oder kürzer: **Im Augenblick kondensieren sich Zeit und Ewigkeit. Die Ewigkeit steckt im Augenblick**.

Die Sache hat eine objektive, gleichsam physikalische Seite: Der Augenblick ist der Punkt, wo die Welt, als irdische und ganze Welt, aus dem Hintergrund ihrer Potenzen und Möglichkeiten heraustritt und immer neu Wirklichkeit wird. In jedem Augenblick erschafft sie sich neu. Die zweite Seite ist die subjektive: Es geht darum, sich dieses Wesen des Augenblicks bewusst zu machen und den jeweiligen Augenblick in voller Bewusstheit zu erleben. Dann **erschaffen auch wir uns neu** und sind danach ein anderer als vorher. Nicht leicht ist das zu verstehen. Es ist ein **Geheimnis**, das weniger für Worte als für das unmittelbare Erleben gemacht ist. In lebenslanger Übung sollten wir es uns aneignen.

Entsprechendes Erleben mündet ein in ein ganzheitliches, die Augenblicke verbindendes **Lebensgefühl**. Darin spürt der Mensch seinen Bezug zu allem Irdischen, aber auch zum Ganzen dahinter. Wobei, genau genommen, das Ganze sich einer wirklichen Bewusstmachung entzieht. Die tiefsten Erlebnisse, sagen Mystiker, sind nicht in Worte zu fassen. Das Eigentliche ist nur zu erfahren, nicht auszusprechen. Wenn du über eine erlösende Erkenntnis redest, ist sie schon Gedanke, Konzept, Glaubensartikel geworden und damit Einzelnes unter Einzelnem in der irdischen Welt. Ihren Wert behält sie als Widerschein des Eigentlichen, aber eben nur als indirekter Widerschein. Noch indirekter ist das, was du daraus für das **Jenseits** ableitest. Du projizierst deine Erfahrung in ein Weltbild hinein, das auch das Jenseits umfasst, oder du projizierst – um ein schon gebrauchtes Bild zu wiederholen – deine zum diesseitigen Bein der Welt gemachte Erfahrung auf das erahnte jenseitige Bein. Das sind **Projektionen und Ahnungen**, mehr nicht.

Die Erfahrung des Ganzen, das ist nicht zu leugnen, lahmt etwas auf ihrer inhaltlich-gedanklichen Seite. Die Begründungsstärke der Gedanken lässt zu wünschen übrig. Dafür fehlt umgekehrt des Gedankens Blässe, und genau dort liegt wiederum die Stärke der Erfahrung. Erlösende Erfahrungen berühren die Wirklichkeit in der Tiefe. Und **wie diese Wirklichkeit Macht hat, so hat ihre Erfahrung Wucht**. Blasses Räsonieren wischt sie zur Seite. Erfahrungen aus dem Umfeld der Esoterik – siehe das 10. Kapitel – können felsenfeste Überzeugungen begründen. Selbst das so ferne und unerreichbare Jenseits nimmt an der Wucht der Erfahrung teil und erhält festen Grund. Soll jedoch ein anderer für diesen Glauben gewonnen werden, fallen wir wieder auf die gedankliche Ebene mit ihren Fragezeichen zurück. Erst müsste der andere selbst eine entsprechende Erfahrung machen: Es bleibt nur, ihm den Weg dorthin zu zeigen.

Die Wirklichkeit der Erlösung liegt in erlösenden Augenblicken. Das Jenseits brauchen wir dann offenbar nicht mehr? Damit landen wir wieder bei der Frage, mit der das Buch eingesetzt hat. Wir stellen sie am Ende erneut.

3. Nochmal: Was geht der Tod uns an?

Nach einer langen Gedankenreise sind wir anscheinend zum Ausgangspunkt zurückgekehrt. Nur im Augenblick wird gelebt und Ewigkeit gefunden. Was geht uns dann der Tod noch an? Sind wir wieder bei **Epikur** angekommen und seinem weisen Satz: Wo ich bin, ist der Tod nicht; wo er ist, bin ich nicht? Ja und Nein. Der Satz ist logisch richtig, aber vom Kopf her gesagt und nicht von Bauch und Herz, und er schöpft darum die Frage nicht aus. Er übersieht unseren Willen zu leben und weiter zu leben. Leugnen oder streichen wir diesen Willen, trennt uns in der Tat nichts von Epikur. Das ist der Weg, den Schopenhauer am Ende seines Hauptwerks empfiehlt.

Können wir das, wollen wir das wirklich? Ängstlich besorgt um sein Leben ist Schopenhauer vor dem Ausbruch der Cholera aus Berlin geflohen.

Die eigentliche Wahrheit lautet genau umgekehrt und klingt paradox: **Nicht wenn wir den Willen zum Leben leugnen, sondern wenn wir ihn voll bejahen, geht uns der Tod nichts mehr an**. So verstanden, bedeutet Leben nicht Weiter-Leben, in der Zukunft leben, sondern leben im Hier und Jetzt; es bedeutet die Gegenwart und das Auskosten der Gegenwart. Ohne Zweifel hat uns die Natur ein solches Verständnis des Lebens nicht mitgegeben. In unseren Genen liegt auf die Zukunft gerichteter Lebensdurst. Das richtige Verstehen muss erst heranreifen. Den Reifeprozess nennen wir Erlösung. Erst wenn er den nötigen Grad erreicht, können wir die Zukunft verabschieden. Im liebenden Genuss der Gegenwart spüren wir die Ewigkeit im Augenblick. Fausts schmachtendes „Verweile doch!" brauchen wir diesem nicht zuzurufen; der Augenblick als Augenblick ist uns genug. Nun können wir mit Epikur, aber auf einem ganz anderen Hintergrund sprechen: Der Tod geht uns nichts an.

Können wir je dorthin gelangen? Der Weg der Erlösung ist lohnend, aber lang und nicht einfach. Dafür vereinfacht er die Jenseitsfrage. Sie löst sich in dem Moment auf, wo die Erlösungsfrage beantwortet ist. **Die Frage nach dem Leben nach dem Tod plagt mich nicht mehr, sobald die Frage nach dem Leben vor dem Tod geklärt ist**.

So sieht der Weg im Einzelnen aus: Wenn du im Diesseitigen befangen und auf dem Erlösungsweg wenig fortgeschritten bist, dann stellt sich die Frage nach dem Leben nach dem Tod und lässt sich, entgegen Epikur, nicht abweisen. In dem Maße, wie sie sich aufdrängt, ist sie zugleich unbeantwortbar; das ist ihre Tragik. Wenn du klug bist, durchschaust du die voreiligen Antworten, wie sie viele

Religionen geben. So fragst du selber und fragst ein Leben lang vor dem nur einen Spalt geöffneten Tor, bis – um mit Kafka zu sprechen – kurz vor deinem Ende der Torwärter sagt: Ich gehe nun und schließe es.

Hast du dagegen „deinen Spiegel sauber geputzt", bist auf dem Weg weit vorangekommen und in die Nähe – weiter wohl nicht! – eines „Lebendig-Erlösten" gelangt, hast also die höhere Liebe und Gott gefunden – dann **hat sich die Frage von selber beantwortet** und ist entfallen. Wer voll in der Liebe steht, braucht für den Jenseitsglauben keine Bibelzitate. Er denkt nicht, folgert nicht, glaubt nicht, sondern er weiß: Die Liebe hört niemals auf. Den Einwand, über die Liebe „drüben" wisse er konkret überhaupt nichts, schiebt er lächelnd zur Seite. Was soll ihn das kümmern? Hier und jetzt wird gelebt und geliebt. Alles Weitere legt er vertrauensvoll in Gottes Hand.

Der Engel des Todes – so eine alte Geschichte – kam zu einer Frau und wollte sie abholen. Die Frau bat um Aufschub, sie müsse ihr Haus noch fertig bauen. Der Engel ging und kam nach einem Jahr wieder. Nun wollte die Frau noch ihren kranken Enkel gesund pflegen und bekam nochmals Aufschub. Beim dritten Erscheinen des Engels war sie endlich bereit und fragte: Bringst du mich jetzt in Gottes Herrlichkeit? Darauf der Engel: Wo, glaubst du, bist du bisher gewesen?

4. Die Frage der Fragen

Weit herumgekommen sind wir mit unseren Gedanken. Am Ende läuft alles auf eine sehr einfache Frage zu. Auch die verschiedenen Stufen der Erlösung laufen letztlich in ihr zusammen. Griffige objektive Beweisführungen zu ihrer Beantwortung gibt es nicht. Mit unserem Denken und Fühlen, mit unserem ganzen Erleben können und müssen wir Antwort geben, hier und jetzt und in jedem Augenblick.

Abstrakt formuliert, lautet die Frage: Gibt es einen letzten absoluten Sinn des Lebens und der Welt – ja oder nein? Konkret lässt sich auf unzählige Weisen fragen. Beispielsweise so: Du liebst einen Menschen und willst ganz für ihn da sein – steckt hinter solchem Gefühl nur ein der Welt völlig gleichgültiges Spiel, ein Spiel der Moleküle und Quantenzufälle in deinem Kopf? Oder hat dich der liebende Sinn der Welt berührt und in die Pflicht genommen und mit deiner Liebe etwas alle Zeit Gültiges zustande gebracht? Das ist die Frage. In welchen Bahnen dein Leben verläuft, hängt von der Antwort ab.

20. Das Beste zum Schluss: Jesus und das Reich Gottes

Wir kommen zum Ende. Es bleibt nur eine Fundstelle nachzutragen. Der Hauptgedanke des Buches stammt nicht vom Autor und verlangt korrekterweise ein Zitat. Die Liebe ist der Kern der Erlösung: Das ist die Lehre des Jesus von Nazareth. In ihr steckt alles, was man über das Jenseits sagen kann. Merkwürdig: Unter allen religiösen Jenseitsbildern ist das christliche wohl das komplizierteste und verwirrendste, zumal man noch den Philosophen Platon an Bord genommen hat. Umgekehrt ist die Lehre des Gründers dieser Religion die bei weitem klarste und treffendste.

Wer war Jesus? Sein Bild zeichnen die Evangelien. Wie wir heute wissen, ist in ihnen vieles nach Jesu Tod hinzugefügt worden, was nicht den historischen Tatsachen entspricht. Die so genannte Leben-Jesu-Forschung und die historisch-kritische Exegese machen es sich zur Aufgabe, die Zusätze auszusortieren und gesondert als spätere Theologie darzustellen. Über die Einzelheiten herrscht naturgemäß Streit. Dennoch hat das verbleibende Bild von Leben und Lehre des wirklichen Jesus einigermaßen deutliche Konturen. Manchen Menschen genügen sie nicht; sie müssen Jesus unbedingt noch ein selbstgestricktes Mäntelchen überwerfen (gerne und häufig: Jesus, der Revolutionär). Wir sollten das ebenso unbeachtet lassen wie die immer wieder auftauchende Frage, ob er etwas mit Maria Magdalena hatte.

Im Mittelpunkt von Jesu Lehre steht ohne Zweifel das **„Reich Gottes"** oder – wie es im Matthäus-Evangelium heißt – das „Himmelreich". Den Reichsgedanken als Bild hat er offenbar der jüdischen Geschichte entnommen. Gott und die Liebe sind die Grundpfeiler des Reichs. Das Reich, sagte er, „ist schon mitten unter euch" (Lk 17, 21). Das bezog er auch auf sein eigenes Auftreten, und dies sollte ihm zum Verhängnis werden. „Wenn ich die Dämonen durch den Finger Gottes austreibe, dann ist das Reich Gottes schon zu euch gekommen" (Lk 11, 20). Jesus wollte das Reich nicht bloß als Prophet ankündigen, sondern – gleichsam als Gottes Bevollmächtigter – selbst mit herbeiführen. Schon zu seinen Lebzeiten ging das vielen der Zeitgenossen zu weit, ganz zu schweigen von dem, was nach dem Tod geschah: Die Jünger erklärten Jesus zum Messias („Christus"), zum Sohn Gottes und damit zu Gott. Entrüstet haben die beiden anderen westlichen Religionen diese Erhöhung zurückgewiesen. Weit mehr als seine Lehre hat Jesu Person die Kirche von der Synagoge und der Moschee getrennt.

In der Rückschau sieht das etwas anders aus. Zunächst sollten Judentum und Islam in ihrer Verwerfung der Dreifaltigkeitslehre, in die Jesu Erhöhung schließlich einmündete, etwas vorsichtiger sein; siehe dazu das 8. Kapitel (Nr. 5). Im Übrigen liegt der entscheidende Punkt weniger in der Person und ihrer Erhöhung. Den wirklichen Durchbruch und **das wirklich Neue brachte Jesu Lehre**, eine Lehre, die er durch sein Leben und Sterben besiegelt hat. Lange wurde dies durch die unbestreitbare Tatsache verdeckt, dass Jesus als gläubiger Jude gelebt und gelehrt hat. Aus heutiger Sicht wird klar, dass er dabei den jüdischen Glauben vom Kopf auf die Füße gestellt hat. Betrachten wir dazu drei Punkte: Im ersten steht Jesus noch ganz auf der Seite des Bisherigen. Im zweiten schon nicht mehr, wenn auch mit deutlichen Hemmungen. Im dritten und entscheidenden Punkt verkündet er eine gänzlich neue Lehre.

> Mit seiner **apokalyptischen Erwartung eines nahe bevorstehenden Weltenumbruchs** hat sich Jesus einer weit verbreiteten Auffassung seines Volkes angeschlossen. Die Quellen belegen dies eindeutig. Nie wird sich klären lassen, ob er selbst daran geglaubt hat oder seiner Botschaft nur apokalyptische Schubkraft verleihen wollte. Es war jedenfalls ein grandioser, heute gern verschwiegener Irrtum,

der auch den Rahmen der Reich-Gottes-Lehre bestimmt. Umso mehr spricht für die Macht dieser Lehre, dass sie die Aufdeckung des Missgriffs unbeschadet überstanden hat. Ein Gedanke hat dabei besonders geholfen: Das auf die Geschichte bezogene Endzeit-Denken Jesu ist ohne weiteres auf unser Leben zu übertragen: Jeder lebt in seiner eigenen Endzeit und hat nur mehr eine begrenzte Lebensspanne vor sich. Auch wir kennen weder den Tag noch die Stunde.

> Jesus bricht, wenn auch nur bedingt und zögerlich, den exklusiven Ring auf, den **das „auserwählte" Volk** um sich selbst und sein Heil gezogen hatte. Nur so konnte seine Lehre später zur Weltreligion werden. Ausgeschlossen waren damals sogar die Samariter, ein im Gefolge der assyrischen Eroberung des Nordreichs abgesprengter Teil des Volkes, der eine eigene Form des Jahwe-Kultes entwickelt hatte. Insofern spricht Jesu Erzählung vom barmherzigen Samariter Bände. Sein Gebot der Nächstenliebe enthält keinerlei Einschränkungen, obwohl die von ihm zitierte Stelle der Thora (Lev 19, 18) nur die „Söhne deines Volkes" meint und auch so verstanden wurde (in Dtn 10, 19 ist allerdings auch von der Liebe gegenüber Fremden die Rede). Dementsprechend hat Jesus gehandelt. Er heilte auch Nicht-Juden und bewunderte ihren Glauben. Unter dem Motto „Israel zuerst", das offenbar auch ihm ein Anliegen war, zeigte er dabei jedoch deutliche Hemmungen. Berichtet wird sogar, er habe Juden und Nicht-Juden mit Kindern und Hunden verglichen (Lk 7, 1 ff.; Mt 15, 22 ff.).

> Das Entscheidende: **Jesus stellt einzig und allein die Liebe in das Zentrum von Religion und Erlösung**. Die zentralen Pfeiler der jüdischen Religion – Gesetz und Jerusalemer Tempelkult – werden nicht abgetan, rücken aber eindeutig ins zweite Glied. Das **Gesetz**, sagte er, wolle er erfüllen (Mt 5, 17). Aber er erfüllte es mit dem Geist der Liebe und stülpte es damit um. Die Liebe gibt den

Ausschlag, nicht mehr die peinlich genaue Befolgung der Gebote und Verbote. Die zahlreichen Streitgespräche mit den Pharisäern, die Jesus ansonsten schätzte und deren Jenseitsglauben er teilte, sind vom Geist dieses Gegensatzes geprägt. Die Gebote sind für den Menschen da, nicht der Mensch für die Gebote – so Jesus zum Sabbatgebot (Mk 2,27). Konsequent hat später Paulus dem Gesetz ganz den Abschied gegeben, literarisch im Römerbrief und institutionell auf dem Apostelkonzil. Ähnlich der **Tempelkult**: Er mag sein, aber die Liebe kommt zuerst! Versöhne dich erst mit deinem Bruder, dann komm und opfere deine Gabe! (Mt 5, 24). Liebe, nicht Kult ist der eigentliche Weg. „Die Stunde kommt, zu der ihr weder auf diesem Berg noch in Jerusalem den Vater anbeten werdet" (Joh 4, 21). Soweit berichtet wird, hat Jesus nie opfernd am Tempelkult teilgenommen. In seinen letzten Tagen ist er sogar gegen das Getriebe dieses Kultes vorgegangen: Die Tische der Geldwechsler und die Stände der Taubenhändler stieß er um (Mk 11, 15 ff.). Er wollte das Reich Gottes nicht nur ankündigen, sondern selbst Hand anlegen. Das brachte bei seinen Gegnern das Fass zum Überlaufen und kostete ihn das Leben.

Die Liebe zuerst und das Reich Gottes zuerst! Das ist die eigentliche Erlösung. „Alles andere wird euch dazu gegeben werden" (Mt 6, 33). Näheres ist in der Bergpredigt nachzulesen, vor allem in den Kapiteln 5 bis 7 des Matthäus-Evangeliums. Wie viel ist seitdem über die dortigen Lehren nachgedacht und geschrieben worden! Dem allen nachzugehen ist hier nicht der Ort (siehe dazu auch die Schrift des Verfassers „Gott ist kein Wahn; Sieben Thesen zum Sinn der Religion"). Zum Grundsätzlichen nur so viel: Jesus predigt **eine reine Liebesethik, die im Gegensatz zur Ethik der Thora nahezu ganz auf spezielle Gebote und Verbote verzichtet**; als Ausnahme mag das Verbot der Ehescheidung gelten. Sie gipfelt in dem berühmten Aufruf zur Feindesliebe. Was ist das? Religiöse Romantik oder eine Ethik der

Naherwartung, die zusammen mit dieser hinfällig geworden ist? Weder noch, Jesus hat uneingeschränkt gemeint, was er gesagt hat.

Vor dem Hintergrund unserer bisherigen Überlegungen wird Einiges deutlicher. Es geht um transzendente Liebe, die sich jedoch in einem irdisch-immanenten, auch irdisch-bösen Umfeld zu entfalten hat. An solchen allgegenwärtigen Verflechtungen kann auch die Bergpredigt nichts ändern. Die Immanenz und das Böse können nicht einfach transzendent überboten oder überflogen werden. Wo es das geringere Übel ist, muss man sich auf die irdischen Regeln einlassen. Den „ungerechten Mammon" wird die Welt so schnell nicht los. Weder Meditation noch Gebet verhindern Kapitalismuskrisen. Klar und kurz hat Jesus die maßgebliche Weisung dazu in die Worte gefasst: **„Gebt dem Kaiser, was des Kaisers ist, und Gott, was Gottes ist!"** (Mk 12, 13-17). Das damalige römische Reich war – trotz der Befriedung durch Augustus – alles andere als ein Reich Gottes oder ein Reich der Liebe. Die römische Herrschaft gründete auf Unterdrückung und Gewalt. Doch man musste mit ihr leben und ihr geben, was not tat – auf der anderen Seite aber die Liebe durch alle Ritzen dringen lassen, die das Geflecht der Immanenz bot, alle Freiräume im Reich des Kaisers nutzen und dort das Reich Gottes sich immer mehr ausbreiten lassen. Dabei kann und muss man sich gegen Feinde verteidigen, aber nicht im Geist des Hasses, sondern der Liebe und der Vergebung. Auf die friedvollen Verhältnisse unseres Alltags lässt sich das herunterdeklinieren: z.B. einen unsympathischen Menschen nicht bloß ertragen, sondern ihm Verständnis und Mitgefühl entgegenbringen. Mit „Zöllnern und Sündern" hat Jesus zu Tische gesessen.

Mit diesen Lehren steht Jesus merkwürdig allein. Natürlich haben viele seitdem in dasselbe Horn geblasen, allen voran Paulus mit dem berühmten, oben erwähnten 13. Kapitel seines ersten Briefes an die Korinther. Aber sie sind alle in die Fußstapfen des Meisters getreten.

Hingegen **steht Jesus unter den Religionsstiftern einzig da**. Allein Buddha als Botschafter des Mitleids kommt in seine Nähe. Warum das so ist, bleibt ein Rätsel, zumal der Weg der Sinnfindung und der Erlösung, wie wir gesehen haben, von sich aus auf die Liebe zuläuft. Jesus hat Gewalt nicht geübt, sondern Gewalt gelitten. Er hat Liebe gepredigt und ist dafür in den Tod am Kreuz gegangen. Er ist wahrhaft der Einzige, der „Eingeborene", wie die Christen sagen. Und seine Lehre steht in ihrer Kraft noch heute einzig da, unbeschädigt von allen Irrtümern, die ihr anhafteten und mit denen sie durch die Zeiten überschüttet wurde, von der fehlgeleiteten Naherwartung angefangen bis zu diversen Dogmen und Kirchenlehren, unbeschädigt selbst von all den Untaten, die in Jesu Namen verübt worden sind. Manchen Schutt gilt es wegzuräumen, um die Lehre des Meisters wieder in vollem Glanz erstrahlen zu lassen.

Wie einfach ist sie doch im Vergleich mit den komplizierten Lehrgebäuden, die man später auf sie draufgesetzt hat! **Haben wir den Mut, ganz zu Jesus von Nazareth zurückzugehen!** Nur an seinem Gründer kann sich das Christentum, das auch wegen seiner unglaubwürdigen Jenseitslehren in die Krise gekommen ist, wieder aufrichten.

Konkretes über das Jenseits werden wir von Jesus allerdings nicht erfahren. Auf solche Auskünfte, so schon der platonische Sokrates, wird „ein vernünftiger Mann nicht bauen wollen". Ähnlich weise hält Jesus sich zurück; sein rätselhaftes Wort „ihr werdet sein wie die Engel" wurde besprochen. Suchet hier und jetzt das Reich Gottes, und alles andere wird euch dazu gegeben werden! Ihr könnt es abwarten.

Und **Jesu Auferstehung**? Bei ihr hat es sich, wie gesagt, um eine Serie von Nachtodkontakten gehandelt – so die nüchterne Betrachtung und die heutige Ausdrucksweise. Vieles spricht dafür –

siehe dazu das 10. und 12. Kapitel - , solche Erscheinungen als Nachhall der irdischen Existenz zu deuten, einer zeitlichen und vergänglichen Existenz. Nicht zwingend lässt sich aus ihnen auf ein ewiges Leben schließen. Was ist Jesus jetzt, wo ist Jesus jetzt? Die Fragen stehen, so gesehen, offen im Raum.

Kann dabei aber völlig davon abgesehen werden, wer den Jüngern erschienen ist, jemand, der in einzigartiger Weise die Liebe gepredigt und gelebt hatte und dafür in den Tod gegangen ist? Steht hinter der Auferstehung womöglich mehr als eine Reihe von Nachtodkontakten? Ist in der Gestalt Jesu den Jüngern womöglich die niemals aufhörende Liebe erschienen?

Zusammenfassung

Was also können wir glauben?

Ein so langes Buch über das Jenseits, und nichts Genaueres ist dabei herausgekommen! Oder doch?

Gehen wir unsere Gedanken noch einmal durch.

1. Ist mit dem Tod alles aus oder kommt noch etwas danach? Das ist die große Frage. Genial wollte sie der Philosoph Epikur wegwischen: Der Tod geht mich nichts an – wo ich bin, ist er nicht, und wo er ist, bin ich nicht. Doch so einfach, haben wir gesehen, geht es nicht. Wir müssen uns der Frage stellen und haben uns gestellt. Bei den zwei möglichen Antworten zeigt sich ein großes Ungleichgewicht: Die nihilistische Leugnung des Jenseits ist durch und durch einfach; da gibt es wenig zu erklären. Der Jenseitsglaube hingegen ist in Inhalt und Begründung schwierig und kompliziert. Hauptsächlich mit ihm haben wir uns deshalb beschäftigt. Gläubige mag das Ergebnis frustrieren: Jeglicher direkte Blick ins Jenseits ist unmöglich. Nichts ist dort zu erkennen, ob Unsterblichkeit der Seele, Auferstehung der Toten oder endlose Wiedergeburt – da hilft kein heiliges Buch weiter und keine Offenbarung. Die Schlüsselfrage des Heils liegt nicht im Jenseits, sondern in diesem unseren Leben. Hier sollen wir Erlösung finden. Zu ihr, nicht zum Jenseits, gibt es viel zu sagen und zu erkennen. Der Kern der Erlösung liegt in einer Liebe, die das irdische Maß übersteigt. Solche Liebe mag, wenn auch nur zeichenhaft, auf ein Jenseits verweisen.

Im Einzelnen ist der Gedankengang folgendermaßen verlaufen:

2. Zu einem Glauben an das Jenseits muss die rechte Türe gefunden werden. Nur aus Tradition zu glauben, weil die Vorfahren schon dasselbe geglaubt haben, reicht nicht aus. Hoffnung und Wunschdenken – der Wunsch, nicht im Nichts zu versinken – führen ebenfalls nicht weiter. Der Glaube benötigt objektive Anhaltspunkte. Die fehlen jedoch. Gott und das Jenseits können nicht aus der Schöpfung bewiesen werden. Dass Gottesbeweise ebenso scheitern wie Gotteswiderlegungen, hat sich mit Recht herumgesprochen. Eine göttliche Offenbarung, wie sie in den westlichen Religionen hoch geschätzt wir, hilft schon deshalb nicht, weil sie zum Thema Jenseits gar nicht existiert. Mit ihrer Auferstehungsbotschaft haben Jesus und Mohammed nur übernommen, was in der jüdischen Apokalyptik gelehrt wurde. Diese Lehren haben sich im Denken der Menschen im Laufe der Zeiten herausgebildet, wahrscheinlich unter persischem Einfluss, ohne dass irgendein Offenbarungsereignis erkennbar wäre.

Es bleibt also zunächst nur das eigene Denken. Dessen Angelpunkt ist das Gebot der Begründung. Auch der Gläubige muss auf die Frage antworten können: Woher weißt du das? Erschwerend kommt noch die Frage dazu: Was verstehst du überhaupt unter dem Jenseits? Denn das ist alles andere als selbstverständlich.

3. Wollen wir wissen, wovon wir eigentlich reden, müssen wir das „Jenseits" irgendwie mit einem Bild der Welt in Verbindung bringen. In dieser Hinsicht ist seit den Zeiten der Bibel und des Korans ein großer Umbruch geschehen. Das naive Weltbild existiert nicht mehr, in dem der Himmel eine Art Obergeschoß unseres Hauses war und die Ewigkeit endloses Fortlaufen der Zeit bedeutete. An seine Stelle ist das moderne Weltbild getreten, das die irdische Welt als Einheit unter der Herrschaft der Naturgesetze begreift. Endloses Weiterleben ist unvorstellbar geworden. Alles Zeitliche ist vergänglich. Die Naturgesetze dagegen sind zeitlos, aber ohne Leben, vom Leben aus gesehen gleichsam tot. Sterblich oder tot – wo ist

ewiges Leben da unterzubringen? Die Ewigkeit muss das Zeitliche und das Zeitlose übersteigen, über den Zeitläuften stehend, aber mit ihnen lebendig verbunden. Zu einem derart schwierigen und anspruchsvollen Bild führt notwendig der Jenseitsglaube.

Das sollte man bei der Bewertung der zahllosen so genannten Jenseitserfahrungen bedenken: Nahtoderfahrungen, Nachtodkontakte – der Verstorbene erscheint nach dem Tod seiner Frau – oder Hinweise auf frühere Existenzen bei einer angenommenen Wiedergeburt. Diese Dinge haben wir einem „Zwischenreich" zwischen Leben und Tod zugeordnet. Vor allem esoterische Kreise übersehen die naheliegende Frage, ob es sich dabei schon um die Ewigkeit handelt oder noch um die Zeit, also um einen demnächst verebbenden Nachhall des irdischen Lebens. Für das zweite sprechen konkrete Hinweise. Jedenfalls lässt sich der Glaube an ein ewiges Leben nicht auf derartige Jenseitserfahrungen stützen.

Wenn aber Ewigkeit, wie verhält sie sich dann zu dieser Welt? Sie kann nicht einfach als Zweitwelt daneben oder darüber gesetzt werden. Es gibt nur eine sinnvolle Art des Verstehens: Alles Weltliche bildet, zusammengenommen, die irdische Welt, die Immanenz. Diese Gesamtheit wird zur transzendenten Welt der Ewigkeit, falls sie auch eine Ganzheit bildet, falls es also die Welt als ganze und mit einem Sinn dieses Ganzen gibt. Ein Beispiel zur Erläuterung: Der menschliche Leib ist eine Gesamtheit von Zellen und Organen. Als lebender Organismus ist er außerdem eine Ganzheit, die mehr ist als die Summe der Teile. Der Tod offenbart den Unterschied: Das Ganze zerfällt und wird wieder zur Ansammlung von Bestandteilen. Nur unter der Voraussetzung einer Welt als ganzer lässt sich von Gott und Jenseits sprechen. Gott ist dann der Sinn dieser ganzen Welt, und es lässt sich denken, dass sich sein Sinn – in aller Unvollkommenheit – im Sinn des Menschen, in seiner „Seele", spiegelt und dass er die Seele nach dem Tod mit sich vereint.

Zahlreiche, besonders westliche, Jenseitsvorstellungen werfen Probleme auf, weil sie in diesem Ganzen viele und teilweise scharfe Grenzen ziehen wollen: Leben und Tod, Diesseits und Jenseits, Welt und Gott, Leib und Seele, sterbliche und unsterbliche Wesen, Gut und Böse, Himmel und Hölle. Daraus wird aber nichts. Es ist dies das grundsätzliche Problem von Monismus und Dualismus. Der Monismus sieht ganzheitlich die Einheit des Verschiedenen. Der Dualismus dagegen trennt das Verschiedene, indem er bestimmte Verbindungen ausschließt. Im Alltag bedienen wir uns beider Konzepte, des Dualismus vor allem dann, wenn wir es genau wissen und wenn wir scharf unterscheiden wollen. Auch die digitale Welt beruht auf den scharf unterschiedenen Ja-Nein-Operationen des Computers. Weil auch sie es genau wissen wollen, wenden viele Theologen dualistische Ansätze auch auf das Jenseits an, z.B.: Der Mensch hat eine unsterbliche Seele, das Tier nicht; diese Seele existiert genau ab der Befruchtung der Eizelle usw. Dies ist jedoch auf der Ebene der ganzen Welt und damit des Jenseits grundsätzlich ausgeschlossen. Das Ganze kann man, wenn überhaupt, nur ganzheitlich sehen und nicht mit einem gedanklichen Messer zerteilen wollen. Wie sollte man einen solchen Schnitt begründen? Nur in einem monistischen Weltbild kann sinnvoll über die ganze Welt und das Jenseits geredet werden. Dieser Ausschluss des Dualismus entzieht vielem angeblichen „Wissen" über das Jenseits von vorneherein den Boden.

4. Für die bekannten konkreten Jenseitslehren sieht es nach diesen Maßstäben nicht gut aus. Es fehlt, aufs Ganze gesehen, schon an ihrer Stimmigkeit: Wegen ihrer tiefgreifenden Unterschiede lassen sie sich nicht zu einem Gesamtbild zusammenfügen. Es geht im Wesentlichen um drei Blöcke: Die westlichen Religionen (Judentum, Islam und schwerpunktmäßig Christentum), die östlichen Religionen (Taoismus, Hinduismus und schwerpunktmäßig Buddhismus) und die

auf Jenseitserfahrungen gestützten Lehren, die zum großen Teil unter dem Namen Esoterik gehen.

Für den letzteren Bereich fragt sich zunächst, ob die entsprechenden Erfahrungen, z.B. die Erscheinungen Verstorbener, echt sind. Illusion und Schwindel kommen zweifellos vor; genaueres Hinsehen zeigt aber, dass an vielen Fällen „etwas dran" sein muss. Problematisch ist jedoch die Deutung. Weithin wird eine Art natürlicher Unsterblichkeit behauptet, die keinen erlösenden Gott braucht. Hierher gehört auch die Ansicht Platons, der Mensch habe von Haus aus eine unsterbliche Seele. Zahlreiche Fragen, die sich nicht beantworten lassen, stehen diesen Anschauungen entgegen: Wie ist es mit dualistischen Abgrenzungen, warum z.B. nur der Mensch? Liegt das Jenseits in einem verborgenen Winkel dieser Welt oder in einer anderen Welt? Und vor allem die Grundfrage: Woher weißt du das alles? Nachtodkontakte belegen, wie gesagt, noch nicht den Schritt in die Ewigkeit; wohl aber deuten sie darauf hin, dass alle oder einige Menschen nach ihrem Tod ein „Zwischenreich" durchqueren. Erkennbare Nachwirkungen Verstorbener bei später Geborenen lassen sich als Ausstrahlungen von Bewusstseinselementen deuten, ohne dass deswegen schon die Wiedergeburt der Person angenommen werden muss.

Entsprechendes ist dem Gedanken der Wiedergeburt in den östlichen Religionen entgegenzuhalten. Er wird ohnehin heutzutage von manchen buddhistischen Lehrern viel zurückhaltender vertreten. Die Konzepte der endgültigen Befreiung (Moksha und Nirvana) treffen nicht auf solche Vorbehalte, können aber, da sie inhaltlich vollständig leer sind, nicht als Verheißung ewigen Lebens gelten.

Verwirrend steht es um die christliche Bibel. Sie enthält insgesamt vier miteinander nicht vereinbare Jenseitslehren, so den altisraelischen Glauben an die Scheol, der praktisch ein Jenseits leugnete, ferner (in Ansätzen) die Seelenlehre Platons, dazu den Paulinischen Glauben an Jesu Erlösungswerk und schließlich – als Kern und übereinstimmend mit Judentum und Islam – den Glauben an die Auferstehung der Toten. Befestigt wurde dieser durch Jesu eigene Auferstehung. In heutiger Sprechweise sind damit Nachtodkontakte gemeint, d.h. Erscheinungen Jesu vor seinen Jüngern. Es bestehen aber theologische Probleme: Auferstehung geschieht nach der bis heute offiziellen Lehre als kollektives geschichtliches Ereignis – „unter dem Schall der Posaunen" – beim Ende oder Umbruch der Welt. So gesehen, ist Jesus „verfrüht" auferstanden. Auf zahllose weitere Schwierigkeiten stößt dieser Glaube. Er ist in kein heute vermittelbares Weltbild einzupassen. Mit dem Platonismus haben ihn die Theologen zu einem Mix verrührt, dessen innere Widersprüche nicht aufzulösen sind; der Platonismus steht dabei für den Glauben, die Seele gelange nach dem Tod sofort und noch vor der allgemeinen Auferstehung in den Himmel. Gänzlich unbeantwortbar sind folgende Fragen: Warum duldet der allmächtige Gott das Böse im Diesseits, und warum hält er sich im Jenseits eine ewige Hölle? Wiederum offen ist auch hier die Begründungsfrage: Woher weiß man das alles? Schließlich ist die derzeitige christliche Theologie ganz überwiegend dualistisch ausgerichtet und trennt scharf z.B. zwischen Gott und Welt, Leib und Seele, Himmel und Hölle etc. Sie gerät, wie gesagt, schon deshalb auf Abwege. Ganz anders als Jesus Christus selbst – siehe unten – kann sie uns nicht sinnvoll über das Jenseits belehren. Unabhängig von ihr müssen wir über einen Ansatz nachdenken.

5. Dieser Ansatz kann nur im Sinn liegen: dem Sinn unseres Lebens und dem Sinn der Welt, der sich in unserem Sinn spiegelt und diesen nach dem Tod aufnimmt. Wenn überhaupt, dann kann nur dieser Weg zum Glauben an ein Jenseits führen. Das auch deshalb, weil Jenseitsbilder niemals „einfach so" im Raum stehen können. Sinnvoll

werden sie erst dann, wenn sie unserem irdischen Leben maßgebliche Vorgaben liefern. Dann und nur dann lassen sie sich im persönlichen Leben prüfen und dadurch begründen. Ausführlich haben wir uns mit dem Wesen des Sinnes beschäftigt. Er sucht sich von den Fesseln der Notwendigkeit ebenso frei zu machen wie von Beliebigkeit und stattdessen Werte zu schaffen. Im Letzten zielt er über vorläufige, sekundäre Werte – wie Geld oder Macht – hinaus auf die eigentliche menschliche Erfüllung im Guten und dessen Höhepunkt, die Liebe. Auch in dieser Hinsicht will er nicht ins Leere rufen, sondern er vertraut auf die entsprechende Antwort im Sinn der Welt, also in Gott. In ihm ist daher – als Basis jedes Glaubens – ein Grundvertrauen in einen solchen Sinn der Welt angelegt.

Es werden jedoch zwei schwerwiegende Einwände erhoben. Zunächst durch den von der Naturwissenschaft inspirierten Naturalismus: Er leugnet in seiner härteren Version jeglichen Sinn, immer aber einen Sinn der Welt. Die deterministische Annahme, die Welt sei eine in allem vorherbestimmte und daher sinnlose Maschine, hat allerdings in der heutigen Physik keine Konjunktur mehr. Dort und vor allem in der Biologie macht stattdessen – so die Naturalisten – der Zufall die Welt zu einem sinnlosen Würfelspiel. Doch es gilt: Sinn und Gott lassen sich wissenschaftlich weder beweisen noch widerlegen. Niemand weiß, wer oder was hinter dem geheimnisvollen Zufall steht. Die Entwicklung der Wissenschaften ist im Übrigen noch längst nicht zum Ende gekommen. Das zeigen beispielsweise die unerklärlichen Erscheinungen (z.B. „Psi"), um die sich die Parapsychologie müht. Die transzendente Seite von Sinn wird die Wissenschaft ohnehin nie in den Griff bekommen. Solcher Sinn ist nur in der persönlichen Existenz zu finden.

Der zweite Einwand lautet: Wenn der Sinn der Welt vom Guten bestimmt ist, warum gibt es dann so viel Böses? Zunächst: Ohne das Böse könnten wir gar nicht an Gott glauben! Denn eine heile Welt, in der es nur richtig und falsch, aber nicht gut und böse gibt, braucht keinen Gott; sie wäre sich selbst genug. Dennoch: Warum gelingt es dem Guten, warum gelingt es Gott nicht, das Böse zu überwinden? Die Frage mit Hilfe der Lohnmoral ins Jenseits zu verschieben (dort wird das Gute belohnt und das Böse bestraft) und damit gar das Jenseits zu „beweisen", ist sinnloses Wunschdenken. Die Antwort kann überhaupt nicht auf der Ebene der Welt und des Jenseits gefunden werden, sondern nur in unserem Inneren: Dort ist der Wert des Guten, das sich selbst genug ist, zu erspüren: Der Himmel ist in dir!

6. Das zentrale Wort lautet daher nicht Jenseits, sondern Erlösung: Erlösung in diesem Leben! Erst in ihr vollzieht sich die eigentliche Menschwerdung. Wir erlösen uns von der Sinnleere, die im Vorläufigen hängen bleibt und im Beliebigen endet, und wir erlösen uns von der Sinnzerstörung durch das Böse. In der ersten Stufe befreien wir uns von sinnlosen Fixierungen und Anhaftungen an das Irdische, aber auch an nutzlose Jenseitsängste und Jenseitshoffnungen. Auf der zweiten Stufe, die vor allem von den östlichen Religionen gelehrt wird, überwinden wir die Isolierung der Dinge und unseres Selbst und nähern uns dem Einswerden mit dem Sein und der Welt. Die dritte und letzte Stufe schließlich führt uns, christlich inspiriert, zur Vollendung des Sinnes in der wirklichen Liebe, einer selbstlosen Liebe zum Nächsten, zur Welt und zu Gott.

Erlösung ist Glaube, noch mehr aber Verwirklichung im Leben. Dort liegt ihr Schwerpunkt im jeweiligen Augenblick. Im Augenblick kann das Gewebe des Irdischen zerreißen und uns plötzlich in die Tiefe des Seins schauen lassen, und sei es nur beim Blick aus dem Fenster oder beim Blick in die Augen eines Menschen. Der Augenblick liegt jenseits des Zeitlichen und des Zeitlosen. In ihm kristallisiert sich die Ewigkeit. In ihm tritt die Welt, als irdische und ganze Welt, immer neu in die Wirklichkeit; in jedem Augenblick erschafft sie sich neu.

Erleben wir den Augenblick bewusst, erschaffen auch wir uns neu und sind danach ein anderer als vorher. Dieses Geheimnis sollten wir uns in lebenslanger Übung aneignen.

Vorstellungen über das Jenseits gehören nicht als tragender Bestandteil zur Erlösung. Lediglich als deren Konsequenz und nur zeichenhaft können sie am Horizont unseres Lebens aufscheinen. Inhaltlich kommt dafür nur die dritte Stufe in Betracht; denn: Die Liebe hört niemals auf (Paulus). Einer Geborgenheit in ewiger Liebe können wir entgegensehen. Auf jegliche Einzelheiten müssen wir jedoch verzichten, auch was Gut und Böse angeht. Bei einem ethisch bestimmten Jenseits kann es zwar nicht bedeutungslos sein, ob wir als gute oder böse Menschen dorthin gelangen. Mehr ist dazu aber nicht zu sagen. Allenfalls können wir den Gedanken einer ewigen Hölle durch eine plausiblere Vermutung ersetzen: Das sinnzerstörende Böse zerstört sich selbst und versinkt im Nichts: Das Böse vergeht, die Liebe besteht.

In einer schlichten Frage drückt sich aus, ob erlösende Liebe tatsächlich Sinn macht: Ist alles, auch uns bewegende Liebe nur ein zufälliges Spiel in unserem Kopf, oder steht etwas vor der Welt Gültiges dahinter? Das ist die Frage der Fragen. Mitten im Leben können und müssen wir die Antwort erspüren.

7. So irrig seine Naherwartung des Weltenumbruchs war, so verwirrend sich die an ihn anknüpfende Theologie entwickelt hat, so klar hat uns Jesus von Nazareth den Weg gewiesen. Er ist der einzige Religionsstifter, der eindeutig und uneingeschränkt die Liebe ins Zentrum der Lehre und des Lebenssinnes gestellt hat. Befreit von allen unnützen Zutaten sollte das die Richtschnur sein auf dem Weg zur Erlösung und womöglich zu einem dahinter aufscheinenden Jenseits. Die Auferstehung genannten Erscheinungen Jesu nach seinem Tod können unter diesem Blickwinkel ein Gewicht annehmen,

das über gewöhnliche Nachtodkontakte hinausgeht: Die Liebe hört niemals auf!

Fundstellen- und Literaturverzeichnis

Kapitel 1

S. 17 zu Epikur: Schupp Franz, Geschichte der Philosophie im Überblick,
Felix Meiner 2003, S. 359 ff, 366

S. 22 Totengericht: ausführlich wikipedia „Totengericht" (S. 57 f zu den alten Völkern)

Kapitel 2

S. 35 Nienz Markolf: zahlreiche Werke mit dem zitierten Gedanken, u.a. Bin ich, wenn ich nicht mehr bin?, Kreuz 2011, ab S. 91 ff

S. 38 Lier Gerda, Das Unsterblichkeitsproblem, V&R unipress 2010

Kapitel 3

S. 41 zur Verwerfung der Gesetze: Hawking Stephen, Mlodinow L., Der große Entwurf, Rowohlt 2010, S. 28

S. 42 Newtons Apfel: Berlinski David, Der Apfel der Erkenntnis, Europ.Verlagsanstalt 2002

S. 44 Popper Karl, Eccles John, Das Ich und sein Gehirn, Piper 1987, S. 61-77

S. 45 Laplace: wikipedia Pierre-Simon Laplace

S. 47 Popper/Hypothesen: dazu Röd Wolfgang, Der Weg der Philosophie, Beck 1996, II S. 538 ff
Zum Naturalismus siehe bei Kapitel 15

S. 48 Säkularisierungsthese: Luckmann T., Säkularisierung – ein

moderner Mythos in: Lebenswelten und Gesellschaft, Schöningh 1980
S. 52 „Syllabus errorum": wikipedia

Kapitel 4

S. 54   Timm Uwe, Rot, Kiepenheuer 2005, S. 143
S. 55   „Kraft und Stoff": Titel von Ludwig Büchner, 1855; „Urin": Carl Vogt, 1846, in den „Physiologischen Briefen"; „Gespenst in der Maschine": Gilbert Ryle in Concept of Mind, Oxford 1949
S. 56   Theodor Storm, Gedicht „Geh nicht hinein"
S. 58   Nietzsche: Der tolle Mensch in Die fröhliche Wissenschaft; „Nihilismus" in Der Wille zur Macht I, Kapitel 4
S. 59   Ein Blinder, der sehen möchte: Albert Camus, Der Mythos des Sisyphos, rororo 2004, S. 159 f

Kapitel 5

S. 61   Shakespeare: Hamlet. 1. Akt, 5. Szene
S. 64   NOMA: Dawkins Richard, Gotteswahn, Ullstein 2007, S. 78 ff
          Deismus: dazu Röd (Kap.3) II, S. 84 ff
S. 67   Wittgenstein: tractatus logico-philosophicus, Suhrkamp 1963, Nr. 1
S. 68   Multiversum: Hawking (Kap. 3), S. 121 ff; Rees Martin, Das Rätsel unseres Universums, Beck 2003, S. 152 ff, 168 ff
          Ganzheit: zum Gegensatz von Reduktionismus und Holismus eine Vielzahl von Literatur, u.a. aus dem „New Age": Hofstadter D.R., Gödel, Escher, Bach, Klett-Cotta 1985;
          Capra Fr., Das Tao der Physik, Scherz 1986;

Davies P., Gott und die moderne Physik, Bertelsmann 1986
S. 71 Gabriel Markus, Warum es die Welt nicht gibt, Ullstein 2013
Jaspers Carl, Der philosophische Glaube, Piper 1974, S. 17
S. 72 Zur postmodernen Philosophie siehe Nida-Rümelin, Özmen, Philosophie der Gegenwart in Einzeldarstellungen, Kröner 2007, S. 132 ff (Derrida) und 405 ff (Lyotard)

Kapitel 6

S. 77 Panentheismus: wikipedia Panentheismus
S. 79 allgemeine Relativitätstheorie: Einstein Albert, Über die spezielle und allgemeine Relativitätstheorie, Vieweg 1969
S. 81 zum Leib-Seele-Problem aus der reichen Literatur etwa Pauen Michael, Was ist der Mensch, DVA 2007; siehe auch zu Kapitel 15
S. 85 Apokalyptik: Hahn Ferdinand, Theologie des Neuen Testaments, Mohr Siebeck 2002, II S. 782; Taoismus: Blofeld John, Der Taoismus, Diederichs 1988, S. 35 ff, 40 ff
S. 86 Leib-Seele-Einheit: Ratzinger Joseph, Art. Auferstehung des Fleisches in Lexikon für Theologie und Kirche, 1957, Sp. 1042, 1048-1052

Kapitel 7

S. 89 Jäger Willigis, Die Welle ist das Meer, Herder 2007
Descartes („Klarheit" und „Zirbeldrüse"): Röd (Kap. 3) II S. 20 f, 29 f
S. 93 Spinoza: zitiert nach Bräuer Holm, Online-Wörterbuch Philosophie
S. 99 Netz Indras: Avatamsaka-Sutra, dazu Hofstadter (Kap. 5), S. 281 f
S. 108 Wittgenstein, tractatus (Kap. 5) Nr. 6.522

Kapitel 8

S.113 Scheol: Fohrer Georg, Geschichte der israelitischen Religion, Herder 1992, S. 216 ff

S.114 Tun-Ergehen-Zusammenhang: Fohrer S. 191 f; Von Rad Gerhard, Theologie des Alten Testaments, Kaiser 1992, S. 398 f

S.116 Zoroastrismus und Einfluss auf die Apokalyptik: Eliade Mircea, Geschichte der Religiösen Ideen, Herder 1978, S. 279 ff, 231 ff; Apokalyptik: Fohrer S. 335 f, 399 f; Hahn (Kap. 6) II S. 90
Zur jüdischen Jenseitsauffassung Vetter Dieter in Weiterleben nach dem Tode? (Hrsg. Khoury, Hünermann), Herder 1985, S. 85 ff; ebenda S. 103 ff Hagemann Ludwig zur Islamischen Jenseitsauffassung, dazu weiter Küng Hans, Der Islam, Piper 2004, S. 121 f;
Das Islamische Totenbuch, Anaconda 2009

S.123 allgemeine Unsterblichkeit und Zwischenzustand: Hahn II, S.773, 776

S.127 paulinische Erlösungslehre: Hahn I S. 189-322; wikipedia Erbsünde

S.130 Konzil von Florenz: Dogma im Wortlaut (außer im „Denzinger", der deutschsprachigen Dogmensammlung) unter www.mykath.de

S.135 Koran erschaffen? Bihl Wolfdieter, Islam, Böhlau 2003, S. 28

S.136 Lehrentscheid Benedikt XII (Bulle Benedictus Deus):
Text (außer im „Denzinger") unter www.pius.info
(Homepage der Pius-Bruderschaft!)

S.137 zu Platon und Plotin Röd (Kap. 3) I S. 99 ff, 237 ff

S.140 Konzil von Vienne: dazu Heinzmann in Philosophisches Jahrbuch, Karl Alber 1986, S.
236 ff; Imhof Beat, Wie auf Erden so im Himmel, Aquamarin 2012, S. 136 ff

S.141 Zu den christlich-eschatologischen Lehren: Überblick über die heutigen Lehren bei Beinert Wolfgang, Glaubenszugänge Lehrbuch der Katholischen Dogmatik, Paderborn 1995, S. 561-568; Ratzinger Joseph, Eschatologie, Pustet 2012; Leonard Andre-Mutien, Jenseits des Todes, Sankt Ulrich 2008; zur „Krise der Jenseits-Theologie" Imhof S. 215 ff

S.144 zu Origenes Röd (Kap. 3) I S. 286 ff; zur Allversöhnung im Islam Hagemann S. 115

S.148 Leuenberger Konkordie Nr. 24 ff (im Evangelischen Erwachsenenkatechismus, Gütersloher Verlagshaus 2006)

S.149 Gnosis: Rudolph Kurt, Die Gnosis, Vandenhoeck u. Ruprecht, 1994; Bauer Lothar, Die Große Ketzerei, Wagenbach 1984

Kapitel 9

Literaturübersicht:
Klostermaier Klaus, Hinduismus, Bachem 1965
Piano Stefan, Religion und Kultur Indiens, Böhlau 2004
Conze Edward, Der Buddhismus, Kohlhammer 1953
Von Glasenapp Helmuth, Die Philosophie der Inder, Kröner 1958
Von Brück Michael, Buddhismus und Christentum, Beck 2000
Thich Nhat Hanh, Das Lächeln des Buddha, Herder 2011
Blofeld (Kap. 6), Der Taoismus
In „Weiterleben nach dem Tod" (Kap. 8): Meisig K., Hinduismus, S 10 ff und Meier E., Buddhismus, S 61 ff.
Das Totenbuch der Tibeter (Hrsg. Fremantle, Trungpu), Diederichs 2001

Sogyal Rinpooche, Das tibetische Buch vom Leben und Sterben, MensSana 2010

S.166   König Milinda in Sogyal R. S. 122 f
S.172   Anuradha-Sutra in Thich Nhat Hanh S. 33 ff
S.179   Nagarjuna: von Glasenapp S. 343 ff
        Thich Nhat Hanh:
        www.phathue.de/buddhismus/dharma/texte/fragen-und-antworten
        Zum Nirvana: www.luthar.com/nirvana-by-thich-nhat-hanh
S.180   Baatz Ursula, Erleuchtung trifft Auferstehung, Theseus 2009

Kapitel 10

Literaturübersicht:
Allgemein (insbesondere Ablehnung der naturalistischen Jenseitsleugnung): Lier Gerda (Kap.2); D´Souza Dinesh, Leben nach dem Tod, Arkana 2011; Goswami Amit, Das bewusste Universum, Lüchow 2007; Imhof Beat (Kap.8); Jakoby Bernard, Wir sterben nie, rororo 2010; Grom Berhard, Spiritismus und Mediumismus, Evangelische Zentralstelle für Weltanschauungsfragen, Info Nr. 108, Stuttgart 1984

Nahtoderfahrung: Moody Raymond, Leben nach dem Tod, rororo 2011; van Lommel Pim, Endloses Bewusstsein, Patmos 2011; wikipedia Nahtoderfahrung

Nachtodkontakte: Guggenheim Judy und Bill, Trost aus dem Jenseits, Fischer 2008; Elsaesser-Valarino, Nachtodkontakte, www.nachtodkontakte.net/autorenbeitraege/elsaesser-valarino/nachtodkontakte; wikipedia Nachtod-Kontakt

Reinkarnation: Stevenson Ian, Reinkarnationsbeweise, Aquamarin 2011

Esoterik: Hollerbach Lothar, Es gibt keinen Tod, Trinity 2011 (Anthroposophie); Ulrich Heiner, Rudolf Steiner, Beck 2004; Bo Yin Ra, Das Buch vom Jenseits, Kober 1988; wikipedia Joseph Anton Schneiderfranken; Voggenhuber Pascal, Entdecke deinen Geistführer, Ullstein 2012

Fundstellen der im Kapitel aufgeführten **Fälle**:

1: Lommel S. 45	8: Lier S. 989
2: Jakoby S. 198	9: Jakoby S. 116
3: Lommel S. 60	10: Lier S. 1077
4: Lommel S. 49	11: Lier S. 1091, 1094
5: Lier S. 988	12: Sogyal R. (Kap. 9) S. 115, 470 Anm. 4
6: Lier S. 1022	13: Lier S. 1163
7: Guggenheim S. 272	

S. 184   Kübler-Ross: wikipedia Elisabeth Kübler-Ross; „Todesnähe-Forschung" in Materialdienstheft 11/2009, Evangelische Zentralstelle für Weltanschauungsfragen
S. 187   Swedenborg: wikipedia Neue Kirche (Swedenborgianer)
S. 193   Charles Tart: Imhof S. 180
S. 194   A. von Liguori: Lier S. 940
S. 199   „Spuk" bei John Fox: Imhof S. 33 f
S. 200   Medium: dazu wikipedia Medium (Person) und Lier S. 1024 ff
S. 202   Parapsychologie: Lier S. 823 ff, 900 ff; Neue Wege der Parapsychologie (Hrsg. Beloff), Walter 1980; Nahm Michael, Evolution und Parapsychologie, Books on Demand 2007
S. 205   Seth-Texte: Lier S. 1117 ff
S. 210   Geistige Loge Zürich: Imhof S. 51 ff; Geistführer: dazu Voggenhuber
S. 211   Reinkarnation bei Schneider: Bo Yin Ra S. 142
S. 212   Akasha-Chronik: wikipedia Akasha-Chronik
Steiners „Wiedergeburtskenntnisse": Werkausgabe (GA) 240, Vortrag in Bern, 16. 4. 1924; siehe auch Ente E. K., Rudolf Steiners Lehre von der Reinkarnation, Halle 2006

www.rsv.arpa.ch/cgi-bin/anth.cgi
S. 217 Gary Schwartz: dazu Jakoby S. 141 ff
S. 218 Lüdemann Gerd, Der große Betrug, Springe 1998; ders., Die Auferweckung Jesu von den Toten, Springe 2002
S. 221 nachwirkende Psi-Effekte: Lier S. 1172
S. 224 zum Jenseitsbild der Esoterik ausführlich Imhof S. 221-453
S. 229 Protest der traditionellen Theologie: Grom S. 17 ff

Kapitel 11

Zum Kapitel allgemein Reiland Werner, Religion und Vernunft, LIT 2007
S. 239 Mackie John L., Das Wunder des Theismus, Reclam 1985

Kapitel 12

S. 252 Tipler Frank J., Die Physik der Unsterblichkeit, Piper 1994

Kapitel 13

S. 265 1.Vaticanum: Dogma „Dei Filius" bei Klausnitzer Wolfgang, Glauben und Wissen, Pustet 2008, S. 169 ff
S. 266 Gottesbeweise: Röd (Kap. 3) I S. 351 ff, II S. 158 ff
S. 270 Naturkonstanten und Multiversum: Bauberger Stefan, Was ist die Welt?, Kohlhammer 2003, S. 201 ff; Genz Hennig, War es ein Gott?, rororo 2008, S. 181-194; Rees (Kap. 5) S. 154 ff, 168 ff;

allgemein zum Kampf zwischen Evangelikalen und Neuen Atheisten Dawkins (Kap. 5) passim

S. 277 zu theologischen Offenbarungskonzepten siehe etwa den Evangelischen Erwachsenenkatechismus (Kap. 8) S. 25 ff

S. 281 Auferstehungstheologien bei Piepke J. in Reinkarnation oder Auferstehung (hrsg. Kochanek), Herder 1992, S. 89 ff

Kapitel 14

Allgemein: Reiland Werner, Sinn und Sein, in Existenz und Logos, Heft 8/2010, S. 6 ff

S. 307 zu Chaostheorie und Attraktoren: Biggs, Peat, Die Entdeckung des Chaos, Hauser 1990

S. 311 Kierkegaard Sören, Entweder-Oder, dtv 2005, S. 44

Kapitel 15

Naturalismus allgemein: umfassende Propagierung bei Dawkins, Gotteswahn (Kap.5); umfassende Ablehnung in Bezug auf das Jenseits bei Lier (Kap. 2) sowie in den zu Kapitel 10 genannten Werken. „Harter" und „weicher" Naturalismus bei Riedl Rupert, Die Spaltung des Weltbildes, Parey 1985. Zur Teleologie Spaemann, Löw, Die Frage Wozu?, Piper 1985

S. 329 Poincaré – Boltzmann: wikipedia Wiederkehrsatz

S. 333 Chaostheorie: Briggs (Kapp. 14); Bauberger (Kap. 13) S. 219 ff
Quantenmechanik: Bauberger, S. 141-186; Gribbin John, Auf der Suche nach Schrödingers Katze, Piper 2001
Zufall: Erbrich Paul, Zufall, Kohlhammer 1988; Mainzer Klaus, Der kreative Zufall, Beck 2007

S. 337 Spontaneität der Materie: Erbrich S. 89; propensity: Wikipedia Propensität

S. 341 zu Darwinismus und Neodarwinismus Lier S. 312-440;
dagegen Dawkins passim
S. 343 morphogenetische Felder: Sheldrake Rupert,
Das schöpferische Universum, Goldman 1984, S. 72 ff
S. 345 wikipedia Behaviorismus und wikipedia Sozialdarwinismus
„Fassadentheorie" und Primatenmoral: de Waal Frans,
Primaten und Philosophen, dtv 2011, S. 25 ff, 40 ff;
zu Empathie und Kooperation Tomasello Michael,
Warum wir kooperieren, Suhrkamp 2010, S. 19-86
S. 346 „War es ein Gott?" siehe das gleichnamige Buch von Genz
(Kap. 13);
S. 347 „Nebenprodukt-Theorie": Dawkins S. 296-326
S. 349 Wilson Edward, Die soziale Eroberung der Erde, Beck 2013
S. 351 Pauen Michael (Kap. 6), Libet-Experimente S. 193 ff
Neurowissenschaften und Philosophie (hrsg. Pauen, Roth),
Fink 2001 (dort insbesondere Roth Gerhard S. 155 ff)
S. 355 Hawking, Mlodinow (Kap. 2), Zitat auf S. 177
S. 361 EPR-Paradoxon und verzögerte Wahl: Bauberger S. 153 ff;
Gribbin S. 198-230
S. 362 Präkognition: Nahm (Kap. 10) S. 233

Kapitel 16

S. 366 Theodizee: aus der unübersehbaren Literatur: Berger Klaus,
Wie kann Gott Leid und Katastrophen zulassen?,
Gütersloher Verlagshaus 1999
S. 367 Brecht Bert, Geschichten vom Herrn Keuner, Suhrkamp
2012, S. 23
S. 369 Lorenz Konrad, Das sogenannte Böse, dtv 1974,
Zitat auf S. 229 f
S. 373 Kriminalitätsstatistik: etwa bei Dawkins S. 319 f
S. 374 Nietzsche: Also sprach Zarathustra, 2. Teil,
„Von den Priestern"

S. 375 Pascal: Röd (Kap. 3) II S. 43 f
S. 376 Kant, Kritik der praktischen Vernunft,
in Die drei Kritiken, Kröner 1975, S. 274 ff
S. 377 Benedikt XVI, Enzyklika Spe Salvi, Internet-Veröffentlichung
S. 22
S. 384 Angelus Silesius, Der Cherubinische Wandersmann,
Reclam 1984, Nr. 82

Kapitel 17

S. 391 Kierkegaard Sören, Die Krankheit zum Tode,
Erster Abschnitt **C** B a
S. 393 Simplify your Life von Werner Tiki Küstenmacher
S. 398 Augustinus, massa damnata: Schupp (Kap. 1) II S. 72

Kapitel 18

S. 401 Brecht Bert: aus „Mutter Courage"
S. 406 Dogen: zitiert nach Nishitani Keiji, Was ist Religion,
Insel 1986, S. 292
S. 408 Dogen: Dumoulin H., Dogen-Zen, Theseus 1990, S. 38
S. 410 zum Folgenden Reiland Werner, Gott ist kein Wahn
7 Thesen zum Sinn der Religion, Tyrolia 2008, S. 86 ff
S. 411 Augustinus: „dilige et quod vis fac", wikiquote Augustinus
von Hippo S. 225;
S. 421 Camus Albert siehe Kap. 4, S. 31;
„Heiliger ohne Gott" aus dem Roman Die Pest

Kapitel 19

S. 432 hierzu Tolle Eckhart, Jetzt! Die Kraft der Gegenwart, Kamphausen 200
S. 439 Schopenhauer Arthur, Die Welt als Wille und Vorstellung, Insel 1996, I S. 558
S. 441 Kafka Franz: Die Parabel „Vor dem Gesetz" im 9. Kapitel des Romans „Der Prozess"

Kapitel 20

Hierzu auch Reiland (Kap. 18), S. 108 ff